# 无奈的结局

## 司徒雷登与中国 （第三版）

*J. Leighton Stuart and China*

郝平◎著

北京大学出版社
PEKING UNIVERSITY PRESS

**图书在版编目 (CIP) 数据**

无奈的结局：司徒雷登与中国 / 郝平著 . —3 版 . —北京： 北京大学出版社，2023.9

ISBN 978–7–301–34152–0

Ⅰ . ①无… Ⅱ . ①郝… Ⅲ . ①司徒雷登 (Stuart , John Leighton 1876–1962) – 生平事迹 ②中美关系 – 国际关系史 – 1946–1949 Ⅳ . ① K837.127=533 ② D829.712

中国国家版本馆 CIP 数据核字 (2023) 第 126706 号

| 书　　　名 | 无奈的结局——司徒雷登与中国（第三版） |
| --- | --- |
| | WUNAI DE JIEJU——SITULEIDENG YU ZHONGGUO（DI-SAN BAN） |
| 著作责任者 | 郝 平 著 |
| 责 任 编 辑 | 朱房煦 |
| 标 准 书 号 | ISBN 978–7–301–34152–0 |
| 出 版 发 行 | 北京大学出版社 |
| 地　　　址 | 北京市海淀区成府路 205 号　100871 |
| 网　　　址 | http://www.pup.cn　　新浪微博 : @ 北京大学出版社 |
| 电 子 邮 箱 | 编辑部 pupwaiwen@pup.cn　　总编室 zpup@pup.cn |
| 电　　　话 | 邮购部 010–62752015　发行部 010–62750672　编辑部 010–62754382 |
| 印 刷 者 | 涿州市星河印刷有限公司 |
| 经 销 者 | 新华书店 |
| | 650 毫米 ×980 毫米　16 开本　36.25 印张　435 千字 |
| | 2002 年 9 月第 1 版　2011 年 7 月第 2 版 |
| | 2023 年 9 月第 3 版　2024 年 3 月第 2 次印刷 |
| 定　　　价 | 188.00 元 |

　　郝平,男,北京大学法学博士,教授,博士生导师。现任第十四届全国人大常委会委员、外事委员会副主任委员,北京大学党委书记、校务委员会主任、教育基金会理事长。主要专著有《北京大学创办史实考源》《孙中山革命与美国》《无奈的结局——司徒雷登与中国》,译著有《八路军抗日根据地见闻录——一个英国人不平凡经历的记述》《夏威夷国王世界环游记》。

# 再版序言
## ——浅析司徒雷登的几部著作

司徒雷登是在近现代中国历史和中美关系史中有着重要影响的人物,也一直是一个有争议的人物。特别是1949年8月18日毛泽东为新华社撰写了评论员文章《别了,司徒雷登》之后,司徒雷登在很长一段时期都被视为美帝国主义的象征。改革开放之后,学术界对司徒雷登进行了一些实事求是的研究,逐步还原司徒雷登的真实面貌。2008年11月17日,按照司徒雷登的遗愿,经过许多波折,他的骨灰终于魂归故里,被安葬在杭州半山安贤园。这又进一步激发了学术文化界对司徒雷登的兴趣。

前不久,笔者得知,《司徒雷登日记:美国调停国共争持期间前后》一书被列入《万象》杂志运营总监王瑞智先生担任主编的"传记文学丛书",并由黄山书社出版,这又是司徒雷登研究的一件可喜的事情。我很高兴的是,本人的拙著《无奈的结局》又由北京大学出版社再版,编辑张冰对此花费了许多辛苦,借此表示感谢。

　　然而,从整体来讲,人们对司徒雷登的学术研究缺乏深入的了解。他的几部涉及了宗教学、语言学和历史学等领域的著述,也很少为人们所知晓。研读这些著作,可以帮助我们穿越迷雾,走近司徒雷登和他身后的历史。

### 1.《圣教布道近史》(*Lectures on Modern Missions*)

　　《圣教布道近史》一书是司徒雷登在金陵神学院工作时的著作,由司徒雷登口述,陈金镛执笔,于1910年完成,并于当年9月在上海用中文刊印出版,1916年再版。

　　为了研究的需要,笔者曾委托北京大学善本室主任张玉范女士查遍了北京大学图书馆、国家图书馆、南京图书馆、上海图书馆等,笔者本人也专程前往南京金陵神学院和杭州古籍图书馆查询此书,但却始终未能如愿。本来以为它早就随着西方在中国传教使命的终结而被掩埋在历史的尘埃中了,没想到在2000年年底,北大图书馆的何冠义老师在国家图书馆一间堆满了杂物和破旧书刊的房间里发现了这本落满灰尘的书。真正应了"踏破铁鞋无觅处,得来全不费功夫"这句话。

　　《圣教布道近史》是司徒雷登在金陵神学院的讲义,是他在研究西方有关传教历史的基础上编纂而成的。在《圣教布道近史》中,司徒雷登详细叙述了基督教在世界各地的传播历史,把基督教和其他宗教进行了比较,还对基督教传教运动的起源、发展过程、现状以及未来趋势做了论述。司徒雷登阐述了他本人对传教事业的许多看法和建议,这本书集中体现了他的宗教教育观点。

　　用儒家的概念去描述和诠释基督教教义是该书的一大特点。

司徒雷登没有把儒学看作宗教,他本人很欣赏儒家的学说,常常把儒学和基督教结合起来,并给予很高的评价。比如,他借用儒家的"大同主义"来描述基督教所要达到的最高境界。司徒雷登试图以这种方式来唤起受儒家思想熏陶长达两千年之久的中国老百姓对基督教的理解和接纳。

但这本书毕竟是司徒雷登作为一名西方传教士的作品,字里行间仍然流露出他美化和粉饰西方对中国宗教输出、文化渗透的思想。

2.《中文四言成语诠释》(Chinese Four-Character Phrases)和《中英希合解辞典》

1937年七七事变后,平津地区很快沦陷,北京大学、清华大学、南开大学等高等院校相继南迁。当时美日两国还没有开战,时任燕京大学校长的司徒雷登认为,燕京大学应该本着"自由、真理、献身、爱心"的原则留在北平,为满足沦陷区人民受教育的需要而服务。大批不愿意接受日本奴化教育的年轻人抱着"燕大存在一日,华北一日不亡"的信念报考燕大。司徒雷登积极支持燕京大学师生抗日爱国活动。

1941年12月8日,太平洋战争爆发。日本宪兵旋即包围并侵入燕园,将全体师生驱逐出校园,逮捕大批爱国师生,并宣布关闭燕京大学。司徒雷登被日军拘留,与协和医学院校长胡恒德(Henry S. Houghton)博士一同被关押。从1941年12月9日被捕到1945年8月17日获释,司徒雷登的囚禁生活整整持续了三年零八个月。他在囚禁期间,完成了几部学术性的著作,包括《孔子相互依存论》《中文四言成语诠释》和《中英希合解辞典》。

早在金陵神学院执教期间，为了方便中国学生学习希腊语的《圣经·新约》，司徒雷登在教书之余编写出版了两本书，一本是《新约希腊语初级读本》（*New Testament Greek*），另一本是《希腊语-英语-汉语辞典》（*Greek-English-Chinese Dictionary*）。司徒雷登在狱中完成的《中英希合解辞典》，与他早年从事的神学院教学工作有着莫大的联系。但迄今为止，笔者没有查阅到有关《中英希合解辞典》出版刊行的信息，也许司徒雷登编撰的这部辞典始终停留于手稿的形式。

《中文四言成语诠释》则是一本了不起的辞书。这是因为司徒雷登在被日本宪兵队关押期间，在没有任何参考书籍的条件下，完全凭着个人的记忆，记录了以往多年来学习的中文成语，然后解释并翻译成英文，体现了他非常深厚的中西文学修养。1946 年 6 月24 日，为庆祝司徒雷登的七十大寿，燕京大学特别刊行了这本书。笔者在撰写《无奈的结局——司徒雷登与中国》一书时，有幸从一位燕大校友那里得到了这个小册子的复印本。后来，笔者查阅了国家图书馆、北大图书馆，没有找到这本书，通过网络搜索显示，在美国国会图书馆等地存有这本英文版著作。

### 3.《司徒雷登日记：美国调停国共争持期间前后》

《司徒雷登日记：美国调停国共争持期间前后》，是司徒雷登于1945 年 8 月之后开始记写的，一直到 1949 年 11 月。该书由燕京大学校友陈礼颂先生翻译，司徒雷登秘书傅泾波先生校订，1982 年由美国华府傅氏首次出版，委托中国香港文史出版社代理发行。

笔者也收藏了这一珍贵的版本。此书近日将由黄山书社再版。

日记记录了司徒雷登在那个时期所经历的重大历史事件，如出任美国驻华大使，协助马歇尔调停国共关系，见证蒋介石政权垮台，与共产党代表、燕京大学校友黄华接触等，以及他在这段时期复杂矛盾的心路历程。司徒雷登与蒋介石、周恩来、马歇尔、李宗仁等彼时中国政坛的风云人物交往的事迹，他们的性格、感情、谈吐、风貌等，在日记中都有真实的再现。

该书提供了从美国视角研究当日国共纷争的第一手材料，叙述客观真实，是珍贵的中国近现代史研究文献，具有重要史学价值。但由于该书是特定历史时期的日记，又只能是对司徒雷登在那个阶段的反映，对全面了解司徒雷登具有一定的历史局限性。

4.《在华五十年——司徒雷登回忆录》(*Fifty Years in China——The Memoirs of John Leighton Stuart*，*Missionary and Ambassador*)

1954 年 10 月 15 日，司徒雷登的回忆录《在华五十年——司徒雷登回忆录》由美国纽约兰登书屋正式出版，乔治·马歇尔和胡适分别为该书作序。次日，台北《大华晚报》即开始一边请人翻译，一边予以连载，并于同年 12 月 1 日出版了中译本。1955 年，香港求精出版社再次出版了由阎人峻翻译的司徒雷登回忆录。1982 年 4 月，北京出版社以内部发行的形式，出版了由程宗家翻译、刘雪芬校对的《在华五十年——司徒雷登回忆录》删节本。

1999 年，笔者到北京大学图书馆查阅司徒雷登的英文版《在华五十年——司徒雷登回忆录》，图书馆管理员告诉笔者此书已经被一位非常著名的学者借走。当时笔者比较迫切地想看到这本书，便问图书管理员什么时候可以归还，当下得知借阅这本书的是学术大师季羡林先生。后来，笔者去季老府上拜望请益的时候，季老正在看这本书。季老得知笔者在做司徒雷登的研究，便和笔者饶有兴趣地谈论起司徒雷登的话题，对笔者的研究给予了很多宝贵的建议。2000 年 3 月，笔者和北京大学 14 位管理干部和学者在美国加州伯克利大学进修学习，一位北大同事帮笔者在网上淘到了这本书。笔者在美期间就爱不释手地阅读起来，并珍藏至今。

司徒雷登在回忆录中充分抒发了他在 50 年的漫长岁月里沉淀出的、对中国的那一腔浓厚情缘。但是由于 20 世纪 50 年代在美国甚嚣尘上的麦卡锡主义的影响，回忆录中也存在很多他不得不讲的违心之言和表露出的许多自相矛盾之处。如他既严厉地指责国民党的无能与腐败，又对蒋介石大加褒扬；既称赞共产党人官兵一致、纪律严明，又毫不掩饰地表达了他一贯反对共产主义的思想，以及因燕大被改组而产生的怨气。瑕不掩瑜，《在华五十年——司徒雷登回忆录》再现了跌宕起伏的中国近现代 50 年的历史，也凝聚了他对中国真切而复杂的感情。

特别值得一提的是，在回忆录的最后一章当中，司徒雷登明确提出了反对搞"两个中国"的主张，反对一部分人提出的"中华民国在台湾，中华人民共和国在大陆"的论调。他呼吁美国政府不要考虑一方面支持台湾的国民党政权，一方面又同意接纳大陆的中华人民共和国政府进联合国的问题。他认为这会"在实际上造成一种分裂局面，出现两个中国"。

阅读司徒雷登的这些著作，可以帮助我们对司徒雷登有一个全面的认识。他的一生是复杂而多面的：司徒雷登非常热爱中国文化，对中国的教育、学术和文化事业做出了积极的贡献，坚决支持中国人民反对日本法西斯的斗争；他是传教士，从意识形态上对马列主义带着很深的偏见，并多次发表批判社会主义和共产主义的言论；在担任美国驻华大使期间，他代表美国政府对华政策的立场，对国民党反动派发动内战持偏袒的态度。也正因此，毛主席在《别了，司徒雷登》一文中，对司徒雷登在美国对华政策上所代表的角色给予了严厉批判。

司徒雷登的这些功绩和过失，也恰恰是历史本身的深长意味所在。

作者

2011 年 5 月

# 序　言

　　《无奈的结局——司徒雷登与中国》一书的出版，是一件可喜可贺的事情。

　　我是在去年10月拿到书稿的。当时由于忙着出版我的《晚晴集》和准备召开关于燕园规划的学术研讨会，加上年事已高，视力衰退，所以用了三个月，才逐字逐句地读完了郝平先生的这部书稿。

　　在这三个月的时间里，我的思绪一次又一次地被带回到当年在燕大度过的那些岁月中，青年时期的不少往事一件件在记忆深处被唤醒，如梦，如烟，却又像昨天才发生的一样，历历在目，触手可及，令人产生出一种时光倒流的感觉。我仿佛又听到了宁静美丽的校园中那朗朗的读书声，看到了在抗日烽火中毅然奔赴前线的燕大学子那一张张年轻而充满献身精神的脸庞。当然，想得更多的，还是本书主人公、燕京大学的老校长——司徒雷登先生。

　　从1932年秋我踏进燕京大学校园的那一天至今，已经整整过去七十年了。七十年的世事变幻和风雨沧桑虽然染白了我的头发，淡化了诸多往事，却无法磨灭母校给我留下的刻骨铭心的印记。

有一件事，对我影响至深，也是最终促使我决定留校工作的重要原因。

那是在 1932 年我作为一年级新生入学的时候。有一天，我在美丽的校园里散步。当我走到图书馆附近一处溪流环绕的岗丘之间时，一座石碑昂然耸立在我的面前。这是燕京大学为在反帝反封建的学生运动中英勇献身的燕大女学生魏士毅烈士竖立的纪念碑。我现在依然清晰地记得碑上的铭文：

> 国有巨蠹政不纲
>
> 城狐社鼠争跳梁
>
> 公门喋血歼我良
>
> 牺牲小己终取偿
>
> 北斗无酒南箕扬
>
> 民心向背关兴亡
>
> 愿后死者长毋忘

碑文上最后三行小字刻的是立碑的时间和立碑人：

> 中华民国十六年燕京大学男女两校及女附中学生会全体
> 会员敬立

看过后，我被深深地震撼了！这是怎样的一股正气啊！燕大学生的爱国主义精神是何其强烈啊！刹那间，我的心头涌起一阵对母校的无限热爱和眷恋之情。没想到，在我进入燕京大学后的不久就感受到这样一次深刻的爱国主义传统与献身精神的教育。一阵阵热浪从我心底涌入,使我发自内心、由衷地感慨道:燕大真是一所了不起的学校!她敢于针砭时弊,怒骂与痛斥当时的军阀与反动政府;敢为天下之先而先,将如此慷慨激昂、振奋人心的碑文首先竖立在燕大的校园里。这是何其的伟大与可贵啊!我真为自己是燕大的一员感到骄傲与自豪。同时,这块碑文也不禁使我对当时燕大的校长司徒先生产生了新的好感:作为一个信仰基督教,并曾在中国传过教的外国校长,能够允许学生刻如此壮烈之碑文于校园,如此支持和鼓励中国学生爱国热情的做法,是非常难能可贵和令人尊敬的。

所以,我对司徒雷登的认识就从魏士毅烈士的纪念碑开始。在我的印象中,司徒校长是一位能够得到全校师生普遍爱戴和尊敬的长者。然而,近距离地与他接触还是在1936年我毕业留校之后。

1936年,我从燕京大学本科毕业留在燕大做历史系系主任顾颉刚教授的助教,协助顾教授进行"古迹古物调查实习"课的教学与实践工作。当时我就住在蔚秀园的宿舍里,与我同住的还有经济系的周舜莘和英籍讲师赖朴吾(E. Ralph Lapwood)先生。

1937年"七七"卢沟桥事变以后,全民抗日战争开始。顾颉刚教授为避免日寇的逮捕,离开了北平。我得到了哈佛燕京学社的奖学金,继续留在燕大,在洪煨莲教授的指导下做硕士研究生,并开始选定自己学术的研究领域与论文题目。那年秋天,司徒校长安排我和周舜莘、赖朴吾分别住到燕园的男生宿舍里,了解、关心当时同学的日常生活与学习,并对有困难的学生给予帮助。

1938 年，我继续进行学术研究，渐渐地我的学术兴趣已经从历史学转向历史地理学。我的导师洪煨莲教授看到了这一点，于是在这一年的秋天，要推荐我去英国的利物浦大学专攻历史地理学。我知道，这个决定是经过司徒校长同意的，他对青年教师的培养与发展始终都十分关心。可是 1939 年欧战爆发，我未能远赴英国，因此去利物浦大学读书的事就向后推迟了数年。

就是在抗战爆发之后的那段日子里，我有机会与司徒先生有了更多的接触，这使我对他的了解也更深刻了。

1940 年我受司徒校长的任命，出任"学生生活辅导委员会"副主席，一面教书，一面从事协助学生参加抗日活动的工作。我至今还保留着司徒校长签发给我的任命通知书。

回忆起当时的情况，那还是暑假期间，有一天，司徒校长忽然约我谈话，要我在教课之外兼管学生工作。由于学校处在沦陷区，敌伪的统治使很多家境贫寒的学生难以继续他们的学业，也使一些学生无法安心读书，要求"北上"或"南下"参加抗日救国运动。为了帮助这部分同学，司徒校长决定成立"学生生活辅导委员会"，由深受学生爱戴的美籍教授夏仁德（Randolph Clothier Sailer）先生任主席，我做副主席，便于和同学联络。我们的职责除了帮助生活困难的学生解决一些实际问题之外，还必须想方设法地协助那些要参加抗日活动的学生秘密、安全地转移到根据地和大后方去。司徒校长有一个原则，只要是因参加"抗日统一战线"工作而停学，无论是去大后方（即国民党统治区），还是到解放区（即共产党八路军的抗战区）的，都一律对待，予以支持，还帮助联系路线和提供路费补助。至于要求转学或就业的，就不在此列。司徒雷登的这一设想和做法，既体现了燕京大学"因真理，得自由，以服务"的校训，也反映出他对学生认真负责的态度与深切的关怀。这些郝平先生在他的书中用专门的一章进行了全面、详尽的描述，我在此就无须赘言了。

1941年12月8日，太平洋战争爆发。那天早晨，日本宪兵立即包围了燕大，侵入校园，全体学生与教职员被驱逐出校，司徒校长被日本宪兵队拘留。不久，我也遭到逮捕。1942年6月，我被日本军事法庭判处有期徒刑一年，缓刑三年，取铺保开释，没有迁民旅行自由。

1945年8月15日，日本战败投降，8月17日司徒先生获得释放。8月18日他立即在城内召集同遭日寇逮捕过的陆志韦、洪煨莲、蔡一谔、林嘉通和我，商讨复校事宜，决定成立复校委员会，并由委员会决定：凡是在燕京大学被日封闭期间参加敌伪组织工作的，一律不得返校复职。这一规定，再次体现了燕京大学坚持原则的严正立场，体现了司徒先生治校的作风与原则，受到全体师生的坚决拥护与支持。

1946年到1949年期间，我赴利物浦大学攻读博士学位。那段时间，正是司徒校长出任美国驻华大使，后来又离开中国的日子。关山阻隔，音信杳然，因此我对司徒先生做大使的事情知之不多；也因此使我对郝平先生书中的有关章节倍感兴趣，拿起书稿后，便不忍释卷，总想一气看完，因为这中间有太多有关司徒校长的故事是我闻所未闻的。

读完这部令人感慨万千的书稿，我感触良多，不禁想多说几句话。

其一，该书是作者在对司徒雷登生平进行了全面而系统的研究后写出的，书中参考和引用的历史资料和国内外有关著作之多，令人对作者的治学严谨印象深刻。写历史人物是最难的了，特别是写司徒雷登这样一位在中国颇有争议的历史人物，就更是难上加难。这不仅需要缜密细致的研究态度，还需要有勇气，因为弄得不好，就可能招致非议。好在作者的论点是建立在大量丰富、翔实历史资料的基础上的，是经得起推敲的，其对司徒雷登的看法又是全面而多视角的，使人不得不为作者的真知灼见而折服。

其二，该书的出版，是对燕大校友会的一大贡献。司徒雷登任燕京大学校长的时间长达二十七年，为燕大的发展和学生的培养呕心沥血，做出了重大贡献，并因此而深得燕大校友的敬仰与爱戴。历史地、客观地将他的一生写成一本书，是燕大校友数十年来的愿望。但由于现尚在人世的燕大校友大都已进入耄耋之年，已没有能力完成这样一部费时费力的著作。郝平不是燕大校友，但他却用两年多的心血完成了这部书，使燕大校友们的愿望得以实现，这不能不令人感到欣慰和满足。

1989年，我曾与郝平有过较长时间的接触。那时他才三十出头，他的勤奋好学和善于思考给我留下了深刻的印象。1991年他赴美留学后，我们便中断了联系。1995年夏天，他突然来找我，邀请我为他带来的美国大学教授研修团做一次有关北京历史变迁的讲座。由于多年不见，讲座之后，我们就围着图书馆前的草坪散步聊天。那时还没有建新图书馆，草坪的面积很大，我们谈得又很投机，不知不觉地竟然绕着草坪走了十几圈。1996年他回到北大后，经常带着问题来找我，因而成了我家的常客。我实在为他的勤奋好学而高兴。郝平现在担任北京大学的副校长。当得知他在公务极为繁忙的情况下，一直笔耕不辍，陆续出版了多部学术著作时，我很惊诧于他投身学术研究的顽强毅力和刻苦精神。我在为他这部书的出版而高兴的同时，更希望他仍不断有新的著作奉献给读者。

侯仁之

2002 年元宵节于燕南园

# 前　言

## ——一个有争议的历史人物

在中国,司徒雷登是一个颇有争议的历史人物。

他的父亲是一位在中国传教的美国牧师。他本人出生在杭州,并在中国度过了大半生。他曾子承父业,做过牧师。他也曾是辛亥革命后,在现场亲耳聆听孙中山先生发表愿将临时大总统让位给袁世凯的讲演的唯一一位西方记者。

司徒雷登是燕京大学的主要创办人,并长期担任燕大的最高行政领导。在燕大,他提倡学术自由,支持学生运动。为了提高教学质量,他不惜出重金聘请了许多著名的国内外教授,从而使燕大成为当时可与北京大学和清华大学齐名的中国名校。燕大在几十年里,为中国培养了大批优秀人才。司徒雷登为此不仅得到燕大教师和学生们的敬重,也在国内外高等教育领域享有盛誉。

抗战时期,司徒雷登站在中国人民一边,反对日本法西斯的侵略,为燕大师生逃离日占区,奔赴大后方和抗日根据地提供过种种掩护和方便,并因此被日寇关进监狱达三年之久。

1946年7月,已七十高龄的司徒雷登被来华调停国共两党关系的美国特使马歇尔选中,出任美国驻国民党南京政府的最后一任大使,因而被深深地卷入了当时的中国政治,成为一个非常矛盾的人物:他既与蒋介石私交甚笃,又做过毛泽东和周恩来的座上客。他执行当时美国政府的对华政策,支持国民党政权,燕大的青年学生为此打出了"吾爱吾师吾尤爱真理"的标语。在"调停"失败后,司徒雷登站在蒋介石一边,支持国民党打内战。但当蒋介石下台,国民党政府被迫迁往广州,要求各国使领馆一同南迁时,司徒雷登却坚持留在南京,以务实的态度积极与中国共产党代表联络,并希望美国政府及时承认共产党中国这一现实。当时,他已做好了到北京与毛泽东和周恩来会谈的准备,但他的建议未得到美国政府的批准,他不得不遗憾地离开中国。在途经冲绳岛时,他发表声明,主张美国应承认中国共产党的政权,因而被美国国务院下了"禁言令"。

回美后不到四个月,心力交瘁的司徒雷登便患了严重的脑血栓,从此在病榻上度过了最后十三个春秋。1955年8月,79岁的司徒雷登留下遗嘱,希望死后能与他早逝的妻子合葬,把骨灰埋进燕园,与他为之付出了毕生精力和心血的燕京大学朝夕相伴。

毫无疑问,对中国的教育事业,司徒雷登是有贡献的。而在支持蒋介石政权一事上,他又是不光彩的。由此便产生了对他的两种评价。

为了能够真实地、历史地反映司徒雷登的一生,笔者搜集了大量国内外与司徒雷登有关的资料,并对这些资料进行了认真的研究和考证,从而完成了这部《无奈的结局——司徒雷登与中国》。笔者相信,通过阅读这本书,能帮助读者对司徒雷登这样一位有争议的历史人物做出一个较为客观、全面的评价。

作　者

2002 年 6 月于燕园

# 目　录

1

# 第一章　决定来华传教（1876—1908）

## 一、传教士的家世背景及与中国的渊源

司徒雷登在中国生活了 50 年。

这 50 年,恰恰是中国历史发生深刻变革的时期。

辛亥革命爆发、清王朝覆灭、袁世凯复辟帝制、军阀混战、国共两党合作、蒋介石叛变革命、抗日战争、三年解放战争、国民党政权垮台、中华人民共和国成立等一系列中国近现代史上的重大事件中,几乎都有司徒雷登的影子。而他本人也在一个又一个看似偶然的机遇中,逐渐深深地卷入了当时的中国政治,从一名普通的传教士和神学院教师、大学校长,成为美国派驻中华民国南京政府的大使。

大量的史料证明,司徒雷登无论是在华当传教士,还是创办燕京大学,直至出任驻华大使,都深受其家世的

影响。

司徒家族的历史可以追溯到 12 世纪。那时,他的祖先是苏格兰的征服者威廉姆(William)的忠实追随者。不久,苏格兰大卫一世国王(1124—1153)赐予老司徒苏格兰贵族的世袭地位。

1371 年是司徒家族历史上最显荣耀的一年。这一年,罗伯特·司徒(Robert Stuart)成为苏格兰的罗伯特二世国王①。在詹姆斯(James)一世统治时期,身为苏格兰伯爵的安德鲁·司徒(Andrew Stuart)因遭受宗教迫害,于 1619 年把家搬到北爱尔兰。他的后代则因参与一起反对宗教迫害的起义受到通缉,在 1725 年至 1745 年间,被迫先后逃亡到美洲大陆,在宾夕法尼亚州和弗吉尼亚州定居下来。②

司徒家族与美国历史上最伟大的总统之一——亚伯拉罕·林肯有姻亲关系。司徒雷登的曾祖母汉娜·托德(Hannah Todd)是林肯总统的夫人玛丽·托德的姨母。司徒雷登的祖父戴维·托德·司徒(David Todd Stuart)是林肯夫人的表兄。而他的叔祖父约翰·托德·司徒(John Todd Stuart)则在林肯当律师时与其共事过。

司徒家族曾受过宗教迫害,这个经历使他们在美国革命中充当了非常积极的角色。他们不但对英国的殖民统治持坚决反对的态度,而且在致力于教育和传教方面的表现也十分突出。

在司徒雷登创办燕京大学并出任燕京大学校长之前,他的家

---

① Yu-ming Shaw, *An American Missionary in China : John Leighton Stuart and Chinese-American Relations*, Harvard University Asia Canter,1992, p. 11.

② Ibid.

族就已先后独自或参与创办过五所学校,并出了五位大学校长、学院院长和女子学校校长。

最早移民到美洲大陆的那位司徒家族的伯爵有四个儿子。其中一个后来成为弗吉尼亚州立大学的校长。他名叫塞缪尔·戴维斯·司徒(Samuel Davies Stuart),若按家族关系来说,他是司徒雷登的一位曾叔祖父。在任大学校长之前,他曾是华盛顿学院[即现在的华盛顿与李大学(Washington and Lee University)]的筹款人。

司徒雷登的曾祖父罗伯特·司徒(Robert Stuart,1772—1856)曾在肯塔基州的莱克星顿(Lexington)城参与创建过一所名为法兰斯斐尼亚的学院,并曾出任过该学院的院长。

司徒雷登的祖父戴维·托德·司徒是肯塔基州谢尔比维尔城(Shelbyville)一所以司徒家族的姓氏命名的女子学院的创始人,并出任该女子学院的第一任院长。

司徒雷登的外祖父古斯塔夫斯·霍顿(Gustavus Horton)是一名法官,曾出任美国莫比尔市(Mobile)的市长,也是该市教育制度的倡导人。司徒雷登的母亲玛丽·露易斯·霍顿(Mary Louise Horton)在其父的影响下,曾在亚拉巴马州创办过一所以自己的名字命名的女子学校。这所学校在玛丽·霍顿随司徒雷登的父亲迁居中国后,还继续存在了二十多年。

司徒雷登的父亲在中国传教时曾办过一所男子学校。他的母亲则创办了一所女子学校,并担任了多年的校长职务。

也可以说,司徒雷登是出身于一个教育世家。由此,人们不难得出这样一个结论:司徒雷登之所以会把自己的大半生精力投入教育事业中是有其深厚的家族背景的。

尽管司徒家族的祖先曾是苏格兰的名门望族,先辈中也不乏身份显赫的社会要人和教育家,但其家族的后裔在选择职业时,似乎对传教士一职更为情有独钟。因为在当时,教育和传教是密不可分的。

司徒家族的第一个传教士是司徒雷登的曾祖父罗伯特·司徒。1789年,17岁的罗伯特·司徒就离开家,从弗吉尼亚州来到肯塔基州的莱克星顿当传教士,后来在特兰西瓦尼亚(Transylvania)大学教拉丁文和希腊文。

司徒雷登的曾叔祖父塞缪尔·戴维斯·司徒在出任弗吉尼亚州立大学的校长之前也曾当过传教士,并在1861年担任过佐治亚州南长老会的理事。

司徒雷登的祖父戴维·托德·司徒刚成年时也是先在肯塔基州的谢尔比(Shelby)当传教士。

司徒雷登的父亲是美国基督教南长老会派到中国的第一批传教士。司徒雷登的母亲刚度完蜜月,就同丈夫一道到中国传教。

司徒雷登28岁在美国结婚,也是蜜月刚过完就步父母的后尘,携新婚妻子到中国加入了西方传教士的行列。

司徒雷登的大弟戴维·托德(David Todd)和二弟沃伦·霍顿(Warren Horton)在美国读完大学后,都先后来中国当了传教士。

在家庭的影响下,司徒雷登在中国出生和长大的独生子约翰·司徒(John Stuart)大学毕业以后也进了神学院。尽管他没有像父亲和叔辈们那样回中国,但也把一生献给了宗教事业,先是在弗吉尼亚州,后来又去美国南部的密西西比州当牧师。

就连司徒雷登的三个妻妹(他妻子的二妹、三妹和四妹)也都先后当了传教士,两个到了中国,一个去了非洲。

仔细算一下,从罗伯特·司徒开始,司徒家族的五代人及亲属中,共有13位长老会的传教士,其中不乏南长老会的重要成员。这样的传教士家庭就是在传教活动一度十分盛行的美国也是不多见的。

那么,究竟是一种什么力量使司徒雷登一家舍弃了美国舒适的生活,而要千里迢迢地奔赴异国他乡去自找苦吃呢?要回答这个问题,我们还得从西方传教士来华的历史说起。

19世纪最早来到中国的传教士是一位名叫罗伯特·马礼逊(Robert Morrison)的英国人。马礼逊1807年来华时,清朝政府实行的是严禁传教的政策,基督教被视为异端邪说,所以他最初只能躲在商馆里,从事翻译《圣经》的工作。1809年,马礼逊因与东印度公司的一位高级职员的女儿结婚而被该公司聘为翻译,才取得了公开活动的合法身份。后来,随着另一些外国传教士陆续来华,马礼逊开始同别人一起编纂英华词典,并在来华11年后的1818年,创办了中国的第一所教会学校——英华书院(The Anglo-Chinese College)。但那时的教会学校里并没有中国学生,全部是来华的西方传教士。他们在那里接受最初的汉语培训。

美国教会向中国派遣传教士的时间比英国要晚二十多年。1830年2月,在马礼逊的一再呼吁和频频召唤下,第一个美国圣公会传教士裨治文(Elijah Coleman Bridgman)抵达中国。1832年5月,裨治文在广州新创刊的英文报纸《中国丛报》(*The Chinese Repository*)兼任编辑。《中国丛报》的读者都是当时在广东一带活动的西方商人和传教士。他们通过阅读此报,了解中国的商贸行情及有关中国历史、宗教、农业、儒家思想等方面的知识。

传教历来是教会的重要职责。然而在清朝政府严禁传教政策的限制下，西方传教士在中国的传教活动收效甚微。随着对中国国情的了解日益加深，传教士们越来越认识到在中国兴办教育的重要性。1836 年 9 月，英国传教士马礼逊去世。广州的西方侨民为了纪念他，也为了在中国推行西方教育，成立了一个以马礼逊的名字命名的教育会，为英国和美国政府有关部门向中国派遣教师提供经费支持，但响应者却寥寥无几。东西方文化的巨大差异和语言障碍，令大多数西方传教士把到中国传教视为畏途。19 世纪中期在广州从事教育的一名传教士曾深感苦恼地说过这样一句话："我们与中国人天天见面，但是互相之间缺少或者没有彼此同情的表现。我们的交往就像两个愚昧无知的哑巴一样，相遇又分手，丝毫不了解对方的精神世界。"①这位传教士的话形象地反映了西方传教士在华传教的艰难之处。

直到 1839 年 2 月，才有美国耶鲁大学和纽约神学院的毕业生塞缪尔·布朗(Samuel Robbins Brown)在几位教授的竭力鼓动下，带着新婚妻子来到澳门，筹办学校。

经过大半年的筹备，1839 年 11 月 4 日，一所由外国人开办的、专门招收中国儿童入学的学校——马礼逊学堂正式开学，塞缪尔·布朗任校长。当时全校只有 6 名学生，都是男生，年龄最大的 15 岁。学生全部住校，免收学杂费，并由校方提供食宿和衣物。

对中国学生来说，他们在马礼逊学堂所学的知识，是在传统的

---

① 钱春泰：《司徒雷登：一个美国传教士梦想的破灭》，李庆余主编：《11 个美国人与现代中国》，安徽大学出版社，1998 年，第 185 页。

私塾里从未接触过的。在这所学校里,学生们除了上中文课外,还要学英语、历史、代数、几何、物理、化学、地理、生理等课程。马礼逊学堂通过开设这些课,全面而系统地向中国学生传播和灌输西学,使他们对不断发展中的西方先进的科学文化有所了解。后来,塞缪尔·布朗还常利用回国的机会,把学习成绩优异的学生带到美国留学,开创了中国学生赴海外留学的先河。耶鲁大学的第一个中国自费留学生容闳,就是随着布朗夫妇到美国去的。作为耶鲁的高才生,容闳后来成为积极倡导在中国推行新式教育的著名维新派人物。在他的建议下,清朝政府于1870年开始正式向美国选派留学生。中国近代第一位著名西医黄宽也曾随布朗夫妇赴美留学。

1840年爆发的鸦片战争使西方传教士的在华活动发生了根本的转变。鸦片战争失败后,清政府与西方列强英美法等国签订了《南京条约》《望厦条约》和《黄埔条约》一系列不平等条约。这些条约中的一项重要条款就是为西方传教士提供在中国居住、建教堂和传教的自由。从此,教会活动完全合法化。为了辅助传教工作的进行,西方传教士,特别是美国传教士们,在广州、上海、福州、宁波这些通商口岸城市陆续创办了一些出版物、西医医院和识字班。之后,一些识字班又逐步扩大为小学。

从根本上讲,传教并不仅仅是教义的传播、民族精神和社会文明的外拓,而是始终和政治保持着密切的关系。

19世纪后半期,基督教作为西方文化的核心,不但在与欧洲有着深厚血缘关系的美国文化中得以保留,而且得到新的发展。美国独特的地理位置、社会环境和人们对精神生活的需求为基督教注入了重视个人力量,强调社会组织,个人通过日常生活中的德行获得灵魂的拯救,上帝通过世俗社会表现其威力等新的内容。美国基督教以其强烈的现世性和社会使命感,使教会不再是一般意义上的宗教场所,而成为占主导地位的社会和文化机构。同时,美国经济的迅速发展也使传教成为美国对外显示其国力、宣传其精神、表现其成就的手段。因而,从 19 世纪 50 年代开始,美国各基督教团体在中国开办的教会学校越来越多。当时比较有影响的有美国公理会于 1853 年在福州开办的格致书院、美国北长老会于 1860年在上海开办的清心书院、美国圣公会传教士裨治文的夫人于1864 年在北京开办的贝满女塾、美国长老会传教士狄考文(Calvin Wilson Mateer)于 1864 年创办的山东蒙养学堂和美国长老会于1867 年在杭州开办的育英学校等。

教会学校的开办为中国知识分子提供了一条了解和掌握西方科学和先进技术的渠道,从而得到中国近代史上著名的启蒙思想家魏源的肯定和支持。魏源在他主持编撰的《海国图志》一书中,提出了"师夷之长技以制夷"的著名口号,为"西学东渐"、洋务运动和维新思潮奠定了理论基础。

虽说宗教向异域的传播历来是伴随着殖民主义的对外扩张而发展的,但西方传教士的传教活动客观上也为长期接受封建传统教育的中国人打开了一个借以瞭望世界的窗口,给中国带来了近代新闻、出版、教育、医院及图书事业等种种文明;为古老的中国社会生活和文化生活带来了动荡与不安,同时也注入了新的因素和活力。当中国的广大民众在清政府闭关自守政策的限制下,没有正常的渠道与世界交往的时候,传教活动在相当长的时间里,成为中西文化交流和在中国本土"西学东渐"的主要乃至唯一的通道，并与中国近代的改革事业结下了不解之缘。

司徒雷登的父亲就是在美国教会学校兴办初期的1868年来到中国的。

从司徒雷登的父亲开始，司徒家族的传教足迹跨过太平洋，从美国来到中国，时间长达81年。在此期间，司徒雷登有四个亲人的尸骨都埋在了中国。

司徒雷登的父亲约翰·林顿·司徒(John Linton Stuart)是司徒家族在美洲大陆的第五代传人。其家族执着于教育和传教事业的传统对司徒雷登的父亲产生了深刻的影响。

约翰·林顿·司徒生于1840年，从28岁来中国传教开始，直到1913年在杭州病故，他的大半生都是在中国度过的。约翰·林顿·司徒作为美国南长老会派驻中国的传教士，总共在中国生活了45年。

约翰·林顿·司徒21岁毕业于美国宾夕法尼亚州的肯塔基中央学院，先当了四年教师，后又进入普林斯顿神学院学习了三年。在神学院学习时，他就立志将来去国外传教。1868年，他一

**司徒雷登之父约翰·林顿·司徒**

毕业就接受美国南长老会海外执行委员会的派遣，与另外两个同伴一起来到中国的杭州传教。他们是美国南长老会派往中国的第一批传教士。

司徒雷登父母在杭州
传教的天水堂教堂

1873年,约翰·林顿·司徒因病回美国休养期间,经美国南长老会海外部执行干事约翰·雷登·威尔逊(John Leighton Wilson)博士的介绍,结识了后来成为他妻子的玛丽·霍顿。当时玛丽是一所私立女校的校长,这所在美国已颇具声望的私立女子学校是玛丽自己创办的。玛丽·霍顿以前的未婚夫是一位海军军官,不幸在战斗中阵亡了。未婚夫的死讯使玛丽·霍顿对平静的生活感到厌倦。她渴望投身一种全新的冒险生涯。当认识了约翰·林顿·司徒之后,她被这位传教士在中国的种种经历深深地吸引住了,不顾家人和朋友的反对和一再劝告,毅然决定嫁给约翰·林顿·司徒,并随他一同远赴中国,献身于传教事业。

1874年夏天,约翰·林顿·司徒与玛丽·霍顿结婚。蜜月刚过完,司徒夫妇便一起来到中国的杭州。司徒夫妇与其他美国传教士一道,住在杭州城北武林门内美国南长老会出资建造的一片住宅里。此地是杭州的贫民集居区,紧靠农村。牧师们以住地周围的贫穷百姓和附近村里的农民为传教对象,在这个地区盖了一座教堂和一所学校。

在适应了新生活后不久,对办学抱有浓厚兴趣的司徒夫妇便先后开始筹建新的学校。约翰·林顿·司徒开办了一所男子学校,他的夫人则凭着她在美国多年的办学经验,创办了中国的第二

**司徒雷登父母在杭州的故居**

所女子学校,并亲自担任校长的职务。后来,这所学校被并入杭州有名的基督教协和女校。

1876年6月24日对司徒夫妇来说是一个重要而值得庆贺的日子。因为在这一天,他们的第一个儿子降生了。为了感谢美国南长老会海外部执行干事约翰·雷登·威尔逊博士对他们的媒妁之恩,司徒夫妇为他们的长子起了同样的名字——约翰·雷登(司徒雷登)。

后来,司徒夫妇在中国又陆续生了三个儿子:戴维·托德、沃伦·霍顿和罗伯特·柯克兰。其中最小的儿子罗伯特·柯克兰7岁时因病死在中国。除了偶尔回美国休假外,司徒夫妇后来一直默默无闻但却意志坚定地献身于传教事业。

司徒先生(约翰·林顿·司徒)病故后,司徒夫人(玛丽·霍顿)就搬去与司徒雷登同住,直到1924年83岁时在燕京大学司徒雷登的家中去世。司徒夫人在中国居住了50年。她去世后,司徒雷登按照中国人的习惯,把母亲的遗体送回杭州,安葬在父亲和弟弟的墓旁。

**司徒雷登在杭州为父母扫墓**

司徒雷登的大弟戴维·托德从美国的一所医学院毕业后也回中国做了传教士,后来又以传教士的身份在苏州博习医院当外科医生,直到1909年在苏州打猎时,因枪走火意外身亡。他的遗体被父母接回杭州安葬。

司徒雷登的二弟沃伦·霍顿在中国长到15岁才回美国读书。他在耶鲁大学拿到博士学位后,于1910年返回中国,先后在杭州大学和南京金陵神学院担任教授,直到1927年才离开中国。他在中国生活了32年。

司徒雷登(左三)和他的父母及三位胞弟

司徒雷登的妻子艾琳·罗德·司徒随司徒雷登在中国生活了22年,因体弱多病于1926年6月在北京病故。她去世那天正是燕京大学新校园建成搬家的日子。她的灵柩下葬在新落成的燕京大学校园旁的燕大公墓里。她是这个公墓里的第一个安息者。

## 二、加入美国学生志愿传教运动

尽管传教几乎成为司徒家族的世袭职业,但在中国出生的司徒雷登从少年时代起就对当传教士产生了逆反心理。

在司徒雷登的记忆中,杭州是美好的,但传教士的生活却是令人生厌的。

幼年的司徒雷登并没有多少朋友。一个金发碧眼的儿童在土生土长的中国孩子心中无疑被视为异类。他在主日学校倒是有几个经过家人精心挑选的中国玩伴。可一旦放了学,他和弟弟们就只能在教会的院子里玩耍。因此,在周末随父母出游对司徒兄弟们来说,就像过节一样令人兴奋和难忘。杭州城美丽的自然风光给司徒雷登留下了深刻的印象。

直到晚年,司徒雷登仍然能回忆起童年时在杭州城四处游玩的情景:

> 我记得,我们当时经常进行郊游,在杭州秀丽的湖光山色中徜徉。春天,漫山遍野盛开着杜鹃花。我们举行野餐,采摘草莓。夏天,我们到山里阴凉的古庙里避暑。当时,对我们这些孩子来讲,那是极富诱惑力的探险。①

尽管如此,司徒雷登自懂事后,一直不喜欢传教士的生活。同许多传教士家庭一样,司徒雷登兄弟接受的是基督教的教育。祈祷几乎成为这个家庭每日必不可少的功课。稍大一些以后,司徒雷登也常跟着父亲到街上去布道。可是,每当他看到围观的老百姓只是对他们的衣着和外表感兴趣时,他对父亲传教效果的评价便大打折扣。

1887 年,司徒夫妇在中国传教 13 年后,首次带着孩子们回美

---

① John Leighton Stuart, *Fifty Years in China—The Memoirs of John Leighton Stuart*, *Missionary and Ambassador*, New York: Random House, 1954, pp. 14—15. (该书的中文译文参考了由北京出版社于 1982 年 4 月内部发行,程宗家翻译、刘雪芬校对的《在华五十年——司徒雷登回忆录》,下同,不再一一注出。)

国度假。这一年,司徒雷登已经 11 岁了。在美国最初一段时间的生活,使少年的司徒雷登大受刺激。

首先是与同年龄的美国孩子相比,从小在中国长大的司徒雷登兄弟们显得格外孤陋寡闻。对许多别的孩子司空见惯的事物,如火车,他们却一无所知,并因此招来别人的嘲笑。他们还常常因为穿着打扮的过时及语言的古板被人看不起。特别是当司徒夫妇为了引起人们对去中国传教产生兴趣,让男孩子们穿上中国的服饰并用中文唱圣歌时,在众目睽睽之下,少年的司徒雷登常常感到无地自容。

为了使孩子们能够接受正规的美国学校教育,司徒夫妇回中国时,把司徒雷登和他 9 岁的大弟弟戴维留在亚拉巴马州莫比尔城的姨母家读书。司徒雷登成为一所公立学校五年级的插班生。

姨父和姨母把他们视为己出,在生活上关怀备至,但却用长老会的严厉教规对他们进行管束。每逢星期日,司徒雷登和弟弟都要放着电车不坐,步行几里路,穿过市区,到城市另一头的教堂去做礼拜,并要将整个周日的下午花费在背圣经和唱圣歌上。更令他们伤心和不能容忍的是,由于父母是传教士,他们被告知禁止跳舞和去戏院看戏。看到表兄妹们无拘无束、自由自在地享受生活的乐趣,司徒雷登兄弟俩的心中真不是滋味。

所有这一切,都使司徒雷登在感情和自尊心受到严重伤害的同时,加深了他对传教士生活的厌恶和鄙视。

整整用了五年多的时间,司徒雷登才真正摆脱了往事的阴影,成为一个正常的美国孩子。

司徒雷登在莫比尔城姨父母家读初中时,上的是一所私立男中。那时,私立男校被认为是供有钱人的子弟和那些被公立学校开除的坏学生上学的地方。与大多数孩子一样,他把上学当成灾难,从来不知道用功为何物。晚上回到家也很少做作业。这期间司徒雷登还没有完全从来自中国的可怕印记中摆脱出来,性格孤僻、不大合群。他唯一的爱好就是看小说。

1892 年 9 月,年满 16 岁的司徒雷登被家人送到千里之外的弗吉尼亚州夏洛茨维尔市(Charlottesville)上大学预科。这也是一所私立学校,但却是当时美国南方最好的一所私立学校,是附属于弗吉尼亚大学的一所预科学院。这所学院的名字叫潘托普斯(Pantops)。

潘托普斯学院的校址原是美国总统杰弗逊的故居,建在一个山坡上,从校园里看出去,拉皮丹河(Rapidan River)河岸的秀丽风光尽收眼底。

潘托普斯学院的学生不多,但所有的学生都是经过严格挑选的。这里的老师素质很高,对学生也很负责任。虽然潘托普斯学院也有着相当严格的宗教校规,但这些校规对于司徒雷登在莫比尔所受的宗教约束来说,不知道要轻松了多少。司徒雷登很快就适应了新学校的生活。

潘托普斯学院的院长是一位能干而称职的院长。由于院长夫人的三个兄弟都在中国做传教士,所以他们对司徒雷登的到来给予热情的欢迎,并经常关照他。在这所学校里,没有人会因为司徒雷登在中国出生和长大而嘲笑他,这使他彻底忘记了过去的不愉快,可以轻松平等地与同学交往。

当地宜人的气候和良好的学习环境,特别是心情的平静和愉悦,激发了司徒雷登的学习热情。他开始对拉丁语和希腊语产生了兴趣。他的学习成绩也开始明显上升。到第一个学年结束的时候,他的考试成绩名列榜首,并因此获得了一枚金质奖章。

在潘托普斯学院学习的一年里,司徒雷登虽然对基督教仍然不能释怀,但却能够坦然面对了,并逐渐养成了一定的宗教习惯。这对他的一生产生了深刻的影响。

司徒雷登在潘托普斯学院只上了一年学,便在老师的介绍下,于1893年9月转入汉普顿-悉尼学院(Hampden-Sydney College)二年级读书。

汉普顿-悉尼学院曾经是美国历史上最好的一所大学。被誉为"美国宪法之父"的詹姆斯·麦迪逊(James Madison)是这所学院的创始人之一。该学院的许多毕业生在美国政府中身居要职,其中包括1位美国总统、30位国会议员、8位州长、20位大学校长和院长等。

汉普顿-悉尼学院有着很浓的宗教色彩。学院把《圣经》作为每个学生的必修课,并设有外国传教班和传教士图书馆。其目的就是要把学生培养成虔诚的基督教徒。这一教育手段对司徒雷登后来回中国传教产生了重要的影响。

司徒雷登是汉普顿-悉尼学院最年轻的学生之一,入学时只有17岁。

在汉普顿-悉尼学院的大学生活给司徒雷登留下了一段非常美好的回忆。那时,他的考试成绩总是名列前茅。在那里,他还和同宿舍的特林克尔(E. Lee Trinkle,后于1921年当选弗吉尼亚州州长)成为形影不离的好朋友。司徒雷登常到特林克尔家去做客,共度圣诞节。他们两人之间的友谊持续了一生。

司徒雷登在汉普顿-悉尼学院学习期间,正是美国历史上著名的学生志愿赴海外传教运动如火如荼开展的时期。

19世纪后半叶,伴随着美国经济的迅速发展,许多美国人,特别是青年人对急剧变化的时代和纷杂混乱的物质世界产生了困惑,从而对精神生活重新产生渴望和追求。

1886年,美国长老会牧师毕尔逊(Arthur T. Pierson)出版了一本名为《传教的危机》(*The Crisis of Missions, or the Voice Out of the Cloud*)的书,指出美国的传教事业已经处在危机之中,美国的基督教徒们需要精神上的复兴,并用极富煽动性的语言,呼吁青年教徒与"尘世间的俗务、邪恶、唯物主义、自然主义、怀疑主义及无神论进行斗争"[①]。在书中,毕尔逊还用大量的篇幅阐述了教会应该如何在拜金主义盛行、肉欲横流和强权外拓的帝国主义时代实行自我改造,解决自身和社会的危机等问题。

毕尔逊的书成了当年的畅销书。书中的许多观点引起了读者的强烈共鸣,并在大学生中产生了巨大的感染力。各大学的学生们纷纷行动起来,一些鼓动和策划大学生赴海外传教的宗教性组织应运而生。其中发展较快、影响力最大的是"基督教青年会"。

司徒雷登走进大学校门时,正是基督教青年会在大学生中特别活跃的时期。司徒雷登不仅成为该组织的积极成员,后来还担任了汉普顿-悉尼学院基督教青年会的会长,而且一干就是三年。

1894年,司徒雷登在校刊上发表了一篇文章,题目是《生活的

---

① Arthur T. Pierson, *The Crisis of Missions, or the Voice Out of the Cloud*, New York: Robert Carter and Brothers, 1886, p. 281.

一课》（"The Lesson of Life"）。这篇文章表达了成年后的司徒雷登对传教事业的赞同。

1896 年，即将从汉普顿-悉尼学院毕业的司徒雷登遇到了一个令他十分烦恼的问题。

招募传教士是基督教青年会的主要工作。司徒雷登的家庭背景和个人经历，使他成为当然的最佳人选。但令大家不解的是，司徒雷登本人却对当传教士缺乏应有的热情。童年时代从父亲当传教士的经历中获得的印象，及少年时期所遭受的心灵上和情感方面的打击，使司徒雷登在相当长的一段时间里对去海外布道产生了本能的反感。尽管在汉普顿-悉尼学院所受的教育使他从理论上并不反对传教，但他本人却一点也不想去重蹈父母的覆辙，把大好年华浪费在异国他乡。出身于教育世家对他产生的影响，远远超过宗教的召唤。他的理想是到弗吉尼亚大学和约翰·霍普金斯大学去继续读书，或者去德国进修，毕业后当一名教师，在讲坛上度过自己的一生。

可是按照基督教青年会的规定，凡是不愿去海外当传教士的会员，必须说出不去的理由。这个规定使司徒雷登极端苦恼，知道自己无法回避眼前的问题，必须做出选择。

就在司徒雷登左右为难的时候，他在潘托普斯学院念书时最敬仰的老师丹尼（Denny）先生接受聘请，要去华盛顿与李大学任教。对司徒雷登来说，没有比这更好的消息了。在丹尼先生的举荐下，司徒雷登如愿以偿地实现了他的愿望，在获得了汉普顿-悉尼学院授予的文学学士证书后，到母校接替丹尼先生的职务，当了一名教拉丁文和希腊语的教师。

正是这段当教师的经历,对他几十年后重返讲坛,进而成为燕京大学校长起到了重要的作用。

司徒雷登在潘托普斯学院的教师生活只持续了三年。

弗吉尼亚大学离潘托普斯学院很近,而当时司徒雷登的两个弟弟正在该大学读书,这使司徒雷登自然而然地成为这所大学的常客。司徒雷登的大部分闲暇时间都是在弗吉尼亚大学度过的。通过弟弟们的介绍,司徒雷登在弗吉尼亚大学结交了不少朋友。

就在司徒雷登在潘托普斯学院就职的第二年,他大学时的同班同学波洛克·吉尔莫(P. Gilmour)成了他的同事和朋友。波洛克·吉尔莫是个虔诚的基督徒。他和司徒雷登常在一起就一些有关基督教的问题进行讨论。他对教师的职业并不像司徒雷登那么热心,只教了几个月的书,就进入附近的协和神学院(Union Theological Seminary)攻读神学,准备将来做牧师,去国外传教。

在波洛克·吉尔莫的影响下,特别是又参加了两次基督教青年会召开的动员学生积极投身海外传教运动的大会之后,司徒雷登的思想逐渐发生了转变。在他的内心深处,传教士已不再是个会引起他人耻笑的职业,而几乎成为英雄的代名词。这一时期的思想变化对司徒雷登来说是至关重要的。

在回忆这一段思想转变过程时司徒雷登写道:

> 在我教书的那一段时间里,我曾在两个夏天参加了基督教青年会和学生立志海外传教运动在马萨诸塞州诺斯菲尔德城召开的大会。人们在那些会上对宗教信念所表现出的不屈不挠和为之献身的精神,给我以莫大的触动。……那两次会上所阐述的宗教信念与我过去所熟知的那一套古板而枯燥无

味的信念截然不同。耶稣成了青年们崇拜的偶像和理想,而不仅仅被当做一种神学的体现者了。①

1899年秋天,司徒雷登辞去了在潘托普斯学院担任的教师工作,成为协和神学院的一名学生。但即使在这个时候,司徒雷登对将来是否要做个传教士仍没有拿定主意。他之所以进神学院,根本的原因主要是对基督教的信仰,而不是出于义务。

协和神学院从院长到教授无一例外全当过牧师,而且都是其中的佼佼者。培养出更多的、忠于职守的接班人,是他们在神学院就职的唯一目的。司徒雷登从他们身上汲取了不少做人的准则。

协和神学院有许多与宗教有关的社团组织。"传教士研究社团"(The Society of Missionary)便是其中之一。这个社团把世界著名的福音书作者约翰·莫特(John Raleigh Mott)所写的《这一代人的福音传播》(*The Evangelization of the World in This Generation*)作为本社团的教科书,并经常组织从海外回国的传教士到学校做报告。

一位在印度传教的牧师利用回国休假的机会,为学生志愿赴海外传教运动做巡回报告,来到协和神学院。当时司徒雷登恰好是学生会的会长,因此由他负责接待这位牧师。牧师在做完报告临告别时,握着司徒雷登的手,问他个人对当传教士有什么想法。司徒雷登无法正面回答这个问题,但他深知对此他已不能继续保持沉默了,他必须做出自己的选择。

---

① John Leighton Stuart, *Fifty Years in China—The Memoirs of John Leighton Stuart, Missionary and Ambassador*, New York: Random House, 1954, p. 26.

在回忆录中,司徒雷登毫不遮掩地记下了他当时的犹疑和彷徨。

那天,司徒雷登彻夜未眠。他无法想象自己怎么还能再次回到中国,去过那种现代遁世隐居者的生活,和父母一样,忍受种种烦恼和困苦。他深知那将与他在弗吉尼亚过的令人愉快的生活有着天壤之别。但与此同时,他也陷入深深的自责中。他明白作为一个基督徒,应该摒弃物质的诱惑,为信仰和精神的升华而做出牺牲。在信仰的驱使下,已经有数以千计的大学生们奔赴亚洲和非洲各国去了,别人能做到的事情,自己为什么就做不到呢?难道自己就不能为了信仰放弃舒适的物质生活的诱惑吗?果真如此的话,自己还有什么脸面去动员和说服别人参与海外传教运动?①

经过一夜的辗转反侧,司徒雷登决定把一切交给上帝来安排。他觉得既然上帝已经赋予每个基督教徒传教的使命,如果教会需要,他就应该义无反顾地响应上帝和教会的召唤。

第二天,当司徒雷登把自己的决定告诉好朋友后,感到心情比以往任何时候都轻松和满足。抉择的艰难反倒使他犹如获得了新生。他开始以高昂的热情,投身于声势浩大的学生志愿赴海外传教运动。

1902 年 2 月,司徒雷登和另外三名同学被选为协和神学院的代表,到多伦多出席第四次学生志愿赴海外传教运动国际大会。出席大会的各方代表约有一万人,其中有近三千名各院校的学

---

① John Leighton Stuart,*Fifty Years in China—The Memoirs of John Leighton Stuart*,*Missionary and Ambassador*,Random House,New York,1954,pp. 28－29.

生。罗伯特·斯皮尔(Robert E. Speer)博士在大会上做了题为《教堂的丰富资源》("The Abounding Resources of the Church")的演讲。

斯皮尔在演讲中特别指出,英国正在南非发动的战争以及美国三年来在西班牙和菲律宾进行的战争所耗费的金钱,足以维持两万名传教士在国外工作几十年。他援引日本为例,认为1860年以来的明治维新就是在西方文明和基督教的影响下进行的,所以基督教是唯一能为现代文明提供道德支持的宗教,这一丰富的道德资源不应该被忽视。他强调,基督教事业是全世界道德和权力的最高体现,并呼吁大学生们积极投身这一事业,到国外去传教。[1]

斯皮尔的发言,给司徒雷登留下了极其深刻的印象。回到学校后,司徒雷登在杂志上发表文章,祝贺这次大会在促进海外传教运动方面所取得的共识和成功。

## 三、重回中国

1902年夏季,司徒雷登从协和神学院毕业,成为一个专职的教会工作人员。他与同屋好友莱西·莫菲特(Lacy Moffett)和另外一个神学院的毕业生一道,负责为美国南长老会派驻海外的传教

---

[1] See Yu-ming Shaw, *An American Missionary in China: John Leighton Stuart and Chinese-American Relations*, Harvard University Asia Center, 1992, p. 17; or see *World-wide Evangelization: The Urgent Business of the Church*, New York: Student Volunteer Movement for Foreign Missions, 1902, p. 220.

士筹款。他们学习美国基督教北长老会和北公理会的做法,发起了一个"前进运动"——在南方各地为海外传教做宣传,发展组织,募集经费。

从 1902 年 5 月到 1904 年 10 月底,司徒雷登和两个同伴为"前进运动"工作了两年多。在此期间,他们不仅没有任何报酬,就连少得可怜的活动经费也是由几个经商的教徒赞助的。尽管工作条件如此艰苦,他们依然取得了相当可观的成绩,从 307 个教堂和 27 个人那里获得了共计 16.9 万美元的捐款。通过这两年多的实践,司徒雷登积累了许多开展宣传、组织和行政管理方面的经验。更为重要的是,这些工作激发了他从事冒险性活动的热情,并使他最终对传教士的职业有了彻底的认同。

然而,也正是在这两年当中,司徒雷登第一次卷入了宗教界政治斗争的旋涡。

当时,司徒雷登和他的同事以及一部分海外归国的传教士在与海外传教士执行委员会秘书切斯特(S. H. Chester)博士打交道的过程中,产生了很多矛盾和冲突。切斯特根本不重视传教士的工作,对"前进运动"也缺乏应有的支持和鼓励,因而引起了司徒雷登和许多传教士的不满。1904 年 5 月,他们联名要求切斯特辞职。这一举动,使原本就对司徒雷登等人有看法的切斯特等海外传教士行政委员会里的工作人员十分恼火。双方的矛盾进一步激化了。切斯特谴责司徒雷登和他的同事是整个事件的煽动者和诽谤者,是间谍。一些支持切斯特的人竟然还把"前进运动"的成功归功于切斯特的个人才能。这自然又引起了司徒雷登等人更为强烈的不满。海外传教士行政委员会不得不举行代表大会,就切斯特的去留问题进行投票表决。最后,切斯特以 83 票支持,58 票反对的结果保住了自己的位置。[①]

这是司徒雷登第一次尝到在宗教政治斗争中失败的滋味。对于刚刚离开校门、涉世不深且对宗教派别之间的斗争一无所知的司徒雷登来说,这一失败给他带来的打击是显而易见的。这也是促使他下决心到中国传教的一个重要原因。司徒雷登希望用离开美国,中断"前进运动"这样的行为表示对切斯特等的强烈不满。

当然,这场派别间的政治斗争并没有以司徒雷登的退出而结束。十多年后,切斯特等人对司徒雷登在中国传教的言行发起了新的攻击,从而引发了闻名全美国的宗教派别之争(对此争论,将在后面详加论述)。

1904 年夏,司徒雷登和莱西·莫菲特准备实现他们在从事"前进运动"时许下的诺言——到中国去做传教士。他们积极做着行前的准备。

同年 11 月 17 日,在远赴中国之前,这两个好朋友一起在新奥尔良举行了婚礼。巧的是他们的新娘也是一对志愿献身海外传教事业的同胞姐妹——艾琳(Aline Rodd)和凯瑟琳(Catherine Rodd)。她俩的两个妹妹后来也都做了传教士,一个去了中国,一个去了非洲。

同父辈一样,蜜月刚过,两对夫妇就一同启程前往中国。

1904 年的圣诞节,司徒雷登一行搭乘的轮船在上海靠岸。他的父亲和母亲专程从杭州赶到上海,迎接两对新人。

---

① Yu-ming Shaw, *An American Missionary in China*: *John Leighton Stuart and Chinese-American Relations*, Harvard University Asia Center, 1992, p. 19.

　　除夕那天,司徒雷登携妻子回到了阔别近 18 年的杭州城。这是相隔 16 年后司徒全家人的第一次团聚。司徒雷登的好友莱西·莫菲特夫妇则被布道团派去苏州工作。

　　司徒雷登回到中国之时,正逢中国的多事之秋。那时,清王朝的封建统治正在不可避免地走向衰败,中国老百姓因庚子年八国联军的烧杀抢掠而害怕与洋人打交道,而中国的许多仁人志士和青年又比以往任何时候都更渴望学习西方的科学知识。

　　在浙江,老百姓与洋人之间经常发生矛盾和冲突。就在几个月前,杭州发生了一起美国海关工作人员强奸中国妇女的事件,引起了当地老百姓的愤怒,有人还在城里张贴了反美标语。司徒雷登的父亲恰好负责处理这起强奸案。不久,湖州地区的传教士又因土地问题与当地人发生纠纷,遭到老百姓的围攻。有的县衙门则对信奉基督教的中国老百姓进行惩罚,等等。

　　当时在中国,美国南长老会与其他西方列强的教会组织一样,有自己的势力范围。南长老会的两个传教区就分布在浙江省的北部和江苏省的南部一带,共负责约 500 万人口的传教工作。而那时这个地区的外国传教士约有 50 人,另有 100 余名本地的工作人员。

　　总的来看,传教工作的开展收效并不大。南长老会自 1867 年建立两个传教点开始,经过几十年的努力,花费了 500 多万美元,才建了 12 所中心教堂和 27 所小教堂,还在杭州建了 7 所初中、2 所寄宿学校和 1 所女子高中,另外仅培养出 3 名中国传教士。[①]

　　在司徒雷登的眼里,杭州给他的印象与儿时相比并没有多大

---

　　①　Yu-ming Shaw, *An American Missionary in China*: *John Leighton Stuart and Chinese-American Relations*, Harvard University Asia Center, 1992, p. 22.

的改观。除了如诗如画的秀丽山水依然使他流连忘返外,对父亲的传教成果他嗤之以鼻。他用"碌碌无为"这四个字作为对其父一生的评价,并由此对自己的选择产生了一些动摇。

可是,司徒雷登的这种犹疑和彷徨,很快就被他对学习中国话的兴趣冲淡了。在他看来,"汉语似乎对所有的语言爱好者都有一股强烈的魅力"①。在美国读书的 18 年中,司徒雷登儿时的一点汉语底子几乎全忘光了。但杭州方言所特有的轻快悦耳的音韵和丰富的表现力,仍然使他着迷。他当然更明白,精通汉语也是他的职业对他的要求。司徒雷登开始全力以赴攻读汉语。

就在这一年(1905 年),清朝政府废除了科举制,使兴办新式学校形成风潮。在华的各国传教士对创办教会学校的兴趣也更为浓厚。为了发展江浙一带的教会学校,避免重复和浪费,北长老会所属的华南布道团和南长老会所属的华中布道团共同组建了一个长老会联合教育委员会,司徒雷登被任命为该委员会的秘书。这个任命,给司徒雷登增加了许多了解各国传教士在中国兴办教育的情况的机会。

生在中国、长在中国的儿时经历,对司徒雷登学习汉语和与中国人打交道很有利。教会的所有中国传教士、教师和雇员都没把他当外人。司徒雷登很快就有了许多中国朋友,这使他的汉语会话能力大大提高。这期间,司徒雷登被任命为区域牧师,他的工资由华盛顿长老会发放。

通过与中国老百姓的交往,司徒雷登的汉语水平提高得非常

---

① John Leighton Stuart, *Fifty Years in China—The Memoirs of John Leighton Stuart*, *Missionary and Ambassador*, New York: Random House, 1954, p. 35.

快,他的中国话(准确地说应该是杭州方言)已经讲得非常地道了。同时,他还能用宁波话、上海话和苏州话与人交谈。渐渐地,司徒雷登完全适应了在中国做传教士的生活,并从中找到了乐趣。他甚至在考虑是否就这样度过自己的一生。他认为作为传教士,他将会比他的父辈们取得更大的成功。

从 1906 年开始,当语言已不再成为与中国老百姓交流的障碍时,司徒雷登被派到杭州城以北广大的乡村地区传教。他所负责的曹家桥教堂在城市边上,每周有 25 名信徒来做礼拜。此外,他负责的区域还包括 50 个村庄和 208 名基督徒。这一地区也恰恰是他的父母曾经住过和负责传教的地区。在父母的指导下,他学会了如何主持教会的活动,也学会了如何先与中国老百姓交朋友,然后再向他们传播基督教教义的方式方法。

同年 2 月 5 日,司徒雷登的独生子约翰在杭州出生。

1907 年,为了体会一下在中国办教会教育可能会遇到的问题,司徒雷登在自己负责的教区办起了《圣经》学习班,除了研读《圣经》外,还向学生传授社区服务的知识。学习班每期两周,每班 30 至 50 人,学生自备口粮。

1908 年 2 月,司徒雷登发表了一篇题为《传教士与中国人民》的文章,集中表述了他近三年来在中国当传教士的感受和他对解决中国问题的看法。

在司徒雷登的眼里,中国是一片环境脏乱、土地贫乏的国度。他认为有相当一部分中国人"丑恶、不诚实、贪婪和缺乏道德"[1],同

---

[1] Yu-ming Shaw, *An American Missionary in China：John Leighton Stuart and Chinese-American Relations*，Harvard University Asia Center，1992，p. 25.

时又对中国老百姓的忍耐力表示钦佩和赞赏。

司徒雷登在叙述了中国人希望学习西方文明,使中国走向现代化的强烈愿望的同时,提醒读者看一看日本经济发展之后的情况,他担心中国一旦强大起来,将可能对世界其他国家造成威胁。

司徒雷登认为基督教和中国文化并非不相容。他担心中国在寻求进步的过程中,会以损害文化遗产为代价。他指出为了对上述问题防患于未然,就必须使中国基督教化,并试图让他的传教士朋友们认识到,他们目前在中国所从事的事业是在"创造一个国家"。[①]

司徒雷登的上述观点与阿尔弗雷德·马汉(Alfred Mahan)的"黄祸"论(Yellow Peril)有许多一致的地方。阿尔弗雷德·马汉也认为使中国基督教化是西方阻止"黄祸"出现的最有效的方法。当然,司徒雷登并没有像阿尔弗雷德·马汉那样,称中国是一个野蛮的国家。他赞成许多美国宗教领袖在19世纪90年代提出的观点,即在中国推行西化和基督教化在本质上是一致的。

司徒雷登的《传教士与中国人民》一文,是他在中国传教的思想定型的一个重要标志。在以后相当长的一段时间里,无论是传教还是从事教育活动,他都是以这些思想观念为出发点的。

出乎司徒雷登预料的是,他的传教士生活实际上只持续了不到三年的时间。

1907年,为纪念西方牧师入华传教100周年,在华的各国传教

---

① Yu-ming Shaw, *An American Missionary in China: John Leighton Stuart and Chinese-American Relations*, Harvard University Asia Center, 1992, p. 25.

士召开了一个"百年纪念大会",并在会上通过了成立"教育总会"的议案,把在中国兴办中等和高等教育列为 20 世纪教会在华工作的重点,同时呼吁各派别的教会组织团结起来,联合创办学校。

美国南长老会和北长老会在华传教的历史也将近有 100 年。经过总结,他们认识到基督教之所以在中国的发展十分缓慢,其主要原因就在于外国人传教很难被普通的中国老百姓接受,而中国又没有自己的高级神职人员。因此,积极培养中国本地的高级教会工作人员就成为当务之急。于是,这两个教会组织决定在南京联合创办一所神学院,并为这所神学院取名为金陵神学院。在确定神学院教师人选时,他们想到了司徒雷登,认为他是一个非常合适的人选,并向他发出了邀请。

接到邀请后,司徒雷登对是否接受新工作感到为难。

从本意上说,当教师曾一度是他的理想,而且大学毕业后,他也曾有过教书的经历,现在去神学院等于是重操旧业,相信一定能够胜任新的工作。然而,经过三年多的努力,他已经完全适应了传教士的生活,并从中找到了乐趣。如果让他马上放弃手头的工作,换一种生活方式,还真有点儿舍不得和不适应。考虑再三,他决定还是暂时维持现状比较好。

可金陵神学院没有因为他的推辞而作罢,一再向他发出邀请。在左右为难之际,司徒雷登把决定权交给了他所属的布道团。他要让布道团的同事们为他的去留做出表决。结果除一人外,与他共事的传教士们几乎众口一词地赞成他到金陵神学院去当教师。既然人们都认为他更适合当老师,他只好服从集体的决定。

司徒雷登以后的命运就这样由别人替他决定了。

1908 年夏,当金陵神学院正式开办之际,司徒雷登把家搬到南京,在神学院经文注释系主持《圣经·新约》的教学和研究工作。

就在这一年,孙中山领导的资产阶级民主革命组织同盟会在中国的南方连续策划和发动了六次武装起义。孙中山为同盟会提出的"驱除鞑虏,恢复中华,创立民国,平均地权"的宗旨越来越得到中国各阶层人民的认同。清王朝的封建统治已陷入穷途末路的境地。

1908 年 11 月,光绪皇帝和慈禧太后在两天里相继去世。慈禧在临终前,指定醇亲王载沣未满四岁的长子溥仪登基,载沣任摄政王,掌管朝政,光绪的皇后隆裕晋升为皇太后,垂帘听政。一时间,原本因革命党频繁发动武装起义而早就动荡不安的政局,陷入更为混乱的状态。对中国国情日趋了解的司徒雷登敏锐地觉察到"革命的意识已经弥漫全国,人们在进行着秘密活动,并不断遭到清室的镇压"[①]。

当然,此时的司徒雷登还无暇参与中国的政治,刚开始的新工作和新生活,占据了他的全部时间与精力。

对司徒雷登来说,南京的教师生活远比在杭州乡下布道要紧张得多。初创时期的金陵神学院各方面条件都比较差,加上学生的知识水平参差不齐,给教学带来许多困难。司徒雷登既要组织教学,给学生上课,又要不断用新的知识充实自己,还要分担一些系里的其他杂事,忙得不亦乐乎。尽管如此,他依然没有忘记抽出时间学讲南京话。每到一个地方就积极学习当地的方言,几乎成

---

① 　John Leighton Stuart, *Fifty Years in China—The Memoirs of John Leighton Stuart, Missionary and Ambassador*, New York: Random House, 1954, p. 102.

了司徒雷登的一大爱好。他深知只有会说当地话,才能更好地与当地人交往的道理。而在中国待的时间越长,他在语言方面的天赋就越是突出地表现出来。

司徒雷登除了在金陵神学院执教外,还经常到附近的金陵大学参加一些宗教研究小组的活动,或给学生们上《圣经》课。与在美国一样,司徒雷登成为基督教青年会的积极分子,经常应邀参加青年会召开的各种科学报告会、讨论会和其他社交活动。在公开场合,司徒雷登总是尽可能说中文。他的汉语日渐纯熟。

# 第二章　在辛亥革命的硝烟中徘徊
## （1908—1918）

## 一、传教理念的转变

司徒雷登在南京一住就是 11 年。

从 28 岁回中国到四年后走上金陵神学院的讲坛，司徒雷登已经步入中年人的行列。尽管作为一名神学院的教师，他所教授的课程离不开神学、教会史和《圣经》等宗教内容，但他的身份却已经由一个纯粹的基督教传教士，转变为一名有影响的教育工作者。这为他日后主持创办燕京大学，进而成为一位享誉中外的教育家打下了良好的基础。

与此同时，随着在中国生活和工作时间的推移，司徒雷登的传教理念也在逐步发生新的变化。

司徒雷登在金陵神学院执教的时期,正是基督教在中国发展的鼎盛时期。据不完全统计,从 1901 年到 1914 年,在华的外国传教士由 1500 人增加到 5400 余人,中国的基督教徒也由 1901 年的 8 万多人增加到 1918 年的 35 万人。

大量新教徒的加入,使各教会组织认识到培养中国高级神职人员的迫切性。

南京金陵神学院,司徒雷登曾在此任教 11 年

在司徒雷登看来,金陵神学院与他的母校协和神学院之间的差距不仅仅在于教职人员数量的不足,更在于其学生素质的低下。

在美国,只有读过大学的学生才能进神学院学习,而且相当多的神学院学生都毕业于美国名牌大学。可是在 20 世纪初的中国,科举制刚刚被废除,西方式的高等教育尚处于起步阶段,大学毕业生如凤毛麟角,再加上中国老百姓中信奉基督教的人本来就不多,所以像金陵神学院这样刚成立的学校,根本不可能有大学毕业生来这里学习。

据司徒雷登回忆,当时金陵神学院高年级学生的知识水平只相当于新式的高中,低年级学生的知识水平只相当于一般的私塾,也就是比小学略高一些。①

面对这样一些知识水平参差不齐的学生,教师授课的难度之大可想而知。

司徒雷登感到最棘手的问题是:在教学中怎样既能激发知识水平较高的学生的强烈求知欲,同时又不超出层次较低的学生的理解能力,使各类学生都能接受。为此,他依照中国古代教育家孔子"因材施教"的原则,根据学生的水平和需要设计了一套教学方案。这样一来,他所负责教授的《新约圣经》便成为既实用又浅显易懂的一门功课。

每天,司徒雷登都要给学生上四个小时的课程,其他时间除了备课以外,还要安排一些时间学习南京的方言,并阅读有关的教学参考资料。

由于教书和在农村布道是性质完全不同的两种工作,为了搞好教学,司徒雷登不得不花费大量的精力用来学习新的知识。他收集了许多有关资料,并像一个探险家一样怀着浓厚的兴趣,在《新约》经文、历史和哲学的海洋里遨游。几年下来,他的学识有了长足的进步。

当他终于适应了金陵神学院的教书工作之后,他开始尝试着为一些基督教组织办的杂志撰写文章,宣传宗教信仰,并为《国际传教评论》(*International Review of Missions*)和《教务杂志》

---

① John Leighton Stuart, *Fifty Years in China—The Memoirs of John Leighton Stuart, Missionary and Ambassador*, New York: Random House, 1954, pp. 40—41.

(*Chinese Recorder and Missionary Journal*)等刊物撰写专论,阐述他的传教理念。

为了方便中国学生学习希腊语的《圣经·新约》,司徒雷登在教书之余编写出版了两本书,一本是《新约希腊语初级读本》,一本是《希腊语-英语-汉语辞典》。这本辞典得到中华基督教协进会会长、著名的基督教人士诚静怡博士的高度评价,在神学院使用了许多年。

此外,他还与同事陈金镛一起合作撰写了一部三卷本著作《圣教布道近史》。

在金陵神学院,司徒雷登的生活过得充实而愉快。

与前些年相比,随着对中国民情了解的加深,司徒雷登的传教观念同其他一些在中国长期居住过的传教士一样,发生了明显的变化。这期间,他曾被卷入宗教派别的斗争旋涡之中,由一个传统派的传教士,逐渐转变为现代派传教士的代表人物。

自基督教产生以来,在神学理论上历来存在着保守主义和自由主义之争,教徒们也由此分为保守和自由两大派别,1910 年以后,这两个派别又被称为传统派和现代派。宗教理论的形成往往受到当时特定的历史环境的制约,所以越是在社会发生急剧变革的时期,不同派别之间有关神学理论的争论就越激烈。

进入 19 世纪以后,随着自然科学的不断发展,人类在探索自然界方面取得了惊人的发现,从而对诸如"上帝创造世界和人类"这样的基督教教义造成了巨大的冲击。大多数在神学理论上持保守主义观点的人把科学视为洪水猛兽,把崇尚科学的人视为异教徒,大加排斥和打击。而持自由主义观点的人则比较能够接受科学的发展,也能与坚信科学的人和平相处。因此,如何看待科学便成为两派争论的焦点。

美国的基督教自由派就是在这一时期产生的。与保守派死抱着一成不变的宗教理论所不同的是,自由派们更强调上帝的内在性。他们认为,只要每一个宗教形式或派别之间都怀有一种共同的宗教感情,彼此之间就可以相容;不应以信仰上帝的外在形式决定一切,而应对造成不同信仰的历史和文化原因予以理解。

在海外传教的问题上,自由派和保守派的争论也表现得十分明显。在中国的传教士也受其影响,同样分为保守派和自由派两个阵营。

在从 19 世纪中叶到 19 世纪末的近五十年里,在华的外国传教士都把在中国传教看作“白人的责任”,并相信武力是使中国进一步打开大门的有效方法。如英国传教士亚历山大·宓吉(Alexander Michie)在他 1892 年出版的《中国和基督教》(*China and Christianity*)一书中写道:“我们西方国家对中国负有道义上的责任。她并未追求我们,而是我们追求她;她并未把她的宗教或政策强加于我们,而我们则强加于她。在这种关系中,正义的责任应该在强者一方,并通过他们将自己的意志施予弱者。”[①]这使基督教成为西方列强侵略中国的赤裸裸的理论和思想武器。

到 20 世纪初,许多教会人士开始对传教事业与经济扩张和使用武力的关系提出疑问。如著名神学家亨利·丘吉尔·金(Henry Churchill King)就曾指出:“经济扩张和宗教扩张是相互影响的两

---

① Alexander Michie, "Preface," *China and Christianity*, Boston: Knight and Millet, 1900, p. viii.

个不同的事物。当两者关系倾向于经济扩张一边时,就会损害宗教的发展。"尽管他也认为在东方传播西方文明是一件好事,但西方借助武力把文明引入东方"显然违背了由此引进的这种文明的基本原则",并预言"西方早晚要为自己的压迫行为遭受惩罚"。①

亨利·丘吉尔·金的观点当时得到许多在华传教士,特别是一些对中国有所了解的传教士的认同。

这一时期,在华传教士传统派(即保守派)和现代派(即自由派)的分歧还体现在教会教育的指导思想上。

司徒雷登在华传教的头十年,正是在华传教士的教育思想发生变革的时期。

由于传统派历来把传播福音、发展更多的人信奉基督教看作教会的首要任务,认为传教士的责任第一是布道,第二是布道,第三还是布道,因此他们把传教视为办教会学校的唯一目的,认为教会学校的任务就是"以宗教作为教育的核心"。于是,他们把宗教课程和做礼拜列入学生的必修课,并把发展教徒数量的多少作为衡量传教成绩的首要标准。

而现代派在办教育时,更多的则是注重培养学生的人道主义精神和为社会服务的技能。

当时现代派教育家的代表人物、上海圣约翰大学校长卜舫济(Francis Lister Hawks Pott)曾在1917年召开的中华基督教教育协会董事会第三届年会上,以大会主席的身份做了一个题为《我们

---

① Henry Churchill King, *The Moral and Religious Challenge of Our Times*; *The Guiding Principle in Human Development*; *Reverence for Personality*, New York: Macmillan, 1915, pp. 344—348.

工作的目的》的报告。他在报告中指出:

> 培养有用的公民乃是我们与政府办的学校的共同目的。我们应当成为政府学校的辅助机构,帮助政府完成这个目的。[1]

现代派认为教会学校的基督教特点主要应表现于它的精神和目的,而不应只看其宗教课程开设的多少及是否一定要强制学生做礼拜等形式。鉴于许多教会学校的宗教课程和礼拜仪式已变成枯燥的例行公事,甚至引起学生的反感,现代派主张减少宗教必修课的数量,通过学校的气氛和教师的人格力量,用基督教的精神感染学生。

现代派传教士的另一个代表人物詹姆斯·丹尼斯(James S. Dennis)在1897年出版的题为《基督教与社会进步:关于外国传教的社会学研究》(*Christian Missions and Social Progress:A Sociological Study of Foreign Mission*)一书中,系统地阐述了现代派更注重传教社会效果的观点,即:传教的目的绝不仅仅是为了拯救个人,而是为了促进整个社会的进步。他以自己在中国的所见所闻为例指出,传教士在中国不但要布道,还要消灭诸如女人裹小脚、男女不平等之类的恶习。

而丹尼斯的观点在传统派看来是绝对不能接受的。

对传教目的看法的不同,导致了传统派与现代派在选择传教方式上存在着明显的差异:传统派不顾基督教文化与当地文化的严重冲突,强调必须用基督教文化取代当地文化;而现代派则主张

---

[1] 转引自陈景磐编:《中国近代教育史》,人民教育出版社,1979年,第257页。

对不同的文化应更多地给予理解和尊重。

1900 年,美国现代派神学家威廉·牛顿·克拉克(William Newton Clarke)在他所著的《基督教传教研究》一书中谈到这个观点时特别指出:中国目前的社会人文环境是两千多年历史的沉积,因此不可能完全用西方的基督教文明去取而代之。西方传教士可以将基督教"移植"到中国,但以后如何发展则是中国人自己的事情。[1]

当时,许多对中国国情比较了解的在华传教士也发表过类似的看法。如美国传教士、东吴大学校长安德森(D. L. Anderson)在 1909 年召开的"中华教育会"第六届大会上,做了一个题为《教会学校与政府的教育体系的联系》的演讲,特别强调了基督教教育应"中国化",应尽量与中国传统文化相结合。他说:"基督教教育的成功是与保留儒家的好的和真的东西分不开的……基督教不是反对中国过去圣人所传的真理,而是完成它。"[2]

在如何看待中国人担任教会工作人员方面,两派的态度也截然不同。

保守派以保持教会的纯洁性及中国的教会工作人员尚不成熟为理由,反对让中国人在教会组织中担任领导职务。而现代派却不这么看。他们认为,基督教的传播之所以在中国发展缓慢,与教会组织的领导层中缺乏中国人有直接的关系。

在分析西方传教士的那一段历史时,人们都把司徒雷登看作

---

[1] William Newton Clarke, *A Study of Christian Missions*, New York: Charles Scribner's Sons, 1900, pp. 50—60.

[2] 转引自陈景磐编:《中国近代教育史》,人民教育出版社,1979 年,第 257 页。

现代派传教士教育家的代表人物。对他在南京金陵神学院任职期间的立场，司徒雷登自己是这样评价的：

> 一个在神学院里就职的人，不可避免地会遇到诸如保守主义还是自由主义，是正统派还是现代派的争论。按我所受的教育和与教会的关系来看，我是属于前者的；可是，由于我对后者抱有同情心，再加上经过客观的研究之后，我便对后者的见解持支持的态度。[1]

可见，当时司徒雷登实际上是处于一种左右摇摆的状态。从感情和理论上来说，他是属于保守派的，但是从他的一些言行上来看，他的传教理念已经不同于保守派，而是与现代派如出一辙了。

例如在如何看待外国传教士在中国传教的目的上，司徒雷登并没有像保守派传教士那样眼光只盯着如何使不信上帝的人能够信奉上帝，他更看重的是中国潜在的发展前景。

如在《圣教布道近史》这本书中，司徒雷登特别指出在中国传教应注重的两个问题：第一是要拯救受苦的中国人；第二是要用足够的时间去训练他们掌握一定的工作和谋生手段。

再如1915年，司徒雷登在美国长老会第四次平信徒传教大会上做关于中国问题的讲演时，首先指出的不是中国有多少人不信基督教，而是其在国际事务中将发挥的作用。例如他谈道：

> 中国有四亿人口，在未来世界所发生的事件中，他们必须被考虑进去。……他们的人口还在增加，在形成本世纪和下

---

[1] John Leighton Stuart, *Fifty Years in China—The Memoirs of John Leighton Stuart, Missionary and Ambassador*, New York: Random House, 1954, p.44.

个世纪的历史上,他们将产生巨大的、很可能是决定性的影响。①

对于教会学校的办学目的,司徒雷登的看法更是与现代派基督教教育家的观点完全一致,他在担任燕京大学校长时,使这一观点在理论和实践两个方面达到了统一。

司徒雷登一向认为,一个人对某些事物的看法和其学术研究的见解与他的宗教信仰是两回事。在宗教团体内部,根本没有必要把因受本人学识和环境影响所产生的不同意见当作违反宗教信仰来大加反对和干涉。

司徒雷登的这一观点又恰恰与早期自由主义所持的理论不谋而合。他自称他的这种观念早在他在弗吉尼亚协和神学院念书时就形成了,但由于他对老一辈教友的信仰和品行抱有本能的尊重,加之相处久了彼此之间有了感情,所以总能使不同教派间的紧张关系得到缓和。

在金陵神学院,尽管教职人员普遍接受的都是传统的教义,但仍然遭到南长老会苏北教会那些顽固坚持认为自己才是"最纯粹"的传统派神学立场的人的批评和怀疑。那些人甚至对神学院的成员逐一进行调查。有些教职员仅仅因为对持不同神学观点的人采取了容忍的态度而一再遭到责难。由于司徒雷登从中做了不少工作,并坚持以平等和友善的态度对待每一个人,从而使神学院内部人员之间始终保持着一种相互信任的和睦关系。

---

① John Leighton Stuart, "Facing the Situation in China," Addresses Delivered at the Fourth General Convention of the Laymen's Missionary Movement, Presbyterian Church in the U. S. Held in Charlotte, Feb. 16−18, 1915.

但是,司徒雷登并没有因为他的"中庸"而摆脱教会的派别斗争。他的许多与现代派异曲同工的言论,成为保守派用以反对他的武器,并使他在就任燕京大学校长之后,陷入一场激烈的宗教派别斗争。有关的情况将在本书的第四章中详加论述。

## 二、司徒雷登的宗教教育观

经过在金陵神学院几年的教学实践,司徒雷登逐步形成了一套自己的宗教教育观。他把许多观点写进了他编撰的《圣教布道近史》一书中。

《圣教布道近史》是司徒雷登在金陵神学院任职期间完成的一部重要著作。这本书由司徒雷登口述,陈金镛执笔,于 1910 年完成,并于当年 9 月在上海用中文刊印出版,1916 年 8 月再版。

《圣教布道近史》全书共分初、中、下三编。

初编有五个章节,分别论述了基督教在印度(附锡兰和缅甸)、暹罗、东南亚诸群岛、日本、朝鲜等地的传播历史。

中编有四个章节,论述了基督教在西亚细亚(包括土耳其、阿拉伯等地)、中亚细亚、非洲和大洋洲的传播史。

下编有三个章节,论述了基督教在中美洲、北美洲、拉丁美洲和欧洲(附法国和西班牙)的传播史。

在这本书中,司徒雷登除了详细叙述了基督教在世界各地的传播历史外,还对传教运动的起源、发展过程、现状及未来发展趋势做了论述。在书中,司徒雷登也阐述了许多他本人对传教事业的看法和建议,集中展现了他的宗教教育观点。

　　首先,司徒雷登断定现代科技的发明、国际贸易、福音传播和基于基督教国际精神的改革,都是即将到来的理想王国的特征。他借用儒家的"大同主义"来描述基督教所要达到的最高境界。他同时指出,"普及福音固为基督教唯一之目的"①,强调只有通过基督教的传播,才能使这个目标得以实现。

　　司徒雷登认为他所处的时代,是基督教在全世界广为传播并最终得胜的时代,并深为传教士肩负的使命而自豪。但他认为,尽管如此,作为传教士,仍应怀有远大的抱负,不断有所进取,才能在福音广为传播的前提下使社会得到改良,使国与国之间和平相处。因此,他这样写道:"……今日之担任布道者,实为立于剧烈之战场,争存竞进,不可不以劣败自凛,优胜自勉,非然者,不第圣教未及之处,难期开拓,即圣教以及之处,亦将停滞。"②

　　在书中,司徒雷登还对历史上几个大国企图征服和统治世界的做法进行了不同的评价。他指出:

　　　　虽然中国古圣人有言曰:大道之行,天下一家,中国一人。但是所谓天下者,不过指东亚一隅,其教化的魅力虽亦稍稍旁及于韩日,究未能流行于欧美。亚历山大有着吞并四海,囊括天下之大志,及战胜三洲,功盖当时。但也只是身死国裂,英雄一世。罗马帝国大有雄视天下之心。但所谓天下者亦不过地中海滨之诸国,且专恃权势之倾轧,压迫人民,故外侮迭垂,

---

① 司徒雷登:《圣教布道近史》,陈金镛译,中华基督教青年学会全国协会书报部,1916年,第3页。
② 同上书,第18页。

内乱频作,造成罗马分崩离析。①

用儒家的概念去描述和诠释基督教教义是该书的一大特点。司徒雷登没有把儒学看作宗教,他本人甚至很欣赏儒家的学说,常常把儒学和基督教结合起来,并给予较高的评价。司徒雷登试图以这种方式来唤起受儒家思想熏陶长达两千年之久的中国老百姓对基督教的理解和接纳。

该书在褒扬儒家思想的同时,对佛教和伊斯兰教进行了批评。

司徒雷登认为,佛教始祖释迦牟尼虽怀有"普济众生"的观念,但佛教"道邪而不正,旨杂而不纯"②,加之释迦牟尼"救世"学说的本质就是"逃避",即告诫人们逃到来世中去。这一学说不仅忽视了人类在当今世界奋斗的成果,也抹杀了人类与非人类的根本区别。这也是佛教难以被世界广泛接受的原因所在。

在谈到伊斯兰教时,司徒雷登写道:"至于穆罕默德者,尚力不尚德,其教与势并进,自必与势并退。"③

作为基督教的忠实信徒,司徒雷登抨击佛教和伊斯兰教的做法和观念与其他传教士没有什么不同。

司徒雷登对日本人的评价是:"……相见则重视礼貌,对国则热具爱心。然其好游移无定见,轻性命易自尽。"④他认为日本存在着三种宗教,即神道、佛教和儒教。其中神道"为日本帝王之统

---

① 司徒雷登:《圣教布道近史》,陈金镛译,中华基督教青年学会全国协会书报部,1916年,第18页。
② 同上。
③ 同上。
④ 同上书,第67页。

系,出自太阳神,故尊帝即所以尊神"①;"而当佛教势力盛大之时,渐涉国家之政权"②;儒教则"不可以谓教,盖其作用,具政治的,非宗教的"③。

司徒雷登认为在日本传播基督教困难相当大。

在叙述了基督教的道德宗旨之后,司徒雷登指出,基督教的学说是关于世界和平的学说。这一学说的传播更多的是依赖于教徒的努力,而不是靠基督教国家的势力。历史上的许多基督教国家自身已夭亡,而基督教却依然存在于世,是这一观点最有说服力的证明。此外,根据"适者生存"的规律,为了基督教的信仰,传教士们必须加倍努力,为人类创造一个良好的基督教秩序。最后,他还对唯物主义进行了批评,认为那是对人类思想的误导。

在《圣教布道近史》这本书中,司徒雷登用了相当多的篇幅来阐述他对传教事业在中国发展趋势的看法。他认为传教士应当走在中国改革的前列,并且应当对教育倾注更多的热情与关注,使宗教不仅进入课堂,而且进入学生的生活,要向学生证明基督教与爱国主义精神是相一致的。

司徒雷登一直把培养中国高级神职人员视为神学院的重要职责,并为此做了不少努力。他在回忆录中就此事这样写道:

> 我在神学院任教后不久,便对基督教牧师中缺乏大学毕业生一事深为关切,并设法研究其原因和补救办法。经过几

---

① 司徒雷登:《圣教布道近史》,陈金镛译,中华基督教青年会全国协会书报部,1916年,第67页。

② 同上书,第68页。

③ 同上书,第69页。

年的物色,终于高兴地迎来了第一个来神学院读书的大学毕业生,他就是毕业于金陵大学的汉德·李(Handel Lee,即李天铎)。十五年后,他当选为神学院的第一个中国籍院长。[1]

司徒雷登一直认为,中国知识分子的转变才是中国发生根本转变的关键。所以在金陵神学院期间,他始终把工作的重点放在向中国的知识分子传播基督教教义上。那时,有不少传教士都与司徒雷登持相同的意见,并因此发动了一个类似美国学生海外传教运动的中国学生志愿传教运动。司徒雷登是这个运动的热情支持者之一。

1909年,一位担任该运动干事的山东籍传教士丁立美(Tin Limei 的音译)在山东协和学院举办培训班,试图培养出 100 名年轻学生担任传教士。此事在中国引起了轰动。但是当时不少人也指出中国人做传教士有许多困难:一是传教士的收入非常低,难以养家糊口;二是传教士基本上没有什么社会地位;三是由于教堂一般都控制在外国人手里,中国传教士完全依附于外国传教士,其积极性和作用得不到很好的发挥;四是短时间的培训使传教士的理论水平普遍较低。

司徒雷登同意上述的四点分析,并针对这四个问题提出了相应的解决办法和建议。

他强调首先要给中国传教士增加工资,既解决了生活来源问题,又可使他们的社会地位得到提高。这样一来,中国社会的一些

---

① John Leighton Stuart, *Fifty Years in China—The Memoirs of John Leighton Stuart, Missionary and Ambassador*, New York: Random House, 1954, p. 42.

高层人士和富有阶层就可能会对教会另眼看待,由反对转为支持,可取得一石数鸟的成效。为了解决外国人控制教堂的问题,司徒雷登提出可成立一个联合理事会,由同等数量的外国传教士和中国传教士共同参与,这样中国人就不会怀疑这个理事会,还会吸引更多的中国学生来学习,从而节省了外国人的钱。后来司徒雷登在组建燕京大学时,也是以这个原则成立联合董事会的。

司徒雷登认为,传教士在中国的最高目标就是建立国家教堂,而培养出一支本土化的传教士队伍,则是达到这个目的至关重要的条件。这就要求多开设一些专门培养中国传教士的学校。但这些年来,美国教会在培养中国传教士方面的工作进展情况并不理想,甚至可以说是令人失望的。例如在近十年的1171名神学院毕业生中,仅有138人最终选择从事传教士的职业,比例仅为11.8%。

司徒雷登在书中提出的关于培养一支中国传教士队伍的观点,得到了许多教会组织的认同。1913年春,中国志愿传教运动就中国学生为什么不愿当传教士,在国内的26所神学院中做了一个问卷调查。

作为中国学生志愿传教运动的积极支持者,司徒雷登认真阅读了这些调查问卷,并做出总结。他指出,调查的结果表明,学生毕业后之所以不愿从事传教士的工作,其原因主要有三点:第一,对基督教缺乏发自内心的信仰;第二,其他职业比传教士更具吸引力;第三,传教工作困难重重。针对这三个原因,司徒雷登一一提出了解决问题的方法。

以后,司徒雷登几乎利用了一切可能的机会,为加强对中国传教士的培训而大声疾呼。

　　司徒雷登还就提高中国传教士的理论教育水平,提出了许多建议,其中一个重要的建议就是要把已经培训过的学生送到美国去留学,接受人文教育,回国后再让他们从事传教士的工作。

　　司徒雷登的建议和神学教育观点得到大部分在华传教士的理解和支持。1913 年 3 月,司徒雷登应邀出席了中国基督教理论教育特别委员会举行的会议,并在会上进一步阐述了自己的观点。

　　鉴于他对发展基督教教育所付出的努力,1916 年春季,他被选为该委员会的执行主席。

　　1917 年,一份关于中国神学教育的研究报告指出,在神学教育方面,中国至少比日本落后了 20 年。中国目前的神学教育实际上只停留在"圣经学校"阶段。司徒雷登对这种评价深有同感,因此,在金陵神学院的最后两年,他更加强调高质量的神学教育,并就此提出许多建议。

　　如 1918 年,当司徒雷登准备到北京出任燕京大学校长一职时,提出每一个传教士都应该同时承担起召集、招募和培训中国年轻传教士的职责,建议为保证经费的充足,把可用来盖楼房的钱用来培训和招募中国传教士。他甚至建议如果资金不够,可以让一些国外来的传教士提前退休,从而抽出一部分钱用于培训。他的这条建议得罪了不少人。他还多次提到最好能成立一个高质量的、中心式的教育机构,一个或两个一流的神学院,为中国培养出更多、更优秀的高级神职人员。

　　司徒雷登特别强调,改变目前的传教状态,是使传教事业蓬勃发展的基础。他举例说,基督在生命的最后时期,特别注意培养他的弟子,以便在他离开后,他们能够继续完成他未竟的事业。他利用这个例子告诫那些外国传教士们,应当给中国同事留出一些空间,并在离开之前,对这些继承者进行足够的培训。

后来,他在写给中国基督教理论教育特别委员会的一份报告中谈到这个观点时指出:"除非彻底改变观念,聘任通才,提高教学程度,使青年人明白当传教士的重要和这一神圣职责的价值所在与伟大之处,否则我们就不能指望各教会学校的优等生加入传教士的队伍。"①

司徒雷登的这种想法在他就任燕大校长后变得更为强烈。他在另外一篇文章中写道:

> 如果允许我谈个人的想法,我最大的梦想是在燕大建立一所宗教学院。在这里,越来越多的既谙熟本国崇高的文化遗产,又受过西方最好的神学院教育的中国籍教师向本国人民讲授真正的基督教。这种基督教根植于他们自己的宗教体验之上,与20世纪的知识和谐一致,符合中华民族的精神,清除了所有按西方历史环境所做的无用的解释。②

果然,燕大一成立,司徒雷登就在文学院专门设立了神学科,几年之后又单独设立了燕京宗教学院(Yenching School of Religion),并聘请获得美国耶鲁神学院硕士学位、当时在纽约神学院教书的刘廷芳教授回国,出任燕大宗教学院院长的职务。

---

① 司徒雷登:《中华续行委办会特设讨论神学教育委员会报告书》,刘廷芳译,《生命》第1卷,第9、10期合刊,1921年5月。

② John Leighton Stuart, "The Future of Missionary Education in China," *The Chinese Students' Monthly*, Vol. XXI, No. 6, April 1926.

# 三、美联社的特邀记者

司徒雷登到金陵神学院担任教师的第三年,正好赶上辛亥革命爆发。

1911 年 10 月 10 日,以文学社和共进会为主的革命党人在武昌发动了旨在彻底推翻清王朝封建统治的武装起义。半月之内,武装起义的风暴迅速席卷南方各省。资产阶级民主革命的势力迅速壮大,有 15 个省的清朝总督先后发表声明支持武昌起义,并纷纷脱离清政府的统治,成立了革命军政府。清王朝的封建统治处于岌岌可危的境地。

很快,南京便成为革命风暴的中心。江苏都督程德全是革命的支持者。他拒绝向驻守南京的清朝军队提供军火,使其形同虚设,丧失了与革命军作战的能力。

对中国政局一向非常敏感的司徒雷登,在深感震惊的同时,也由衷地为这场革命而激动不已。武昌起义一爆发,他就向美国报道了这条消息,并密切关注着南京局势的变化,随时把在南京的所见所闻向美国做详细的报道。在报道中,司徒雷登也谈到了自己对这场革命的看法。他称辛亥革命是中国的"独立战争",希望美国人能像看待美国"独立日"那样对待中国的革命。他写道:我们国家的诞生,特别是我们进行革命的经历、所确立的制度和我们的华盛顿,都已成为今天中国革命要实现的理想。①

———————————

① John Leighton Stuart,"Condition in Nanking," *The Missionary Survey*,March 1912,p. 166.

司徒雷登根据观察断定,辛亥革命从一开始就得到中国南方各阶层人民的支持。无论是政府部门的工作人员、军队的官兵,还是学生和普通市民,都为革命的爆发而欢欣鼓舞。他还注意到虽然城里的外国人普遍对革命抱有同情,但一般都持中立的态度。

同世界上任何一个地区一样,革命所导致的最直接的后果是政府的瘫痪和社会的动乱。那些惧怕革命的清政府官员和富商巨贾纷纷携带家眷出逃,引得许多害怕打仗的老百姓也跟着从城里逃到乡下躲避战乱。大部分商店都因此关门停业,只留下一两个店员看门,给抢劫者造成了可乘之机。

尽管每一天都能听到许多新的传闻,局势的变化也一时难以预料,但金陵神学院的日常生活仍然在按部就班地进行。

1911年11月6日,金陵神学院为新宿舍楼工程的开工举行奠基仪式。司徒雷登与学院的其他教职员工一起参加了学校组织的活动。一天的工作结束后,司徒雷登来到大街上观察局势的发展。他凭着一口流利的中国话,通过与路人的交谈掌握了许多新的情况。

同一天,司徒雷登又向美国国内发去了有关报道。

他在报道中说:大约有60%的居民已经逃离了这座城市,有不少人在混乱中趁火打劫,当地的官员几乎放弃了所有使城市恢复秩序的企图,等等。① 他的报道成为远在大洋彼岸的美国人了解中国革命动向的重要途径。

① John Leighton Stuart, "Condition in Nanking," *The Missionary Survey*, March 1912, p. 328.

几天后,南京的形势进一步恶化。一方面,清朝政府委任的南京总督四处派兵搜捕革命党人,滥杀无辜,致使剪掉辫子的人惶惶不可终日;另一方面,当地的军队首领完全倒向革命党一边,拒绝服从清廷下达的围剿革命军的命令,阻止对革命军的围剿。

南京城就像一个火药桶,局部战争一触即发。

11月9日,美国和英国驻南京的领事馆要求所有本国的妇女和儿童迅速从南京撤离。

金陵神学院宣布停课,紧急安排学生、教师和家属疏散。由于许多学生都是革命的同情者和支持者,有的学生早在刚听到革命爆发的消息时,就剪掉了自己的辫子,随时准备声援革命军,所以都不愿意离校。然而为了安全起见,司徒雷登仍然和其他教师一道,动员学生们离开南京,到安全的地方躲一躲,并组织了一个救助委员会,轮流护送学生撤离。

撤离工作持续了十几天,直到学生们全部撤到安全地方之后,司徒雷登才和美国驻南京的领事一起离开南京。几天后,司徒雷登回到杭州父母的身边。此时,他的父亲约翰·林顿·司徒已经是71岁高龄的老人了。

11月24日,中国资产阶级革命领袖孙中山先生结束了在英、法两国的外交斡旋,在阔别祖国十六年之后,从法国的马赛搭乘一艘英国轮船回国。

12月2日,革命军占领了南京。南京城的秩序很快得到恢复。在革命军势如破竹的攻势之下,长江沿岸的各大城市都先后被收复。

12月21日,孙中山安全抵达香港。

12月25日,孙中山乘的轮船在上海靠岸。

12月29日,各省的军政府代表在南京召开会议,正式推选孙中山为中华民国临时大总统,并决定把南京作为中华民国的首都。

1912年1月1日,孙中山从上海乘专列前往南京就职。数千人在上海火车站为他送行。专列在苏州、无锡等沿途各站均受到当地群众的热烈欢迎。整个南京城更是沉浸在节日般的气氛之中。南京市的市民群众为孙中山举行了盛大的欢迎仪式。

当晚十点,临时大总统的就职典礼在南京江苏咨议局礼堂隆重举行。孙中山宣誓就任中华民国临时大总统。

同一天,孙中山发布了《临时大总统宣言书》和《通告海陆军将士文》,阐述中华民国成立的伟大历史意义,号召军队以民族大义为重,支持革命。

一夜之间,南京成为全世界新闻媒体关注的焦点和革命的中心。

鉴于前一阶段司徒雷登不断向美国国内发回有关辛亥革命的报道,美国联合通讯社特别聘请司徒雷登担任该社的战地通讯记者,负责报道中国政局的发展态势。

司徒雷登做梦也没有想到会得到这样的聘请。他意识到这个工作除了将为他的传教士生活增添许多意想不到的色彩外,还可以扩大他的社交圈子,为他创造许多与新政府领导人接触的机会。他非常高兴地接受了这一聘请,立即动身赶回南京。

据邵玉铭介绍,在一份没有注明日期的材料上记载着,美联社的人第一次与孙中山接触时,曾向孙中山推荐了一个英文新闻秘书,但孙中山本人选择的是让司徒雷登来担任这个职务。[1]

在南京,司徒雷登以美联社记者的身份频繁地出席与共和政府有关的各种社交活动,不仅能经常见到孙中山,还结识了不少政府各部门的政要。他就是在那个时期认识了蔡元培、王世杰、王宠惠、周诒春等国民党人士的。那时,约见共和政府成员,了解他们的执政方略,成为司徒雷登每天的主要工作。当他了解到新政府的成员中有相当一部分人都是基督教徒,或至少接受过西方教育时,感到非常自豪。

虽然成立了临时政府,但离孙中山创立一个"民族、民权、民生"国家的目标还差得很远。其表现为:第一,新生政权没有得到国际认可,虽说南京政府成立后曾两次呼吁英、法、美、德、日等列强国予以承认,可都被置之不理;第二,北方的半壁江山还在清廷统治之下,这也是列强国等待观望的重要原因;第三,手中握有重兵的袁世凯不愿向南京临时政府俯首称臣。

1912年2月12日,清朝的最后一个皇帝,年仅5岁的爱新觉罗·溥仪迫于形势发表了退位诏书。统治中国276年的清王朝,终于退出了历史舞台。溥仪的退位,意味着在中国延续了两千多年的封建统治制度被彻底推翻。

然而,中国资产阶级民主革命运动巩固新生政权的斗争才刚刚开始。不久,一场旷日持久的政治风云在中国大地上掀起,司徒

---

[1]　Yu-ming Shaw, *An American Missionary in China: John Leighton Stuart and Chinese-American Relations*, Harvard University Asia Center, 1992, pp. 322—323 Note 15, or see "Some Highlights of Convention," John Leighton Stuart File, Union Theological Seminary, Richmond.

雷登则成为仅有的几个能与政府高层人物直接打交道的外国人之一,也成为这段历史的见证人。

清朝皇帝退位后,袁世凯在北京又组织起一个中华民国临时政府,与南京政府抗衡。为了避免再起内战,孙中山从大局出发,于 1912 年 2 月 13 日提出辞去临时大总统的职务。参议院于 1912 年 2 月 15 日选举袁世凯为第二任临时大总统。

虽说列强对南京临时政府的态度冷淡,可是驻南京的各国外交官对孙中山等辛亥革命的领导人却非常友好,希望彼此间能建立相互信任的关系。1912 年 3 月,也就是在孙中山宣布辞去临时大总统职务的两周之后,南京的外侨联合会与美国和英国的一个俱乐部共同发起,为孙中山和他的家人、内阁部长和他们的夫人们,以及袁世凯在南京的代表唐绍仪举行一个盛大的酒会。司徒雷登以记者的身份参加了这个酒会。事后,他在报道这个酒会时,对孙中山给予了高度的评价。他称孙中山是一位在新政权中享有极高荣誉的政治家,不仅具有卓越的领导才能,还为国家利益做出了无私的奉献。[①]

作为美联社的特邀记者,司徒雷登十分关注中国时局的变化。面对着扑朔迷离、变幻莫测的政治形势,他从一个旁观者的角度,同时也是以一个传教士的独特眼光,捕捉着中国社会生活中的新闻和热点,并及时发回美国。

1912 年 4 月 1 日下午,孙中山召开临时国民议会。在这次会上,孙中山发表了著名的辞职演说,正式宣布辞去临时大总统的职

---

① Yu-ming Shaw, *An American Missionary in China : John Leighton Stuart and Chinese-American Relations*, Harvard University Asia Center, 1992, p.30.

务,让位于袁世凯。当时,司徒雷登是在场的唯一一位外国记者,也是唯一的一个外国人。这是司徒雷登第一次出席中华民国政府最高级别的会议,因而给他留下了极其深刻的印象。事隔四十多年后,司徒雷登在回忆中对这段往事仍然记忆犹新:

> 我是1912年南京召开临时国民议会时在场的唯一一个外国人。在这次会议上,孙博士发表了著名的辞职演说。他说自己久居国外,不能胜任政府的行政工作。因此,他建议,由曾说服清朝皇帝退位的袁世凯就任总统,条件是袁世凯要保证拥护共和。孙博士的建议在他年轻的追随者们的激烈反对和老同志们的担心下勉强通过。事实证明他们的担心没有错,因为袁世凯日后在他家人和朋友的鼓动下,曾想自己做皇帝,只不过没有得逞。[1]

孙中山在会上的讲演和他辞去总统职务的举动,从精神和行动两个方面对司徒雷登产生了极大的震动。他知道孙中山之所以在担任总统四个月后就让位于袁世凯,完全是为了尽早结束南北方对峙的局面,达到全国的统一。

当然,那时的司徒雷登虽然是以美联社记者的身份参加新政府的各项活动,但他骨子里仍然是一个传教士,其观察和考虑问题的立场总是离不开宗教的话题。例如会议之后,司徒雷登在介绍出席会议的人员情况时这样报道:"参加这次临时国民议会的代表90％接受过西方教育,25％是基督教徒,其中包括孙逸仙博士和总

---

① John Leighton Stuart, *Fifty Years in China—The Memoirs of John Leighton Stuart, Missionary and Ambassador*, New York: Random House, 1954, p. 103.

理唐绍仪。"①他认为孙中山是革命现实主义的代表,孙中山牺牲个人利益的行为,是受西方教育所致,更是基督教精神在他身上的充分体现。

孙中山宣布辞去总统职务的当天晚上,南京基督教青年联合会为他和其他出席临时国民议会的代表举行了一个招待会。这个招待会实际上是基督教青年联合会组织的一次宣传活动。他们邀请政府要员们出席晚会的目的在于向他们介绍该组织的宗旨,寻求政府对传教和基督教教育的支持。司徒雷登是这个活动的重要组织者。

孙中山和内阁部长们都出席了招待会。对此,司徒雷登评价说,革命领导人能出席这样的晚会,表明了他们对传教工作和基督教教育事业是同情和支持的。

在担任美联社特邀记者的半年多时间里,司徒雷登撰写了大量有关辛亥革命的报道。其中影响较大的几篇报道为:

(1)《南京的局势》("Conditions in Nanking," *The Missionary Survey*, January 1912, pp. 165—166.)

(2)《亲历南京的战争》("War Experiences at Nanking," *The Missionary Survey*, March 1912, pp. 387—389.)

(3)《革命后的南京与中国》("At Nanking, China, After the Revolution," *The Missionary Survey*, March 1912, pp. 617—618.)

---

① Yu-ming Shaw, *An American Missionary in China: John Leighton Stuart and Chinese-American Relations*, Harvard University Asia Center, 1992, p. 30.

(4)《中国的国民大会》("Meeting of National Assembly of China," *The Missionary Survey*，July 1912，pp. 664—666.)

(5)《为中国总统与内阁举行的酒会》("A Reception to the President of China and the Cabinet," *The Missionary Survey*，July 1912，pp. 672—673.)

1912年秋季,鉴于时局已经比较稳定,南京的各个学校都相继重新开学。司徒雷登回到金陵神学院,继续做他的教学工作。这段当记者的短暂经历使他对中国的政局发生了浓厚的兴趣,成为他涉足中国政治的开端。

从司徒雷登关于辛亥革命的报道中可以看出,当时他对孙中山以及孙中山所领导的南京革命政权是拥护和赞赏的。但是,随着中国形势的变化,司徒雷登的立场也发生了变化,由支持孙中山转为支持袁世凯。

孙中山不顾党内大多数人的激烈反对把总统的位置让给袁世凯,是指望他能依仗手中握有的兵权,支持共和政府,使革命的成果得到巩固和扩大。但事实证明,孙中山对袁世凯的估计是错误的。袁世凯是一个有着极大野心的人。他当总统的目的不是为了支持新生的共和政府,而是为了利用手中的权力,消除国民党在辛亥革命中的影响,建立他个人的封建独裁统治。

袁世凯上台以后,不仅没有履行自己的诺言,支持共和,反倒对南京政府进行大改组,解散了临时参议院,并在短短几个月的时间里,罢免了一大批辛亥革命中当上省长的人。袁世凯的所作所为,使原本就不稳定的政局更为混乱,把新生的共和政府推向濒临垮台的边缘。

1913 年 3 月,袁世凯先是派人暗杀了国民党的主要领导人宋教仁,继而对参加武昌起义的革命党人大开杀戒,从而导致孙中山在忍无可忍的情况下,于当年 6 月领导国民党发起了讨袁的"二次革命"。大权在握的袁世凯立刻派兵弹压。南京在几天之内,成为由黄兴领导的国民党和张勋率领的袁世凯势力交火的战场。而仍然肩负着美联社记者使命的司徒雷登再次"有幸"成为这一事件的目击者。

张勋的军队很快便占了上风,南京遭到战争的洗劫。司徒雷登在报道中详细描述了南京发生的抢劫及妇女遭乱兵奸淫的情况。①

"二次革命"发生后,或在辛亥革命中曾经支持过孙中山,或保持中立的英、法、德、日、美等国政府,都转而支持袁世凯。因为从各国的在华利益考虑,他们不愿意中国发生新的动乱。

尽管司徒雷登曾对孙中山做过极高的评价,但他与在华的其他外国人一样,首先考虑的是本国的利益。加之他那时也很难看清袁世凯当时所扮演的反派角色,而只是被亲眼所见的暴乱和流血所困扰,希望中国能尽快回到法律和秩序中去,并认为只有现任总统袁世凯领导的中央政府,才能最终控制住局面。因此,他也曾写信敦促美国政府支持袁世凯。

司徒雷登认为,共和将要取得最后的胜利。美国有着极大的机会去表明他的同情心。他相信,袁世凯的"共和"会面临许多困难,美国应当帮助中国去达到真正的民主,建立真正的民主政府,

---

① John Leighton Stuart, "The Looting of Nanking," *The Missionary Survey*, January 1914, p. 11.

做到民有、民治、民享。①

从美国政府方面来讲,无论是美国驻北方的代表卫理(Edward T. Williams),还是美国总统托马斯·伍德罗·威尔逊(Thomas Woodrow Wilson)和国务卿威廉·布赖恩(William J. Bryan),都与司徒雷登的观点基本相同。

当时,所有的西方列强都希望中国进行改革,而不是搞流血的革命。

1913年10月,国会正式选举袁世凯为中华民国大总统后,列强先后宣布承认中华民国。

"二次革命"失败后,袁世凯通令各省警备司令部追杀孙中山。孙中山被迫于8月逃到日本,再次过上了流亡的生活。辛亥革命的成果至此完全付之东流。

对于眼前发生的事,司徒雷登做出了自己的评价。他认为孙中山等革命者之所以没有取得成功,其根本的原因在于他们对中国的国情还不是很了解。他认为,在当时的中国,并非所有的老百姓都能够理解什么是政治自由和民主权利。因此,实现民主政府的条件还不成熟。

在司徒雷登看来,袁世凯和孙中山之间最大的区别就在于袁世凯是现实的,而孙中山是理想主义的。他认为维持一个国家的法律和秩序,要靠铁腕而不是靠理想。

司徒雷登的这个观点与美国政府当时所持的观点是完全一致的。1915年12月13日袁世凯在北京做出宣布废除共和、复辟帝

---

① John Leighton Stuart, "The Looting of Nanking," *The Missionary Survey*, January 1914, p. 11.

制的举动,才使司徒雷登如梦方醒,开始对其本质有所认识。

# 四、为美国对华政策进言

在金陵神学院期间,司徒雷登曾利用陪妻子回美国养病的机会,晋见美国总统伍德罗·威尔逊,就美国的对华政策阐述自己的看法。

从1913年下半年起,一些令司徒雷登伤心的事接踵而至。

先是秋天,他72岁高龄的父亲一病不起,半个月后便在杭州病故了。司徒雷登闻讯后赶回杭州,为父亲料理后事。他把在中国从事了44年传教工作的父亲安葬在四年前因意外事故身亡的大弟戴维的坟墓旁,随后将母亲接到南京一起居住。紧接着,他体弱多病的妻子艾琳又因天气转凉而旧病复发,直到第二年夏天也未痊愈。医生建议他们最好能回美国条件比较好的医院治疗,以免病情恶化。

**司徒雷登的儿子及儿媳**

一向埋头于教学和编书工作的司徒雷登早就想有机会回国看看,毕竟离开美国已经有十年了。他决定请假陪妻子回国就医,顺便利用这个机会探亲访友,也可让在中国出生的儿子亲眼看看祖国。司徒雷登把手头的工作向同事们做了交代后,与母亲、妻子和儿子一道,登上了回国的轮船。

1914 年 8 月 1 日,司徒雷登一家回到美国。这是他和妻子去中国当传教士后第一次回国。就在这一天,欧洲爆发了第一次世界大战。

司徒雷登按照医生的建议,把妻子安顿在一所温泉疗养院养病,自己则到附近北长老会所属的一个神学院从事一些研究工作。这个神学院的牧师当时思想都比较解放,领导了美国神学理论现代派的潮流。司徒雷登后来对许多问题的看法与受他们的影响不无关系。

司徒雷登在神学院待了近四个月。新年前,他见妻子的病情基本稳定了,便带着老母亲和儿子回了南方的老家。此时的欧洲大陆,正在进行的战争已经把千百万个家庭投入到了水深火热之中,可在美国,司徒雷登一路上所看见的依然是繁华喧嚣、歌舞升平的景象。人们对大洋彼岸残酷的战争好像毫无反应和感触,似乎世界大战跟美国没有关系。司徒雷登对他所看到的情况感到十分震惊。

在美国休假的司徒雷登,仍然非常关切中国局势的发展。

此时,日本公然向袁世凯政府提出"二十一条"的霸道要求,企图独占列强在中国的势力范围。

第一次世界大战爆发以后,在中国的西方列强分成两个阵营。

8月6日，对哪一方也惹不起的袁世凯政府宣布中立。那时，原本在中国胶州湾驻有军队的德国无暇顾及远东的事情，为了避免胶州湾被英国的同盟国日本占领，国内舆论和德国政府方面都有意把胶州湾还给中国。日本人得知这个消息后发出警告说，如果中国从德国人手中接收胶州湾，日本将视中国自行破坏中立，与德国联盟。袁世凯政府为此不敢采取任何行动。

1914年8月23日，日本对德国宣战，封锁了胶州湾，以进攻青岛为名，向黄县、掖县、平度、莱阳、即墨等地出兵。在这之前，日军已占领潍县，并沿胶济铁路西进，一直打到济南。10月6日，日军占领了济南火车站，大有控制胶济铁路，以至控制整个山东的趋势。11月7日，日军占领青岛。接着，日本政府以解决中日之间的"悬案"为名，向袁世凯政府提出了一系列无理要求。1915年1月18日，日本公使在北京向袁世凯当面提交了这些要求。这就是后来被称为"二十一条"的不合理条约。

在"二十一条"中，日本不仅对中国的东北三省地区、内蒙古地区和山东省等提出了实施特殊权利和兼并的要求，而且还把侵略的触角伸到了湖北、江西、浙江、广东和福建等地。

对于这样一个丧权辱国的条约，中国各阶层人民展开了反对"二十一条"，抵制日货的运动。袁世凯政府派出代表，与日本公使进行秘密谈判，虽一再让步，仍不能使日本满意。

1915年3月，司徒雷登来到首都华盛顿，在第一长老会堂为教徒布道。那一天，美国总统威尔逊也来到这里，出席了司徒雷登的布道会，并发表了演讲。

威尔逊总统是虔诚的基督教徒，他的身世和家庭背景与司徒雷登有许多相同之处。例如,他们都是欧洲大陆移民的后代,祖先都是苏格兰人,而他们在美国的老家又都在弗吉尼亚州。他们都是美国南长老会牧师的儿子,都是在每天做祷告、读《圣经》,星期天到教堂做礼拜的家庭环境中成长起来的。司徒雷登的父亲在中国当了一辈子传教士,威尔逊的父亲则是一位在教堂里担任了四十多年宗教职务的高级神职人员。在大学时代,他们两人都是宗教活动的积极参与者,又都支持海外传教运动。威尔逊虽然因为从政没有当传教士,但对传教事业十分支持。事实证明,这些共同点使司徒雷登和威尔逊总统之间在对许多问题的看法上非常一致。

首先,威尔逊和司徒雷登的神学思想是一致的。他们都认为基督教是改革与进步的同义词,因此,神学理论应更多地强调社会改革和社会服务。威尔逊在 1916 年提出的社会立法的想法,就是源于这一理论。

威尔逊和司徒雷登都对中国的情况非常关心和了解。司徒雷登因为在中国住了几十年,因此对中国的认识比较深刻。威尔逊则是通过有关中国的书籍和一些在中国工作的传教士朋友的来信,不断加深对中国的了解。所以在对中国问题的看法上,以及在处理中国问题的观点上,他们的立场都是相同的。如在选择支持孙中山领导的南京临时政府,还是支持袁世凯政府的态度上,他们的看法相同,都认为共和政府和自治政府不可能在一夜之内建成,而袁世凯是维持中国秩序不可缺少的领导人物,应该得到美国的支持。

那天,司徒雷登的布道给威尔逊总统留下了深刻的印象。在随后发表的讲演中,威尔逊特别对美国传教士在中国的工作给予肯定,认为他们的工作非常有意义,正是他们的不懈努力,才使基督教在中国得以传播,从而导致了人民的觉醒。第二天,威尔逊在白宫召见了司徒雷登,向他询问中国的有关情况,还特别提到了中国和日本之间的关系问题。那时,司徒雷登还没有看到有关"二十一条"的详细消息,仅就中、日之间的一般问题,回答了总统的提问。

几天后,关于袁世凯政府与日本谈判的消息传到美国。看了有关报道后,司徒雷登感到如果中国接受了日本提出的条件,中国将从此处于日本的统治之下,这对美国的在华利益将造成极大的危害。为此,他希望美国政府能出面支持中国抵制"二十一条"。

司徒雷登决定再次晋见威尔逊总统,谈谈自己的看法。为了更有说服力,他约了另外三名在中国当传教士的朋友一块儿向总统办公室提出晋见申请。在等待接见的日子里,司徒雷登于3月24日给威尔逊总统写了一封信,表明他们对中国局势的关注和对日本控制和干涉中国内政的担心。

但令他们遗憾的是,总统没有时间与他们面谈。其实没有时间只是个托词。真正的原因是当时威尔逊总统与威廉·布赖恩国务卿因政见不同产生了裂痕,为了避免矛盾,不想对国际事务独自发表意见,因此安排国务卿约见他们。

司徒雷登向国务卿介绍了他们对日本提出"二十一条"的看法,敦促美国政府应当尽一切可能,帮助中国与日本抗衡,抵制"二十一条"。可是坚持绝对和平与美国自守是国务卿奉行的外交原则,那时他正在为避免卷入战争奔忙,对中日之间的事务没有兴趣,所以并未对司徒雷登等人的建议表明态度。为此,司徒雷登深感失望。

　　1915 年 5 月 7 日,日本对袁世凯政府发出最后通牒,限他们在 48 小时内就"二十一条"给予答复。5 月 9 日,袁世凯以中国积弱已久,无力抵御外侮为理由,接受了"二十一条"中提出的几乎全部条款,并严令禁止国人自发的抵制运动。这一举动,使司徒雷登对袁世凯原先的看法有了改变。

　　1916 年新年过后,司徒雷登带着家人回到南京,继续在金陵神学院从事教学和著书工作。同时,他也在密切关注着中国和世界各地的形势,并对日本在中国的扩张忧心忡忡。他认为在 20 世纪世界和平的历史进程中,中国的利益与美国的利益是相一致的;而日本却是威胁和平的因素,所以希望美国政府对日采取措施。他在给美国国内的朋友写信时,反复强调美国对日持强硬政策的重要性。如司徒雷登在 1917 年 12 月 12 日给美国的朋友的回信中说:"在人类未来的和平当中,什么也没有美国对中日关系的态度重要。美国,也只有美国有能力限制日本在华扩张势力的政策。但如果美国动作得太晚,将失去遏制日本的机会。"[①]

　　就在司徒雷登从美国返回中国的路上,袁世凯在北京宣布恢复帝制。司徒雷登认为袁世凯称帝的行为是犯了一个绝大的错误,这个错误将引发一场声讨他的风暴。但司徒雷登同时还认为,袁世凯是受了那些有私心的官员和他那个有野心的儿子的影响,不得已而为之,所以不应该让袁世凯一个人对这个错误负责。

--------

　　① 　John Leighton Stuart,"My Dear Friends," December 12,1917,Stuart Letter File,Board of World Missions,The Presbyterian Church of the U. S. ,Nashville,Tennessee.

袁世凯复辟帝制的行为加速了自己的灭亡。他在皇帝的龙椅上才坐了83天,就在国内外的一片"倒袁"声中,被迫于1916年5月23日宣布废止洪宪年号,取消帝制。14天后,众叛亲离的袁世凯在北京一命呜呼。

当得知袁世凯去世的消息时,司徒雷登声称这是一个惨痛的教训。他希望中国恢复共和制,并认为中国的未来将因袁世凯独裁政权的垮台而变得更加自由。

近四十年后回忆起这一段历史,司徒雷登这样写道:

> 袁世凯日后在他家人和朋友的劝导下曾经想当皇帝,但没有成功。我认识袁世凯的一个侄女——袁宝琳,她曾把当时上海报纸上登的一些假社论读给我听。这些假的社论主张袁称帝,并使他认为这是"民意"。
>
> 在整个事态的发展中,我得以与那些革命的核心人物保持接触。我坚信孙逸仙先生那时是绝对真诚的,也毫无疑问是大公无私和爱国的,但是他因为离开中国的时间太久而对中国的事情生疏了。但他的影响却使共和政体得以在内战期间保持下来。①

这段文字话虽不多,却道出了司徒雷登曾经所处的矛盾立场和为支持过袁世凯而颇感尴尬的心情。

袁世凯死后,中国政局混乱的程度愈演愈烈。新任总统黎元洪和内阁总理段祺瑞为争权夺利而相互排挤,被袁世凯解散的国

---

① John Leighton Stuart, *Fifty Years in China—The Memoirs of John Leighton Stuart, Missionary and Ambassador*, New York: Random House, 1954, p. 103.

会刚刚恢复,又因他们的矛盾而再次解散。副总统冯国璋与段祺瑞也有矛盾,为保持实力拒不进京。

1917年5月,黎元洪下令免除段祺瑞内阁总理的职务,从而引发了军阀大战。

7月1日,驻守在徐州的军阀张勋乘机煽动清朝的遗老旧臣们扶植溥仪"重登大宝",演出了一场复辟"大清帝国"的闹剧。

7月12日,早就在天津伺机待动的段祺瑞以讨伐张勋为由,率军队进入北京。张勋等复辟派作鸟兽散,黎元洪被迫辞职,冯国璋继任总统,段祺瑞复任内阁总理。

这一时期,中国的名称虽然由"大清帝国"改为"中华民国",政体也在形式上有所改变,但封建思想仍然顽固地在中国的意识形态领域内占有统治地位。清政府的遗老遗少更是不甘退出历史舞台。随着袁世凯称帝、张勋复辟帝制等闹剧的上演,祭天祭孔,尊孔读经的风气一度十分盛行。这些复古运动将给中国带来什么样的命运?司徒雷登做出了"儒教并非挽救中国时局的灵丹妙药;复古运动没有出路"的判断。他在这阶段写给华盛顿中心区长老会的一封信中指出:中国的当权者想利用宗教的形式,通过加强儒家思想的宣传增强民族凝聚力,从而克服革命所引起的社会动荡和失控是不明智的;在中国,无论是政府的法令、仪式,还是教诲,都不能"赋予这种古代哲学以足够的力量解决中国的国家问题"[①]。

后来的事实证明司徒雷登的结论是正确的。在当时那样错综复杂的形势中,许多中国人对眼前发生的事尚且不明就里,如堕五

---

①　John Leighton Stuart，"Confucianism as a State Religion，" March 2，1917，Edward Mack Papers，The Historical Foundation Presbyterian Church，Montreal North Carolina.

里雾中。而司徒雷登作为一个外国人,如果没有对中国社会的真正了解,是很难做出如此准确的判断的。

1918年10月,第一次世界大战接近尾声,司徒雷登从基督教哲学的角度对这场战争做了评论。他认为这次大战是德国军国主义和军事扩张主义与基督教原则之间展开的较量。他把中国人民为第一次世界大战胜利举行的庆祝活动和喜悦心情写信告诉国内的朋友,并不断向美国传递中国人民对美国,特别是对威尔逊总统的好感。

1919年1月,英、美、法、意、日等国举行巴黎和会,中国也派代表出席。会前,美国总统威尔逊向国会提交了他有关战后世界和平的著名的《十四点计划》。在这份文件中,威尔逊提出了建立国际联盟、实现各民族自治、全面裁军、公开外交等道德化的政治原则,为世界和平设计了一幅蓝图。威尔逊总统为此荣获了当年的诺贝尔和平奖。

威尔逊的《十四点计划》之所以能获得诺贝尔和平奖,是因为他从维持世界和平的角度,强调了各国和各民族之间的平等,对侵略战争进行了强烈谴责,并就实现世界和平提出了具体的方案。此外,《十四点计划》还站在殖民地国家的立场上,提出了对殖民地的处理,以及如何照顾各殖民地人民的利益等问题,希望各参会国要相互保证政治自由和领土完整。威尔逊在《十四点计划》的结束语中提出:

> 在我所概述的整个方案里,贯穿着一个鲜明的原则。这就是公正对待所有人民和一切民族,确认他们不论强弱均有权在彼此平等的条件之上,享受自由和安全的生活的公平原

则。除非这一原则成为国际主义的基础,否则国际主义的任何部分均不可能站得住脚。[1]

之后,威尔逊总统又提出关于第一次世界大战最著名的看法,就是:这是一场军事扩张主义与基督教之间的战争。这个观点与司徒雷登对第一次世界大战的看法完全一致。

---

[1]　常冬为编:《美国档案:影响一个国家命运的文字》,中国城市出版社,1998 年,第 474 页。

# 第三章  出任燕京大学校长(1919—1921)

## 一、组建燕京大学的背景与经过

19世纪末到20世纪初,中国的社会和政治生活经历着前所未有的急剧变革。无论是行将就木的清王朝封建统治阶层还是各国在华的宗教团体,都意识到在中国创办新式大学的重要性。就连对"变法维新"深恶痛绝的慈禧太后在残酷镇压维新派的时候,对尚处于襁褓中的第一所国立最高学府——京师大学堂也网开一面,不但允许它继续存在,还始终关注着它建校的进展情况。

当时,在中国已经有半个多世纪办学经验的美国教会,同样把重点放在了兴办大学上。因为他们把使中国"基督化"的希望寄托在中国青年的身上。对发展教会学校一向非常积极的美国传教士狄考文就说过这样的话:

一个受过(高等)教育的人,是一支点燃的蜡烛,未受到教育的人将跟着他的光走。……儒家思想的支柱是受过儒家思想教育的士大夫阶层,如果我们想对儒家的地位取而代之,我们必须培养受过基督教和科学教育的人,使他们能够胜过中国的士大夫,从而取得旧式士大夫所占的统治地位。①

美国传教士史密斯(Arthur H. Smith)从 1872 年起就开始在中国北方地区传教。他根据自己长期与中国社会下层人士打交道的经验,就基督教如何才能真正对中国产生影响发表了新的见解。1901 年,史密斯出版了一本题为《动乱中的中国》(*China in Convulsion*)的书。在书中他指出:西方的各种势力,如军事、政治、经济等都已在中国进行了实验,但都显示出"不适当和毫无希望"。征服中国的唯一办法是利用基督教,因为它可以"在知识上、道德上、精神上给中国一剂新生活的特效药"②。

史密斯特别引义和团运动为例,认为要防止类似运动的发生,最有效的办法是用西方文化来影响和征服中国,而办教育便是传播西方文化最简捷的途径。他的这一见解得到大多数在华传教士的认可。1906 年,史密斯利用回国休假的机会拜见美国总统西奥多·罗斯福(Theodore Rossevelt),陈述了自己的主张。当时美国还有相当一部分人士担心中国的动乱会使美国的在华利益受到损害,史密斯的意见和这些人的担心促使美国总统在 1907 年年底的国情咨文中提出要求,退还中国一部分庚子赔款,用于兴办教育。

---

① Records of the General Conference of the Protestant Missionaries of China，Held at Shanghai May 7—20，1890，American Presbyterian Mission Press，p. 530.

② Arthur H. Smith，*China in Convulsion*，New York：F. H. Revell，1901，Vol. 2，p. 739.

1908 年 5 月 25 日,美国国会批准了罗斯福总统的这个要求。

从上述宗旨出发,同时也为了在办学规模和质量上与中国的国立及私立大学抗衡,在华的教会学校纷纷进行调整和联合,济南的齐鲁大学、南京的金陵大学、杭州的之江大学、广州的岭南大学和武昌的文华大学等一批教会大学相继成立。

由于北京是首善之地,清政府对西方教会的活动控制较严。尽管在京的英美几个基督教会组织也开始酝酿将几所小神学院合并,创办一所规模更大的综合性大学,但这个酝酿的过程历经十数载都没有一个明确的结果。

西方教会将势力推进到北京等北方地区是在英法联军火烧圆明园之后。1862 年,伦敦传教会(The London Missionary Society)在北京开办了第一所男生学校。几个月之后,美国长老会 (The Presbyterians)又在北京开办了第二所男生学校。

但以下三个学校的成立,才是燕京大学诞生的重要前提。

1864 年的一天,苏格兰传教士威廉·博恩斯(William Burns)在北京的大街上收留了三个正跟着母亲沿街乞讨的小女孩。由于他本人每天的生活费仅有 5 美分,每月还要付 40 美分的房租,没有能力抚养这三个女孩,只好把她们交给了刚从上海到北京的伊丽莎·布里奇曼(Eliza J. Bridgman)女士。后者是美国传教士理事会的成员,其丈夫裨治文(Elijah C. Bridgman)就是第一位来到中国的美国基督教传教士,1861 年在上海去世。

伊丽莎女士收留了这三个女孩,再加上另外招收的两个女孩,创办了以她丈夫的名字命名的女子学校。后来,这所学校在美国长老会、英国传教士协会和美以美会妇女海外传教士协会的参与下,发展成为华北协和女子学院。这所女子学院的成立是中国女子高等教育开端的重要标志。[①]

1867 年,美国传教士理事会(The American Board)的江载德(L. D. Chapin)在北京通州开办了一所男生寄宿学校,专门招收基督教徒的子弟。1889 年,该校改名为华北学院,用 1.5 万美元在通州城西南门外约一千米的地方买了 10 英亩(约 0.04 平方千米)土地,盖起一片能容纳 90 多名学生住宿的新校址。不久,在英国传教士协会和美国长老会的共同支持下,该学院得到进一步发展,再次更名为华北协和学院(North China Union College)。

1870 年,美以美会的刘海澜博士(H. H. Lowry)成立了一所仅有一间房屋和三名学生的学校。而这三个学生每天上学的目的,只是为了得到一碗米饭。但六年后,这个学校却发展成一所中等寄宿学校。1885 年,怀礼主教(I. W. Wiley)到访,该校改名为怀理学院,并在第二年增加了医学科。1888 年,福勒主教(C. H. Fowler)来学院视察时做出重大决定,要把该校办成一所大学,并给这所大学取了一中一英两个校名,中文校名叫"汇文大学",英文校名叫"Peking University"(北京大学)。此校名比后来中国的第一所国立大学"北京大学"的英文名称要早二十多年。[②] 按计划,汇文大学要设立六个院系,即人文学院、理学院、神学院、医学院、工学院和预科。到 1892 年,汇文大学总共有 80 多名学生。到 1894

---

① Dwight W. Edwards, *Yenching University*, New York: United Board for Christian Higher Education in Asia, 1959, pp. 4-5.

② Ibid., p. 22.

年学生人数达到了 141 名。[①]

当时,汇文大学在北京城已经有了相当的知名度。光绪在推进戊戌变法之前,几次派人到汇文大学学习。当得知该校物理系实验室里有一台爱迪生牌的留声机时,大臣们坚持要买下来献给光绪皇帝。为了更多地了解西方,光绪决定学习英语。为此,有关大臣还专门到汇文大学寻找英文识字课本,恰巧有一位教授专门从美国为自己的女儿带来一本英文识字课本,就送给了光绪。在百日维新如火如荼开展的日子里,光绪所派的一位太监几乎天天到汇文大学,寻找一些有关天文地理和医学的中文版自然科学书籍运回宫里,供皇帝翻阅。就连该校一位女士的自行车,也被太监买去送给了光绪。可见当时光绪对西方文明的探求已经到了如饥似渴的程度。

教会学校的发展是和教会势力的壮大相辅相成的。当时在北京主要有四个教会组织:总部在纽约的美以美会的外国传教理事会(The Board of Foreign Missions of the Methodist Episcopal Church),总部设在波士顿的美国公理会差会(The American Board of Commissioners for Foreign Missions),伦敦会(The London Missionary Society),以及总部设在纽约的美国长老会外国传教理事会(The Board of Foreign Missions of the Presbyterian Church in the U. S. A. )。

戊戌变法和京师大学堂的成立给这些教会学校带来了冲击,但真正促使它们联合起来的直接起因则是 1900 年爆发的义和团

---

① Dwight W. Edwards, *Yenching University*, New York: United Board for Christian Higher Education in Asia, 1959, p. 21.

运动。

1900 年 5 月义和团攻占北京后,凡与洋人有瓜葛的建筑,如教堂和各国使领馆,首当其冲地成为他们进攻的目标。以培养神职人员为目的的教会学校自然未能幸免。汇文大学和华北协和学院的校舍,也被义和团付之一炬。事后,这两所学校在重建时,曾有过合并的打算,但由于在许多问题上争执不下,直到新校舍落成也未达成一致意见,所以依然各自为政。

在此后的十余年里,两校的四个创办人——美国基督教公理会、长老会、美以美会和伦敦会,曾多次商讨联合办学的事宜,但每逢讨论到学校的名称和校长人选等问题时,双方总是各持己见,互不相让,致使合并的事情几经周折、起起落落,终因矛盾太大,难以融合而不得其果。

直到 1916 年 6 月 3 日,在一些热心人士的一再协调下,几个教会组织总算达成协议,在纽约和北京分别成立托事部和校董事会,负责解决联合办学的有关事宜。主持汇文大学和华北协和学院校务工作的传教士们,重又坐到谈判桌旁,再次把两校合并的问题列入议事日程。

谁知一年过去了,联合办学的事依然没有实质性的进展。其矛盾的焦点主要集中在给新学校取名和选址的问题上。由于汇文大学从刚成立时起,就一直用“Peking University”为其英文的校名,新学校筹建时,暂任代理校长的前汇文大学校长刘海澜博士[①]坚持新校要保留“汇文”的中英文名称,并提出要在紧靠着原汇文

---

①　刘海澜从 1894 年开始在汇文大学任校长一职达 23 年之久,1917 年从汇文大学校长的位置上退休,任燕大的代理校长。

大学校址的地方建新校园。这个提议自然遭到华北协和学院方面的强烈反对。

其实,用当时的标准来衡量,无论是汇文大学还是华北协和学院,都只能算是一般的"小神学院"(此是司徒雷登的原话,作者按)。晚于这两所学校成立的京师大学堂,于辛亥革命后,改名为国立北京大学,并正在迅速发展。相比之下,这两所"小神学院"的各方面条件都相去甚远,根本算不上真正意义上的大学。但这两个学校的负责人又都十分自负和固执,为给新学校取名吵得不亦乐乎。

对此,司徒雷登在他的回忆录中这样写道:

> 在传教士们正为他们自己的校名争执不下之际,一所中、英文都叫作"北京大学"的国立大学已经创立,并很快蜚声中外。……两个教会团体之间妄图把理应属于中国人的北京大学的校名安在他们默默无闻的小小大学头上的争吵,实在令人好笑,因为那些中国人正在使这一名称成为他们国家的知识源泉。①

面对陷入僵局的谈判,暂任代理校长的刘海澜一筹莫展。在回天无术的情况下,他只得把矛盾上交给设在纽约的托事部②,由

---

① John Leighton Stuart, *Ffifty Years in China—The Memoirs of John Leighton Stuart, Missionary and Ambassador*, New York: Random House, 1954, p. 51.

② 燕大纽约托事部从 1916 年重新组织工作,到 1945 年与其他一些机构成立联合董事会为止,共存在了近三十年。托事部的历任主席为:约翰·塞弗伦斯(John L. Severance,1916 年在任)、威廉·梅里尔(William P. Merrill,1917—1920 年在任)、路德·威尔逊(Luther B. Wilson,1921—1926 年在任)、富兰克林·华纳(Franklin H. Warner,1926—1932 年在任)、乔治·巴赫(George G. Barher,1933—1939 年在任)、亚瑟·戴维斯(Arthur V. Davis,1940—1945 年在任)。担任托事部主席的既有主教和牧师,也有商界的人士。

他们来做评判。

孰是孰非,托事部也难以做出令人折服的判断。

在总结了以往的经验后,托事部成员一致认为,只有重新任命一位与汇文大学和华北协和学院都没有任何关系的人担任新校的校长,才有可能打破僵局,使濒临夭折的联合办学计划得以继续实施。

消息传出,托事部不断收到各种人物寄来的推荐信,而这些信中数举荐司徒雷登的人为最多。其中不乏资深的传教士和海外传教运动的元老。

1917 年,学生志愿运动的领袖罗伯特·斯皮尔在信中谈及新校长人选时这样写道:

> 依我的判断,司徒雷登是北京大学(当时燕京大学的英文名称)的最佳人选。实际上,南京神学院倚重方殷,我们原不该放他离开那里。只是北京的职位久悬,使我们不得不有此一议。司徒雷登深切了解中国,于在华传教士中对于中国青年最具影响力,而且才华出众,思想开朗。中外人士都心仪其人。①

同年,基督教青年会国际协会副总干事、中华基督教青年会第一任干事白乐门(F. S. Brockman)也给予司徒雷登高度的评价:

> 司徒的才具足以领导任何教会的教育机构。他生于中国,此事其他同僚望尘莫及,中英文运用自如,而且深谙中国

---

① 转引自韩迪厚:《司徒雷登略传》,陈明章:《学府纪闻——私立燕京大学》,(台北)南京出版有限公司,1982 年,第 101－102 页。

文学,可称一时无双。他的心灵亦属难得的品质,我相信他举世无仇敌,在未来的北京大学中能调和中外,折中新旧思想。①

的确,在南京生活的 11 年当中,动荡的时局、扑朔迷离的政治风云和金陵古都特有的博大精深的东方文化氛围,把司徒雷登锻造成一个地道的"中国通"。此时的司徒雷登不仅能说一口流利的南京官话,还对中国官场的人情世故和各种繁文缛节了如指掌,运用自如。加之他性情温文尔雅,待人坦率真诚且热情,不仅在同事和学生中很有人缘,而且比其他美国传教士更易于被中国人接受。无论与什么样的中国人打交道,他都能以其儒雅和平易近人的风度获得对方的好感,并因此结交了不少中国朋友。同时,他也初步形成了一套自己的传教观和教育观。

当然,如果仅凭上述优势,司徒雷登还不足以被人们认为是新校长的最佳人选。更令人称道的是在金陵神学院期间,他曾在成功地协调学院内部自由主义和保守主义两个宗教派别的纷争中,显示出与众不同的调解矛盾和组织领导才能。他开门见山和开朗达观的性格,也受到人们的普遍好评。

经过反复的比较和衡量,特别是在教会权威人士的极力推荐下,纽约托事部和校理事会一致认为司徒雷登确实是校长的最佳人选。他们看中的不仅仅是他的人品和学识,更看中了他所具有的平衡矛盾、缓解冲突、调和争端的能力。

1918 年 12 月 10 日,一封由汇文大学理事会发出的邀请去北

---

① 韩迪厚:《司徒雷登略传》,陈明章:《学府纪闻——私立燕京大学》,(台北)南京出版有限公司,1982 年,第 101-102 页。

京主持筹办一所新大学,并出任该大学校长的电报送到司徒雷登手上。

司徒雷登的生活再次面临新的抉择。

其实早在几个月前,汇文大学的一位理事已经就司徒雷登是否愿意出任新大学校长的事,当面征求过他的意见,但被司徒雷登婉言谢绝了。已过不惑之年的司徒雷登不想改变他目前的生活。

11年的教学生涯早已使司徒雷登成为金陵神学院的一流教师和学者。在教学和研究工作方面,他是个得心应手的行家;在社交圈子里,他也是个受人欢迎和尊敬的朋友。对于早有耳闻的汇文大学与华北协和学院之间的争端和矛盾,谁都唯恐躲避不及,已有好几个人先于他谢绝了任命。除此之外,正在着手进行的几项写作计划也是他不愿放弃现有的工作的原因。

当时,几乎所有司徒雷登的朋友都认为北京那边是个无法收拾的烂摊子,反对他走马上任。只有后来成为燕京大学副校长的路思义(Henry W. Luce)博士对司徒雷登的新工作持赞成的态度。不过,他也提醒司徒雷登要先搞清楚经费方面的情况后再下决心,凡事三思而后行。

几个星期过去了,对司徒雷登寄予厚望的新校董事们仍然没有得到他的答复,不免都着急起来。汇文大学和华北协和学院的代表分别给他写信,敦促他尽快做出决定。可司徒雷登本人对是否接受新任命依旧拿不定主意。他只勉强答应有时间去北京了解一下情况再说。

在举棋不定和左右为难之中,新的一年来到了。

催促司徒雷登尽早北上的电报和信件不断寄来。接近1月底的时候,在再三推辞不掉的情况下,司徒雷登只好北上进京。

1919年1月31日,司徒雷登来到北京。

北京给他的第一个印象就是严寒。凛冽的西北风挟裹着黄土扑面刮来,仿佛给在温暖的江南住惯了的司徒雷登一个下马威。

第一次与两校的代表接触,司徒雷登就意识到双方的矛盾远比他原先想象的要深得多。在给新学校命名的问题上,为了坚持各自的意见,两校的师生简直到了水火不相容的地步。

针对这个情况,在与董事会成员见面时司徒雷登明确提出,如果两所学校仍然在这些问题上纠缠不清,他很难决定是否接受任命。

司徒雷登的表态显然发挥了作用。汇文大学和华北协和学院各选出十名代表(其中五个外国人,五个中国人)在一起开会,以求能达成一致的意见。司徒雷登作为唯一的中间人被邀请担任会议的主席。会议一连开了三天。双方为了学校名称等老问题再次展开了激烈的辩论,有时甚至顾不上吃饭和睡觉。从旁观者的角度,司徒雷登也看出他们都急于找出一个让两校都能接受的解决办法,但终于因为积怨太深,又都陷在矛盾和派别斗争中不能自拔,所以吵来吵去也没有结果,终究还是不了了之。

然而,无论是汇文大学的代表,还是华北协和学院的代表,他们都明白这样一个道理,这就是如果他们的争论使司徒雷登拒绝出任新校长的话,两个学校就再也不可能重新回到谈判桌上来了,他们联合办大学的愿望也就会彻底泡汤。

尽管对会议的结果十分失望,但在与两校代表的交往中,司徒雷登开始深切意识到,能在北京这样一座文化历史悠久的古都创建一所新式教会大学,将是非常有意义的。而他,则是两校联合的唯一希望。他有一种再次受到上帝召唤的感觉。强烈的使命感使他认识到,在新工作面前,他已别无选择。

再次与两校代表见面时,司徒雷登表示可以接受校董事会的任命,但条件是要由一些没有偏见的中外人士组成一个专门委员会,对双方争论的问题做出决定。而这个决定双方都应把其视为最后的决议。

司徒雷登的建议立刻被接受了。人们似乎都松了一口气,整个会场的气氛也为之一变。大家都认为事情总算有了转机。

然而,令司徒雷登感到沮丧的是,重新组成的专门委员会并没有拿出自己的最后意见,而是一味地要求争论的双方各自做出让步,结果使谈判又回到争论不休的老路上,很难预料何时才会有结果。2月5日,司徒雷登决定先回南京等消息。

一个多月后,校董事会和北京的朋友们一封封地给司徒雷登发电报,催他马上再到北京来一趟。

1919年3月下旬,仍对联合办学抱有希望的司徒雷登再次来到北京。

早春三月,江南已是桃红柳绿,莺歌燕舞的季节。北京却仍是风沙漫天,只是天气比前次暖和多了。在春寒料峭中傲然绽放的迎春花似乎预示着司徒雷登的此次北京之行将会有所收获。

会谈在北京崇文门盔甲厂原汇文大学内举行。当司徒雷登得知汇文大学和华北协和学院之间的意见还是没法统一时,立刻开门见山地向双方代表提出三个解决方案供他们选择:(1)把问题再次提交专门委员会,并遵守原先制定的原则;(2)放弃为两校合并所做的一切努力;(3) 放弃各自坚持的意见,只为新学校的最佳利益着想。

司徒雷登特别强调指出,如果在这次会议上两校还是无法达成协议,那么他本人对联合办学的事就再也无能为力了。

司徒雷登的坚决态度和他提出的三种选择,无疑是一份最后通牒,使两校的代表们震惊不已。他们意识到如果不马上改变自己的立场,联合办学一事将被他们自己的固执己见而彻底断送。

认识到事态的严重性,刘海澜校长控制不住自己的感情,失声痛哭起来。要知道联合办学毕竟是他多年的夙愿,他不愿意就这样放弃。他当即站起身来流着泪表示:说什么也不能放弃联合的主张。过去他是最固执的一个,今后愿意改变立场,开诚布公地重新开始谈判。

刘海澜校长的话使会议的形势发生了戏剧性的变化。双方一改原来那种剑拔弩张的强硬态度,都表示愿意以新学校的利益为出发点考虑问题。

听了大家的表态,司徒雷登如释重负地舒了一口气。尽管还有许多悬而未决的问题,但只要双方都有诚意,问题就好解决了。

关于筹建新学校的会议又持续开了一个多月。直到那一年的5月上旬才最终有了结果。对这一段往事,原华北协和学院校长、曾参与筹建并在燕京大学担任过教育系主任的美国学者高厚德(Howard Spilman Galt)博士[1]在他 1939 年 1 月所著的《燕京大学的起源与历史》(*Yenching University, It's Sources and History*)

---

[1]　高厚德博士从 1899 年开始即在华北协和学院任数学教师,后担任校长职务。参见燕京研究院编:《燕京大学人物志》第一辑,北京大学出版社,2001 年,第 224 页。

一文中,曾引用当年的会议记录,做了较为详尽的描述:

4月11日(指1919年,下同),董事会采用"北京协和汇文大学"作为新机构的中文名称。

4月24日,董事会重新考虑美以美会代表提出的中文名称的四种设想及"预科"问题,未获结果。

4月28日,董事会开会决定成立一个使问题向前推进的专门委员会,但未执行。

5月8日,董事会会议取得如下三项决定:

(1)四个教会赞成董事会提议,由中国五位学者组成专门委员会,有权为大学选择一个新的名称,而不用协、和、汇、文四个字;着手选聘这一专门委员会成员。

(2)中文名称汇文大学仍保持使用到1919年6月30日止,在此期间它只用作公文上的名称。

(3)更名问题解决前,将不组织及支持"预科",在问题解决后,"预科"问题将重新出现。但无论如何,在1921年秋季以前也不建立"预科"。

5月9日,董事会再次开会,采取了下列行动:

决议:对昨天会议关于成立专门委员会代理董事会做出报告一事,一致同意。

决议:由刘海澜博士向三个系的学生宣布董事会对校名和预科问题的讨论情况。

决议:以"燕京"作为汇文大学的新的中文名称,向专门委员会提请审定。

决议:邀请蔡元培、王宠惠、傅增湘、吴雷川及胡适参加专门委员会,审定由董事会向他们提出的名称问题。

5月19日,董事会另一次会议。秘书报告说,刘海澜博士就中文名称问题访问了专门委员会的中国学者们,蔡元培、傅增湘和吴雷川热烈赞成向他们提请审定的"燕京大学"这一名称。胡适在上海未能见到,王宠惠不知现在何处。[①]

会议记录中的寥寥数语仅记载了"燕京大学"这个名称是什么时候被认可的,而对于这个名称的由来并未做记录。据司徒雷登回忆,"燕京"这两个字当时是诚静怡博士提议用的。因北京是古代燕国的首都,"燕京"二字不仅寓意明确,而且富有诗意。所以轻而易举地就赢得了代表们的心,也得到专门委员会的赞赏和首肯。

新校的名称曾是两校合并问题的焦点。因此,这个问题一经解决,原先两所学校的代表也没什么可争的了,大家开始研究筹建新校的具体方案。

至此,司徒雷登才表示正式接受董事会的聘请,出任燕京大学的第一任校长。

## 二、为燕大筹款与选址

司徒雷登在答应担任燕京大学校长时,曾向校董事会提出了两个任职的条件:第一,重新考虑选一处新校址;第二,不管经费上的事。

司徒雷登之所以提出这两个要求,一是因为从长远考虑,目前

---

① 燕大文史资料编委会编:《燕大文史资料》第四辑,北京大学出版社,1989年,第6—7页。

盔甲厂的校址周围都是民居,没有多大的发展空间;二是学校当时没有一点现款,而筹款则需要投入大量的精力,他不可能为此分神,也不愿在一开始便对此做出什么承诺。

尽管当时司徒雷登声明不负责管钱,但经费的事是办学的头等大事,总要有人负责。为此,司徒雷登特意推荐这次陪他一道进京的路思义博士任副校长,负责学校的筹款和财务工作。

路思义是纽约协和神学院的毕业生,1897 年来华传教。他曾担任过齐鲁大学副校长兼校建设委员会主席,有丰富的筹款经验。在去北京前,他的职务是中国基督教教育协会总干事。其长子亨利·鲁滨逊·卢斯(Henry Robinson Luce)是美国《时代》和《生活》杂志的创办人。

更为重要的是,在如何创办燕京大学的问题上,路思义和司徒雷登的许多见解都不谋而合。这是司徒雷登举荐他的重要原因。

可是,司徒雷登推荐路思义任副校长的建议却迟迟得不到纽约托事部的认可。因为不少理事们反对路思义在燕京大学任职。为此,司徒雷登向纽约托事部寄去一封辞职信,以表示非路思义不用的决心。但这一举动并没引起纽约方面的重视。他们依然不同意对路思义的任职。面对这种情况,司徒雷登只好召开燕大校董事会成员的紧急会议,把他与纽约托事部之间来往的信件拿给他们传阅,并向他们介绍了路思义曾为齐鲁大学一次筹款 30 万美元的经历。

很快,纽约托事部收到一封由燕京大学全体董事会成员联名推荐路思义博士任燕京大学副校长的加急信。这一次,纽约方面不好再坚持原来的意见了。他们终于做出让步,同意任命路思义担任燕京大学副校长的职务。

司徒雷登之所以急于要让路思义走马上任,是因为新成立的燕京大学正面临着财政危机。

虽说有言在先不管经费的事,但一旦接手学校的工作,司徒雷登很快就意识到这所学校实际上只是一个入不敷出的空壳子。曾有几个宗教组织为筹建新校共捐助过近 20 万美元,但这笔钱几乎全都花到在原校址周围购买零散的地皮上了。目前学校的经费已到了捉襟见肘的地步,如果没有新的资金注入,别说发展,就连维持下去都很困难,因为大多数学生都要靠奖学金的资助才能继续他们的学业。

师资缺乏,则是另一件使司徒雷登这位校长颇感头疼的事。

合并后的学校只保留了两名具有博士学位的中国教师,而许多外籍教师又并不具备在大学任教的资格。要使燕京大学能够按照并校时的设想,逐步发展成一个具有一定规模的、高质量的综合性大学,尽可能多地聘请一些高水平的教师便成为学校的当务之急。可如果没有钱,拿什么去支付教师的薪水呢?

此前校董事会和纽约托事部只一味把注意力放在解决分歧和争端上,没有人去真正考虑新学校的办学和发展计划,更不用说考虑如何筹措资金的问题了。因此才会出现如今这样窘迫的境况。

资金的问题董事会和托事部可以不想,但司徒雷登却不能不去考虑。既然已经放弃了南京方面得心应手的工作和安稳的生活,接受了新的使命,摆在他面前的担子再沉重,他也得去挑。

而现在,路思义是能为司徒雷登分忧的唯一人选。

路思义一接到任命,立即启程去美国,马不停蹄地开始在美国各地奔走,拜访原先的老朋友,建立新的关系网,试图为燕京大学这样一所还完全不被人所知的新学校筹集资金。

作为副校长,路思义对燕京大学赋予的使命是尽职尽责的。他到处游说,向那些可能捐款的人介绍燕大的情况和发展前景,也结交了很多新朋友,为以后燕大的发展打下了坚实的基础。可在两年多的时间里,他所筹到的资金对于燕大来说仅是杯水车薪,只能勉强维持它的生存。

但后来的事实证明,在筹建燕京大学新校园,为燕大掌管家产方面,路思义确实没有辜负司徒雷登的厚望。

司徒雷登在下决心出任燕京大学校长的时候,曾为这所学校描绘过一幅宏伟的蓝图,要把它办成中国一流的教会大学。为实现这一梦想,经过几个月的努力,他已经说服另一所教会学校——华北协和女子大学(North China Union College for Women)加盟燕大,设立女部,使燕京大学成为当时国内最早的一所实行男女合校的大学。另外,司徒雷登已在北京城的西郊物色了一块土地,准备为燕大建一所新的校园。

所有这一切,都离不开大笔资金的支持。

路思义已经竭尽全力。燕京大学从成立到现在也已经过去两年多了,期望的建校款项却迟迟没有着落。曾经坚持不过问经费问题的司徒雷登终于为形势所迫,准备亲自披挂上阵。

1922年年初,司徒雷登应邀回国,协助年前到中国调查教会教育的一个美国教会考察团汇报工作。利用这个机会,司徒雷登开始实施他的筹款计划。

当时的美国正处于战后经济迅速发展的时期,各种商业机构林立。其中有一种专门替人募捐的公司,在筹措资金方面很有一套。这时,路思义建立的关系网开始发挥了作用。在朋友的介绍下,司徒雷登与一个名叫汤普林-布朗(Tamblyn and Brown)的职业募款公司签订了协约,由这家公司负责出面为燕京大学筹款。

尽管燕京大学并不是第一个委托公司筹款的学校,但司徒雷登的做法依然遭到托事部个别理事的反对。可在当时,由于其他一些常用的募捐方法都难以奏效,司徒雷登决定还是试试再说。

对募捐已有相当经验的汤普林-布朗公司要求司徒雷登本人一定要参与筹款活动。因为根据以往的经验,他们知道一般捐钱的人都更愿意与学校的领导人直接见面。为此,身为一校之长的司徒雷登不得不一次次放下手头的其他工作,往返于中国和美国之间,在各个城市讲演或举行招待会,向一切有可能捐钱的人宣传燕大。

为了筹款,司徒雷登还必须经常去登门拜访那些可能的捐款人,尽力说服他们出一些钱。有时,这种拜访会使他感到非常难堪。30 年之后回忆起当时的情景,司徒雷登这样写道:

> ……于是在以后几年里,我不断奔走于北京和纽约之间,做着非我所长的工作。……在中国抗日战争前,我先后十次回到美国。我的一位同事至今还记得我有一次参加募捐回来后说的一句话:"我每一次面对乞丐时,都感到自己同他们是一类人。"那真是一件长期而艰难的工作。①

---

① John Leighton Stuart, *Fifty Years in China—The Memoirs of John Leighton Stuart, Missionary and Ambassador*, New York: Random House, 1954, p. 58.

当然,历时数载的筹款也使司徒雷登与很多人建立起良好的关系和友谊。在募捐活动中,他始终掌握这样两个原则:一是不管对方是否捐钱,都要使他成为燕大和中国的朋友;二是只要捐款人不向燕大提出钱的使用权限,赞成燕大的办学方针,燕大决不过问钱的来源,一律接受。

美国著名的铝业大王查尔斯·霍尔(Charles M. Hall)去世前留下遗嘱,其遗产除留一部分给亲属外,剩下的部分将一分为三。其中三分之一捐赠给铝的发现者所在的奥伯林学院;另外三分之一捐赠给南部各州的中学;其余三分之一捐赠给美国人在亚洲和巴尔干地区创办的高等院校。得知这一消息后,凡是有资格获得遗产的学校都提出了申请,甚至连一些不够资格的学校也在千方百计地想办法试图碰碰运气。一时间,查尔斯·霍尔的遗嘱执行人成了人们追逐的对象,要找到他们非常困难。

幸运的是,遗嘱执行人之一亚瑟·戴维斯早已成为燕大副校长路思义的朋友。经过路思义的介绍和安排,司徒雷登与这位遗嘱执行人在纽约见了面,并成功地说服他和另一位遗嘱执行人约翰逊(Johnson)先生将原定的捐赠款从 50 万美元增加到 150 万美元。为此,亚瑟·戴维斯先生曾连续几年出任燕京大学校董事会主席一职。

后来,在两位遗嘱执行人的倡议和司徒雷登的努力下,他们又从这笔遗产的剩余部分中拿出一笔钱,创办了哈佛燕京学社(Harvard-Yenching Institute)。

此外,司徒雷登还通过努力争取燕大与协和医学院预科合并,与洛克菲勒基金会(Rockfeller Foundation)的财东们也成了好朋友。1936 年到 1937 年度,仅洛克菲勒基金会向燕京大学的捐款,就占了学校年度预算的 21%。

就这样,通过一次次的演讲、招待会和登门拜访,司徒雷登成功地使燕京大学在美国的知名度越来越高,并在燕大、美国公众和一些财团之间建立起广泛的联系。一笔又一笔的捐款开始源源不断地汇到燕京大学的账上。

除了回美国筹款外,司徒雷登的眼睛同时也盯上了中国政府要员的钱包,并将在美国行之有效的社区筹款方式,运用到中国。

在燕京大学正式任职后,深谙中国官场游戏规则的司徒雷登投入了相当大的精力在中国官员中广交朋友。他的目的一个是要扩大这所教会大学的影响,另一个就是想从他们那里寻求资金的支持。司徒雷登知道:

> 在清朝,公款和私款是没有多大区别的,只要一当官,就有资格弄钱。民国初年,这种习惯和传统依然存在,除了害怕敌对派军阀之外,几乎毫无顾忌。……在那样一个各种利益相冲突的时期,最保险的办法就是结识各个派系中的显要人物,并同时结识他们的对手和他们周围的人。[1]

在燕京大学建造新校舍的几年当中,在司徒雷登的说服下向燕大捐款的民国政府官员有:北洋政府总理段祺瑞、曾出任过许多国家的公使并担任过北京政府总理的颜惠庆、江苏省省长大军阀孙传芳、东北军阀张作霖和其子张学良将军、爱国将领冯玉祥、陕

---

[1]　John Leighton Stuart, *Fifty Years in China—The Memoirs of John Leighton Stuart*, *Missionary and Ambassador*, Random House, New York, 1954, p. 105.

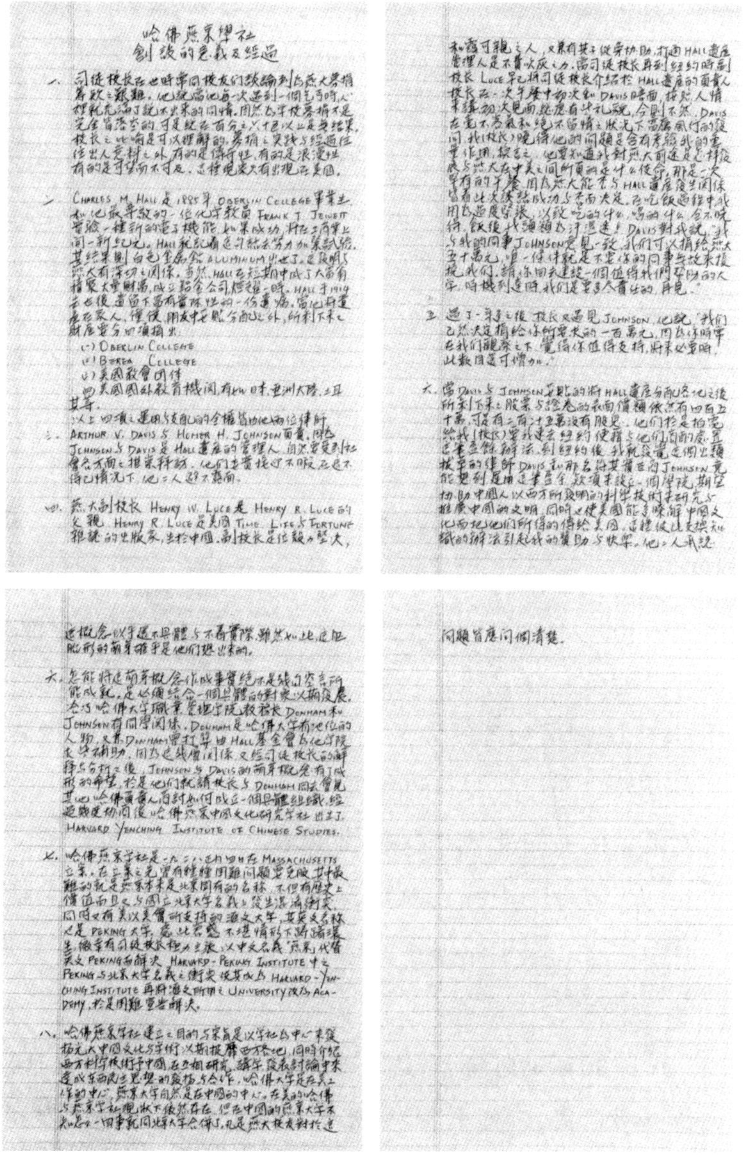
哈佛燕京學社
創設的意義及經過

一、司徒校長在世時常同校友們談論到為燕大募捐募款之艱難。他說當他每一次遇到一個富豪時，心裡就充滿了說不出來的同情。固然為學校募捐不是完全當落空的，可是就在百分之八十以上是無結果。校長之比喻是可以理解的。募捐之實踐與經過往往出人意料之外，有的是偶然性，有的是浪漫性，有的是可望而不可及。這種現象大有出現在美國。

二、Charles M. Hall是1885年Oberlin College畢業生。和他最尊敬的一位化學教員Frank J. Jewett實驗一種新的電子機能，如果成功，將在工商業上開一新紀元。Hall就認為這可能去努力加緊試驗。其結果則白色金屬鋁Aluminum出世了。這發明與燕大有深切之關係。當然，Hall在短期中成了大富翁，積聚大量財富，成立鋁金公司，煊赫一時。Hall于1914去世後遺留下富有國際性的一份遺囑。當他將遺產在家人、親戚、朋友中分配之外，所剩下來之財產要分以下四項捐出：

(一) Oberlin College
(二) Berea College
(三) 美國教會團体
(四) 美國國外教育機關，有如日本、亞洲大陸、土耳其等。

以上四項之運用與支配的全權皆由他兩位律師

三、Arthur V. Davis與Homer H. Johnson負責。因為Johnson與Davis是Hall遺產的管理人，自然要受到社會各方面之推崇拜訪。他們查看不暇，在迫不得已情況下，他二人避不露面。

四、燕大副校長Henry W. Luce是Henry R. Luce的父親。Henry R. Luce是美國Time、Life與Fortune雜誌的出版家，生於中國。副校長是位毅力堅大，和藹可親之人，又兼有其子從旁協助，打通Hall遺產管理人是不費吹灰之力。當司徒校長再到紐約時，副校長Luce早已將司徒校長介紹於Hall遺產的負責人。校長在一次午餐中初次和Davis晤面，按照人情來講，初次見面，總應有些禮貌，今則不然。Davis在毫不客氣和絕不留情之狀況下，當席開門見山的發問。我(校長)曉得他的問題是含有考驗我的重要作用。總言之，他要知道我對燕大前途是怎樣發展與燕大在中美之間所負的是什么使命。那是一次緊張的午餐。因為燕大能否與Hall遺產發生關係皆看此次談話成功與否而決定。在吃飯過程中我因為過度緊張，以致吃的什么、喝的什么全不曉得。飯後我頭額為汗濕透！Davis對我說："我與我的同事Johnson意見一致，我們可以捐給燕大五十萬元，唯一條件就是不要你的同事無故來搔擾我們。請你回去建設一個值得我們幫助的大學，時機到適時，我們是要多負責任的。再見。"

五、過了一年多之後，校長又遇見Johnson。他說："我們已然決定捐給你所要求的一百萬元。因為你時常在我們觀察之下，覺得你值得支持，將來必要時，此數目還可增加。"

六、當Davis與Johnson負責的將Hall遺產分配給各地之後，所剩下來之股票與證券的表面價額依然有四百五十萬，可是有二百廿五萬沒有限定。他們於是拍電給我(校長)要我速去紐約使我與他們商酌處置這筆互餘款辦法。到紐約後我就發覺這個出類拔萃的律師Davis和那名符其實的Johnson竟能想到運用這筆互令款項來設立一個學院，期望協助中國人以西方所發明的科學技術來研究與推廣中國的文明，同時又使美國能多瞭解中國文化而把他們所得的傳給美國。這種彼此交換知識的辦法引起我的贊助與快樂。他二人承認這概念似乎還不具體與不為實際。雖然如此，這個形的萌芽確乎是他們想出來的。

六、怎能將這萌芽概念化成事實絕不是幾句空言所能成就。這必須結合一個具體的對象以期發展。恰巧哈佛大學職業管理學院院長Donham和Johnson有同學關係。Donham是哈佛大學有地位的人物，又兼Donham曾打算由Hall基金會為他學院求些補助。因為這幾層關係，又經司徒校長的解釋與分析之後，Johnson與Davis的萌芽概念有了成形的希望。於是他們就請校長與Donham同去會見其他哈佛負責人商討如何成立一個具體組織。經過幾度協商後哈佛燕京中國文化研究學社出生了。Harvard Yenching Institute of Chinese Studies.

七、哈佛燕京學社是一九二八年一月四日在Massachusetts立案。在立案之先曾有種種困難問題要克服。其中最難的就是燕京本來是北京固有的名稱，不但有歷史上價值而且又與國立北京大學名義上發生混淆衝突。同時又有美以美會所支持的匯文大學，其英文名稱又是Peking大學。為此名稱不堪情形不斷踏續發生。總幸有司徒校長極力主張，以中文名義「燕京」代替英文Peking而解決Harvard-Peking Institute中之Peking與北京大學名義之衝突，後其改為Harvard-Yenching Institute，再將原文所用之University改為Academy，於是困難纔告解決。

八、哈佛燕京學社建立之目的與宗旨是以學社為中心來發揚光大中國文化與學術，以期提醒西方各地，同時介紹西方科學技術于中國，在互相研究、講學、發表討論中來達成東西兩方思想的交換與合作。哈佛大學是在美之工作的中心，燕京大學自然是在中國的中心。在美的哈佛與燕京學社現狀下依然存在，但在中國的燕京大學不知怎么一回事就同北京大學合併了。凡是燕大校友對於這問題皆應問個清楚。

《哈佛燕京学社创设的意义及经过》，中文抄本，抄写人不明西省督军陈树藩等。

1926 年,司徒雷登在北京以私人名义举行了一个募捐会。为了扩大影响,他特意请来了梁启超、顾维钧等社会名人在会上讲话,替燕京大学做宣传,使到会的各界人士纷纷为燕大慷慨解囊。

1934 年,针对美国经济萧条导致的美国资助锐减的情况,司徒雷登在中国发起了一场"百万基金"筹款运动。燕京大学的教职员、学生和校友们都被积极动员起来,在燕大校内校外掀起了声势浩大的宣传活动,胡适等社会名人也撰文呼吁社会各界为燕大捐款。作为响应,当时的国民政府教育部在 1934 年到 1937 年间,每年给燕大补拨 6 万元经费,并从"庚子赔款"的退款中每年再增拨 1.5 万元,使燕大成为 20 所政府财政补贴的私立大学之一。那时,燕京大学年度预算的十分之一来自中国各界的捐赠。

据史静寰回忆,从 1920 年到 1936 年,司徒雷登通过各种渠道,为燕京大学筹款总额达 2000 万元。[①] 正是靠了这些来自美国民间、财团及中国官员和各界人士的私人捐款,司徒雷登才最终实现了把燕大办成中国一流大学的梦想。

司徒雷登接手的燕大不仅校园面积十分狭小,而且校舍也非常简陋。这里曾是明清两代制造军火的地方,后来又改成制造盔甲和弓箭的作坊。当年在燕大读过书的学生回忆起盔甲厂时期的燕大时曾这样写道:

> ……我再说到宿舍,是一个不过二十丈见方的围墙,里边包括一所课室,三行平屋,一所厨房连着饭厅,和一间办公室而

---

① 史静寰:《狄考文和司徒雷登在华的教育活动》,(台北)文津出版社,1991 年,第 164 页。

盔甲厂时期的燕大(1916—1926)

校本部(男校四院)

已。学生合计不过百人。教职员不满二十。门前是一带车尘马迹的黑土路,南走五十步,就是高大的城墙,下面流着一沟臭水。在世界大学里,恐怕无此穷苦简陋的了。①

因此,重新选择一处新校址,是司徒雷登在答应就任燕京大学校长职务时提出的条件之一。这个条件得到了校董事会的认可。因为大多数人的意见是在离城一英里(约 1.6 千米)左右的范围内找地,上任后不久,司徒雷登便立即为这件事忙开了。

在好几个月的时间里,司徒雷登与几个下属一道,有时步行,有时骑着毛驴或自行车,转遍了北京城的四周,结果却没有找到一处合适的空地。原因是城边的地都已几乎被买光了。这些地的主人大多是各省驻京的官员。他们买地的目的并不是拿来盖房子,而是作为自己和家人的墓地。

近处没有合适的空地,司徒雷登只好把寻找的范围扩大到离城更远一些的地方。

对燕京大学最后校址的选定,司徒雷登在回忆录中并没有花

---

① 燕京大学香港校友会编印:《燕大校友通讯·故校长司徒雷登博士纪念特辑》,1963年,第 10 页。

费大量的笔墨,只简单写道:

> 一天,我应几个朋友之邀到清华园做客。有个朋友对我说:"你为什么不买我们对面的那片地?"我朝那边看了看。那块地正好在去颐和园的马路边上,离城有五英里。因为交通便利,所以比原先看好的几处地点离城更近一些,而且景色也十分迷人,不远处就是著名的西山,那里到处都是中国古代遗留下来的宏伟的庙宇和宫殿。这个地方原先是清朝一个亲王废弃的花园,现在是陕西督军陈树藩的避暑山庄和祠堂。我们认识的一名中国官员表示可以替我们设法买下这块地。不久后,燕大董事会和托事部批准了我们选的这个新校址。第二年夏天,我特地去陕西见了陈督军。他对此非常热心,以六万银圆的售价把这块地产卖给了我们,并捐出卖地的三分之一钱款作为奖学金。起初买的一片地有四十公顷,以后我们又逐渐买下了附近几个荒废的花园和空地,使总面积比原来扩大了四倍。①

据知情人士回忆,燕大新校址的选定和购买过程,要比司徒雷登在回忆录中的描述复杂得多。

曾参与筹建燕京大学,并担任过燕大校房地产委员会主席的高厚德先生在他所著的《燕京大学史》中,对这一段往事做了更为详细的描写:

> 1919 年 11 月 10 日,在大学董事会的一次会议上,房地产

---

① John Leighton Stuart, *Fifty Years in China—The Memoirs of John Leighton Stuart, Missionary and Ambassador*, New York: Random House, 1954, p. 56.

委员会主席高厚德报告情况说：委员会已请求各方面予以介绍，谈到有一块地产在城内西直门附近，其他的则靠近海淀。董事会指示委员会要继续寻找，但应避免分割的或不连片的土地。

于是，寻址工作持续下来——一个漫长而复杂的历程。往后几个月地产委员会成员经常伴随司徒雷登访问郊外各处预想中的校址。一些职位显要的中国朋友也乐意参与其事，而且常常显得事成有望。

1920年最初几个月，位于西直门公路旁属于中央农业实验站的一部分土地引起了注意。它与万牲园毗邻，在公园和作物园附近，那里正在计划布置花草，有林荫小路和一些池塘，具备中国式的景观。它虽然属于中央政府，但正在辟为一个公园。一位高级官员促使司徒校长和董事会主席签订合同，作为建校地址。这主意不错，但没多久，我们又不得不继续寻找其他地方。

仲夏季节，董事会讨论过三个不同地点：其一是西北城角外一英里京绥铁路以东，那里已有两个单位准备购买，但这一地区附近另有一百多公顷或多些土地，有铺保就可签协议让给学校。这在当时是很流行的做法。对司徒来说，正是渴望得到的，因为事实上当时确也没有其他希望。于是便签署了协议，不仅要花一笔可观的钱，还要有城西北一个大银号作担保。后因当地官方告诫其下属说这不完全合法，于是只好撤销协议，退了款。这件事使校方懂得了以后买地皮的事要更谨慎些。

另一处的谈判是在 1920 年夏季开始的,是紧靠海淀东北面的一座清朝亲王的园地,距北京西北五英里,外国人叫朝鲜园的,因其曾租出一部分作养牛场。它虽归属于一位清朝亲王,在北京外国银行中却有很沉重的抵押。这块地不足大学所需,并且要价过高,校董事会遂放弃了这个计划,希望要价低些或者地界扩大再议。后来这块地还是到了学校手中,用于农学系的实验地。(编者按:即侯仁之先生在《燕园史话》中介绍的"治贝子园"后改称"农园"的。)

1920 年夏看到的第三个希望是另一位亲王的园地,位于上述园子的西北方,相距不到一百码。这个园子大些,而且具有处在由城里通往颐和园的公路边上的优点。第一位使董事会对这一地产予以关注的是王志襄,这位高级官员在议购农业实验站时曾遭受失败。据说这块地最近已被或正要被陕西督军陈树藩购去。北京的一位居民邓孝科可以促进此事。经打听,董事会得知邓当时正在上海,因而在夏季董事会是无法进行这个项目的。

出乎意料的,董事会在 10 月 5 日突然接到邓先生一封来信,他作了自我介绍,表示可以通过少数中间人直接与校方代表接触。这封信关系到他如同是地产所有人似的。第二天,校董事会便打电话给他,并开始了洽谈。结果是董事会决定以六万银圆的价格购买了这块地皮,在此基础上于 10 月 15 日与邓签订了协议,并在北京花旗银行分行交了定金。

与此同时,错综复杂的事情发生了,从而使谈判进入了一个新的转折:先是陕西督军陈树藩将军从睿亲王那里买到了这块地产,并献给了他住在天津的父亲陈佩耀,陈父又不知何故卖给了邓。中国官员们当然友好地希望帮助学校获得这一地址,他们之中的王志襄和张朝忠将军一方面不满邓越过他们直接讨好校方,并得到从陈父那里多得多的价格;另一方面陈树藩愿意做件体面事,所以向邓表明他要改正项目的转让。据此,经协议邓退还了产业的手续,而后由陈父将之改为转让给校方的永久性契约,报酬为四万银圆。由于陈树藩"所行善举",校方也给予他一定的荣誉。

之后,许多有关协定签署了。11 月 8 日,校方开会,参加的有董事会执行董事和房地产委员会成员,天津、北京的中国名流、高级官员、学者、商界人士,作为有关证人在契约上签了字。

这样,转让手续完成了,燕京大学从而拥有了她的永久校址。①

高厚德先生关于燕大新校址选定和购买过程的这段回忆,比司徒雷登的有关叙述要详细得多。但实际上,在购买新校址这件事上,还另有一段故事。

1988 年 12 月 21 日的《文汇报》上,曾刊登过一篇董健吾先生的遗作,内容记述的就是司徒雷登专程到陕西去找陈树藩,从他手中为燕大买地的经过。这里,不妨摘引一部分,作为这段历史的补充:

1920 年,我到陕西西安接办圣公会所办的西安中学时,司

---

① 燕大文史资料编委会编:《燕大文史资料》第四辑,北京大学出版社,1989 年,第 9—11 页。

徒雷登来西安找我,托我与陕西督军陈树藩商量,可否将陈在北京所置的产业勺园,割爱价让于燕京大学为校址。

司徒雷登这次来陕准备了 20 万美金的巨款,决心买到勺园,扩展燕大,使它赶上美国哈佛、英国剑桥的声望。经我与陈树藩联系,陈说,他购勺园是为其父晚年退休养老之用,决定留让之权,操在其父手中,他难以做主。这年中,凑巧我常于晚间同水利专家李宜之的父亲李同契和陈树藩的父亲同赴易俗社听秦腔。李同契是易俗社的创办人,又是编剧和导演,陈父是个爱好秦腔的戏迷,因此我们三人结为忘年交,经常来往。司徒雷登就怂恿我找李同契去约陈父面谈。一天,在痛饮三杯之后,李问陈父:"柏生(陈树藩别号)为你在北京购置的花园别墅现在谁在享用?"陈父说:"我不去住,柏生不去住,只有雇几个园丁,打扫清洁,保护树木,费用倒不少。不如卖掉它,倒去掉我一桩心事。"李说:"既然如此,为什么不卖掉它呢?"接着就告诉他,燕京大学校长最近亲自到西安,要与勺园的主人见面情商,可否让给燕大作校址。陈父表示,可以与其子协商,但说"价格方面,对方知我们的购价是 20 万两银子,实际上外加中间代笔和两年的保养费等,合计起来将近 30 万两银子"。我听他的口气,似有成交的希望,即去找司徒雷登。他听了,一连说了几声"好极了",还说:"我理想中的交涉能手毕竟是老弟。我深信你是上帝赐予我的一把钥匙,将我成功之门敲开了。"不久,传达送来两份陈督军的请帖,一份给我,一份给司徒雷登。司徒雷登认为,今晚大有成功之望,因为他已从美国募到一笔巨款,除付园价外,还能建筑几座华丽的校舍和教授的住宅，不怕卖方开价高，但恐不卖。

是晚六时，我带领他到了督军署。宾主相见，随即入席会谈，李同契老先生和成德中学校长董雨陆也被邀到席。陈致欢迎词后，只见司徒雷登恭恭敬敬地站起来，向督军行了一个鞠躬礼，用漂亮的京语表达了来意和谢忱。这时陈父出来了，大家起身招呼，打断了司徒雷登的外交仪式。我们重新坐下，陈督军又开始发言，说："我购置勺园，是作家父晚年退休养老之用，绝无出让之意，也无谋利之图，有朋友劝我价让燕大，这是违反我聊尽孝意的初衷，我们坚决不肯，毫无商量的余地……"（司徒雷登听到这里，双目对我瞪了几下，非但表示惊讶，而且呆若木鸡，不知所措）不料督军继续讲下去的是："我遵照家父宏愿，不是卖给燕大，而是送给燕大。"司徒雷登听到这里，真是出乎意外的高兴透了。但陈话锋一转，接着说："不过，我要求司徒雷登博士答应我三个条件：（1）在燕京大学内要立碑纪念捐献勺园的家严；（2）要承认我在西安所创办的成德中学为燕大的附属中学；（3）成德中学有权每年保送 50 名毕业生到燕大上学，一律享受免费待遇。"司徒雷登迅速站起来，向督军和到席的诸位行了一个旋转式鞠躬礼，然后开始演讲，说他们的业绩，值得他不但在中国赞扬，而且他回到美国的时候，也要广为宣传。陈督军和尊翁将可爱的勺园赐给燕大为校址，此举意义极大：一来纪念了尊翁；二来提高了成德中学地位；三是使寒苦学生得以深造；四是促进了燕大的发展。"为善最乐"，今天督军和其尊翁所行的善举，一举而有四得，其乐无穷。

就这样,司徒雷登没花分文,不费吹灰之力,就巧取了宏大华丽的勺园,成为燕京大学的校址。①

这段文字生动地记录了司徒雷登为替燕京大学弄到一块好地皮,专程赶到陕西面见陈树藩的经过。但据侯仁之先生考证,司徒雷登从陈树藩手中买下的这片园子并非勺园,而是清乾隆年间的淑春园。该园道光年间归睿亲王仁寿所有,因"睿"字在满语中称为"墨尔根",所以该园又称"墨尔根园"。在陈树藩与燕大签订的租地合同中,该园被称为"中诠园"②,"中诠"乃是最后一代和硕睿亲王的名字,附近的居民一般称此园为睿亲王花园。而"勺园",则是燕大继睿亲王花园后,购买的与该园相毗连的另一片园地。因"勺园"是明代历史上有名的花园,其地点也在海淀以北,故后人大多将两园混为一谈。此外,该园归于燕大也并非像董健吾先生说的那样"没花分文",而是如司徒雷登和高厚德所说,是燕大花钱买下来的(更准确地说,应是永久性租下来的),只不过仅象征性地花了四万银圆而已。③

从 1919 年春季燕京大学成立,到 1920 年 11 月燕大正式与陕西督军陈树藩签署买地契约,整整花了一年半的时间新校址才最终定下来。这以后,燕大以该园为中心,又陆陆续续购买了周围在明代勺园旧址上改建的集贤院,以及镜春园、鸣鹤园、朗润园、蔚秀

①　燕京大学校友会(北京)编印:《燕大校友通讯》第 8 期,1989 年 1 月,第 30,47 页。

②　参见北京大学综合档案室保存的《陈景唐将自置睿亲王中诠园基地一段(海淀北黄影壁对面)永远租给燕京大学办学之合同书》,Yi 20001。

③　司徒雷登在回忆录中记述是花了六万中国大洋,但其中三分之一被陈树藩作为奖学金又捐给了燕大,故与高厚德记下来的四万银圆相一致。

园,后又增建了农园、燕南园、燕东园等,使燕京大学的新校园从开始的 380 余亩,扩大到 170 多公顷。

# 三、追求卓越的办学目标

相对于睿亲王花园来说,勺园的名声的确要大得多。据燕京大学教授、著名作家许地山考证,勺园最初的主人是在明朝末年担任过江西按察使,崇祯初年担任过太仆少卿兼理光禄寺寺丞的米万钟。勺园曾以其独特的仿江南园林景色而名噪一时,成为众多文人墨客吟诗作画的对象。其中有两首诗最能反映勺园当年的秀美景色:

## 其 一

幽筑藕花间,荆扉日日闲。

竹多宜作径,松老恰成关。

堤绕春岚护,廊回碧水环。

高楼明月夜,莞尔对西山。[1]

## 其 二

十尺丹楼映绿萝,

桥径,路纬,织如梭。

花边溪静人依鹭;

墙外舟回竹动波。

---

[1] 燕大文史资料编委会编:《燕大文史资料》第三辑,北京大学出版社,1990 年,第 7 页。

> 俗套尽除松树壁;
>
> 家儿解唱柳枝歌。
>
> 怜余学圃徐工老,
>
> 只学山椒与水涡。①

这两首诗都是当年米万钟的朋友在勺园游玩后即兴作的。许地山教授引来,借以说明勺园在全盛时期那优雅宜人的景致。

后来,随着世事的变迁,勺园的主人也几经更迭。据说在清乾隆年间,勺园曾一度成为大贪官和珅的私家花园。清咸丰末年八国联军侵占北京时,勺园与圆明园、畅春园一道,遭到英法联军的焚毁。当燕大把它买下来时,这里除了一些建筑的残垣断壁外,几乎已成为一片苇塘,旧日诗中所描绘的勺园美景早已不复存在。

在中国生活了 24 年,深受中国文化熏陶的燕京大学副校长路思义提议以中国的园林风格来建设燕大的新校园。他的建议得到校长司徒雷登的大力支持。司徒雷登曾在回忆录中这样写道:

> 一开始,我们就决定按中国古代的建筑形式来建造校舍。所有建筑物的外观都设计了优美的飞檐和华丽的彩色图案,而主体则采用钢筋水泥结构,并配以现代化的照明和水暖设施。这样,校舍本身就象征着我们的办学目的——保存中国传统文化的精髓。②

按照这样一个中西结合、古今融会的原则,在路思义的推荐

---

① 燕大文史资料编委会编:《燕大文史资料》第三辑,北京大学出版社,1990 年,第 8 页。

② John Leighton Stuart, *Fifty Years in China—The Memoirs of John Leighton Stuart, Missionary and Ambassador*, New York: Random House, 1954, p.56.

下,燕京大学特意请来毕业于耶鲁大学的美国优秀建筑师亨利·墨菲(Henry Killam Murphy)担任新校园的总设计师。

1914年,亨利·墨菲曾专程到北京参观了故宫,立即为中国古代建筑的宏伟气魄和富丽堂皇的装饰艺术所倾倒。他认为故宫是世界上最优秀的建筑群,决不能让这种堪称一流的建筑艺术在世界上消亡。此后许多年,他一直在学习和实践设计中国古式建筑,并获得了不菲的成绩。

亨利·墨菲果然不负众望。他以睿亲王花园和勺园旧日的山水为依托,拿出了一个融中西建筑为一体,湖光山色交相辉映的园林式设计方案。

1922年春,燕大新校园开始破土动工。与此同时,为了使图纸上的燕大变为现实,司徒雷登亲自赴美国筹款。

建设中的燕大校园

在中国工匠的精心施工下,一座座朱栏碧瓦、雕梁画栋,集古朴典雅、庄重宁静和彩色纷呈为一体的宫殿式的教学楼和宿舍楼拔地而起,池塘和湖泊也被清理整修一新。工人们不仅在楼房的周围广植花草树木,还从荒芜的圆明园遗址移来了雕工精细的石碑和华表。

1923 年的秋天,燕大行政部门开始进驻新校园。

1926 年 6 月,燕大从北京东城的盔甲厂迁入面貌焕然一新的海淀校园。由国立北京大学校长蔡元培先生亲笔书写的"燕京大学"匾额,高悬在燕大庄严而华美的校门之上。

燕大师生搬入新校址后,校舍的建设工程并没有停下来,直到1929 年,一座整整用了七年时间,耗资约 360 万元建成的燕京大学新校园才在北京城西郊的海淀正式落成,并从此被冠以"燕园"的美称。

**1929 年 10 月 31 日燕大新校舍落成典礼**

燕大新校园共分为三个部分:以未名湖为中心的主校园占地779 亩,有教学楼、宿舍楼和其他建筑 33 座;燕东园占地 77 亩,有楼 19 座;燕南园占地 48 亩,有楼 14 座。新校址的落成,不仅使燕京大学成为北京占地面积最大的几所大学之一,同时也使其以美丽的校园风光而在全世界的大学中享有盛誉。

建成后的燕大校园处处绿荫覆盖,花木婆娑,亭台楼阁星罗棋布,小桥流水曲径清幽。未名湖畔的柳浪、石舫、波光、塔影与枫岛上清丽玲珑的八角亭相映成趣,自然的美景与人工的美景珠联璧合,好似一幅隽雅意远的山水画。时至今日,凡是燕园的来访者,无一不被她那富含诗情画意的景色而深深陶醉和折服。

高水平教师的匮乏,是司徒雷登出任燕京大学校长时面临的另一个难题。

由于燕大的前身是两所小神学院,经过筛选后留下的教师在数量和质量上都明显不足。当时,连司徒雷登本人在内,全校只有29名教师。其中,除司徒雷登具有博士学位外,大多数教师不仅没有接受过正式的专业培训,而且其知识水平和知识结构都远达不到在一所综合性大学任课的要求。

司徒雷登知道,如果不能在短期内改变这一状况,要把燕大办成一流大学的愿望便无从谈起。

经过深思熟虑之后,司徒雷登决心从三个方面着手,为燕大广纳贤才。

首先,针对过去教会学校的所有教师都由各教会组织委派的惯例,司徒雷登向纽约托事部提出申请,要求给予燕大自行聘任教师的自主权;第二,为了吸引更多的人才到燕大任教,司徒雷登决定不过问教师的政治倾向、宗教信仰和学术观点,只要有真才实学,具备任教资格,燕大都可聘用;第三,司徒雷登决定从燕大自筹的经费中拿出一笔钱,大幅度提高中国教师的待遇,使他们与外籍教师同工同酬。

可是,司徒雷登向托事部要自主权的报告,遭到那些墨守成规的理事们的断然拒绝。

深谙"将在外,君命有所不受"这条中国古谚语的司徒雷登,对来自纽约的拒绝不屑一听。他仿佛早就预料到托事部不会赞成他的请求,依然我行我素,通过各种渠道,把燕大以高薪招聘教师的消息传到人们的耳中。作为一校之长,司徒雷登相信自己有权对选聘什么样的人来燕大任教做出抉择。

为了使燕大的师资队伍后继有人,司徒雷登在挑选人才时,格外垂青那些留美归国的年轻学者。因为他知道这些人的国学根底较深,又接受过系统的西方教育,能够轻而易举地把两种文化融会贯通。

司徒雷登为招聘教师而制定的三项措施,收到了立竿见影的效果。

司徒雷登相中的第一个人选,是他在金陵神学院的一个年轻朋友兼同事——刘廷芳博士。

刘廷芳是当年中国基督教徒中最具影响力的人物之一。他1891年1月出身于一个基督教家庭,从小就认识司徒雷登。辛亥革命爆发时,刘廷芳正在上海圣约翰大学读书,后来在司徒雷登的建议和帮助下赴美国留学。

刘廷芳是外国留学生中的佼佼者。他曾先后就读于四所大学和学院,拿了两个硕士学位和两个博士学位,在美国已待了八年。

1914年,刘廷芳从美国佐治亚大学毕业后,考入哥伦比亚大学读研究生,仅用了一年时间就获得了硕士学位。

1918年,刘廷芳在耶鲁大学神学院再次获得硕士学位,同时开始在纽约协和神学院宗教系任教,成为美国神学院中教授这门课程的第一位中国教师,并成为宗教教育协会的会员。

1920年,刘廷芳在哥伦比亚大学师范学院同时获得教育学和心理学博士学位后回到金陵神学院,正好遇到司徒雷登准备举家北上赴任。当时,刘廷芳的名声很响,金陵神学院和东南大学都争着聘他,甚至向他提出在两个学校各工作半天的建议。求贤若渴的司徒雷登在与他告别时,向他表示了希望他加盟燕大的愿望,并让他自己决定是走还是留。对司徒雷登的秉性和人品都十分了解的刘廷芳,最终选择了随司徒雷登北上。那一年,刘廷芳刚近30岁。

刘廷芳在燕大就职后,果然不负厚望,成为司徒雷登的得力助手,特别是在替燕大招聘人才方面,为司徒雷登做了大量的工作。燕大建校初期,中国教师的选聘工作几乎都是在他的主持下进行的。不少美国教师也都是在他的宣传鼓动下,来到当时各方面条件都比较差的燕大任教的。不久,司徒雷登即任命刘廷芳担任燕京大学宗教学院院长,几年后,又提拔他当了校长助理。

刘廷芳不仅是燕大教师队伍中的主力,同时还是中国基督教会中的一位领袖式的人物,曾参与组建中华全国基督教会,并在该会担任理事达十年之久。同时,他又是北京基督教青年会干事、青年会全国委员会文献部委员。1925年3月孙中山先生在北京病故,就是刘廷芳为他主持了基督教的丧礼。

近代中国著名的国学大师洪煨莲(洪业),也是司徒雷登在燕大建校初期以与外籍教师同等的薪金水平聘来的年轻留美学者。

洪煨莲是福建侯官县人，自小聪颖过人，口才极佳，学习成绩一直遥遥领先于同龄人，是福州英华书院的高才生。1915 年他在英华书院毕业后，该校的美国董事汉福德·克劳弗德（Hanford Crawford）见其品学兼优，是可造之才，便送他到美国俄亥俄州的韦斯良大学读书，并承担了他留学的全部费用。仅用了两年的时间，洪煨莲就念完了大学的全部课程，获得了文学学士学位，转入哥伦比亚大学读研究生。1919 年，洪煨莲获文学硕士学位，并于次年在纽约协和神学院毕业，获神学学士学位。

神学院毕业后，洪煨莲应美国几家独立演说局的邀请，为争取美国人民援助中国人民反抗日本人强占青岛之事，在美国四处演讲。他的演说词中"助华即所以自助"这句话被报刊广为传播，誉满全美。当时，他只有 28 岁。司徒雷登对年轻的洪煨莲极为欣赏，随即聘他为燕大教师，先在美国协助副校长路思义为燕大筹款。大约有一年多的时间，洪煨莲一直跟着路思义周游美国，他那口若悬河的演说，为燕大赢得了不少慷慨解囊的支持者。

自 1923 年回国后，洪煨莲在燕大历史系执教达 23 年之久，为国家培养了大批史学工作者。这期间，他还先后兼任过燕大文理科科长、历史系主任、图书馆馆长、研究院文科主任等职，并参与创办了哈佛燕京学社。在燕大，洪教授是个多产的学者，曾发表过大量有价值的著作和论文，他主持编纂的各种史学工具书多达 64 种 81 册。其为中国文、史、哲和语言等方面的研究所做的卓越贡献，得到国内外的公认。由他撰写的《礼记引得序》一文的发表，曾使他荣获 1937 年法国巴黎铭文学院儒莲（Stanislas Julien）国际学术最高荣誉奖。1933 年和 1940 年，洪煨莲的母校美国俄亥俄州韦斯良大学先后授予他神学博士和文学博士学位。

司徒雷登打破常规聘请的第三个有影响力的人物是后来出任燕京大学第一任华人校长职务的吴雷川先生。

吴雷川1870年出生于浙江杭州一个书香门第的家庭,自小聪慧过人。他与其兄一道同登翰林榜首的事,一度成为杭州人街头巷尾的美谈。成年后,吴雷川致力于教育救国,1906年任浙江高等学堂(今浙江大学)校长。1909年,吴雷川应蔡元培等人之请赴京任教育部佥事。后来,他开始信奉基督教,被英国教会聘为北京崇德中学和平民中学董事长,以后又被聘为协和大学的中文教授。北京汇文大学和协和大学合并时,他与蔡元培、王宠惠、胡适等人一道组成专门委员会,促成了燕京大学的诞生。

吴雷川先生知识渊博,著作等身,在中国的教育界很有威望,司徒雷登对他非常敬重。1925年11月16日,北洋政府教育部发出第16号布告,规定所有的教会大学"如校长原系外国人者,必须以中国人充任副校长"①,并向教育行政管理部门登记,请求认可。司徒雷登立刻想到吴先生应该是燕大中国副校长的最佳人选,便亲自登门拜访,以丰厚的酬金聘请吴雷川到燕大任职。

1926年底,根据新公布的《私立学校规程》第八条"私立学校不得以外国人为校长"②的规定,纽约托事部即任命吴雷川为燕京大学校长,司徒雷登改称校务长。

吴雷川在任燕大校长的同时,也在国文系担任教授,并从此以

---

① 朱有瓛、高时良主编:《中国近代学制史料》第四辑,华东师范大学出版社,1993年,第784页。

② 同上书,第785页。

燕大为家,为学校的建设尽心尽责。1927年,在他的积极筹划下,燕大率先向有关教育主管部门登记,成为第一所在中国政府教育部注册的教会大学。

除了从校外聘请教师外,司徒雷登还每年都把有培养前途的优秀学生送到国外深造,使他们学成后能回校任教。许地山、冰心、熊佛西、林耀华、高名凯、翁独健、周一良、严景耀等一些国内著名的教授兼作家、学者,原来都是燕大自己的学生。同时,司徒雷登还在国内其他大学及美英等国,聘请了一些兼职教师和客座教授到燕大授课,或做短期讲学。到1934年,燕大的教师队伍就已发展到拥有111名正副教授。其中外籍教授44名,中国教授67名。他们中的许多人都在美国大学获得了博士学位。

司徒雷登希望,凡受聘到燕大来工作的中国教职员工一律给予与外籍教职员同等的待遇。但这一政策在后来并没有完全兑现。教授的月薪是360元,司徒雷登本人的月薪也跟他们一样。到20年代末,中国人出任校长月薪增加到500元时,担任校务长的司徒雷登和其他外籍教师一样,月薪仍然是360元。[①]

燕大创办的时期,正是军阀混战,国家财政出现严重危机的时期,各国立大学受此影响,不能按时给教授们付薪水,有的欠薪达两年之久。因此,燕大的待遇对教授们颇具吸引力。短短几年当中,一批富有高等教育经验和在学术界很有声望的名教授们纷纷转到燕大就职。

就这样,司徒雷登通过不同的方法和途径,使燕京大学在其33

---

① 史静寰:《狄考文和司徒雷登在华的教育活动》,(台北)文津出版社,1991年,第191页。

年的办学历程中，始终拥有一大批在国内外享有盛誉、学贯中西的专家学者，真正称得上是人才济济，群星荟萃。他们中间还有：教育家陆志韦、梅贻宝、沈体兰、周学章；考古学家容庚、徐中舒；神学家赵紫宸；社会学家雷洁琼、许仕廉、杨昆；人类学家吴文藻；法学泰斗张友渔；哲学家张东荪、洪谦；地理学家张星烺；文学家、史学家和诗人顾随、林庚、俞平伯、周作人、朱自清、顾颉刚、郑振铎、陆侃如、冯沅君、冯友兰、钱穆、邓之诚、齐思和、翁独健、聂崇岐、韩儒林；政治学家萧公权；美国细胞学家及遗传学家博爱理（Alice Middleton Boring）、心理学教授夏仁德、美国著名记者和作家埃德加·斯诺（Edgar Snow）、国际著名的教育家和中国革命的支持者林迈可（Michael Lindsay）、国际著名的地球物理学家和应用数学家赖朴吾、著名的考古学家鸟居龙藏和瑞典的汉语大师高本汉（Klas Bernhard Johannes Karlgren）等。

大量知名教授（本文中提及的只是其中一部分）的加盟，不但使燕京大学的教学和研究水平迅速跻身于国内一流大学的行列，而且极大地提高了燕大的社会地位及其在国内外的知名度。

学生素质不高，曾是司徒雷登出任校长时的另一块心病。

由于燕京大学是由两所神学院合并而成，所以建校初期的一百多个学生大多有着明显的宗教背景。其中 72％的学生是基督徒，靠教会的资助读书，毕业后也将主要从事宗教工作。这种一入校就局限于宗教氛围的状态，使学生们无论是对自己的将来，还是对学校的学术水平，都没有高的要求。

司徒雷登知道，要想使燕大获得社会的认可，一是要改变办学宗旨，把过去单纯为教会培养工作人员，变成为社会造就高素质人才;二是除招聘高水平的教师外,必须同时尽可能多地吸引优秀学生报考燕大,从根本上改变学生的低素质状况。虽然这种改变不是在短时期内就可以办到的,但只要有意识地采取相应措施,就会见到成效。

司徒雷登采取的第一个措施是说服华北协和女子大学并入燕大,作为燕大的女生部。协和女子大学创办于1905年(其前身是创办于1864年的贝满女学堂),其创办初期的校名叫协和女子书院。该校是创办通州协和大学的几个教会组织为中国女孩子办的第一所高等学府。当时学校有73名学生,校址在位于北京灯市口佟府夹道的原清朝佟亲王府。①

佟府夹道的女校大门

当时协和女子大学的学生素质相对较高。1909年,协和女子大学培养出中国的第一批女大学生。后来成为社会名人的杨崇瑞

---

① 燕京大学校友校史编写委员会编,张玮瑛、王百强、钱辛波主编:《燕京大学史稿》,人民中国出版社,1999年,第426—427页。

（妇幼卫生专家、中国助产教育的创始人）、李德全（中国第一批女部长、中外闻名的社会活动家）、谢婉莹（冰心）等人都曾是协和女子大学的学生。

协和女子大学并入燕大，不仅提高了燕大学生的整体素质，也使其成为当时国内最早实行男女合校授课的大学之一。

建立严格的入学考试制度，是司徒雷登为改善学生质量而采取的另一个措施。

燕大开办的头几年，学生主要来自华北地区的各教会中学。其中一部分中学属于燕大自己的"承认中学"系统，即由主办燕大的四个教会组织开办的中学。河北、山西、山东等地共有29所燕大的承认中学，学生有2000余人。当时，这些中学的毕业生只要有校方的推荐，不必考试就可以直接升入燕京大学读书。从30年代开始，为扩大招生范围，保证新生质量，燕大增加了承认中学的数量。一些非教会中学，只要其教学质量和水平达到燕大的要求，其学生也可经学校推荐直接进入燕大。这样一来，燕京大学所属的承认中学增加到38所，学生人数已达到7000多人，地区分布也由原来的三个省，扩大到包括南方地区在内的九个省区。

入学考试起初只针对那些非承认中学的学生。后来，根据教育部关于大学录取新生必须经过考试的规定，燕大为其承认中学的毕业生也设置了入学考试。只不过考试的科目比公开招生的考试科目少，只考中文和英语。当然，并非所有承认中学的学生都能参加燕大的入学考试，只有平均成绩在85分以上，品行端正的应届毕业生才能参加考试。如1933年，燕大的各承认中学共有179人参加这种入学考试，但最后只有115人被燕京大学录取，占该年份燕大录取新生的 48%。[①]

　　燕京大学公开招生的范围遍及全国,考试科目分为两类。一类为必考科目,包括中文、英语、数学和智力测验;另一类为任选科目,包括物理、化学和生物。考生只需在这三个科目中选一门考试即可。由于燕大在国内外的名声越来越响,公开报考的竞争性也一年比一年激烈。如 1931 年,有 850 名学生参加了燕京大学的公开入学考试。到 1935 年,参加公开入学考试的学生数增加到 1606人。四年当中,报考人数几乎翻了一番。燕大出的考题不仅数量多,而且难度也大于一般的大学。尤其是英语考试的要求,远远高于其他学校。燕大的智力测验,更是别的大学所没有的。

　　严格的考试制度,使燕京大学得以选拔最优秀的学生入学。在 1937 年之前,燕大报考和录取学生的比例一直保持在 6∶1 左右。为了使落选的学生仍然有机会进入别的大学读书,在相当长的一段时间里,燕大的考试日期总是排在其他学校的前面。

　　对在校学生实行淘汰制,是司徒雷登为保证学生质量采取的第三项措施。据 30 年代初曾就读于燕大医学预科的韩素音回忆,当时同她一起入学的 70 名学生,最后只有 30 多人升入协和医学院[②],淘汰率近 50%。另据 1938 年 12 月 23 日刊发的《燕京新闻》报道,1937 年一年当中,燕大就有 43 个学生因成绩不合格而被劝退学。[③]

---

　　①　史静寰:《狄考文和司徒雷登在华的教育活动》,(台北)文津出版社,1991 年,第 194 页。

　　②　Han Suying, *A Mortal Flower*:China, *Autobiography*, *History*, London:G. P. Putnam's Sons, 1966, p.138.

　　③　史静寰:《狄考文和司徒雷登在华的教育活动》,(台北)文津出版社,1991 年,第 206 页。

淘汰制的实行,促使燕大学生养成了刻苦读书、勤于钻研的学习风气。当年在清华和北大都教过书的钱穆教授曾这样评论："燕大上课,学生最服从,绝不缺课,勤笔记。清华亦无缺课,然笔记则不如燕大之勤。北大最自由,选读此课者可不上堂,而课外来旁听者又特多。"[①]

此外,为了鼓励学生学习,燕京大学还设立了奖学金制度,并给优秀毕业生颁发"金钥匙"的荣誉称号,或为他们提供出国深造的机会。为帮助家境贫寒的学生完成学业,燕大还建立了勤工俭学制度,并成立了专门的资助委员会。资助委员会除帮他们找兼职工作、提供特别房租外,还为他们设立了可在毕业后归还的学生贷款。

1926 年,随着校园的搬迁、师资力量的不断充实和学生素质的提高,燕京大学在国内的影响日趋扩大。燕大优美如画的校园景色和西化的生活方式,不仅使许多银行家、企业家和大商人的子弟把进燕大读书看作一种时尚和荣耀,同时也对许多封建大家族的后代产生了吸引力。如曾国藩的 17 个曾孙辈都是燕大的学生。梁启超的 5 个儿孙辈也都在燕大读过书。

总之,燕大严谨的治学方针和良好的学习氛围,造就了一大批享誉世界的专家和学者。新中国诞生后评选出来的中国科学院院士、中国工程院院士和学部委员中,就有 56 人曾是燕京大学的师生。

---

① 燕京研究院编:《燕京大学人物志》第一辑,北京大学出版社,2001 年,第 219 页。

# 第四章 传教中的持不同政见者
## （1922—1926）

## 一、燕大的宗教生活

有了美丽的校园，有了充足的资金，又有了优秀教师的加盟，燕京大学一天天发展壮大起来。如今的燕大一改盔甲厂时期末流学校的颓败形象，正在以其全新的风貌受到社会的关注和学生的向往。但是对司徒雷登来说，他的目标还远远没有达到。

在接受燕大董事会的聘请，准备出任燕大校长的职务时，司徒雷登曾为自己设定了四个工作重点，其中第一个就是传播基督教。其余三个依次是：提高专业课的学术水平；增进与中国及其他国家间的了解和友谊；广开财路,改善设施。[①] 由此可见,无论身处什么职位,司徒雷登从来都没有忘记自己本质上是一个传教士,也没有忘记传教士的首要职责就是传播基督教。

事实上在相当长的一段时间里,传播基督教正是当年在华传教士们创办各种教会学校的唯一目的。当初几个教会组织筹建燕大时,自然也是基于这个出发点。

所不同的是,作为燕大校长的司徒雷登对于究竟要把燕京大学办成一所什么样的学校,有他自己独到的见解。司徒雷登在不否认燕大为传教事业服务的同时,提出了允许学生宗教信仰自由的观点。这个观点的提出,使他一跃而成为美国现代派传教士教育家的突出代表。

司徒雷登认为:

> 燕京大学的创办,是基督教事业中不可分割的一部分。它不但能为教友的子女提供受教育的机会,更能为教会培养工作人员。这不仅是燕大得以在中国创办的唯一理由,也是其获得经费来源的唯一指望。我要求燕大一直保持基督教的风格与影响,但同时要求它不致被人看作宣传运动的一部分。学校不应该要求学生必须参加礼拜,也不应该强求他们参加其他宗教仪式;既不能在学业上优待信教的学生,也不能在学业上给不信基督教的学生设置障碍。燕大必须是一所经得起任何考验的、真正意义上的大学。它所传授的真理,应当是没

---

① John Leighton Stuart, *Fifty Years in China—The Memoirs of John Leighton Stuart, Missionary and Ambassador*, New York: Random House, 1954, pp. 65-66.

有被歪曲的真理。至于信仰什么,或表达信仰的方式,则完全是个人的私事。①

司徒雷登之所以提出这样的观点,有两个方面的原因:一是出自他现代派的传教理念(有关内容在本书第二章中已有详细论述);二是为了顺应当时中国社会发展的大趋势。

辛亥革命后的四五年里,中国的思想界曾有过一段相当混乱的时期。这种混乱,使许多中国的知识分子陷入彷徨。

辛亥革命的失败、袁世凯的复辟帝制、连年的军阀混战以及政府领导人的频繁更换,使大多数人对资产阶级民主革命的理想产生了怀疑和动摇。中华民国虽然取代了清王朝,但在中国占统治地位的依然是封建的政治、封建的经济和封建的思想文化。孙中山提出的"民主共和、自由平等"的观念因辛亥革命的失败而遭到封建势力的诋毁。一时间,封建主义的三纲五常的说教与崇拜鬼神的迷信思想相互交织,再次形成束缚人民的精神罗网。

当时,以陈独秀为首的一群曾积极参加过辛亥革命和二次革命的热血青年,虽流亡日本,但依然时时关注着祖国的命运。他们意识到中国所面临的危机不仅仅是国力的落后,还是中国与西方资本主义国家之间文化上的落差。为了重新唤起人们与封建传统势力和习俗斗争的意志,振兴中国,陈独秀、高一涵、易白沙等18人共同创办了《青年杂志》,号召中国青年们与封建主义的旧思想、旧道德、旧文化决裂,树立民主主义的新思想、新道德、新文化。

① John Leighton Stuart, *Fifty Years in China—The Memoirs of John Leighton Stuart, Missionary and Ambassador*, New York: Random House, 1954, p.66.

1915 年 9 月 15 日,《青年杂志》在上海正式创刊。《青年杂志》一经问世,就以其新颖脱俗的内容和强烈的感召力在青年知识分子中产生了共鸣,成为当时年轻读者争相阅读的刊物。

《青年杂志》之所以格外受到年轻读者的青睐,是因为里面刊登的文章针对性非常强,回答了许多当时的青年知识分子们普遍感到疑惑的问题。

如针对辛亥革命的失败,陈独秀在总结其原因时写道:"欲建设西洋式之新国家,组织西洋式之新社会,以求适今世之生存,则根本问题,不可不首先输入西洋式社会国家之基础,所谓平等人权之新信仰,对于与此新社会、新国家、新信仰不可相容之孔教,不可不有彻底之觉悟,猛勇之决心,否则不塞不流,不止不行!"[①]陈独秀的这段话,指出了如果没有思想观念的根本转变,民主共和就会成为无源之水,无本之木的道理,使青年读者茅塞顿开。

再如,针对当时复古尊孔的思潮,《青年杂志》的作者们举起了民主和科学的旗帜,指出三纲五常是"奴隶的道德",是与现代民主思潮不相容的,号召青年们挣脱旧礼教的束缚,提倡自由和民主的风气。

《青年杂志》还倡导用白话文替代文言文,并向读者介绍西方的文学理论,提倡新文学等。

1916 年 9 月,《青年杂志》改名为《新青年》[②],增加了发行量。随着李大钊、胡适、刘半农、章士钊、蔡元培、鲁迅、周作人等在教育

---

① 陈独秀:《宪法与孔教》,《新青年》,1916 年第 2 卷,第 3 号。

② 从 1923 年 2 月开始,《新青年》成为中共中央的机关刊物。参见陈万雄:《五四新文化的源流》,生活·读书·新知三联书店,1997 年,第 19 页。

界和文坛很有名气的人物纷纷加入《新青年》的作者队伍,其在青年群众中的影响力和感染力与日俱增。1917 年俄国十月革命的炮声,给中国知识分子送来了马克思列宁主义。《新青年》也随即成了传播马列主义的渠道之一,从而引发了一场有历史意义的新文化运动,并最终形成了 1919 年的五四学生爱国运动。

1919 年春天司徒雷登到燕京大学上任的时候,正逢五四运动的爆发。5 月 7 日,当他第一次以校长的身份主持毕业训章典礼时,由于学生们都去欢迎刚被释放的因参加五四运动游行被捕的同学,以至于偌大的讲堂中竟然几乎看不到学生的身影。[①] 这件事,使司徒雷登产生了不小的震动,他第一次认识到中国学生一旦行动起来,其力量和顽强精神是不可小视的。同年 6 月 16 日,司徒雷登在写给美国朋友的信中对燕大学生的爱国热情给以充分的肯定:

> 我目睹南京、天津、北京三地的学生示威。他们的态度热诚,而且有组织,有纪律,百姓为之动容……这是全世界民主运动的一环。学生是中国的希望。燕京大学和南京神学院的学生参加运动,跟公立学校的学生一样积极。希望我们教会学校永远跟随公立学校的步伐。……全中国的百姓追随学生,而北京是各地学生运动的中心。此时此刻正值中国生死存亡的关头,燕京大学何幸生逢如此意义深远的报国时机。[②]

---

① 燕京研究院编:《燕京大学人物志》第一辑,北京大学出版社,2001 年,第 11 页。
② 林孟熹:《司徒雷登与中国政局》,新华出版社,2001 年,第 9—10 页。

凭多年的教书经验,司徒雷登深知对学生的意志不能强求,只能因势利导,否则将适得其反。他认为,燕京大学要达到传播基督教的目的,制造出一种气氛使学生对基督教产生好感,远比强迫学生参加宗教仪式重要得多。

司徒雷登的这个观点,是现代派传教士民主、宽容、革新、开放的基督教教育思想的体现。

当然,不强迫不愿信教的学生违心地参与宗教活动,并不等于不为信教的学生创造学习和深入研究基督教的条件。事实上,司徒雷登在如何使燕大"保持基督教的风格与影响"方面倾注了大量的心血。因为这毕竟是他"燕大之梦"的重要组成部分。

司徒雷登曾在回忆录中这样写道:"如果允许我谈个人的想法,我最大的梦想是在燕大建立一所宗教学院。"[1]"在选择教职员、配置设施及赞助方面,校方为那些自愿从事宗教活动的学生创造了许多便利条件。"[2]

燕大初创时期,原先属于汇文大学的神学馆与通州协和大学的神学院合并,组成新的燕京大学神学科。同时,燕大文理学院也设立了宗教系,专为本科生和研究生们开设供选修的宗教课程。[3]除刘廷芳外,许多在中国宗教界和教育界享有盛名的教授,如赵紫宸、吴雷川、简又文、洪煨莲等人,都曾在燕大神学科和宗教系任过

---

[1]　John Leighton Stuart，"The Future of Missionary Education in China，" *The Chinese Students' Monthly*，Vol. XXI，No. 6，April 1926.

[2]　John Leighton Stuart，*Fifty Years in China—The Memoirs of John Leighton Stuart，Missionary and Ambassador*，New York：Random House，1954，p. 66.

[3]　燕京大学校友校史编写委员会编,张玮瑛、王百强、钱辛波主编:《燕京大学史稿》,人民中国出版社,1999年,第359页。

课。由于这些著名教授既有中国传统文化的丰富底蕴,又对基督教及西方文化有深刻的研究,所以他们在课堂上讲授的宗教理论,比普通传教士的说教更易于被青年学生所接受。

1925 年,在众多教授的倡议下,特别是在司徒雷登本人的坚持下,燕京大学利用在教育部立案登记之际,将神学科和宗教系合并,组成了宗教学院。与其他学院所不同的是,宗教学院是燕京大学唯一的一所相对独立,而没有注册的学院。其对学生的入学要求、学历类别、课程设置、学会组织、学术活动及与燕大的关系,都反映出司徒雷登独特的建院宗旨。

燕大宗教学院招收的学生分正科生、专科生和短期科生三类。

正科生必须具有大学毕业资格,学制三年,考试合格者,授予神学学士学位。由于正科生受的是本科后教育,因此燕大宗教学院实际上是一所为学生提供高等神学专业训练的研究院。正科生中除燕大本校毕业的学生外,也有毕业于文华、齐鲁等教会大学的学生。

专科生一般是一些没有大学毕业学历,或只愿意研究一个课题的学生。他们毕业时,不授予神学学士学位。

一开始,燕大宗教学院并未设短期科。后来由于非基督教运动的开展使学院的招生受到影响,才不得已把招生对象扩大到在职的教会工作人员,但规定除具备在教会服务的工作经验外,还需具有中学毕业或相等的文化程度。短期科的学习时间为一年。为照顾那些不懂英文的学生听课,所有课程都用中文讲授。这种招生和教学方式,在当时既满足了为中国培养高素质神学研究人员的需要,也照顾到了教会对合格工作人员的需求。

宗教学院共设立了经典文学系、宗教史学系、宗教哲学系、宗教教育与宗教心理学系和教会与社团音乐学系等五个系。开设的课程既有"新、旧约文学""基督教通史""中国宗教史""基督教哲学""宗教教育心理学""教会音乐史"等基础理论,也有"风琴或钢琴习奏""声音、听觉训练"等专业课程。课程设置基本仿照美国的神学院,力求全面。除对短期科生用中文授课外,对正科生和专科生一律用英文授课。

为方便学生和教师之间的交流,燕大宗教学院设有学院内的学会组织。因基督教在唐朝初期传入中国时曾被称为"景教",所以学会组织被命名为"景学会"。景学会经常组织宗教学院的师生一起参加专题演讲活动和各种交谊活动,还定期邀请国内外的知名学者和教会领袖举办讲座,并经常组织学院的教师参加国内外基督教界的重要活动,或到国外进修、讲学、进行调查研究。

作为中国的第一所基督教神学研究院,燕大宗教学院不仅在中国高等神学领域内一直居于领袖地位,而且曾被誉为远东第一流的神学教育机构。

1941年太平洋战争爆发后,燕大宗教学院院长赵紫宸被日寇关押,宗教学院没有随着燕大迁往大西南,从此暂告关闭。直到抗战结束后的1946年秋天,燕大宗教学院才重新复课。1952年北京各大学院系调整时,宗教学院迁出燕园,搬到北京东城区府学胡同。1953年,宗教学院与其他几所神学院合并,改为燕京协和神学院,成为一所招收高中毕业学生的四年制学院[①],校址后来也迁到

---

① 燕京大学校友校史编写委员会编,张玮瑛、王百强、钱辛波主编:《燕京大学史稿》,人民中国出版社,1999年,第366页。

北京郊区的清河。

燕大宗教学院先后共培养了一百多名毕业生。这些毕业生后来大多成为各神学院的负责人和教师,以及各教会、青年会的领袖和宗教职业人员。

由于燕大毕竟是一所教会大学,虽然校方不强迫学生参加宗教活动,但依然会采取其他方式,对学生进行潜移默化的影响。

当时的学生们并不知道,燕大存在着一个忠实地履行和贯彻基督教办学理念的机构,这就是燕大的一个重要组织——证道团(Apologetic Group)。

证道团实际上是燕大的一个核心组织,不少中外籍校方领导和教师都是证道团的成员。这个基督教团体是1919年由北京的十几位基督教学者针对新文化运动中的反基督教倾向而组成的。其中大部分成员是燕大校方领导、系主任和神学科及宗教系的教授。如燕大校长司徒雷登、教育系主任高厚德、社会学系主任步济时(John Stewart Burgess)、第一任男子学院院长、哲学教授博晨光(Lucius Chapin Porter)、女子学院院长麦美德(Luella Miner)、神学系教授刘廷芳、历史系教授洪煨莲,以及后来出任燕大校长的吴雷川等。该组织的宗旨是:"一方面要证明基督教如何与时代的精神相适应,并如何足以当时代进化的先驱;一方面要坦白地讨论教会内部的各种问题作革新教会的准备。"①

以后,随着新文化运动在中国知识分子中的涉及面越来越宽,证道团对其态度也随之发生了变化。由原先的反感,转变为采取

① 燕京大学校友校史编写委员会编,张玮瑛、王百强、钱辛波主编:《燕京大学史稿》,人民中国出版社,1999年,第360页。

了一种"首先要注意;第二要欢迎、容纳;第三要用种种方法将基督教真理发挥出来;第四与他们通力合作"①的务实态度。刘廷芳在其撰写的《新文化运动中基督教教师的责任》一文中也对新文化运动发表评论说:

> 新文化运动在中国不但能生存,而且能发展、增长,有无穷的、雄伟的、远大的前程。……新文化运动是中国的一场极重要、极有价值的运动,在这短促的时间已经发生极大的效果。②

后来,证道团改名为生命社(The Life Fellowship)。燕大组建初期,学校的许多重要决议都是在该社每周举行一次的例会上做出的。基督教生活在燕京大学占有的位置之重要,由此可见一斑。

1920 年 6 月 1 日,生命社创办了一份机关刊物《生命》月刊,用以讨论宗教教育问题,研究神学、社会问题和教会问题。后来,《生命》月刊与《真理周刊》合并为《真理与生命》月刊。

《生命》月刊的编辑和主要撰稿人都是当时在中国基督教界极具影响力的人物。如诚静怡、赵紫宸、刘廷芳、徐宝谦(证道团的发起人之一)、吴雷川等。为了扩大影响,《生命》月刊在 1921 年曾举办过"李提摩太奖"神学征文活动,在全国范围内征稿。该月刊不仅在北京发行,还邮寄到全国 21 个省及日本、东南亚及美国的华人社团。③

---

① 徐宝谦:《基督教新思潮》,《生命》月刊,1920 年第 1 期。

② 刘廷芳:《新文化运动中基督教教师的责任》,《生命》月刊,1921 年 5 月第 9、10 期合刊。

③ Philip West, *Yenching University and Sino-Western Relations, 1916—1952*, Cambridge, Mass., and London:Harvard University Press, 1976, p. 18.

燕大宗教学院的师生也通过在这个刊物上发表文章，向人们宣传和介绍国内外的基督教思想，以引导学生理解基督教的宗旨。有时他们的文章涉及一些当时的社会政治问题。例如九一八事变后，赵紫宸教授在 1931 年 10 月 1 日出版的《真理与生命》月刊上，发表了《基督徒对于日本侵占中国国土应当持什么态度》的文章，严正指出应该将日本侵占中国东北三省的真相告白天下，以联合全世界的基督徒，特别是日本的基督徒们起来反对日本帝国主义侵犯中国、扰乱世界和平的罪恶行径。[①] 此文在燕大校园中产生了较大的影响。

除了宗教学院组织的各种宗教活动外，作为一校之长，司徒雷登从来没有忘记如何使基督教渗透到燕大的校园生活中去。

1926 年 10 月，司徒雷登以校长的名义，写了一封致燕大全体教职员工和学生的公开信，提议开展"燕京大学基督教团契"活动（The Yenching Christian Fellowship）。每一个燕大人，不论其属于基督教的哪一派，也不论其是不是基督徒，只要他"愿意仿效并探求耶稣所奉行的生活方式"，都可参加团契活动。加入者被称为"契友"。司徒雷登认为："这个团契的好处是能够把宗教活动与学校的行政工作区别开，也可在这所由几个教会联合办理的学术机构里，避免发生宗派问题。参加者可根据各自的意愿活动，而不与团契本身冲突。这种纯粹基于自愿而产生的组织，对于中国的舆论界，也省了许多麻烦。否则，有的人也许会指责我们在利用完善的教育计划从事宗教宣传。这样做最大的益处还在于它的自发性

---

① 燕京大学校友校史编写委员会编，张玮瑛、王百强、钱辛波主编：《燕京大学史稿》，人民中国出版社，1999 年，第 364 页。

与实质性,只有那些真正感兴趣的人,才会加入团契,并对它表示出极大的关切。"①他还认为:"一个主要由信奉基督教生活观的人组成的团体,会产生一种行善的共同生活气氛。信奉基督教对人类各种各样的组织生活都是有益的。"②

在校方的大力提倡下,一时间,燕京大学内的各类团契如雨后春笋般地冒出来,几乎成为各种课外活动组织的统称。教师和学生们都根据个人的爱好,纷纷组织起一个个名称各异的团契。这些团契少则数十人,多则上百人,有的团契还有自己的刊物。团契组织的活动丰富多彩,很受燕大师生的欢迎。后来,燕大团契还与北京基督教男女青年会合作,经常组织冬令会和夏令会活动,吸引了许多燕大和其他学校的学生参加。

至今,许多当年的燕大学生回忆起团契组织的活动时,仍然津津乐道,如1939年入校的社会学系校友王仁风在其《燕京·光采》一文中讲道:

> 团契活动很富风采。加入团契的同学们,有的是"教徒",多数是"非教徒"。每周在宗教楼里开例会一次。开会之初,首先由主持人领诵《圣经》片段。会的内容多是智力游戏。有的还借导师(团契导师多是外籍教师兼)的住所开会,会后大家包饺子聚餐。……节假日郊游,更是团契活动中突出的内容。去颐和园、香山……每周四晚上有"Chorus"(圣诗合唱)我喜欢参加,但因学习忙,只参加过几次。每次活动时,大家

---

① John Leighton Stuart, *Fifty Years in China—The Memoirs of John Leighton Stuart, Missionary and Ambassador*, New York: Random House, 1954, p. 67.

② Ibid., p. 66.

看着手中的词谱,坐在成排的座椅上,由站在前排的主持人教唱。圣诞节晚上,结队进城(乘校车往返),穿上唱圣诗的服装,隆重歌唱。

姊妹楼里,晚上常有音乐系师生主持的音乐会,四周坐满听众。支持者在中间设桌播放世界名曲,适时地加以口头讲解。生物楼里也常在晚上举行专题晚会,例如,开讲座:"试论血型与人的性格"。体育馆里常有球赛……还有独具风格的体操、舞蹈表演……适楼内也常有联欢晚会,演出小型独幕话剧、歌舞等(常是团契之间的联欢)。教授们常在课余开时事讲座,对国际形势、中国前途各抒己见。每当讲座预报一公布,同学们即踊跃相约听讲。①

1929 年 12 月 15 日,燕大宗教学院院长赵紫宸在《燕大基督教团契的宗教主张》一文中,对团契的性质和特点做了几点说明:

(1)宗教生活是自由的生活,是出于内容的,不是外露的;

(2)团契是由燕大工友、学生、教职员三方面创立与组织的,是一个平等的信众组织,这个契友平等的团契是为了发扬耶稣精神;

(3)基督教是国际性的,本团契中就有不同国籍人共度宗教生活,互相提携,彼此友爱,"实为天国临到人间的征兆";

(4)信仰简要化,不侧重读经、教义、宗教仪式等等,凡愿努力学习耶稣那样的生活的,就是同志;

---

① 燕大文史资料编委会编:《燕大文史资料》第三辑,北京大学出版社,1990 年,第 397—398 页。

（5）团契使契友有学习宗教生活的机会；

（6）在团契下面还可组织小团契，以增进和实现友谊；

（7）注重服务人群，发扬基督精神。[①]

基督教团契活动对燕大学生的影响面是很大的。截至 1940 年，各团契契友的人数已达一千余人。有的同学正是由于参加了团契活动才开始信奉基督教，成为一名基督徒。[②]

直到太平洋战争爆发后日寇占领了燕大，学校被迫停课，各团契才临时解散。1942 年燕大刚在成都复课，团契活动就又开展起来，并成为校园中广泛的群众性组织。当然，在全国军民奋起抗战的大时代背景下，除了有的团契还保持了原先唱圣歌、做灵修等宗教活动内容外，相当一部分团契已变成一种社交和社会活动组织。同学们在一起不仅组织郊游等活动，还变唱圣歌为唱抗战歌曲，讨论国内外大事等，因而对学生很有吸引力。

当时，不仅约有三分之二的学生是某一团契的契友，而且大多数团契都由进步学生组成。其中最有名的团契是"生活创造社"(Creative Team)。它实际上受中共地下党的领导，借团契的合法组织形式，做教育广大群众的工作。[③]

抗战期间，燕大基督教团契在团结和教育学生正确看待时事方面发挥了一定的作用。

1940 年 9 月 23 日，一个由燕大基督教团契编辑发行的刊

---

① 燕京大学校友校史编写委员会编，张玮瑛、王百强、钱辛波主编：《燕京大学史稿》，人民中国出版社，1999 年，第 464 页。

② 同上书，第 466 页。

③ 同上书，第 467 页。

物——《燕大基督教团契旬刊》在燕园诞生。司徒雷登在创刊号上发表了他对该刊物的一点希望:

> ……在这个世界纷乱战争,国家艰危困苦的时代,我们做基督徒的,绝对不应当怀疑失望,不应当惧怕失败,更不应当因无能为力而懈怠,或漠视现在的生活。我们必要比从前更努力地挣扎,使我们这个大学成为基督教生活的模范与实验场,借以表示其为天国的一部分。这样,我们才能训练自己,才能发展燕京,将这新社会的公道、和平、正谊、仁爱的实际,推广到中国的各个地方。[①]

燕大基督教团契把该刊物看做在校与离校契友之间传播信息和知识的桥梁。一年后,燕大蒙难,司徒雷登等十几个校方领导人被日寇关押,该刊物也被迫停办。

1941年11月15日,《燕大基督教团契旬刊》发表了司徒雷登有关战后世界青年运动的讲话要点,他说:

> 战后急切的需要,是建立一个新的国际关系,有一个新的国际同盟,树起一个统一的政治,各国联合起来,制止一切危害他人的行为,因此非有新的国际觉悟不可。……现在青年必须看清最后的目标,就是全世界的统一。所以必须有建设的、创造的、积极的精神、思想和态度。……在世界和平的贡献上,中国应负起一部分重大责任。中国的青年,更不能不存着这样的理想。我们的大学,希望能造就这样的人才,培养这

---

① 司徒雷登:《我对于团契旬刊的希望》,《燕大基督教团契旬刊》,创刊号,1940年9月23日,第4页。

样的人生观。①

应该说,基督教团契活动的开展是司徒雷登等外国传教士根据中国青年知识分子的特点而创造的一项"非宗教的宗教活动"的尝试,也是燕大自由、开明、创新式宗教生活的集中反映。到 20 世纪 30 年代以后,在燕大基督教团契活动的影响下,北京、上海、天津、武汉、广州等地的其他教会大学和一些教会中学也仿效燕大,成立了类似的宗教活动组织,但规模都远比不上燕大。

## 二、非基督教运动对燕大的影响

司徒雷登到燕大任职的第三年,中国青年知识分子在新文化运动和五四运动的感召下,高举民主与科学的旗帜,在广泛宣传马列主义学说的同时,发起了一场声势浩大的非基督教运动。这场运动从 1922 年春开始到 1926 年秋冬结束,整整持续了近五年的时间,与司徒雷登受到基督教保守派攻击的时间几乎是同步进行的。可以说,正是非基督教运动的发展,迫使司徒雷登正视现实,对燕大这所教会学校进行了大刀阔斧的改革。这些改革,反过来又使司徒雷登遭到更多来自美国保守派的指责和批判。但无论是来自非基督教运动的冲击,还是来自反对派的进攻,都没有挫败司徒雷登,反倒不仅使他在中国教育界的声望大增,也使燕京大学走上了"适者生存"的发展道路。

---

① 司徒雷登:《世界青年运动》,《燕大基督教团契旬刊》,第 3 卷第 6 期,1941 年 11 月 15 日,第 3 页。

当然,爆发于 1922 年的非基督教运动是有其深厚的历史和社会背景的。

基督教作为一种外来的"洋教",从传入中国的那天起,就一直受到国人的抵制,以至于在一千四百多年的漫长岁月中屡战屡败,直到 19 世纪下半叶才在中国生存下来。

据史料记载,基督教最早由波斯商人带入中国,其历史可以追溯到公元 5 世纪末。随着丝绸之路的延伸,到唐朝的贞观九年(635 年)才传至中原,被称为"景教"。在佛教盛行的中国,景教很难被人接受,不久就销声匿迹了。

13 世纪,基督教再次来华,改称"也里可温教"。名称虽改了,命运却没有改变,由于在中国找不到知音和立足点,依然无功而返。

16 世纪中叶,随着西方海外殖民运动的兴起,基督教第三次进入中国,改称"天主教",但因响应者寥寥而终究没有形成气候。

18 世纪 60 年代,英国的产业革命和资本主义的发展使其对外殖民扩张的意识空前膨胀,海外传教事业随之应运而生,可由于当时单教的传播对象主要在非洲,还没有把中国纳入它的计划。

19 世纪初,随着英国殖民主义向东方的挺进,传教士们对中国的兴趣也日渐浓厚。1807 年,英国伦敦会把 25 岁的传教士马礼逊派到中国,从而拉开了基督教第四次进入中国的序幕。可马礼逊的传教工作同样受到巨大的阻力。这个阻力首先来自清朝的当权者。清朝初年,顺治和康熙曾一度对外国传教士采取过比较宽容的政策,但却遭到朝中大臣的激烈反对。从雍正年间开始,清政府就和历代统治者一样,把来自西方的基督教视为邪教,颁布过严禁传教的法令,违者将被处以极刑。因此,马礼逊在华的二十多年中,始终未敢暴露自己传教士的身份,更不敢公开传教,而是将传教基地建在远离中国本土的东南亚地区的马六甲,在相对开明的东南亚华侨中发展教徒。

1820 年,在英国殖民政府的资助下,马礼逊在马六甲开办英华书院,试图为到中国传教培养传教士。而事实上该院的学生毕业后回到中国后不是经商,就是当翻译,竟没有一个成为他的"同事"。

第一个美国传教士裨治文到中国的时间,比马礼逊晚了 22 年。他 1829 年到中国后的境遇并不比马礼逊好多少,只能以办报纸为业,捎带着翻译了几本介绍美国地理、历史的书籍。1839 年,来华十年的裨治文,在澳门主持开办了中国的第一所教会学校——马礼逊学堂,才使中国学生在接受西方科学文化知识的同时,开始接触基督教。但当时澳门已沦为葡萄牙的殖民地,一所规模有限的(只有六个学生)基督教学堂的开办,在中国没有引起太大的反响。

鸦片战争以后,中英《南京条约》和中美《望厦条约》的签订,使英美帝国主义在中国获得了许多特权,特别是可以在租界地的外国侨民中进行宗教活动,但在中国内地传教仍然在被禁止之列。

1853 年,美国驻华公使在裨治文的怂恿下会见两江总督怡良,第一次把在华人中传播基督教拿到桌面上,提出对《望厦条约》进行修订,增加"允许宗教自由"的条款,但依然遭到拒绝。直到第二次鸦片战争失败后,清政府迫于英、法、俄、美四国的压力签署了《天津条约》,外国传教士在华的传教活动从此才公开化。

即使有了法规的保障,因为受到中国老百姓的抵制,基督教在中国的传播仍然举步维艰。用传教士自己的话说,中国人对布道的态度是"听者只占少数,更多的人是嘲笑,绝大多数人则根本不予理睬"[①]。面对这一窘境,不少在华传教士开始领悟到办教育的必要性。他们通过办识字班的方式,一点一滴地向中国的年轻一代灌输基督教思想,尽管效果依然并不令人满意,但总算有所进展。

19世纪70年代以后,随着洋务运动的兴起,中国知识分子对学习和掌握西方科学技术的热情空前高涨,为传教士提供了发展教会学校的大好时机。这一时期,中国教会学校由原先的十几所,猛然发展到数百所。据统计,1877年全国的教会学校已有463所,在校学生有5000多人。又经过十年的发展,到1889年,教会学校不仅有了中学,学生人数也达到了16800余人。此外,在华传教士还自发组成了中国教育会,对教会学校进行统筹管理。

从19世纪90年代开始,持续了二十多年的美国学生志愿海外传教运动,把一批又一批受过高等教育的青年学生送到中国当传教士,不仅使基督教在中国的发展出现了前所未有的势头——1918年全国基督教徒已有35万人[②],也使教会学校的发展达到能与非教会学校平分秋色的程度,高等教会学校更是后来居上,占去了中国高等教育的大半壁江山。据统计,到非基督教运动爆发前,中等教会学校的学生人数占全国中学生人数的比例为11%;而高等教会学校的学生人数占全国大学生人数的比例却已高达80%!原有的中国教育会也在继1912年更名为全国基督教教育会之后,于1915年再次更名为中国基督教教育协会。

---

① 史静寰:《狄考文和司徒雷登在华的教育活动》,(台北)文津出版社,1991年,第31页。
② 同上书,第98页。

这一时期,中国基督教教育协会早已不是外国传教士的一统天下,许多毕业于国外神学院的中国籍传教士也加入到兴办教会教育的队伍中。

中国基督教教育协会的职责包括:定期出版刊物,宣传教会学校的办学经验,研究存在的问题;促进教会学校的联合,处理与政府官办学校的关系;维护教会学校的利益等。其在管理教会学校方面的角色,已俨然与中国政府的"教育部"相类似。

出于不同的办学目的,教会学校与中国官办及民办学校之间存在着极大的差异。尤其是大学,只在国外注册,根本不受制于中国政府的教育管理部门。

新文化运动在引发社会剧烈动荡的同时,也激发了中国人民,尤其是中国知识分子强烈的民族意识。五四运动则更是一场反帝反封建的革命运动。随着马列主义的传播,人民爱国意识的增强,西方列强掌控中国教育的现状既令国人汗颜,又令国人不安。一股反基督教的潜流,在中国知识界和学术界酝酿、汇合、蓄势待发。

1922 年,为了鼓励中国基督教青年会的发展,世界基督教学生同盟定于当年春季在中国北京的清华大学举行第 11 届大会。出席这次大会的 146 名代表来自 32 个国家。中国基督教青年会的 500多名代表也列席了 4 月 4 日至 4 月 8 日召开的大会。大会的主要议题包括五个方面的内容:(1)国际与种族问题;(2)基督教与社会及实业界之改造;(3)如何向学生宣传基督教;(4)学生生活的基督化;(5)学生在教会中的责任。

五个中心议题中就有三个与学生有关,北京的非基督教学生认为这是西方列强利用宗教对中国进行文化侵略的又一意图。他们开始通过写文章、在校园中张贴大字报和标语的形式,公开表达他们的不满。

3月9日,距离第11届世界基督教学生同盟大会开幕还有一个月的时间,由北京和上海两地的爱国学生组成的非基督教学生同盟发表了"非基督教学生同盟宣言",以抵制世界基督教学生同盟在中国开会,抗议帝国主义利用宗教侵略中国的行径,从而吹响了第一次非基督教运动的号角。不久,许多著名学者和社会名流也加入到学生的抗议活动中去,非基督教学生同盟迅速扩大为"非宗教大同盟"。

第11届世界基督教学生同盟大会开幕的当天,李大钊、邓中夏等12人在北京《晨报》上发表《非宗教者宣言》。各地知识界纷纷通电和举行集会予以响应。4月9日,即第11届世界基督教学生同盟大会闭幕后的第二天,北京大学召开千人反宗教大会,蔡元培等人在会上发表讲演,从科学的角度批驳宗教,号召教育与宗教和政党脱离。

1923年10月,少年中国学会领导人之一余家菊发表文章,第一次提出"收回教育权"的主张,反对宗教团体开办学校。

1924年8月,以上海为中心,学生和知识界掀起第二次非基督教运动。在爱国热情的驱使下,不少教会学校的学生也投身其中,但遭到学校的干涉和镇压,使矛盾激化。很快,上海、广东和浙江等地的爱国学生也组成非基督教大同盟,反对教会学校镇压学生,并将"收回教育权"作为政治口号提出来,引起了社会的强烈反响。

同年7月,收回教育权成为中华教育改进社第三届年会的重要议题。大会通过决议,要求北洋政府制定学校注册条例,对于外国人借办学校搞文化侵略的,一经核实,政府必须勒令其停办。10月,全国省教育联合会第十届年会形成的决议则要求取缔外国人在中国办学的资格。

当时在华的外国传教士对这两场运动的看法和反应截然不同。反感、镇压者有之,同情、拥护者亦有之。

以上海圣约翰大学校长卜舫济为代表的一些教会大学的行政官员和以穆德(John R. Mott)为代表的基督教宗教协会的领袖,对非基督教运动和收回教育权运动都持坚决抵制的态度。

圣约翰大学是当时所有教会大学中坚持宗教性态度最强硬的学校。1905 年,该校无视中国主权,在美国哥伦比亚特区注册,成为"在治外法权庇护下,设在中国土地上的一所美国学校"①。此举在中国造成了恶劣的影响,导致那一时期成立的几所教会大学都纷纷在境外注册。为使学校更为美国化,1918 年,校方还把中文课改为选修课,撤销中文部,遭到了舆论的谴责。对于学生参加爱国运动,校方也一直采取禁止的态度和镇压的手段。

非基督教运动的兴起非但没有使卜舫济放松对学生施加宗教影响,反倒令他采取了许多措施,加强了对学生思想的控制。

例如他要求学校人事部门物色了一个得力的中国驻校牧师,专门分管学生的宗教活动,还聘请该校神学科的毕业生轮流返校,举行灵修会。此外,在卜舫济的倡议下,圣约翰大学对部分教徒子弟降低学费标准,增加了教徒子弟的入学率。

在国人要求收回教育权的强烈呼吁下,1925 年 11 月 16 日,北

---

① Mary Lamberton, *St. John's University, Shanghai, 1879—1951*, New York: United Board for Christian Colleges in China,1955,p. 78.

洋政府教育部迫于压力,正式颁布了《外人捐资设立学校请求认可办法》。办法中包括了如下几条规定:(1)中国人参加学校的行政领导;(2)取消关于宗教课程与宗教仪式的规定;(3)平等对待中外教师;(4)学校必须承认办学是为了教育而不是为了传播福音;等等。

对于这些规定,卜舫济是非常反感的,虽然迫于舆论的压力也做了一些让步,但坚决不放弃校长的职务。直到1929年,为了掩人耳目,他才任命自己的得意门生沈嗣良当了个挂名的副校长。而对于要求取消强迫学生参加宗教活动的规定,则一直抵制到1931年才执行,但同时规定,教徒学生不在取消之列。

20世纪30年代以后,在卜舫济的顽固坚持下,圣约翰大学成为13所教会大学中唯一没有向中国政府注册的学校。

穆德是近代基督教发展史上的一个重要人物,曾长期担任基督教青年会北美协会的学生干事、总干事及基督教青年会世界协会会长。世界基督教学生同盟和世界基督教协进会都是他一手创办的。穆德本人并不是一个长住中国的传教士,但从1896年到1949年,他曾九次来华进行基督教活动,对中国的基督教发展产生了很大的影响。

1922年4月世界基督教学生同盟在北京举行第11次大会期间,穆德亲自来中国主持大会。这是他第五次来华。针对这次大会而发起的非基督教运动不但没使穆德的传教活动有所收敛,反而使他更加抓紧了在中国的工作。北京的会议刚结束,穆德就赶到上海,参加有1200多人出席的全国基督教大会,并在幕后操纵大会的召开,与非基督教运动唱对台戏。这次会议讨论的重点就是如何应付中国民众的民族觉醒问题,并提出了"本色教会"的主张。会后,全国基督教大会还针对《晨报》刊登的《非宗教者宣言》发表了《教会的宣言》。

1925年年底,针对中国人民提出废除治外法权和中国政府要求教会学校进行注册登记等问题,穆德专程来华,与在华的基督教青年会的外籍干事和传教士们进行磋商,研究对策。他同时组织召开中华基督教协进会大会和学生座谈会,力图对他们施加影响。

当时,在华传教士中有一些人在对待非基督教运动和收回教育权运动的问题上,态度与卜舫济和穆德截然相反。其中的代表人物之一,就是1902年来到中国,并长期担任上海基督教出版物《教务杂志》(英文)主编的美国传教士乐灵生(Frank Joseph Rawlinson)。

实际上,乐灵生也是一个与教会教育有着千丝万缕的联系的人。他曾从1909年起兼任上海传教士女子学校董事会的主席,并在1912年策划成立了上海美童公学,后来又一直担任《教务杂志》的编委,对在中国办教会学校有切身的感受。

《教务杂志》从1867年创刊到1941年12月停刊,出版发行了七十多年,是外国传教士在中国办的一份很有影响力的刊物。作为杂志编辑部的工作人员和主编,乐灵生曾在《教务杂志》上发表过大量文章,谈及他对中国的看法。

辛亥革命时期,乐灵生在杂志社任副主编。1912年元旦,他在与主编合写的元旦社论中,对孙中山领导的中国资产阶级民主革命给予了较高的评价:

> 过去的一年,对中国来说是意义重大的,进步的波涛汹涌

到前所未有的高度。……这场革命不仅是政治动乱的表现，也是道德觉醒的标志……因为 1911 年将以新中国的出现而载入中国的史册。……展望未来，我们比以往更有信心，光明必将战胜黑暗，正义必将支配强权。①

五四运动发生一个多月后，已担任《教务杂志》主编的乐灵生在《中国的消极革命》一文中呼吁传教士对这场运动采取"建设性的同情的立场，同时不鼓动抵货和暴力"②。

对中国的新文化运动，乐灵生也表示同情。针对中国知识界对宗教的批评，他认为传教士不应只是否认，而应反省基督教在中国是否比其他宗教和哲学更能丰富人民的生活。

非基督教运动爆发后，乐灵生认为这至少不是一件坏事。他"宁愿使宗教受到批评，而不是被忽视"，并相信这一运动至少表明中国已感觉到西方的冲击，反基督教比对基督教的漠视要好得多。③ 对非基督教运动提出的废除不平等条约的要求，乐灵生也表示赞同。他认为这次运动的目的是保护中国不受外来政治和文化的侵略，使中国能与世界各国在政治上取得平等地位，基督教应借此机会进行反省。1926 年 10 月，当第三次非基督教运动掀起高潮时，乐灵生还与其他几位传教士一道来到北京美国驻华使馆向公使请愿，要求取消美国对华的一切不平等条约。④

---

① 转引自顾长声：《从马礼逊到司徒雷登——来华新教传教士评传》，上海人民出版社，1985 年，第 415 页。

② 同上。

③ 同上书，第 419 页。

④ 同上书，第 420 页。

那么,司徒雷登对非基督教运动的看法又如何呢?

需要指出的是,第一次非基督教运动发生时,司徒雷登恰巧不在中国。

1922年春,司徒雷登奉召回国,与由芝加哥大学恩内斯特·伯顿教授(Ernest D. Burton)率领的一个教育考察团一道,向教会汇报该团对中国各级教会学校考察的情况。司徒雷登离开中国的确切日期现在已无从查考。但从燕大1922年度行政委员会会议记录中可以看到,3月1日下午,司徒雷登还在燕大自己的家中主持校行政委员会会议,而3月9日召开的例会,主持人已换成当时燕大的男部主任博晨光①,开会地点也改在博晨光的办公室。那时按照惯例,只要司徒雷登在中国,校行政委员会会议都是由他主持,开会的地点也大多在他家中。由此可以推断,司徒雷登是在1922年3月2日至3月8日期间离开中国的,并且直到8月底才回到中国。这期间他一边忙于为燕大筹款,一边忙于应付美国教会对他的审查(详情请见本章第三节)。

当然,不管事发时司徒雷登人在哪里,非基督教运动对燕大的冲击和影响都是不可避免的。所不同的是,由于当时燕大组建的时间不长,学校尚未形成规模,因此没有成为非基督教运动的重点攻击对象。发生在清华大学、北京大学和上海圣约翰大学的学生运动,并未对燕大造成直接的威胁。

笔者之所以这样认为,是因为从燕京大学当时的行政委员会会议记录中,几乎看不到讨论与非基督教运动有关的内容。

———————————

① 燕京大学行政委员会会议记录(1921年10月—1923年11月),北京大学综合档案,Yj 21001,第27—28页。

据燕京大学的档案记载,从 1922 年 3 月 9 日非基督教学生同盟发表《非基督教学生同盟宣言》,到 4 月 9 日北京大学召开上千人的反宗教大会的一个月中,燕大行政委员会共召开过三次会议,会议涉及的内容都只与学校的日常行政和教学工作有关,如更改考试日期、特殊学生学费的收取、毕业典礼的安排等问题。从燕大校行政委员会 4 月 24 日的会议记录上,才看到一条相关的记录:"由于本市的恐怖问题,会上任命 Gibb 先生等三人组织安委会。"①值得一提的是,这次从下午 2:30 召开的会议,共有四个议题,上述决议仅是其中之一,而且是最后一个,可见其并不重要。

试想,如果第一次非基督教运动对燕大已构成严重威胁的话,校行政委员会不可能不用更多的精力商量更多的对策。由此可见,至少从表面上看,非基督教运动对燕大的触动并不大。

然而,尽管非基督教运动没有直接针对着燕大,但司徒雷登并非只是采取隔岸观火的态度,而是审时度势地思考着燕大未来的发展前景。

对于曾在辛亥革命时期担任过记者的司徒雷登来说,没有谁能比他更懂得舆论的重要性了。他非常明白在中国这样一个以佛教和儒家思想为主要信仰,且长期实行封建中央集权制的国家,基督教的根基随时处于岌岌可危的状态。教会学校也是一样,如果得不到政府和社会舆论的认可,即使有治外法权的保护,也不可能一帆风顺地发展下去。此外,新文化运动和五四运动已使可徒雷登看到了中国青年学生的力量。他明白一个看似简单却不是人人

---

① 燕京大学行政委员会会议记录(1921 年 10 月—1923 年 11 月),北京大学综合档案,Yj 21001,第 31 页。

都能去遵循的道理,这就是:不能与学生为敌,更不能与公众舆论为敌。因此,尽管非基督教运动的矛头直指他倾其一生所信仰并奉为神明的基督教,他依然不得不理智地去寻找一个既不违背信仰又能为广大学生接受的解决方法。取消强令学生参加宗教仪式的校规,减少选修宗教课程的时间,以及后来发动学生开展基督教团契活动,都是司徒雷登经过慎重考虑后的选择。后来的事实也证明,他为燕大的发展而做出的这些选择是正确的,尽管他本人为此受到了来自保守派的攻击。

但是,无论面对多大的压力,司徒雷登始终认为自己在燕大实行的改革是正确的,也是必要的。事隔四年之后的 1926 年 4 月 22 日,在写给燕大纽约托事部的报告中,司徒雷登仍然就取消强迫学生参加宗教仪式规定的颁布发表自己的看法。他写道:

> 我们这些一直和中国大学生打交道的人认为,我们更有资格选择一种自认为有效的方法以达到我们的目的。我们坚持这样的观点:对耶稣基督的信仰所释放出的能量,早晚都能以其所适应的方式表现出来;宗教是神圣的,不能强迫已经成年的学生接受,特别是在涉及种族对抗时更是如此。我们是在中国的首都建立大学。这所大学即使在外国条约所提供的保护和特权被取消以后,在所有的外国人撤离以后,仍将长期存在。因此,它必须改变传统的做法,获得中国人的承认。①

在这份报告中,司徒雷登把燕大的做法与其他教会大学的传统做法的利弊进行比较后指出:

---

① John Leighton Stuart to the Board of Trustees,April 22,1926,United Board.

由于教会学校多年来一直规定《圣经》为必修课,并强迫学生参加宗教仪式,所以人们已习惯于用教堂中拥挤的人群和《圣经》课良好的出勤率来衡量宗教教育的成果。但人们往往对这种强迫方式所造成的恶果视而不见。事实上,许多教会学校的学生正是由于这种强迫而对基督教产生反感。而他们的反叛,则进一步导致了其他人对基督教的攻击。燕大所采取的方法,就是为了避免此类问题的发生,以使基督教的影响渗透到学校生活的各个方面,并使信仰基督教建立在自愿的基础之上。①

对于在非基督教运动中提出的收回教育权问题,司徒雷登采取的态度也与其他教会学校的领导人不同。他既没有抵制,更没有拖延,而是积极地履行了有关规定,于 1926 年 11 月和 1928 年 12 月分别向北洋政府和南京政府申请,表示愿意接受中国教育部的有关规定,并于 1927 年 2 月和 1929 年春两次完成了在中国的注册登记手续。

司徒雷登这样做的主要原因,在于他早在出任燕大校长时,就已敏锐地认识到燕大要在中国立足和发展,"应该立足于中国人的生活基础,而不与任何西方国家的条约或其他任何外来的因素发生关系,只能享有中国人民自己所享有,而且愿意与我们共享的权利"②。因此,他在燕大实行的许多重大改革,比中国教育部的大部分规定要早得多。如燕大从开始组建时起,就在努力使中国教师

---

① John Leighton Stuart to the Board of Trustees,April 22,1926,United Board.

② John Leighton Stuart,*Fifty Years in China—The Memoirs of John Leighton Stuart,Missionary and Ambassador*,New York:Random House,1954,p. 71.

享受与外籍教师同等的待遇,燕大在 1922 年就做出了取消强迫学生参加宗教仪式的规定,等等。而教育部的办学的目的"重在教育"一条,则更是与司徒雷登现代派传教士的教育理念不谋而合。

所以,在司徒雷登眼里,中国政府收回教育权的举动,与他的主观愿望没有矛盾,燕大积极履行规定自然也是顺理成章的事情。

## 三、美国对司徒雷登宗教思想的批判

用"一波三折"来形容司徒雷登在燕京大学最初几年的校长生活一点都不过分。他在担任燕大校长期间所采取的许多不同于其他教会学校的做法,使他在从 1921 年到 1926 年的五年当中,一直受到美国国内保守派传教士的批判和攻击。但事情的起因还是源于他 1918 年在基督教青年会上的一次演讲。

那时,作为金陵神学院专门教授《新约圣经》的教师,司徒雷登经常应邀参加一些由基督教青年会举办的活动。

基督教青年会是一个独立于教会的群众性宗教组织,入会的人不受任何教义和教会组织的限制。因此,它对于渴望了解西方知识和思想的中国青年知识分子很有吸引力,其中的不少会员都是大学毕业生和留学生。司徒雷登把参加该会的活动当作他传教工作的一部分,从来都是有请必到。

一次,基督教青年会请司徒雷登在他们召开的干事会上,就"上帝、基督、圣灵、圣经"等题目做系列讲演。因为出席会议的人中有许多年轻的中国籍干事,司徒雷登就用汉语做了演讲。他当时并没有准备讲稿,完全是凭着平时积累的有关知识做的即兴发言。

演讲很受欢迎。事后,会议的组织者根据速记整理了一套材料,想印出来在青年会中传阅,不公开发表。在征求司徒雷登的意见时,由于他正忙于应付北京的几所学校邀请他去燕京大学当校长的事,所以没顾上看记录稿就答应了。

不久,从美国来了两个牧师,名义上是到各个传教士避暑的地方举行神灵启示会,事实上则另外负有考察在华传教士是否受现代主义思潮影响的任务。

早已对司徒雷登的言行心怀不满的那些保守派传教士不知通过什么途径搞到一份他在基督教青年会上的讲演记录稿,把它作为证据交给了美国来的两个牧师。这两个牧师回国后,把司徒雷登演说稿的部分内容在美国的几份基督教杂志上陆续刊登出来。司徒雷登的许多倾向于现代派的神学观点被视为异端邪说,并立即成为美国本土基督教保守势力攻击他的把柄。

1921 年 10 月,格里菲斯·托马斯 (W. H. Griffith Thomas) 博士在《普林斯顿神学评论》(*Princeton Theological Review*)杂志上发表了一篇题为《中国的现代主义》(*Modernism in China*)的署名文章,开始了对司徒雷登的批判。

托马斯在文章中大量引用司徒雷登在基督教青年会上所做的演讲记录稿以及其他一些著作和论文中的语句,把他作为现代派基督教传教士在中国的代表人物大加评论和抨击。

司徒雷登在就"上帝"的主题进行讲演时曾说过这样一个观点:

> 如果神的启示是永恒的和世界性的,那么我们就必须承

认基督教不是唯一的宗教。……基督教是完美的和最终的神
的启示。但当你通过美化了的外部去了解其实质时，你就会
发现它与早期神的启示没有什么不同之处。[①]

托马斯认为司徒雷登的这些言论是对上帝的亵渎，是十足的
反基督教言论。在托马斯看来，其他宗教与基督教有本质的不同，
根本不能相提并论。

针对司徒雷登在演说中谈到耶稣时曾说的"耶稣虽然代表了
一个'人类新的形式'，但人与耶稣的区别仅是程度上的不同"的观
点，托马斯认为司徒雷登这一观点的错误，在于他忽视了耶稣的神
圣性。

此外，托马斯还批评司徒雷登有关"圣灵"的演讲内容是奇谈
怪论，等等。

一石激起千层浪。

格里菲斯·托马斯的文章有如一根导火索，在美国宗教团体
内部引发了一连串的爆破和震动。

几天后，费城《礼拜日学校时报》(*Sunday School Times*)也刊
出文章，对司徒雷登展开了激烈的批评。许多教会组织和保守派
传教士们纷纷通过发表文章或演讲的形式，对司徒雷登大加谴责。
同时指责海外布道团对派往中国的传教士缺乏管理。同年12月，
南长老会一位老资格的干事切斯特博士给司徒雷登写了一封质询
信，要求他采取行动，消除由于这篇文章的发表给他们的机构造成

---

① 　Yu-ming Shaw，*An American Missionary in China*：*John Leighton Stuart and Chinese-
American Relations*，Harvard University Asia Center，1992，p. 72.

的不利影响。这位切斯特博士，就是本文第一章中提到的那位与司徒雷登发生过冲突的南长老会海外传教士执行委员会的秘书长先生。

自认为是属于保守派但实际上是自由派的司徒雷登根本不曾料到会出现这种局面。

当时，司徒雷登已经举家北迁，出任燕京大学的校长，正忙于为燕大筹集经费而一次次返回美国。百事缠身的司徒雷登本人并未看到托马斯博士批判他的文章，只是从朋友那里听到一些有关消息，但也没往心里去。直到收到切斯特博士的信后，他才意识到问题的严重性。他知道这一来势凶猛的批判浪潮不仅会使他个人的名誉遭到诋毁，也将给燕大的筹款工作造成极大的障碍。

司徒雷登认为自己必须采取行动了。

1921 年 12 月，司徒雷登致信《普林斯顿神学评论》杂志编辑部，表示要对托马斯博士的文章进行反驳，同时指出托马斯对他的文章进行断章取义的评判本身就是不可取的；如果仅根据文章中的只言片语来衡量他的传教理念，则更是有失公允。

司徒雷登的信非但没有制止住对他的攻击，反倒给他惹出了更大的麻烦。

两个月后(1922 年 2 月)，《普林斯顿神学评论》杂志的编辑奥斯瓦德·阿利斯(Oswald T. Allis)教授给司徒雷登回了一封信，语气很不友好。他批评司徒雷登在根本还没看到托马斯的文章的情况下就写信反驳，是很不严肃的。他要求司徒雷登拿出证据，说明托马斯博士是如何误解他和冤枉他的。

奥斯瓦德·阿利斯编辑的回信,是司徒雷登出任燕大校长后面临的最严峻的挑战。面对这种挑战,司徒雷登决定暂时不再写文章反驳了,以免发生新的误解。加之燕大众多的事务性工作也使他无暇与《普林斯顿神学评论》杂志的编辑打笔仗。可是,以奥斯瓦德·阿利斯为代表的保守派传教士们并没有善罢甘休,他们一直通过书信的形式,对司徒雷登的言论进行攻击。而对他发起攻击的人中,有不少正是南长老会的成员。南长老会既是司徒雷登父母所属的教会,也是他 1904 年去中国之前所在的教会。别人对他的误解和攻击他可以忍受,来自南长老会的误解和攻击却令他无法释然。

1922 年 4 月,司徒雷登利用在美国为燕大筹款的机会,来到南长老会机构所在地弗吉尼亚州首府里士满(Richmond),向美国南长老会提出申请,要求参加在东汉诺威(East Hanover)举行的长老会春季会议,以便在会上为自己辩诉。

南长老会接受了司徒雷登的请求。根据南长老会的规定,他们必须对司徒雷登进行审查。司徒雷登表示同意接受审查,因为他有自己的想法。他认为:

> 其实,东汉诺威长老会的任何裁决对我都无关宏旨,因为我有燕京大学的支持。假如这个在弗吉尼亚州的教会对我所宣讲的教义的"正确性"做出不利于我的裁决,我在北方各州和中国教会中的威望也不会受到丝毫的损害。我之所以这样做,是因为我想知道这些保守的南方教友们(他们都是我过去的同学和同事),在一些有关宗教信仰的基本问题上,是否只对人们在学术研究中的观点斤斤计较。我一方面自愿接受他

们的审查,一方面也在心里审查他们。①

南长老会问司徒雷登希望以什么方式进行审查。按说,司徒雷登属于中国浙江长老会管,理应回这个长老会接受审查,但是考虑到普林斯顿神学院对他的攻击和批判最为激烈,所以他坚持要在东汉诺威接受审查,并提出可以由一个专门委员会,或其他任何一种他们认为满意的方式,对其1918年在中国基督教青年会上的发言进行详细的调查。

东汉诺威长老会与司徒家族的关系一直很好,对司徒雷登的父母和他本人在中国的工作也一直给予好评。事实证明司徒雷登的这个选择,对他是非常有利的。

1922年4月17日,经过当庭诘问和申辩,东汉诺威长老会一致投票,赞成司徒雷登发表的观点。这次会议的决议后来以《1922年4月17日美国长老会东汉诺威备忘录》(Minutes of East Hanover Presbytery, The Presbyterian Church of the U. S.; 17 April 1922)为题,发表在1922年5月17日出版的《基督教观察员》(*Christian Observer*)杂志上。

但是,普林斯顿和费城方面的那些曾经批判过司徒雷登的人对东汉诺威长老会的裁决并不买账。他们煽动一些观点相同的南方教友,向弗吉尼亚宗教会议和长老会最高仲裁会议提出对司徒雷登的控诉。可是,他们的控诉没有被接受。

至此,由司徒雷登1918年在中国基督教青年会上的演讲所引

---

① John Leighton Stuart, *Fifty Years in China—The Memoirs of John Leighton Stuart, Missionary and Ambassador*, New York: Random House, 1954, p. 46.

发的对他的攻击暂告结束。

1922 年秋,在司徒雷登的建议下,燕大宣布废除强迫学生参加主日仪式和教堂礼拜等宗教活动的规定,并在第二年又做出削减学生必修的宗教课程时间的决定。这一做法虽然受到学生们的欢迎,却使司徒雷登受到更多的攻击。

这些规定首先遭到在中国的外籍传教士圈内人士的反对。因为当时所有的教会学校都把要求学生参加主日仪式和教堂礼拜当做最起码的宗教教育手段。例如上海圣约翰大学校长卜舫济就坚持认为教会学校必须具有基督教环境,因此,"要求学生参加教堂祈祷必须是教会学校和非教会学校最主要的区别"[1],并强调:在中国,这一区别应比在美国更为突出。司徒雷登所在的南长老会中国委员会主席沃尔特·劳瑞(Walter Lowrie)竟提出建议,取消对燕大的资助,并扬言要撤出其派到燕大的工作人员。

面对各种各样的指责,司徒雷登只能尽可能地在不同的场合为自己的决定做解释,试图取得大家的谅解。

然而,事情并没有他想象得那么简单。一波未平,一波又起。

1922 年 11 月 15 日,北京的一份名为《北京导报》(Peking Leader)的英文报纸刊登文章,批评司徒雷登领导的燕京大学违背了教会学校的宗旨,沦为一所普通学校。

这篇文章的发表,使司徒雷登再次成为舆论谴责的对象。不久,《北京导报》发表了一篇读者来信,指责燕大丢掉了基督教的特色,并提醒那些给燕大提供财政支持的个人和组织有权了解燕大

---

[1]　F. L. Hawks Pott, *Christian Colleges—Their Scope and Limitations*, Records of China Centenary Missionary Conference, Shanghai, 1907, p. 69.

在做什么。这封信是一个名叫科克的荷兰人写的。在给编辑部的第二封信中，科克又指责司徒雷登在燕大的所作所为与其在美国申诉的宗教理念是相矛盾的。

由于忙着去美国筹款，司徒雷登对科克先生的指责无暇做出及时的反应。但科克对燕大的指责，却无端地增添了筹款的难度。司徒雷登只好再次求助于东汉诺威长老会和燕大纽约托事部。

1923 年元旦刚过，司徒雷登就来到设在纽约的燕京大学托事部，希望他们对燕大做出客观的评价。4 月 12 日，针对社会上对燕京大学的纷纷议论，燕大托事部做出了三点决议：（1）燕京大学是严格按照基督教精神和福音传播的原则组建的，而不是宗派斗争的产物；（2）托事部相信燕大的管理者们完全是遵循这一建校宗旨在开展工作；（3）托事部支持燕大校方领导人面对各种议论所采取的克制态度。[①]

在得到燕大托事部的支持后，司徒雷登来到里士满，向东汉诺威长老会提出申请，希望他们再次对他的宗教立场进行审查。东汉诺威长老会接受了他的申请，并为此抽调了三个人，组成一个特别委员会。委员会主席是里士满神学院的爱德华·麦克（Edward Mack）教授。

审查的基本材料依然是司徒雷登在中国基督教青年会上的发言。而这些材料全部是由一位对司徒雷登提出指控的人提供的。委员会为此举行了好几次听证会。司徒雷登则在会上为自己的观点进行辩解。

---

① "Minutes of the Board of Trustees，April 12，1923，" Records of Yenching University.

几天后,委员会写出了审查报告,对司徒雷登的传教观点给予充分的肯定。他们认为,第一,司徒雷登的许多表述方法都是为了帮助中国人真正理解基督教的真谛,不得已而为之;第二,后来发表的演讲稿是在速记稿的基础上整理的,且未经过司徒雷登本人的确认;第三,因此,那些与教会传统观点有冲突的内容并不能看做是司徒雷登的观点;第四,司徒雷登表明他本人是忠于南长老会教堂,并与之持同样的宗教信念的。

在审查报告的最后,委员会一致建议长老会再次接受司徒雷登为其成员。特别委员会的建议得到长老会的认可,重新确认了司徒雷登的成员资格。①

司徒雷登的本意原是希望通过燕大托事部和南长老会对他的支持挫败对方的攻击。可事实上适得其反,激起了更多的人对他不满,使反对派对他的攻击有增无减。起先反对派只是通过教会的传媒表述自己的意见,现在则将教会组织也卷了进去。

1923 年,司徒雷登发表了《新评新约启示录》("New Commentary on the Apocalypse of St. John the Divine")一文,试图解释《新约启示录》中耶稣启示文学的影响。这篇文章的发表,再次受到奥斯瓦德·阿利斯的攻击。1924 年 1 月,他在《普林斯顿神学评论》杂志上撰文,批评司徒雷登过于强调《新约启示录》的文学影响,而忽视了《新约》是唯一的启示这一特征。奥斯瓦德·阿利斯认为这些启示特征体现了该书"永恒的价值",司徒雷登对它的忽略是一种大逆不道的、亵渎神明的行为。

---

① Minutes of East Hanover Presbytery,April 17,1923,pp. 21—23.

奥斯瓦德·阿利斯除了对司徒雷登关于《新约启示录》一书的时间考证没有表态之外,将其他所有观点几乎都视为是不能接受的。[①]

奥斯瓦德·阿利斯文章的发表又引发了新一轮美国基督教保守派对司徒雷登的批评。

就这样,司徒雷登和燕京大学成为基督教保守派与现代派之间斗争的交火点。司徒雷登每发表一篇文章,或是在燕大实行一项改革,几乎都会遭到保守派的强烈谴责。而正是这种谴责,把他一步步由开始的只是赞成现代派的某些观点,推向立场的根本转变,最终成为现代派传教士的代表人物。

与美国宗教界对司徒雷登横加指责的态度所不同的是,中国社会各界对司徒雷登对燕大所做的贡献给予了充分的肯定。1923年秋,政府授予司徒雷登三等嘉禾奖。

随着知名度的上升,司徒雷登在美国各地的活动越频繁,受到的攻击也越多。可以说,在保守派看来,打击司徒雷登就等于打击了现代派传教士。

那时,美国宗教界针对司徒雷登的言行而形成了一个强硬的反对派。其中的代表人物有普林斯顿神学院的格雷舍姆·梅勤(J. Gresham Machen)教授、南长老会中国苏北教堂的白秀生(Hugh W. White)传教士和哥伦比亚神学院的威廉·麦克弗特斯(William M. Mcpheeters)等人。

在东汉诺威长老会决议公布后不久,格雷舍姆·梅勤给特别

---

[①] Oswald T. Allis,"Dr. J. Leighton Stuart's 'New Commentary on the Apocalypse of St. John the Divine'," *Princeton Theological Review*, Jan 1924, pp. 120-126.

委员会主席爱德华·麦克教授写信,反对这个决议。他认为司徒雷登是个自然主义者,认为燕大就像美国的芝加哥大学一样,是东方非基督教运动的根源。两个月后,他再次致信爱德华·麦克教授对司徒雷登进行新的批评。

白秀生主持的苏北教堂是金陵神学院的赞助者之一。白秀生本人也一直对金陵神学院的"异端邪说"保持着高度的警惕。对于司徒雷登在燕大的改革,白秀生一直心怀不满,称燕大是"激进主义的温床"。因此,他对司徒雷登的谴责更为严厉,甚至建议教会停止发给司徒雷登工资,逼迫他就范。白秀生在给美国教友的信中不仅对司徒雷登的许多观点进行批驳,同时还指责东汉诺威长老会给予司徒雷登的支持。白秀生警告说,如果不纠正这一错误,"我们的子孙后代将失去《圣经》,失去信仰,并最终失去他们生活的希望"①。

实际上,白秀生在中国是少数派,既不具备惩罚司徒雷登的力量,也不敢公开反对司徒雷登。中国当时的环境毕竟与美国国内不同,司徒雷登有许多支持者。因此白秀生的指责只能以信件的形式在美国出现。

哥伦比亚神学院的威廉·麦克弗特斯则以发表公开信的方式指出,由于司徒家族与东汉诺威长老会的关系,致使该长老会在如何看待司徒雷登的问题上缺乏原则,有偏袒他的嫌疑。东汉诺威长老会对威廉·麦克弗特斯的公开信没有表态。两个月后,威廉·麦克弗特斯致信审查委员会主席爱德华·麦克教授,请他对

---

① White to Mack et al, September 11, 1923, Edward Mack Papers, Presbyterian Historical Foundation, Montreal, North Carolina.

司徒雷登在中国基督教青年会上的讲演发表评论,指明哪些地方属于陈述有误,哪些观点属于看法的不同,又有哪些是整理材料的人加上去的。爱德华·麦克教授同样没有对他的质疑做出回答。

三番五次遭到冷遇,使威廉·麦克弗特斯怒火中烧。1924年春,他向弗吉尼亚宗教大会提出起诉,要求其对长老会包庇司徒雷登予以谴责。

此时,司徒雷登的心情异常痛苦和矛盾。作为燕大的校长,他一天也不能忘记肩负的责任和重担,必须按照适用于中国国情的原则,实施他一校之长的职责;而作为一个虔诚的基督徒,他认为自己在中国的所作所为正是为了完成上帝赋予他的神圣使命。他既对自己的信仰遭到保守派的怀疑而愤愤不平,又不愿意看到长老会因为自己的缘故而受到牵连。

经过权衡利弊,司徒雷登于1924年7月15日,向东汉诺威长老会提出退会的请求,并决定不再接受海外传教执行委员会给予他的工资补贴。他在致长老会的信中写道:"我把我的全部生命都贡献给了耶稣基督事业,我神圣的上帝和救世主。如果事业要求我离开我主的教堂,我会欣然接受这一牺牲个人的选择,并将真诚地以恩相报。"①

但司徒雷登的请求遭到长老会的拒绝。两周后,司徒雷登把这封信的复印件和一份声明寄给威廉·麦克弗特斯,可并没得到他的谅解。

令威廉·麦克弗特斯恼火的是,弗吉尼亚宗教大会的长老们

---

① Stuart to the Members of the East Hanover Presbytery, July 15, 1924, Edward Mack papers, Presbyterian Historical Foundation, Montreal, North Carolina.

驳回了他的诉讼，认为由东汉诺威长老会对司徒雷登进行审查已经足够了。1925 年 3 月，他再次给弗吉尼亚宗教大会致函，抱怨让东汉诺威长老会同时扮演法官和陪审团的角色是不公平的，这使整个审查过程缺乏必要的监督，同时要求 1926 年的宗教大会重审此案。

看来，保守派不把司徒雷登赶出教会是不会善罢甘休的。这令司徒雷登十分烦恼。这种旷日持久的攻击和指责把他搞得疲惫不堪。同时，他还接连遭到母亲去世和妻子病故的双重打击。

1926 年 9 月，迫于压力，弗吉尼亚宗教大会决定对状告司徒雷登的案子进行复审。

两个月前，燕大从盔甲厂旧址搬进海淀的新校园。此事无论是在中国，还是在美国，都引起了轰动。司徒雷登取得的成功在受到中国社会各界好评的同时，也给美国宗教界留下了深刻的印象。

东汉诺威长老会主审官爱德华·麦克教授本人就是一位现代派人物，曾奉命专程到中国对司徒雷登进行调查，目睹了司徒雷登在燕大的工作，及他在中国教育界和政界享有的声望。他认为司徒雷登在中国的工作是无可挑剔的，不该遭到如此的攻击和诽谤。他决定与宗教大会联手，共同给威廉·麦克弗特斯施加压力，迫使他撤销对司徒雷登的起诉。

由于威廉·麦克弗特斯对司徒雷登的谴责不是个人行为，而是代表了整个保守派的意志，他们实际上是把司徒雷登作为现代派的代表人物来批判，所以不会屈服于压力去撤诉。

1926 年 9 月，经过复议，弗吉尼亚宗教大会通过表决，一致否决了威廉·麦克弗特斯对司徒雷登的起诉。

1926 年 9 月 29 日，《南长老会报》(*The Presbyterian of the South*)刊载的一篇文章为这场持续了五年的论战做了一个客观的总结，文章说：

> 从来没有一个人像司徒博士那样，把自己的神学观点提交宗教会议进行审查，也没有人能像他那样完全说服教会，使它相信他所遵行的信仰与南长老会并无二致。长老会认为对司徒博士的攻击是毫无根据的，也是不应发生的。司徒博士没有进行公开的争论，而是表现出崇高的基督教品德，把事情交给长老会做决定，自己则默默地在遥远的中国继续执行他的伟大使命。[①]

这篇文章发表之时，燕京大学与建校初期相比，已发生了脱胎换骨的变化。基督教保守派对司徒雷登的攻击不仅没有阻止住燕大发展的脚步，反倒扩大了它的知名度，使昔日名不见经传的燕大成为众多中国学生向往的大学。

1926 年初夏时节，燕大的男部和女部分别从盔甲厂、马匹厂和佟府夹道旧址，搬进海淀修葺一新的新校园，并随之迎来了学校快速发展的时期。

---

[①] John Leighton Stuart, *Fifty Years in China—The Memoirs of John Leighton Stuart, Missionary and Ambassador*, New York: Random House, 1954, pp. 47--48.

# 第五章 加入一流大学的行列
## (1927—1937)

## 一、"中国化"和"国际化"问题的提出

"中国化"一词虽然不是司徒雷登的独家创造,但这样的想法,在他就任燕大校长前就已经形成了。他在回忆录中曾这样写道:

> 我是带着一些想法到北京去的,其中最明确的一个想法就是,这所新的大学应该立足于中国人的生活基础,而不与任何西方国家的条约或其他任何外来的因素发生关系,只能享有中国人民自己所享有,而且愿意与我们共享的权利。我相信帝国主义和传教是能够,而且也是应当区分开的。在学校事务的每一方面,中国人和外国人都应共享平等,住一

样的房子,彼此相邻。<sup>①</sup>

当时,司徒雷登的这种中国人与外国人享有同等权利的想法,在外国传教士中是不多见的。

"中国化"的正式提出,是在司徒雷登任燕大校长后的第三年。

20世纪前期是中国教会大学迅猛发展的时期。到20年代初,教会大学的学生人数已占到全国大学在校生总数的80%。<sup>②</sup>这一情况引起了美国宗教界的极大兴趣。同时,辛亥革命和新文化运动给中国社会带来的巨大冲击与变化,以及北京大学等国立高等学府的迅速崛起,也使美国教会隐隐感到不安。他们似乎预感到在中国所处的这种大动荡的年代,教会学校如果不能顺应时代的发展需要,做必要的改革,随时都会由兴盛走向衰亡。而1922年以后中国爆发的非基督教运动,证实了他们的预见并非毫无根据。

为了总结经验,防患于未然,1921年秋,北美外国传教大会顾问委员会委派该委员会主席、芝加哥大学的神学教授恩内斯特·伯顿博士率领调查团来到中国。这是自1911年后伯顿的第二次访华。

后来担任芝加哥大学校长的恩内斯特·伯顿教授被认为是美国宗教教育界的一个思想激进的代表人物。1909年,他曾以芝加哥大学远东教育考察团成员的身份到过中国,对当时中国的教会组织和学校进行过调查。回国后,恩内斯特·伯顿教授对中国教会学校的现状和发展趋势提出了自己的看法。他的许多观点都很

---

① John Leighton Stuart，*Fifty Years in China—The Memoirs of John Leighton Stuart*，*Missionary and Ambassador*，New York：Random House，1954，p. 71.

② 舒新城编：《中国近代教育史资料》下册,人民教育出版社,1961年,第1090页。

有预见性,代表了现代派传教士的教育理念,因而受到现代派传教士教育家们的尊敬。例如他认为,在中国办教育,首先应考虑如何使教育服务于中国社会的特殊需要,而不是照搬外国的东西;教会所提供的教育应该渗透基督精神,但不能因此而把教育作为传教的工具;外国教育家应积极参与中国的教育活动,但最终掌握中国教育的,还将是中国人自己;教会学校应与政府办的学校和睦相处,结为伙伴,而不应与其在数量上一比高低;等等。

事隔十年之后的再次访华,伯顿教授是有着特定的目的的,他要对中国教会的教育情况进行一番调查,并依据调查的结果对教会学校提出改革建议。由于那时燕大校长司徒雷登正在致力于对教会大学进行改革,因此,他把司徒雷登的名字也列入调查团成员的名单。

从 10 月初到 12 月中旬,调查团用了两个半月的时间,对中国的三十多个主要城市和地区进行了实地考察。他们的调查对象包括了各地的教堂和大量私立及公立学校。作为调查团的正式成员,司徒雷登跟着调查团走南访北,掌握了许多有关教会教育的第一手资料。在各地的所见所闻,无不使他对燕大今后的办学方针有了一个更为明确的方案。

在对调查结果进行了恰如其分的研究和评价后,伯顿教授的调查团得出这样一个结论:为消除中国新式学校带来的威胁,使教会学校保持强盛,对中国现有的教会学校进行改革已势在必行。为此,调查团提出了三个改革的原则,即使教会学校更加效率化、更加基督化和更加中国化。

所谓更加效率化,是要求教会学校必须依靠提供最好的新式教育,即通过提高办学效率,在与政府学校的竞争中占上风。调查团对教会联合办学和教会大学合并的做法给予充分的肯定,同时建议统一大学的入学、毕业标准和课程设置,加强对教师学术水平的要求,并以提高教学质量为办学的基本原则。

所谓更加基督化,是要求教会学校把基督教的精神融于学校的日常生活和教师的人格影响中,而不是把精力用在片面追求开设宗教课的数量和强制学生参加宗教仪式上。

所谓中国化,是要求各教会学校增加中国籍教师和行政管理人员的比例,课程安排要与中国国情相适应,培养学生的爱国热情等。

应该说,伯顿调查团用"效率化、基督化和中国化"为中国教会学校的发展开出了一剂良药。而这个药方,则是在司徒雷登心中酝酿多时,并早已开始运用了的。因为,从开始组建燕大起,"中国化"就一直是司徒雷登追求的目标之一。而伯顿调查团的结论更加坚定了司徒雷登遵循中国化原则的决心。

在为数众多的教会大学中,燕大在实行"中国化"的办学方针方面是起步最早的一所学校。

建校初期,为了使燕大在中国能引起人们的关注,赢得更多的友谊和财政支援,司徒雷登与助手一起几乎走遍了中国所有比较重要的地区,并结识了众多的政府显要以及教育、金融和实业界的社会名流。他这样做的目的之一,是为了在这些中国的上层人物中树立燕大的形象,并让他们参与燕大的建设,把燕大看做是中国人自己的学校。

后来的事实证明司徒雷登这样做是非常明智的,也是行之有效的。因为在他最困难的几年里,即他屡屡遭到来自保守派的猛烈抨击时,正是中国政府,以及他那些大权在握的中国朋友们,不断地给予他支持,成为他本人和燕京大学的坚强后盾。也正是因为有了这一后盾,司徒雷登在燕大进行的每一步重大改革在遭到保守派传教士非议的同时,引来了中国社会,特别是教育界关注的目光。这种关注,使伴随着五四新文化运动、非基督教运动和收回教育权运动成长起来的燕京大学,在中国的高等教育领域为自己争得了一席之地。

在起用和善待中国教师方面,燕大也是行动最快的一所教会学校。

在刚开始聘用教师时,司徒雷登曾不顾纽约托事部的反对,自行招聘了一批中国籍的教师,并将此视为燕大最紧迫和最重要的任务。在他的主持下,《燕大中国教职员待遇细则》也很快出台了。细则规定,中国教授在薪金、住房、休假、医疗等方面均可与外籍教师享有同等的待遇。只要学有所长,不论思想观点和学术派别如何,燕大都一律以礼相待。这一举动不仅为燕大引来了一支高素质的教师队伍,为其日后的发展奠定了坚实的基础,更为司徒雷登本人在中国社会和教育界赢得了人们的信赖与尊重。

到 20 年代中后期,燕大几乎所有的院系领导基本上都由华人担任。1927 年,中国籍教师所占比例已由创办时的三分之一增加到三分之二。1934 年,燕大的 111 名正副教授中,外籍教授有 44人,中籍教授有 67 人,后者明显占多数。①

---

① 燕京研究院编:《燕京大学人物志》第一辑,北京大学出版社,2001 年,第 19 页。

为了充分发挥中国员工在燕大行政管理方面的作用,在司徒雷登的建议下,纽约托事部进行了机构改组,由原来的职权部门改为基金会式的管理体制,并把校产管理、经济分配和人事任免的权力都下放给燕大校董事会。1929年,经过调整后,校董事会中中国董事增加到21人,外籍董事13人,中国人占了三分之二的席位,其中包括了孔祥熙、颜惠庆、胡适、陶行知等社会名流。[1]

有了中国教职员工的加盟,燕大的中国化进程远远超过了其他教会大学。特别是大量高素质人才的流入,使燕大的教学质量更是发生了质的飞跃。在回忆录中,司徒雷登不止一次对燕大的中国教师和管理人员表示出由衷的称赞:

> 我原来的目标是,除了中国人的财力支援外,还要让他们更多地在教学、行政、宗教及学校的其他方面发挥领导作用,使燕大最终成为一所真正意义上的中国大学,而它的西方渊源,只留存在人们对于历史的记忆当中。就中国人在上述各方面的办事能力,和他们对燕大所表现出的忠诚来说,我的梦想已经充分实现了。[2]

> 在宗教学院的主要教职员中,中国人的数量越来越多。我为拥有这些杰出的人才而深感庆幸。他们的学术水平与燕大和其他任何一所大学的中国教授相比都毫不逊色。他们可以绝对自由地按照中国的传统方式进行宗教仪式或发表自己

① 燕京研究院编:《燕京大学人物志》第一辑,北京大学出版社,2001年,第19页。
② John Leighton Stuart,*Fifty Years in China—The Memoirs of John Leighton Stuart, Missionary and Ambassador*, New York: Random House, 1954, p.72.

的学术观点。他们也可以完全自由地去撰写关于中国基督教方面的著作。他们酷爱这份自由，并能善加利用。[1]

课程设置是否符合中国学生的特点，也是教会学校能否"中国化"的一个标志。

由于教会大学的主办者都是外国的教会组织，而这些组织又把传播基督教视为教会学校的宗旨，因此学校往往设置了大量与宗教有关的课程，而且将其规定为学生的必修课。既然燕大的前身是几所神学院，设置宗教课原本也是顺理成章的事情。但司徒雷登却另有自己的想法。他在自己心目中为燕大设计的目标绝不是一般的教会大学，而是要使其成为一所能与中国的国立大学平分秋色的、名副其实的正规私立大学。

抱着这样的目的，司徒雷登为燕大定下的办学宗旨是将其办成一所"以学术为目的的教育机构，使学生在智、德、体方面得到发展，成为国家领袖人才，以满足国家与社会的需要"[2]。

1922年的非基督教运动，使司徒雷登加深了对教会大学"中国化"的理解。他认识到选择走"中国化"的道路不仅是教会大学生存与发展的需要，更是时代的呼唤。为此，他在继1922年11月做出取消强迫学生参加宗教仪式的规定后，1923年又做出了缩减学生必修的宗教课程时间的决定。1925年，燕大进一步改革，把原来规定必修的宗教课程改为选修课，同时规定学生在60个要求必修的学分中选修12个学分的中国文学和10个学分的中国

---

[1]　燕京研究院编：《燕京大学人物志》第一辑，北京大学出版社，2001年，第71页。

[2]　燕京大学校友校史编写委员会编，张玮瑛、王百强、钱辛波主编：《燕京大学史稿》，人民中国出版社，1999年，第11页。

历史课程。

为了替社会培养出更多有用的人才,在削减宗教课程的同时,燕大除了像正规大学那样设立了文学院、理学院和法学院外,还吸收美国发展职业教育的经验,从 20 年代初开始,陆续设立了制革、农科、陶瓷、劳工统计调查、教育和社会服务等一系列职业专科。1927 年至 1928 年,在燕大职业技术专科就读的学生人数所占比重,曾一度达到在校生总数的 26%。[①]

如果说教学人员和管理体制以及课程安排方面的改革,是使燕大中国化的具体体现的话,那么司徒雷登从 1926 年开始,到 1929 年完成向中国教育管理部门注册登记的做法,则使燕大在其推进中国化的进程中,达到了内容和形式的统一。

司徒雷登把私立教会大学向中国教育部登记立案视为教会学校向中国化发展的必由之路。1927 年 2 月,司徒雷登发表了一篇题为《中国未来的教会教育》的文章,比较全面地阐述了他对此事的立场和看法。在文章的最后他写道:

> ……我们服务教职及捐资帮助,无非表明一种好意,中国人尽可利用以谋其自身的利益。我们极喜这些学校能早日完全归中国人管理,反正双方的主要目的是相同的,我们只要求大家互相了解便够了。[②]

作为教会大学,燕大与其他教会大学一样,最初也在美国的纽

---

① 燕京大学校友校史编写委员会编,张玮瑛、王百强、钱辛波主编:《燕京大学史稿》,人民中国出版社,1999 年,第 18 页。

② 司徒雷登:《中国未来的教会教育》,《真理与生命》,第 2 卷第 3 期,第 57 页。

约州登记立案。学校的校政大权基本都掌握在纽约托事部手中。为了摆脱这种被动局面,也为了顺应中国收回教育权的社会潮流,在司徒雷登的授意下,燕大于 1926 年 11 月和 1928 年的 12 月,先后两次向中国政府申请注册立案。为了征得美国托事部的认可,司徒雷登还趁 1927 年 12 月回美国筹款的机会,亲自到纽约说服托事部以积极的姿态对待中国的收回教育权运动。其态度、立场的主动和诚恳,与顽固坚持反对在中国注册的上海圣约翰大学校长卜舫济形成了明显的对比。

在 1926 年 11 月申请注册时,司徒雷登主持召开校务会议,推荐当时在国文系任教的前清翰林吴雷川教授担任燕大的副校长。1929 年,为了执行中国教育部关于教会学校应由中国人任校长的规定,经董事会批准,吴雷川先生又被正式任命为燕京大学校长,司徒雷登改称校务长。

1929 年的《燕京大学》校刊对这段往事曾做过如下报道:

> 本校成立伊始,即与教育部屡有接洽,准备立案。第其时政府对于教会学校,尚未有考核之标准;而各教会对于读经、礼拜等事,又有不愿废弃成规,故进行不免障碍。然本校鉴于立案之不容缓,叠向各教会反复陈说,卒将强迫礼拜制度与必修圣经功课,于民国十三年(1924 年)一律废止。及十四年冬间教育部颁布外人捐款设立学校请求认可办法第六条,本校即遵照部定办法,筹备一切,决于十五年暑假前呈请认可。嗣因迁移校址,暑假提前一月,为时甚促,不及办理,乃延至秋季开学后继续进行。是年十一月,具呈于教育部,十二月部派员

　　来校视察,至十六年二月,遂奉到部令准予认可。[①]

　　燕大在中国注册立案意味着它将接受中国教育部的监督和管理,遵守一切有关的规定。这样一来,等于为自己争取到了校政管理的自主权,为进一步贯彻中国化的办学方针和进行现代化的教学改革创造了一个宽松的环境。

　　在对燕大进行"中国化"改造的同时,司徒雷登并没有忽视推进燕大的"国际化"。他认为,为了增进国际了解,保障世界和平,"各大学应当成为推动实现'天下共一家'理想的中心。燕京创造的氛围也许能成为一种长期的保障,用来发展与各国的关系。我的梦想正在慢慢实现,但完全实现尚待时日。我期望它在比现在更为中国化的同时,也应更具有广泛的国际性"[②]。

　　本着这一出发点,燕大着重在选择教师、设置专业以及开展国际交流与合作方面遵循国际化的原则。

　　燕大教师队伍和学生的组成就体现出了它的国际性。燕大的外籍教师分别来自美国、英国、德国、瑞士和日本等国家,学生中也有一定比例的海外华侨子女和与其他国家交换的研究生。虽然这些教师和学生各有不同的宗教信仰和生活习俗,但大家都能平等相处,师生间的关系也都非常融洽。

　　对燕大来说,要做到形式上的国际化并不很难,难的是内容上的国际化。为了达到这一目的,同时也为了自身的提高,燕大非常

---

　　① 燕京大学校友校史编写委员会编,张玮瑛、王百强、钱辛波主编:《燕京大学史稿》,人民中国出版社,1999年,第9—10页。

　　② John Leighton Stuart, *Fifty Years in China—The Memoirs of John Leighton Stuart, Missionary and Ambassador*, New York: Random House, 1954, pp. 72—73.

注重与世界其他大学,尤其是一些名牌大学,建立长期的友好交流关系。

已有七十多年历史的哈佛燕京学社的创立,就是司徒雷登为使燕大国际化而努力的结果。

笔者在本书第三章中提到过,司徒雷登在美国为燕大筹款时,曾说服美国铝业大王查尔斯·霍尔的遗产执行人亚瑟·戴维斯先生和约翰逊先生,将燕大列为霍尔遗产的受益人,使燕大得到150万美元的资助。但当时霍尔遗产在中国的最大受益者不是燕京大学,而是北京大学。北京大学用霍尔遗产捐助的钱与美国的哈佛大学合作开展汉学研究。后来,由于参与研究敦煌石窟的美国人华尔纳乘机盗走一部分敦煌千佛洞的壁画,激起了当地老百姓的民愤,致使后续的研究工作因遭到地方政府的抵制而无法进行。

中美合作考察敦煌的计划泡汤后,霍尔基金会和哈佛大学在迁怒于华尔纳的同时,对与北京大学的合作也不满意。司徒雷登得知这一情况后,于1925年秋专程赶往美国做工作,向哈佛提出由燕京大学与其合作,继续开展汉学研究。

美国宗教界保守势力针对司徒雷登展开的历时四年的攻击,不仅没有搞垮司徒雷登,反倒使他声名鹊起。哈佛大学看中了他所领导的燕京大学的发展潜力,决定把原同北京大学合作开展的汉学研究计划改为与燕京大学合作。1926年年初,霍尔基金会拨款640万美元,作为该学社的研究和活动基金。

哈佛燕京学社成立的目的在于"通过哈佛大学与燕京大学以及中国其他研究机构的合作,保证为学术研究提供便利,资助出版那些经学社董事会赞同的有关中国学方面的研究成果。它期望学社保证在中国的研究中心里对从事研究的学生在各方面有所帮助,并将与中、美两国其他学校的研究所协作"①。

燕大与哈佛大学签署的合作协议把对中国文学、艺术、历史、语言、哲学和宗教史的研究作为首选的课题,并把传播和保存中国文化定为开展研究的目的。

经过一段时间的筹备,哈佛燕京学社于 1928 年 1 月 4 日正式成立。成立的当天,合作双方即选出了一个由九位代表组成的决策委员会。这九个代表分别来自哈佛大学托事部、燕京大学托事部和霍尔基金会。决策委员会是哈佛燕京学社的最高权力机构。学社的本部设在哈佛大学。

哈佛燕京学社第一任负责日常行政工作的主任,是担任哈佛大学远东语文系主任的法国籍俄国东方学家叶理绥(Serge Elisseeff)。叶理绥早年曾就读于著名的德国柏林洪堡大学和日本东京帝国大学,精通英、德、法、日等多国语言,中文也有相当的造诣,能阅读一般的古籍。

叶理绥担任哈佛燕京学社主任的时间长达 28 年。在他的积极倡议下,哈佛燕京学社把日本也纳入学社的研究范围。

美国的哈佛燕京学社成立后不久,燕大的哈佛燕京学社国学研究所也于 1928 年 2 月 10 日宣告成立,并特别聘请后来成为辅仁大学和北京师范大学校长的著名历史学家陈垣教授出任研究所所长一职。为加强对学术研究的领导,燕大哈佛燕京学社组成了一个五人学术委员会。除陈垣外,学术委员会成员还包括燕大的洪

---

① 燕京大学校友校史编写委员会编,张玮瑛、王百强、钱辛波主编:《燕京大学史稿》,人民中国出版社,1999 年,第 392 页。

煨莲、博晨光两位教授和法国著名的汉学家伯希和,以及哈佛大学哈佛燕京学社主任叶理绥。

燕大哈佛燕京学社的日常工作,由学社下属的"北平行政管理委员会"执行干事(也称为总干事)负责。担任第一任执行干事的,是深得司徒雷登信任的燕大哲学系主任、美籍教授博晨光。博晨光在这个位置上共做了10年,后来因与叶理绥关系紧张而于1939年辞去了执行干事的职务,由燕大历史系教授洪煨莲继任。

洪煨莲曾于1928年受哈佛大学的聘请,赴美讲授中国历史,并参与过哈佛燕京学社的创办工作。1930年秋洪煨莲回国后,为了推动汉学研究的发展,在燕大哈佛燕京学社创立了引得编纂处,意欲将浩如烟海的中国古籍逐一做出索引。引得编纂处的工作人员全部是燕大历史系的毕业生。

在近二十年的时间里,燕大哈佛燕京学社先后共完成出版了81本的64种中国古籍引得,内容既涉及了《十三经》《庄子》《墨子》《荀子》《佛藏》《道藏》《宋诗》《元诗》《辽金元传记》《容斋随笔》等中国古代名著,也包括了各代历史书籍和小说引得。这些引得至今仍是世界汉学研究者的重要工具书。

哈佛燕京学社的成立,在为燕大开展国际化的学术交流创造了条件的同时,也为中、美两国分别培养出一批高素质的研究人员。

从1928年夏季开始,哈佛大学同燕京大学开始互相派遣研究生和访问学者。洪业和博晨光就是第一批被哈佛大学聘为客座教授的燕大教师。

以后,燕大经常选派一些优秀的青年学者,利用哈佛燕京学社的奖学金到哈佛大学学习。哈佛燕京学社也为其他中国教会大学的学生提供过到哈佛留学的奖学金。许多学生由此而成为中国著名的学者。如世界古代及中世纪史和先秦史专家,曾任燕京大学历史系主任的齐思和教授;蒙古史专家,后任中国社会科学院民族研究所副所长的翁独健教授;香港中文大学东方文化研究所所长郑德坤教授;人类学和民族学专家,后任中央民族学院(后更名为中央民族大学)民族研究所所长的林耀华教授;魏晋南北朝史及日本史专家,后任清华大学历史系主任和北京大学历史系主任的周一良教授;燕大宋史、近代史、古籍学专家聂崇岐教授;清史专家,燕大历史系教师、哈佛燕京学社代主任王钟翰教授等人都是在燕大读完硕士学位后,又到哈佛大学或攻读博士学位或进修过。

另外,岭南大学的黄延毓、华西大学的蒙思明以及燕大硕士毕业后在金陵大学任教的王伊同教授等人也都曾在哈佛燕京学社奖学金的资助下,赴美留学。清华大学经济系学生杨联升在 1937 年毕业留学美国后,获得哈佛燕京学社的奖学金在哈佛攻读硕士和博士学位,毕业以后留在哈佛任教,为美国培养出不少汉学家。

至今,哈佛大学的哈佛燕京学社仍在执行"研究生奖学金计划"(Graduate Fellowship Program),每年都提供奖学金资助青年学者进行东方学研究。其资助的研究范围已扩大到对日本、朝鲜历史文化的研究,资助对象也早已不限于教会大学,而是囊括了几乎所有的公立和私立大学。

哈佛燕京学社的"协作研究计划"(Coordinate Research Program)从 80 年代初开始,也恢复了对中国学者的资助。该计划每年邀请 10 名左右 40 岁以下的亚洲青年学者,到哈佛燕京学社进行一到两年的研究工作。

从 1929 年到 1948 年的近二十年里(不包括抗战时期燕大暂停办学期间),哈佛大学每年都要往燕大派遣研究生,其中许多人后来都成为美国各大学的汉学教授及有影响力的汉学家和中国通。他们当中有哈佛大学的中文教授,有华盛顿大学和康奈尔大学的远东研究所主任,有东方艺术馆馆长等。他们的任职岗位几乎遍布美国所有著名的高等学府,如斯坦福大学、耶鲁大学、普林斯顿大学、哥伦比亚大学、宾夕法尼亚大学、芝加哥大学、华盛顿州立大学等。

这些由哈佛燕京学社资助到中国学习过或从事过研究工作的美国学者,撰写了大量与中国有关的著作,同时将一些中文书籍翻译成英文介绍给美国读者,成为中国文化的传播者。他们不仅组成了美国最初的汉学研究队伍,而且为美国中国研究的学术水平打下了坚实的基础。

被誉为美国"研究中国奠基人"的著名学者费正清(John King Fairbank)教授,曾于 1932 年和 1933 年两次接受哈佛燕京学社的奖学金支持,来中国从事研究工作。回美国后,费正清先是在哈佛大学远东语文系任教授,后来又在福特基金会的资助下,于 1955 年成立了东亚研究中心(East Asia Research Center,现改名为费正清研究中心),专门从事研究中国近代史的工作。在他的指导和影响下,一批中国近代史方面的学者在美国历史学界脱颖而出。

此外,为了体现国际化的办学方针,燕大还与其他一些国外的著名大学建立了合作与交流关系。

如燕大于 1922 年创办的社会学系就是与美国普林斯顿大学合作的结果。1924 年,普林斯顿大学校长约翰·希本(John G. Hibben)博士成为燕大托事部的董事。1930 年 5 月 19 日,该大学在洛克菲勒基金会的支持下,成立了普林斯顿燕京基金会,用于支持燕大的教学和科研活动。①

1921 年上半年,美国著名的女子大学卫斯理安女子学院(Wesleyan Female College)的院长艾伦·彭德尔顿(Ellen F. Pendleton)女士到燕大访问时,与燕大女子学院结成姐妹学校。后来,卫斯理安女子学院不仅派了肯德尔(Elizabeth Kendall)和坎德里克(Eliza B. Kendrick)两位教授到燕大讲学,还每年给燕大女子学院捐赠一笔经费。

另外,从 1922 年起,司徒雷登即与拥有世界上第一所新闻学院的美国密苏里大学联系,请他们协助燕大创办新闻系。经过反复磋商,密苏里大学于 1924 年秋派聂士芬(Vernon Nash,弗农·纳什)教授赴华,与另一位在燕大任教的美籍教授白瑞登(R. S. Britton)一道,负责燕大新闻系的筹办工作,开创了中国大学设立新闻系的先河。

燕大与英国牛津大学的合作关系也十分融洽。

由于英国公理会是燕大的创建者之一,因此,不但英国的"庚款基金会"每年都要给燕大拨一万元经费,燕大的中国籍教师还可赴英国牛津大学深造。在抗日战争中与中国共产党和中国人民结下深厚友谊的国际友人林迈可先生,就是牛津大学派到燕大工作

---

① Dwight W. Edwards, *Yenching University*, New York: United Board for Christian Higher Education in Asia, 1959, p. 123.

的教授。

　　1937 年 12 月,林迈可在来华赴任的路上与诺尔曼·白求恩相识并成为好朋友。十四年抗战当中,林迈可成为中国人民抗日战争的坚强支持者,不仅经常协助中共地下党给晋察冀边区游击队运送短缺的物资和器材,还多次秘密潜入抗日根据地,与聂荣臻、吕正操将军等抗日将领成为挚友。珍珠港事件爆发后,为了躲避日寇的迫害,林迈可教授与他的妻子李效黎一起离开燕大,奔赴抗日根据地,在聂荣臻麾下担任晋察冀边区通讯组技术顾问。1944 年夏天,林迈可夫妇到达延安,受到毛主席和朱总司令的热情接待,并被委以 18 集团军三局通讯组技术顾问及新华社英语主编的重任。离开中国后,林迈可教授分别在哈佛、耶鲁、美利坚大学和澳洲国立大学等处执教,直到 1994 年在美国病逝。①

　　此外,燕大还与法国、加拿大、德国、瑞士、意大利等众多欧美国家的大学建立了良好的合作与交流关系,并吸收了不少来自世界各国的留学生。据 1938 年 12 月 12 日的《燕京新闻》记载,当时燕大的外国留学生已有 40 人,他们分别来自美国、德国、俄罗斯、丹麦和罗马尼亚等国。司徒雷登曾这样评价国际化给燕大带来的好处:

　　　　这样做的最大益处在于,它或许能给校园营造出一种浓厚的国际主义氛围,使学生在不知不觉中产生国际主义意识。

---

　　① 笔者曾于 1986 年与同事杨重光陪同 78 岁高龄的林迈可先生登上慕田峪长城,之后二人合作翻译了林迈可撰写的 *The Unknown War：North China 1937—1945* 一书(《八路军抗日根据地见闻录——一个英国人不平凡经历的记述》,李效黎校),1987 年由国际文化出版公司出版。1991 年 5 月,笔者有幸再赴华盛顿,到林迈可家中拜访了林迈可、李效黎夫妇。

同时,那些虽然国籍不同,但却志趣相投的人们聚在一起,可使整个校园的生活内容更为广博与丰富多彩。①

## 二、燕大的院系与学科设置

燕京大学在组建初期(1919—1924)因受校址的限制,院系的设立并未走上正轨。当时,学校仅简单地分为文理科男校、文理科女校和神科三个部分。其中文理科男校和神学科设在原汇文大学的旧址盔甲厂,文理科女校设在原协和女子大学的旧址佟府夹道。

1925年,燕大利用在北京政府教育部注册之机,将宗教学院单独分离出来,同时设立了文学院。男校文理科和女校文理科仍然保留。

1929年,随着教职员队伍的日益壮大及海淀新校址的启用和最终建成,燕大的院系和学科设置才完全规范化。其时,燕大共设立了四个学院,即:文学院、自然科学院(后改称理学院)、应用社会科学院(后改称法学院)和宗教学院。但其中宗教学院是属于没有在教育部注册的相对独立的教学机构。

四个学院共设有二十二个系,一百多个专业。

文学院设有国文、历史、新闻、英文、教育、哲学、心理、音乐、体育等九个系。

理学院设有物理、化学、生物、医预(医学预科)、护预(护士预

① John Leighton Stuart, *Fifty Years in China—The Memoirs of John Leighton Stuart, Missionary and Ambassador*, New York: Random House, 1954, p.74.

科)、数学、家政、工预(工科预科)、化工等九个系。30 年代以前还设过地理地质、农学及制革等系。

法学院设有政治、经济、社会三个系和导师制班。[①]

导师制班的正式名称为社会科学荣誉课程(The Honour Course of Social Studies),是燕大法学院模仿英国牛津大学 20 年代开设的现代经学(Modern Greats)课程于 1937 年开办的,到 1941 年燕大被迫关闭为止,陆续举办了三个班,共有 29 名学生。牛津的现代经学融合了政、经、哲三门,也是一种荣誉学位的代称。

为协助燕大举办导师制班,国际知名的哲学家、牛津大学校长林赛(A. D. Lindsay)博士不仅推荐他的长子林迈可来燕大担任导师,还敦促设在伦敦的"大学中国委员会"(University China Committee)给在燕大任专职导师的人每年拨付一笔补助金。

导师制班的课程设置涵盖了哲学、政治、经济等多学科的内容,包括科学方法、欧洲近代史、经济理论、中国经济组织、伦理学与政治学、政治与社会制度、社会学及人类学、政治思想史等。而其中的每一个学科又涉及多个单科的知识。如经济学原理,不仅涉及宏观和微观经济理论,还涉及经济分析、国际贸易、货币理论、制度经济学和计划经济等方面。

导师制的教学方法基本采用的是牛津的方法。学生平时不用上课,而是由导师提出每周的阅读书目,让学生自学,再定期写出读书心得,与导师交换意见,并定期进行集体讨论,大家就一个问题各抒己见,互相交流,倡导的是一种培养学生敢于创新、敢于独

① 详见燕京大学校友校史编写委员会编,张玮瑛、王百强、钱辛波主编:《燕京大学史稿》,人民中国出版社,1999 年,第 351—357 页。

立思考、敢于质疑的教学理念。

此外,燕大从初创时期开始就设立了研究院,专事培养研究生。1931 年以后又在研究院下设立了文科研究所(下设历史学部)、理科研究所(下设化学部、生物部)和法学研究所(下设政治学部)。

在燕大为数众多的学科系中,尤以国文系、历史系、新闻系及社会学系在全国高校专业排名中名列前茅,且最具影响力。

现将这几个系的情况简介如下:

1. 国文系(中国语言文学系)

国文系是燕大的重点学系之一,始建于 1923 年。在司徒雷登"中国化和国际化"办学思想的影响下,国文系的建设一直受到校方的高度重视。司徒雷登制定的"中外教师一律享受同等待遇"的用人政策,最初就是为国文系招聘中籍教师而推出的。这一在当时被视作颇为激进和大胆的举动,在使司徒雷登遭到基督教保守派猛烈攻击的同时,也为燕大吸引来一大批具有真才实学的教授,使燕大国文系拥有了如吴雷川、钱玄同、周作人、钱穆、沈士远、沈尹默、沈兼士、马裕藻、马衡、马鉴、马廉、马准等著名的学者。燕大哈佛燕京学社就是国文系和历史系与美国哈佛大学开展国际合作与学术交流的结果。哈佛燕京学社所属的国学研究所,更是群星荟萃,聚集了陈垣、容庚、顾颉刚、许地山、张星烺、郭绍虞、顾随、董鲁安等国内外驰名的国学大师。

国文系从诞生之日起就一直受到新思潮的影响,课程设置和教学实践采取的是新旧兼容、中西并重的原则,既注重保留和发扬中国的传统文化,又不忘汲取西方新的文学思想。

1928 年的燕大国文系教师自左至右沈士远、马蒙、许地山、冯友兰、吴雷川、周作人、容庚、郭绍虞和黄泽通

　　与国内其他大学相比,燕大国文系的课程设置具有三个特点:一是古典文学与现代文学相得益彰;二是在众多名师的共同努力下开设了许多选修课,其种类之多,内容之精彩,令燕大的学子们大饱耳福;三是东西方文化相互融合。

　　这些选修课中既有古文字学家容庚的"说文解字研究",著名古典文献学家刘盼遂的"音韵学""汉魏乐府""三礼""诸子""汉书""诗经",著名中国文学批评史家郭绍虞的"文学批判史"和"中国文学史",著名书法家、诗人沈尹默的"诗学",董璠的"魏晋诗歌",刘节的"经学",陆侃如的"小说史",顾随的"词曲",顾颉刚的"春秋史",钱穆的"经学概论",郑骞的"乐府诗"等,还有大量介绍外国小说、戏剧、散文和诗歌的课程。

20 世纪 30 年代以后,燕大国文系的发展进入鼎盛时期。不少毕业于燕大的高才生经过海外留学后归来,进一步充实了国文系的教师队伍。熊佛西、冰心、许地山、郑骞、高名凯等教授就都曾是燕大的学生。新人的加盟,使燕大国文系设置的课程更为异彩纷呈,课堂教学的形式也更为丰富多彩,深受学生的喜爱。

曾在燕大国文系执教十年的著名小说、散文和诗歌作家冰心先生,1986 年 7 月曾以《当教师的快乐》一文,回忆起当年她在燕大给学生上课时的美好时光:

……从讲台上望去,一个个红扑扑的稚气未退的脸,嬉笑地好奇地望着我这个小先生——那时一般称教师为先生。我对这些笑容并不陌生,与我的弟弟们和表妹们的笑容一模一样。打开点名簿请他们自己报名,我又逐一纠正了他们的口音,笑语纷纭之中,我们一下子就很熟悉很亲热了!我给他们出的第一道作文题目,就是自传,一来因为在这题目下人人都有话可写,二来通过这篇自传,我可以了解到每个学生的家庭背景、习惯、性情等等。我看完文卷,从来只打下分数,不写批语,而注重在和每个人做半小时以内的课外谈话上。这样,他们可以告诉我:他们是怎么写的,我也可告诉他们我对这篇文字的意见,思想沟通了,我们彼此也比较满意。

我还开了一班习作的课,是为一年级以上的学生所选修的。我要学生们练习写各种文学形式的文字,如小说、诗、书信,有时也有翻译——我发现汉文基础好的学生,译文也会更通顺。期末考试是让他们每人交一本刊物,什么种类的都行,如美术、体育等等。但必须有封面图案、本刊宗旨、文章、相片等等,同班同学之间可以互相组稿,也可以向外班的同学索稿或相片。学生们都觉得这很新鲜有趣,他们期末交来的刊物,内容和刊名都很一致,又很活泼可喜。

回忆那几年的教学生涯,最使我眷恋的是:学生们和我成为知心朋友。那时教师和男女学生都住在校内,课外的接触十分频繁。我们常常在未名湖上划船,在水中央的岛边石舫上开种种讨论会,或是作个别谈话。这种个别谈话就更深入了! 有个人的择业与择婚问题等等! ……我说的既不是"尊师",也不是"爱生",我觉得"师"和"生"应当是互相尊重、互相亲爱的朋友。①

为了扩大学生的知识面,燕大国文系还经常从别的系或校外聘请名教授开课或办讲座。如宗教学院院长赵紫宸在国文系举办"杜甫与宗教"专题讲座;著名历史语言学者陈寅恪教授在燕大国文系开设了"元白诗";著名语言学家李方桂教授开设了"语言学"和"台语系研究";著名红学家吴宓教授开设了"人文文学"课和"红楼梦研究"讲座。

另外,应国文系的聘请,清华大学教授、著名作家朱自清先生和俞平伯先生也都曾在燕大兼过课。

由于燕大提倡的是一种自由、开放的教学氛围,从而为教师提供了一个能够充分发挥和展示自己才华的机会。这也是燕大对众多知名学者和专家特别具有吸引力的原因之一。

----

① 　燕大文史资料编委会编:《燕大文史资料》第三辑,北京大学出版社,1990年,第16—17页。

抗战胜利复校后,燕大国文系的林庚教授又开设了"中国文学通史""中国现代文学史""历代诗选""新诗习作""楚辞"等课供学生选修;梁启雄先生也先后开设了"左传""史记""汉书""荀子""韩非子"等课。

就这样,在众多知名教授和学者的共同努力下,燕大国文系的教学质量在相当长的一段时间里雄踞国内一流水平,可与北大、清华齐名。

### 2. 历史系

历史系也是燕京大学最早设立的系所之一,1924 年就已初具规模,到三四十年代,已发展成一个融教学和科研于一体、中外驰名的学系,不仅为中国历史学领域培养出一大批蜚声中外的专家学者,在使中华民族的优秀文化传统走向世界方面,也做出了突出的贡献。

建系初期,燕大历史系开设的课程范围非常广。仅 1924 年一年当中,就开设了 14 门中外历史课程,包括"古代两河流域史及埃及史""古代希腊及罗马史""欧洲中世纪史""19 世纪欧洲史""世界现代史""美国史""法国革命史及拿破仑时代""俄国史""东亚史""印度史""中国上古史""国史鸟瞰""秦汉史""中国近代史"等。[①]但很显然,课程内容是以外国历史为主,12 名教师中,也大部分是外籍人士。

从 1926 年燕大搬到海淀新址以后,随着在中国教育部注册和贯彻司徒雷登"中国化"的办学方针,历史系的办学方向也随之发

---

① 燕京大学校友校史编写委员会编,张玮瑛、王百强、钱辛波主编:《燕京大学史稿》,人民中国出版社,1999 年,第 100 页。

生了变化。对于一般学生学习历史课程的要求,由原先注重学习外国史逐渐转变为以研究中国历史为重点,并注重历史方法的训练,目的是使学生学会以历史的眼光观察本国及世界政治、经济和文化的发展,为毕业后从事社会工作做准备。而对于主修历史的学生,则既要对他们进行史学方法训练,又要求他们对历史的任何门类都要有所认识,以便将来能运用科学的方法进行史学研究。

这一时期,历史系中国教师的力量也得到了加强,除洪煨莲、陈垣、常乃德等早已在历史系任课的教授外,又于 1926 年聘请了王桐龄、孟世杰、梁启超三位名师到系里任教。从 1927 年开始,张星烺、容庚、张尔田、方壮猷、瞿宣颖、邓之诚、许地山、顾颉刚等教授也被陆续请上了历史系的讲台。同时,历史系自己培养出来的毕业生、研究生和归国留学生也不断地充实了教师队伍。后来名噪中外的许多著名历史学家,如侯仁之、齐思和、王钟翰、张玮瑛、翁独健、聂崇岐、罗香林等,都是在这一时期来到燕大历史系任教的。

教师力量的加强带来的是教学质量的全面提高。从 1927 年到 1941 年期间,燕大历史系开设的课程逐渐增加到 80 种之多,专业也分为中国史、东亚史、世界史、历史方法等四大类,各大门类又细分为通史、断代史、地区史、专题研究四项课程,以及普通历史研究法、高级历史研究法、年代学、考古学和历史教学法等。据资料记载,当时燕大历史系最受学生欢迎的由名教授开设的课程有:顾颉刚的"中国上古史研究";王桐龄的"国史鸟瞰""东洋史";陈垣的"中国史学目录";张星烺的"宋辽金元史""西北史地""南洋史地";方壮猷的"东北史地""日本史";容庚的"器物学";许地山的"道教史""佛教史""中国礼俗史";洪煨莲的"历史研究法""历史教学法";邓之诚的"中国通史""中国名人传记";齐思和的"春秋史""战国史""西洋现代史";裴文中的"中国史前考古";翁独健的"元史""亚洲史";侯仁之的"地理学概论""北京地理研究";聂崇岐的"宋史";王钟翰的"明清史""东洋史";张芝联的"世界史"等。[①]

1924年,历史系开始招收研究生,这是燕大首次招收研究生。1931年,历史系招收研究生工作得到中国政府的承认,特别设立了一个专门负责培养研究生的机构——文科研究所历史学部。

研究生的学制为三年。参照国外名牌大学培养研究生的模式,历史系研究生的培养也基本分为两个阶段进行。新生入学后,一般第一年按照导师指定的书单,准备史学基本知识的专业资格考试。考试合格后,才能进入研究生的正规学习,在一个或两个导师的指导下进行专门的研究。导师和研究生之间每天都要就毕业论文的写作和答辩进行讨论。

历史学部研究生在第一年准备专业资格考试时,必须阅读的中国史参考书指定书目包括:马骕《绎史》、袁枢《通鉴纪事本末》、陈邦瞻《宋史纪事本末》《元史纪事本末》、李有棠《辽史纪事本末》《金史纪事本末》、谷应泰《明史纪事本末》、魏源《圣武记》、王闿运《湘军志》、马端临《文献通考》、蔡方炳《广治平略》、王庆云《熙朝纪政》、翁元圻《困学纪闻注》、黄汝成《日知录集释》、王鸣盛《十七史商榷》、赵翼《廿二史札记》,以及《中国近百年史资料》《中国近代外

---

① 燕京大学校友校史编写委员会编,张玮瑛、王百强、钱辛波主编:《燕京大学史稿》,人民中国出版社,1999年,第102页。

交史资料》等。①

　　除了上述中文参考书外,每个预备读研究生课程的学生在第一年里,还要阅读指定的另外 8 本有关世界史的英文版书籍。由此可见,当时燕大历史系对研究生的要求是十分严格的。后来成为著名历史学家的齐思和、翁独健、王钟翰等人都是在燕大历史系获得的硕士学位,而侯仁之则在获得硕士学位后,确立了研究历史地理专题的学术方向。

　　燕大历史系最可引以为豪的还有其与美国哈佛大学共同创办的哈佛燕京学社,及随之成立的国学研究所。它们为世界史学界培养了许多杰出的中国历史学家和汉学家。

　　3. 新闻系

　　在中国,燕京大学是第一个创办新闻系的大学。它培养了中国近代史上的第一批新闻工作者,也为燕大赢得了极高的声誉。

　　燕大新闻系的创办,是校长司徒雷登积极努力的结果。

　　在辛亥革命时期曾经担任过美联社特邀记者的司徒雷登,对新闻工作有着一种特殊的情结。他出任燕大校长时正是新文化运动引起中国社会,尤其是知识界对传媒工作格外重视之时,各类报纸杂志的出版形成前所未有的高潮。对中国的事物一向比较敏感的司徒雷登由此看到了中国对新闻出版专业人才的需求,便有了在燕京大学增设新闻系的念头。他非常清楚,中国的任何一所大学都未开设过新闻系,燕大新闻系一旦建立起来,对提高燕大的知名度将十分有益。

---

① 燕京大学校友校史编写委员会编,张玮瑛、王百强、钱辛波主编:《燕京大学史稿》,人民中国出版社,1999 年,第105—106 页。

很快,司徒雷登便向纽约托事部提出了在燕大组建新闻系的建议,但却遭到许多人的反对。后来经过反复争取,托事部虽然做了让步,同意授权司徒雷登在燕大增设新闻系,但却明确表示他们没有给新闻系提供经费的义务。但司徒雷登并没有因此而放弃初衷。

1922年,燕大第一次把新闻系列入学科建设日程,然而筹建工作却一波多折。

不久,美国著名的新闻记者兼教育家、密苏里大学新闻学院的创始人兼院长沃尔特·威廉姆斯(Walter Williams)博士到中国访问,当他得知司徒雷登要在燕大组建新闻系的事情后,对他的主张极为赞赏。

1924年,燕大新闻系的筹建工作正式开始。在司徒雷登的提议和威廉斯院长的促成下,燕大与密苏里大学结成姐妹学校,由密苏里大学新闻学院参与燕大新闻系的组建工作,成立密苏里燕京新闻学院。两校还签订了相互交换教师和学生的协议。同年秋,密苏里大学新闻学院派出聂士芬和白瑞登两位教授赴华,协助燕大筹办新闻系。

当时,由于求成心切,聂士芬和白瑞登在未做好充分准备的情况下便决定在燕大文学院开设报学系,白瑞登任系主任,设置了报学原理(新闻学概论)、比较新闻、报纸采访、编辑、社论、特写、通讯、英文写作、报业管理、广告、发行、印刷和出版等16门用英语讲授的新闻专业课。这些课程很受学生的欢迎,但由于经费、人员等问题均尚未落实,仓促开课导致的重重困难,使教学质量难以得到保证。勉强支撑到1926年夏季,报学系的经费便已告罄。同年10

月,白瑞登回美国筹款,并于第二年因病辞职,报学系的教学工作至此全部停了下来。聂士芬在燕大一直支撑到 1928 年,才被密苏里大学召回国内。

为重建燕大新闻系,聂士芬在美国积极筹款。

为了声援聂士芬,威廉姆斯院长亲自担任燕大新闻系筹款委员会主席的职务。在他的带动和号召下,美国的许多新闻界人士慷慨解囊,总共捐赠了 6.5 万美元,作为燕大新闻系的开办基金。

1929 年,在燕大建校 10 周年之际,聂士芬回到燕大。与他一起来到燕大重建新闻系的还有一位已在纽约、广州和上海等地的中英文报纸服务过多年的著名报界人士黄宪昭先生。黄宪昭是密苏里大学新闻学院 1912 年的毕业生,也是第一个在该学院获得新闻学位的中国人。威廉姆斯院长非常器重他的才学,这次特意推荐他与聂士芬一起到燕大重振新闻系。

1929 年 9 月,重新组建的燕大新闻系正式成立。该系的办学宗旨是为中国报界培养有远见、有魄力、有主张,能负重大责任,有创见及改革能力的领袖人才。

由于新闻界对人才的总体素质要求比较高,因此燕大新闻系所开课程的分量相当重。这些课程可分为以下四大类:

(1) 必修的基础课:中文(一年)和英文(两年);在法学院的政治、经济或社会学基础课中选学两门;在理学院的数、理、化和生物基础课中选学一门;历史基础课一门;并要求修完三年的体育课。

(2) 主修课:新闻专业的全部课程,包括实用宣传学、新闻学概论、新闻采访、中国现代刊物、特载文字、社论、新闻管理及营业、通讯、新闻写作与编辑、新闻评论、舆论及宣传、新闻学史等十余项课程,外加实习和论文。

(3) 副修课:选定一门学科,不得少于 20 个学分。

(4) 选修课:按照本专业的需要和本人的志趣选修,四年修满136 个学分。

这些课程的设立,既有利于培养学生的专业知识和独立思考能力,注重了全面的基础教育,又强调了跨学科,文理兼备的宽口径的教育模式。

由于做了充分的准备和资金的支持,燕大新闻系的发展走上了正轨,教职员人数虽然不多(通常只有四五个人),但个个精明强干。从 1931 年开始,新闻系开始大量聘用校内外的专家和国内外有影响力的资深报人、报业专家和著名记者来系里做兼职教师或办讲座,如张东荪、刘廷芳等名教授都在新闻系兼过课。

那时常到燕大新闻系讲学的,还有著名报人、法学家和日本问题专家张友渔,著名报业专家、《世界日报》的创始人成舍我,天津《益世报》总经理兼总编辑刘豁轩(1937 年起出任燕大新闻系主任),著名新闻工作者孙瑞芹(后曾两度被燕大新闻系聘为专职教授),德国新闻学者罗文达(Rudolph Lowenthal),英国《泰晤士报》驻北京的记者田伯烈(H. J. Timperley),以及北京著名小报《实报》的社长兼总编管翼贤、新闻界名人许兴凯等。著名美国记者埃德加·斯诺也曾在燕大新闻系教授过"新闻特写"和"旅行通讯"两门课。密苏里大学新闻学院定期派出副院长等一批优秀教师,轮流到燕大执教。

高水平的教学造就出一批高质量的学生。后来在中国新闻界和外交界颇有建树的萧乾、区棠亮、陈翰伯、杨刚、蒋荫恩、余梦燕、

王继朴、陈封雄、周游、白汝瑗、朱启平、黎秀石、龚澎、黄华、陈龙、
严庆澍、谭文瑞、钱辛波、赵寰、丁望、白崇义、彭迪、钱行、李延宁等
人,都是燕大新闻系的毕业生。他们毕业后在社会上的卓越表现,
不仅为新闻系增添了光彩,也为母校燕京大学赢得了赞誉。

在回忆创办新闻系这段往事时,司徒雷登颇为自豪地这样
写道:

> 我自己特别偏好的一个系或许是新闻系。托事部准许我
> 设立这个系,但却明确表示不负担任何经费方面的开支。新
> 闻系后来所经历的坎坷,可能正是我喜欢它的原因。由于报
> 纸在中国人生活中的位置日显重要,能把新闻编辑方法与新
> 闻道德的高水平带入一个方兴未艾的事业之中,实在是一件
> 非常有意义的事。从一开始,新闻系就成为最受欢迎的一个
> 系,报考的学生之多,完全能够与经济系相媲美。中国中央新
> 闻社派往世界各大国首都的代表,一度几乎全是燕大新闻系
> 的毕业生。而在中国各个报社任职的燕大新闻系毕业生的表
> 现,也可堪称卓越。①

### 4. 社会学系

燕大社会学系始创于 1922 年,是继沪江大学创建社会学系之
后设立的中国第二个社会学系。

燕大社会学系的创办是在美籍教授步济时的倡议和主持下进
行的。

---

① John Leighton Stuart，*Fifty Years in China—The Memoirs of John Leighton Stuart，
Missionary and Ambassador*，New York：Random House，1954，pp. 69—70.

步济时是现代派传教思想的热烈拥护者。早年在普林斯顿大学读书时,他就曾积极参加过学生志愿活动。1907 年,他进入哥伦比亚大学攻读社会学硕士,1928 年在该大学获得社会学博士学位。

1909 年步济时来华,在北京基督教青年会任职。在与中国青年的长期接触中,步济时深切感触到他们要求进行社会改革的强烈愿望,并在辛亥革命之后组织起一个学生社会服务俱乐部(Student Social Service Club,中文名为北京社会实进会)。与其他类似的组织所不同的是,学生社会服务俱乐部除了进行一些一般性的社会救济和慈善工作外,还开展社会调查和社会研究工作。

1919 年,受普林斯顿燕京基金会的委派,步济时到燕大神学院教授社会学。同年,他与别人合作完成的调查报告《北京,一个社会概况研究》发表。由于该报告是在进行了广泛而深入的实地考察的基础上完成的,所以一经发表,其鲜明的观点和极强的说服力在社会学研究领域引起了强烈的反响,从而确定了他在中国社会学研究界的地位。

1922 年,为了给美国在华教会和社会福利机构培养工作人员,步济时教授提议创办社会学系。他的提议得到司徒雷登校长的大力支持。司徒雷登任命步济时为燕大社会学系的主任。由于当时中国还没有社会学教授,该系最早的 6 位教师都是步济时从美国聘请来的。

最初,燕大社会学系设有理论社会学和应用社会学两个专业,共开设了宗教学、社会工作和社会调查等十几门课程。教材全部都是英文版的美国教材。1925 年,社会学系改称社会学与社会服务学系,同时增设了社会服务短修科(班),课程也由十几门增加到三十多门,还成立了研究院。

1926年,步济时举家返美,在美国爱荷华大学获得哲学博士学位的我国早期社会学家许仕廉教授继任燕大社会学与社会服务学系主任。

许仕廉上任后,在继承了步济时重视社会调查的同时,特别强调学术研究和倡导讲授中国的社会学,并对社会学系的专业设置进行了改造,在系下分设了社会学本科和研究科,社会服务科、研究科和专修科,宗教社会服务专修科、函授科及速成科等8个学科,以及暑期学校。各科开设的课程增加到42门,内容涉及社会学理论、社会学研究方法、社会问题、社会工作、社会调查等各个方面。

为了加强教师队伍,提高教学质量,许仕廉聘请了国内外许多著名的社会学专家和学者到燕大执教,开设了一系列颇受学生欢迎的课程,例如:陈翰笙教授的"农民运动";吴文藻教授的"社会学原理";张鸿钧教授的"社会行政";严景耀教授的"犯罪学"和"监狱行政";雷洁琼教授的"社会福利事业";华洋义赈会总干事章元善先生的"实地工作";林东海教授的"社会立法";李安宅教授的"社会人类学";关瑞梧教授的"个案工作方法";陶希圣教授的"中国社会史";美国韦尔斯利学院社会学系主任牛卫华(J. I. Newell)的"应用社会学";韦尔斯利学院社会学系华义侠(J. S. Ward)教授和普鲁特(Ira Pruit)教授的"个案服务方法";韦尔斯利学院社会学系格兰特(J. B. Grant)教授的"公共卫生";美国俄亥俄大学米勒(Harbert A. Miller)教授的"种族问题";美国芝加哥大学帕克(Robert E.

Park)教授的"集体行为和都市社会学"等。①

　　许仕廉要求学生大力开展社会调查和社区研究。他认为,只有通过广泛深入的社会调查和经常性的社区研究,学生们才会对中国社会有一个真正的了解,也才能对中国所存在的社会问题有所认识,从而使社会学成为一门理论与实际相结合的科学。

　　社会学系曾多次组织学生在学校附近和北京郊县进行社会调查。如1928年,燕大社会学系学生在教师的带领下,对北京西郊的黑山扈、挂甲屯、海淀和成府地区的146户农民家庭进行调查,并于次年写出了中国最早的一份有关农民家庭情况的调查报告——《北京郊外之农村家庭》。

**社会学系学生与农民在一起**

　　1928年,为了对农村的社会问题有一个系统的了解,在洛克菲勒基金会的资助下,由燕大社会学系主持,经济系和教育系参加,

---

① 燕京大学校友校史编写委员会编,张玮瑛、王百强、钱辛波主编:《燕京大学史稿》,人民中国出版社,1999年,第339页。

在北京市的清河开办了一个乡村社会实验区,由社会学系的教授张鸿钧任实验区主任。

开办这个实验区的目的在于:(1) 帮助贫苦农民的家庭改进生活状况;(2) 引发人们对社会工作的兴趣;(3) 显示知识与科学在社会服务方面的力量;(4) 为学生从事社会调查和实习提供一个基地。

燕大师生把在实验区内积极推广新的农业技术、宣传乡村合作思想、发展教育和改善农村卫生环境作为主要工作。

许仕廉重视社会调查的看法,也得到他的后任们的认同。1935 年吴文藻任系主任,在他的支持下,雷洁琼教授带领学生对北京的天桥地区、监狱、慈善机构和妓院进行调查,写出了《北平的慈善机关》《北平粥厂之研究》和《娼妓制度之研究》等多篇社会调查报告。同年,张鸿钧教授率学生赴山东汶上县进行调查,为了工作方便,他甚至兼任起该县的县长,并派他的助手分别在县政府里任职。在进行了深入的调查研究之后,他们写出了《动荡中的中国乡村教育》《汶上县田赋征收制度研究》等数篇极具价值的调查报告。

社会学系的这些做法,一直得到司徒雷登的支持和鼓励。他认为,使学生对乡村建设产生兴趣和关心,有助于增进学生的道德和精神修养,乡村建设运动所蕴含的精神与燕大追求的目标是一致的。因此,燕大应该使这种精神渗透到自己的全部学校生活中去。[①]

1936 年 4 月,在司徒雷登等人的倡议下,华北农村改造协进会

① Stuartto Garside, February 25, 1935, J. Leighton Stuart File, Records of Yenching University, United Board for Christian Higher Education in Asia.

成立了。协进会的成员既有燕京大学、清华大学、南开大学和金陵大学等高等院校,也有协和医院和平民教育会等社会福利机构。协进会除了继续开办乡村建设实验区外,重点放在为农村改造培训工作人员方面。该协进会的经费,由美国洛克菲勒基金会提供。

燕大社会学系在 30 年的时间里,为中国培养出李安宅、黄迪、李景汉、费孝通、林耀华、陈永龄、宋蜀华、王辅仁等一大批国内外闻名的社会学家。

此外,燕大理学院的物理、化学、生物、医预等专业也极有建树,培养出许多国内外知名的科学家和医学家。如 1949—2002 年间,燕大物理系毕业生中有 9 人、化学系毕业生中有 16 人被评选为中国科学院院士。2002 年第二届国家最高科学技术奖的两位获奖者之一的黄昆教授,就是 1941 年燕大物理系毕业生。而燕大"精中选精,优中选优"的医预教育,则为协和医学院输送了大量高素质的学生,不仅为协和的人才辈出提供了保障,也对新中国的医药卫生事业产生了巨大的影响。

## 三、跻身一流大学的行列

"因真理得自由以服务"(Freedom through Truth for Service)是燕京大学的校训。

谈到它的来历,司徒雷登写道:

> 我到燕大工作几个月后,查尔斯·科贝特(Charles Corbett)、博晨光和我聚在一起,准备为学校制定一个校训。我们三个人都出生在中国,都认为教会大学应该既能够涵盖

宗教信仰,又具有科学的精神与方法,及大无畏的探索精神。他们两人当中,有一个主张采用《圣经》中的一句格言:"非以役人,乃役于人"做燕大的校训。我则想起第三任美国总统托马斯·杰弗逊用希腊文镌刻在弗吉尼亚大学校门上方的一句话:"你必须明白真理,真理将给你自由。"这句名言同样也镌刻在1893年芝加哥博览会大门的正上方。在商谈中,突发的灵感,使我们把这两句伟大的格言结合在一起,得出了"因真理得自由以服务"这句至理名言。

这一校训很快便渗入学校的各个方面。它不仅见诸学校的精神生活、学生的出版物、象征性的图案和校歌之中,更重要的是已经深入到学生的心灵,成为大多数学生的生活准则。他们立志将它付诸实践,并把它作为衡量周围人群的标准。我的一些学生追随共产党后,回来兴奋地告诉我,他们如何忠诚地履行这一校训,为老百姓做好事。就我所知,还没有任何其他大学的校训,能对学生产生如此重大而深远的影响。[①]

的确,许多燕大的学生在回忆母校时都谈到燕大校训对他们的人生之路所产生的影响。

燕大校友王碧霖在《怀念母校——燕京大学》一文中,这样写道:

我是在不断失败,不断总结,不断探索,不断学习,不断前进的道路上走过来的。而给了我工作方法和学习方法的,应

① John Leighton Stuart, *Fifty Years in China—The Memoirs of John Leighton Stuart, Missionary and Ambassador*, New York: Random House, 1954, p.75.

当归功于我的母校——燕京大学。……我深深感受到这座高等学府不仅教给我如何做学问,还教给我如何做一个真正的人;我深深领会到燕大校训"因真理得自由以服务"的真谛。在我离开学校的几十年的工作和生活中,不论遇到什么艰难险阻,我都能正确对待,对人生始终保持乐观的情绪。①

著名儿科学专家、教育家吴瑞萍教授在《燕京精神伴我终身》一文中说:

> "因真理得自由以服务"的燕大校训指引我一生的奋斗方向和服务目标。同时,先人后己的优良作风,也是我在燕大读书时期养成的。此外,我也养成了凡是对别人不利的事,不管多么细微,也决不肯做的习惯。这一切都是母校给我的教育,使我一生获益匪浅。②

著名整形外科专家王大玫教授特意将她为纪念燕京大学建校75周年撰写的文章命名为《燕京精神是我的指路明灯》。

其实,燕京大学的校训不仅对学生是鞭策,它一问世,就成为燕大师生们共同追求的理想。

曾两度在燕京大学社会学系担任教授的雷洁琼先生认为:"'因真理得自由以服务'的校训,在今天的新时代,已升华为实事求是,追求真理,为人民服务的精神。"③

在司徒雷登的领导和燕大全体教职员工的共同努力下,在校

---

① 燕大文史资料编委会编:《燕大文史资料》第十辑,北京大学出版社,1997年,第376页。
② 同上书,第134页。
③ 燕大文史资料编委会编:《燕大文史资料》第三辑,北京大学出版社,1990年,序言。

训精神的鼓舞下,只用了十年的时间,燕京大学就迅速崛起,成为中国高等教育领域中的一颗新星。

　　此时的燕大,与初建校时已不可同日而语。她不但拥有美丽的校园,更值得称道的是,其自由平等的学术氛围吸引来一大批才华横溢的专家学者加盟教师队伍。他们当中,既有国外归来的博士、硕士,如刘廷芳、洪煨莲、陆志韦、陈在新、赵紫宸、徐淑希、徐宝谦、许仕廉、周学章、黄子通、冯友兰、张星烺、李荣芳、吴文藻、雷洁琼、胡经甫、李汝祺等,也有国内的一批名学大师,如陈垣、吴雷川、周作人、郭绍虞、容庚、顾颉刚、张友渔、张东荪、顾随、郑振铎、钱穆、沈尹默、吴宓、俞平伯、朱自清、张尔田、邓之诚、萧公权、董璠等。

冰心和雷洁琼在内蒙古学习考察

　　许多燕大自己培养的年轻学者在经过出国深造后,都纷纷回到母校任教,为燕大的教师队伍不断补充新鲜血液。他们当中有冰心、许地山、马鉴、齐思和、翁独健、周一良、王钟翰、赵承信、孟昭英、刘承钊、严景耀、郑林庄、林耀华、侯仁之、陈观胜等。

此外,燕大还有一支著名的外籍教师队伍,如高厚德、博晨光、韦尔巽(Stanley D. Wilson)、窦维廉(William H. Adolph)、博爱理、吴路义(Louis E. Wolferz)、费宾贵臣(Alice B. Frame)、桑美德(Margaret B. Speer)、包贵思(Grace M. Boynton)、夏仁德、林迈可、班威廉(William Band)、范天祥(Bliss Mitchell Wiant)、谢迪克(Harold Shadick)、柯安喜(Anne Cochran)、赖朴吾、斯诺、鸟居龙藏和高本汉等。

为了使教师的知识结构和业务能力始终保持高水平,燕大对教师职务的晋升做出了严格的规定。

燕大的教师职务分为五个等级:教授、副教授、讲师、助教、助理。对不同职务的教师的最低学位和经验标准,也都有明文规定。例如,燕大规定具有博士学位的教师,必须有五年的教学经验,能指导研究院的研究工作,并有著作发表者,方能晋升为教授。

燕大对外籍教师能力的要求与对中国教师的要求完全一样,都有学历、资历和经验方面的衡量标准。因此,那些没有相应学位的外籍教师,往往利用休假的时间回美国进修。

为了充分调动教师施教和科研的积极性,在司徒雷登的倡导下,燕大的学术空气十分自由。在规定的教学制度范围内,教师讲课不必采用死板的教学大纲,可根据情况采取不同的教学方式。校方鼓励外籍教师和从国外留学归来的教师将国外最新的研究成果和理论运用到教学当中去。

高质量的教师队伍和自由的学术氛围,确保了燕大教学水平的提高。

1928 年 5 月,为检验私立大学的教学质量,中国教育部对国内 14 所私立大学的学生进行特别考试,结果得分最高的是两名燕大的学生。与其他学校相比,燕大一、二年级学生的考试成绩也是最好的。① 此外,教育部还派人检查了燕大的行政工作,认为燕大的建筑、设备、学术指导和行政系统均达到国内一流学校的标准。同年,美国加州大学对亚洲高等院校的学术水平进行调查,其结果,燕大被列入全亚洲最好的两所基督教大学之一,并认定燕大的毕业生可直接进入美国的研究生院读学位。② 这一评价结果证明当时燕大的教学质量已得到国内外教育界的一致认可。

燕京大学从 1921 年起就开设了研究院,1931 年后又扩展为文、理、法 3 个研究所,并在国文、历史、哲学、心理、教育、新闻、物理、化学、生物、政治、经济、社会等 12 个学系开设了研究生课程。在导师的指导下,研究生的毕业论文和研究成果往往与其导师的科研项目同步进展,大大加强了其学术水平和社会实用性。

燕大校园内出版的各种刊物,是反映燕大学术水平的一个重要窗口。当时,几乎所有的院系都有本专业的出版物。

如文学院的国文系和历史系在与美国哈佛大学联合创办了哈佛燕京学社后,于 1927 年 6 月创刊出版了一份高水平的学术杂志《燕京学报》(*Yenching Journal of Chinese Studies*)。这份杂志每半年出版一期,到 1951 年共出了 40 期。它以研究和传播中国传统

---

① 燕京大学校友校史编写委员会编,张玮瑛、王百强、钱辛波主编:《燕京大学史稿》,人民中国出版社,1999 年,第 16 页。

② 同上。

文化为办刊宗旨。著名史学家容庚、顾颉刚、齐思和分别出任《燕京学报》的第一任、第二任和第三任主编。先后担任过学报编委的有陈垣、陆志韦、洪煨莲、郭绍虞、许地山、冯友兰、张东荪、冰心、翦伯赞等著名学者，他们同时也是学报的重要撰稿人。

《燕京学报》刊登的文章大多出自那些知名的专家学者之手，如王国维、陈寅恪、郭沫若、钱穆、俞平伯、向达、裴文中、张星烺、吴晗等都在学报上发表过学术论文。不仅燕大的教授以能在该杂志上发表文章为荣，许多燕大以外的学者对此也非常追崇。据统计，先后在《燕京学报》上发表过学术论文的著名学者多达一百三十余人。正因为如此，该学刊在中国的学术界有着重要的地位，与《北京大学国学季刊》《清华学报》和《中央研究院历史语言研究所集刊》同被列为四大国学刊物而享誉海内外。1995 年因燕京研究院成立，《燕京学报》在停刊 44 年后复刊，仍为一年出版两期。中国科学院院士侯仁之、北京大学教授周一良任主编，中国社会科学院考古研究所所长徐苹芳、中国社会科学杂志社副总编辑丁磐石任副主编。

由文学院历史系师生自发组织的燕大史学会出版的杂志《史学年报》《史学消息》和《史地周刊》（与《大公报》合办），也都是在国内外史学界获得较高评价的学术刊物。历史系主任洪煨莲教授主编出版的 64 种古籍引得，更是具有极高的学术价值，至今仍被世界汉学研究领域视为不可或缺的工具书。

新闻系是燕大各系中出版物最多的一个系。据燕大校友回忆，当年新闻系出版的各类刊物有八种之多。①

---

① 燕京大学校友校史编写委员会编，张玮瑛、王百强、钱辛波主编：《燕京大学史稿》，人民中国出版社，1999 年，第 122 页。

　　燕大新闻系学生于 1931 年 9 月 10 日创办的《平西报》,既是该系学生的实践园地,又是读者了解国际国内时事和校内新闻的媒介。《平西报》每周二、四、日出版,四开四版,其中三个中文版,一个英文版。1932 年 2 月 1 日,该报在原来中英文报纸合刊不变的情况下,增出一份英文的《平西报》城市版(City Edition),每周出六期。抗日战争时期,该报一度成为北京城外籍人士唯一的英文新闻的来源。[①]

　　新闻系出版的另一份杂志《燕京新闻》(创刊初期叫《新中国》月刊),也是一份极有影响力的刊物,以刊登学校内发生的大事和各系的新闻为主。《燕京新闻》每周出版一期,有一个时期每期六个版面,四个中文版,两个英文版。其英文版不仅在校内发行,还寄往全国各地,并少量寄往美国。

　　另外,心理系出版的《中国心理学报》、化学系和生物系合办的《燕京生物学新闻》、法学院主编的《外交月报》和《燕京社会学界》(*Yenching Journal of Social Studies*)、燕大经济学会出版的《燕大经济学报》和燕大宗教学院的《生命》月刊等杂志,都是影响力较大的学术刊物。

　　除了校办刊物外,燕大师生发表的学术专著更是多得不胜枚举。到 20 世纪 30 年代初期,燕京大学已发展成为能与北大、清华鼎足而立的中国著名高等学府。

　　燕京大学是司徒雷登在中国的得意之作,更是他梦想的实现。

---

[①]　燕京大学校友校史编写委员会编,张玮瑛、王百强、钱辛波主编:《燕京大学史稿》,人民中国出版社,1999 年,第 121 页。

# 第六章　司徒雷登与燕大师生
## （1919—1941）

## 一、支持燕大的学生运动

司徒雷登的创新与改革，加上全体教职员兢兢业业地投入教育，使燕京大学跻身于中国一流大学的行列。其高知名度的教师队伍、优美的校园环境和自由开放的学术氛围，对出身于中国上流社会的青年产生了强烈的吸引力，成为他们追求的目标。当时，燕大的大多数学生都是有钱人家的子弟，其中也不乏达官显贵的亲属和后代。如曾国藩女儿的十几个孙子孙女、袁世凯的儿子和两个孙子、颜惠庆的儿子、孙传芳的儿子、宋子文的妻妹、张学良的弟弟等都在燕大读过书。为此，燕大曾一度被认为是一所贵族学校。

　　然而,燕大的学生却在从五四到一二九等学生运动中,表现出极大的爱国热情,始终站在学生运动的前列,扮演了重要的角色,做出了巨大的贡献和牺牲。

　　其中有三个主要原因。(1) 燕京大学创办和发展的时期,正是中国近代史上的大革命时期。马列主义的广泛传播和中国共产党的成立,使爱国、进步、民主与科学的思想日益深入人心,中国的青年知识分子掀起了一次又一次爱国、民主的斗争浪潮。燕大并非"世外桃源",不可能对当时如火如荼的学生运动置若罔闻。(2) 中国共产党地下支部在北大、燕大和清华等高校的相继成立,为当时的爱国学生运动提供了政治上的保证。抗战时期,司徒雷登身边的一位秘书杨汝洁就是中共地下党员;中共燕大地下支部的秘密联络地点就设在与校长办公楼相隔不过十几米远的地下水阀的门洞里。(3) 学生的爱国运动一直得到司徒雷登的同情和支持。

　　1919 年夏初,司徒雷登到燕大上任时,正是五四运动爆发不久,燕京大学的一些学生因参与游行而被捕。司徒雷登得知情况后,立即通过其在政府高层的关系向总统徐世昌提出释放燕大学生的请求,并在次日接见了这些学生,赞赏了他们的爱国热情。①

　　6 月 16 日,司徒雷登在一封写给美国朋友的信中,特别表达了他对学生运动的看法,他说:

　　　　我目睹了南京、天津、北京三地的学生示威,学生们的态度热诚,而且有组织、有纪律,感动了百姓。……中国的学生

---

　　① 刘廷芳、谢景升:《司徒雷登年谱》,中国人民政治协商会议全国委员会文史资料研究委员会编:《文史资料选辑》第八十三辑,文史资料出版社,1982 年,第 36 页。

运动是全世界民主运动的一环。学生是中国的希望,……燕京大学和南京神学院的学生跟公立学校的学生一样积极参加学生爱国运动。希望我们教会学校永远跟随公立学校的步伐。……全中国的百姓追随学生,而北京是各地学生运动的中心。此时此刻正值中国生死存亡的关头,燕京大学面对这样的报国时机,是有着深远的意义的。①

三十多年后,司徒雷登依然对当年燕大学生的爱国热情不能忘怀。他在回忆录中写道:

第二天上午,当我真的与他们相见时,我表示衷心同情他们的爱国行动。以后,在所有那些动荡不安的岁月里,每当学生们要去参加类似的示威游行时,他们对我的态度了如指掌。这是一种非常真诚的相互理解的关系。当时,这种关系对燕京大学的发展产生了深刻的影响。②

以后发生的事情,证实了司徒雷登的这个说法。

1925年5月30日,为了抗议资本家枪杀纺织厂工人顾正红,中国共产党领导上海工人举行了反帝大示威。英国巡捕公然朝游行队伍开枪,打死打伤数十人,制造了震惊中外的五卅惨案。

惨案发生后,全国各地掀起了一场规模浩大的罢工、罢市、罢课的抗议示威浪潮。燕京大学的学生救国会立即率先成立了五卅

---

① John Leighton Stuart,Stuart to My Dear Friends,June 16,1919,Stuart Letter File,Board of World Missions,The Presbyteria Church of the U. S. ,Nashville,Tennessee.

② John Leighton Stuart,*Fifty Years in China—The Memoirs of John Leighton Stuart,Missionary and Ambassador*,New York:Random House,1954,p.105.

惨案后援会。后来,北京55所大、中学校共同成立后援会,燕大学生会代表刘德元(即刘谦初烈士,当时已是社会主义青年团的团员)被选为主要负责人之一,燕大文理科学生徐英担任财务主任。后援会在北京为死难工人募捐,并派燕大学生徐英为代表,赴上海支援上海工人阶级的反帝爱国运动。

五卅惨案的斗争前后延续了三个月,直到9月8日,各学校才全面复课。这段时间,司徒雷登正在美国为募捐的事情奔忙。得到消息后,他两次写信对学生表示支持。当听说燕大学生代表北京55所大、中学校到上海的事情后,司徒雷登更为兴奋,认为这说明燕大学生的爱国主义热情已深得中国青年的信任。

同年9月中旬,司徒雷登在美国霍普斯金大学举办的中国问题讨论会上发表演说,对中国学生在五卅运动中的表现给予充分的肯定,他说:

> 华人对于争回主权一事,群情热烈,万众一心,以予所知,绝无例外。莘莘学子之奔走狂号,引为己任者,特以血气方刚,受激尤深耳。此其民族自觉心理,潜兹蔓长,亦既有年,暨乎近岁,益郁积不可复遏。至本年五月卅日,上海惨杀事起,于是磅礴激荡,立成如火如荼之势。察其组织,秩然有序,旗帜鲜明……①

司徒雷登在演讲中不仅对学生运动表示了支持,还对美国的对华政策提出了忠告,建议美国应主动放弃不平等条约和特权,以

---

① 《燕京大学史料选编》第4期,燕京大学北京校友会、燕大校史筹备组编印,1997年12月,第14页。

赢得中国人民的友谊,并警告西方列强,不要试图使用武力解决问题。

会后不久,司徒雷登向美国国务院主管远东事务司的纳尔逊·詹森(Nelson Johnson)先生递交了一份备忘录,建议即将出席北京关税特别会议的美国代表应该做到:(1)做出美国政府对于修改不平等条约,尤其是取消治外法权的承诺;(2)在做出上述声明后,美国代表团应邀请中国政府在"公平、公正及满足两国人民的基础上进行条约细节的修改"。①

同年12月,司徒雷登在纽约出版的《中国基督教学生》(*The Chinese Christian Student*)杂志上发表题为《基督教与民族独立运动》的文章,再次阐明了他对中国人民反帝斗争的立场:

> 随着目前中国人民民族自觉意识的觉醒,他们理所当然地要反对任何削弱其追随者爱国热情的组织和信念。为了使我下面的讲话不致被误解,我首先表明我的立场和中国人民要求修改外国条约的立场是一致的,即一切不平等现象都应该被改正,一切不公正的权益都应该被取消。我承认这些要求是公正而合理的,我也确信那些对此问题采取积极友好承认态度的国家将和中国一样从中获取真正的利益。不仅如此,我还认为现在支配着中国人民思想的民族主义感情正是这个国家最有希望的现象。②

---

① Stuart to Johnson, September 25, 1925, State Department Archives, National Archives, Washington, D. C. 500. A4e/386.

② John Leighton Stuart, "Christianity and Nationalism," *The Chinese Christian Student*, New York, The Chinese Students' Christian Association in North America, December, 1925.

在不久后发生的三一八惨案的事件中,司徒雷登用自己的实际行动,证明了他是言行一致的。

1926 年 3 月初,冯玉祥的国民军为了阻止奉军的海上进攻,在大沽口设下水雷,并对来往船只严加盘查。3 月 12 日下午,两艘日本军舰因拒绝盘查而与国民军在大沽口交火。次日,日本公使提出外交抗议,并联合英国、美国、法国、意大利、荷兰、希腊、比利时等国,于 3 月 16 日向中国政府提出最后通牒,要求除去天津大沽口的水雷,停止对外国轮船的检查。

西方列强国的霸道行径引起了中国人民的强烈不满。

3 月 18 日,北京学生总会、国民党市党部和北京总工会等 180 个团体在天安门联合举行抗议集会。段祺瑞政府怕把事情闹大,派出军警镇压游行队伍,酿成了打死 47 人、打伤 300 余人的三一八惨案。在这次事件中,燕京大学二年级的女学生魏士毅惨死在军警的枪弹和刺刀下。

过去,燕大师生对他们的老校长司徒雷登在整个事件中所起到的作用知之甚少,直到燕大校友林孟熹先生查阅了美国国务院 80 年代开放的有关档案之后,才使司徒雷登当年的所作所为被后人知晓。

这些档案记录了下面一段事实:当燕大的学生为维护民族尊严与反动派浴血奋战的时候,他们的校长为了同样的原因,正遭到美国政府官员和舆论的攻击。

原来,美国公使马慕瑞(John van Antwerp MacMurry)向段祺瑞政府发出最后通牒的做法,令包括司徒雷登在内的一些对中国国情比较了解的美国侨民十分反感。

3月16日,即在马慕瑞向段祺瑞政府外交部发出最后通牒的当天,以司徒雷登为首的18名美国传教士和教育工作者联名致信马慕瑞,对他的做法提出疑问和批评,认为中国军队并非故意武装袭击外国人,而美国公使带头向中国政府发出最后通牒的举动会进一步激发中国的排外情绪,从而"严重损害美国的在华利益"。他们要求马慕瑞采取行动,阻止美国参与针对中国政府的军事行动。司徒雷登等人还将这封信以备忘录的形式散发给驻北京的美国记者,引起了美国舆论界的广泛关注,也使马慕瑞大为恼火。

3月17日,就在北京大、中学生在天安门举行集会的前一天,司徒雷登又与其他9位美国在北京的教会领导人和教育界人士一起,亲自到美国驻华使馆举行抗议活动,对美国公使马慕瑞提出指责,同时告诫他,他们深信美国的舆论绝不会支持这个最后通牒。

三一八惨案的发生证实了司徒雷登等人的预见。随着事态的发展,司徒雷登等人的立场得到越来越多美国侨民的支持。后来,天津和保定的40多名传教士分别联名致电美国国务卿、参议员威廉·博拉(William E. Borah)和马慕瑞公使,对美国向中国政府发最后通牒的做法提出强烈抗议和谴责。①

但是,大多数美国政府官员和京津附近的美国商人,都认为司徒雷登等人的做法纯属叛逆行为,会带来灾难性的后果,并因此对他们发起了围攻。

3月19日,美国驻天津总领事高思(Clarence Edward Gauss)在一份报告中说,天津美国商会支持美国政府的行动。

---

① MacMurry to Kellogg, April 6, 1926, Enclosure No. 4. 8 — 9, State Department Archires of the United States 893. 00/7378.

北京除了《北京导报》外,几乎所有的英文报刊都站在帝国主义强权政策一边,发表文章支持马慕瑞的做法。

《字林西报》(*North-China Daily News*)甚至对司徒雷登等人的动机进行质疑。

《芝加哥论坛报》驻远东的记者查尔斯·戴理(Charles Daily)则下结论说,有85％至90％的美国侨民支持政府在大沽口事件中的立场,并认为,燕京大学、基督教北京青年会和循道会教堂的少数领导人的观点不能代表广大传教士的意愿。

《京津泰晤士报》(*Peking and Tientsin Times*)则污蔑司徒雷登等传教士"与布尔什维克合作煽动中国舆论反对列强",并指责司徒雷登等人才是三一八惨案的元凶。

对于来自美国政府官员及媒体的谴责甚至污蔑,司徒雷登只是一笑了之。他坚信自己的出发点和立场都是正确的。

3月19日,司徒雷登派燕大男部主任博晨光教授亲自领回魏士毅烈士的遗体,并在燕大校园里为魏士毅举行了由全校师生员工参加的追悼会。燕大迁到海淀新址后,在司徒雷登的支持下,学生自治会在新校址的化学楼附近为魏士毅烈士立碑,以示永久的纪念。抗战期间,日寇占领北平后曾要求燕大将魏士毅烈士碑拆除,遭到司徒雷登的坚决拒绝。可见司徒雷登对这位在三一八惨案中牺牲的燕大学生是非常敬重的。

抗战时期,一贯对日本军国主义保持警惕的司徒雷登对燕大师生的抗日救国运动更是给予坚定的支持。

1931年日本军队强占中国东北三省的九一八事变发生后,9月22日,燕大学生发出了《燕京大学全体学生对日本侵占东北宣言》,表达了他们立志报国的强烈愿望。燕大有 130 名学生参加了北平学联组织的南下请愿团,于 11 月 28 日赴南京请愿。为了支持学生抗日,燕大校方决定举行"爱国行动周运动",并停课一周,以便全校师生以各种方式参加爱国运动。后来,司徒雷登还在同年 12 月燕大组织的抗日游行中与吴雷川一道,亲自带领七八百名燕大的学生和教职员工走出校园,在海淀镇和成府地区的主要街道上高呼"打倒日本帝国主义"的口号①,使燕大学生备受鼓舞。后来,司徒雷登顶住日本军队和国民党华北政府的压力,接收了五十多名东北流亡学生到燕大继续学业。这些学生大多是抗日积极分子,其中有些人,如张兆麟和黄华,后来成为著名的一二九运动的主要领导人。②

1935 年,由于蒋介石对日寇采取不抵抗政策,致使中国华北的大片土地遭到日军铁蹄的践踏,日本军队已在丰台火车站附近安营扎寨,准备攻占北京,国民党要员纷纷携带着金银细软和家眷南逃。日寇得寸进尺的侵略行径,激起了北京各大、中学校学生的强烈愤慨,从而引发了中国近代史上著名的一二九运动。而燕京大学,则在这次运动中发挥了重要的作用,并被誉为一二九运动的策源地。

之所以说燕京大学是一二九运动的策源地有几个方面的原因。

---

① Phillip West, *Yenching University and Sino-Western Relations*,1916—1952, Cambridge, Mass., and London: Harvard University Press,1976, p.164.
② 钱春泰:《司徒雷登:一个美国传教士梦想的破灭》,李庆余主编:《11 个美国人与现代中国》,安徽大学出版社,1998 年,第 182 页。

第一,燕大学生自治会主席张兆麟于 1935 年 10 月在《燕大周刊》发表了《学生运动——燕大学生会的使命》一文,率先发出了号召学生们联合起来投入抗日救国运动的呼声。[①]

第二,在一二九运动前一个月,即 1935 年 11 月 1 日,由燕大学生发起、起草[②],并联合清华大学、国立北平师范大学等京津地区其他 9 所学校的学生自治会,联名向国民党政府递交了《平津十校学生自治会为抗日救国争自由宣言》。宣言揭露了九一八事变后国民党政府以"妨碍邦交"为罪名,肆意镇压学生运动,逮捕进步学生,焚毁进步书籍的行径,要求政府"遵守约法精神、开放言论、集会、结社自由,禁止非法逮捕学生"[③],被视为一二九学生运动发出的第一颗信号弹。

第三,燕大学生是一二九运动的核心组织北平市学生联合会的重要发起人,《北平市学生联合会成立宣言》就是由燕大学生陈絜起草的。[④]

第四,燕大学生黄华、张兆麟、陈翰伯、陈絜等是北平学联的主要领导成员,在一二九运动中担任了重要的领导职务。

第五,关于 12 月 9 日组织北京大、中学校学生上街游行的具体

① 张兆麟:《学生运动——燕大学生会的使命》,《燕大周刊》第 6 卷,第 3 期,1935 年 10 月。

② 《平津十校学生自治会为抗日救国争自由宣言》的作者即后来担任北京大学中文系教授的著名语言学家高名凯教授。详见燕大文史资料编委会编:《燕大文史资料》第一辑,北京大学出版社,1988 年,第 80—82 页。

③ 详见中共北京市委党史资料征集委员会编:《一二九运动》,中共党史资料出版社,1987 年,第 137—138 页。

④ 燕京大学校友校史编写委员会编,张玮瑛、王百强、钱辛波主编:《燕京大学史稿》,人民中国出版社,1999 年,第 512 页。

行动方案,就是黄华等学联骨干 12 月 8 日在燕大男生体育馆制定的。① 黄华还把游行的消息告诉了当时在燕大新闻系任教的美国进步记者埃德加·斯诺。斯诺又把消息通报给一些外国驻北京的记者,使他们得以对一二九运动进行了全程采访。

**12 月 9 日率先到达西直门的燕大学生游行队伍**

第六,一二九运动当天,燕京大学有五百五十余人(占学生人数的 70%)参加了游行,在运动中发挥了带头作用。

一二九运动爆发的当天晚上,斯诺立即给纽约《太阳报》发去专稿,详细报道了中国学生的这次抗日救国运动。许多年后,斯诺对燕京大学在这次运动中发挥的作用评价说:

> 燕大是一所上等阶级的学校。一般说来其学生政治上往往是保守的,但是由于民族危机的加深,由于阶级之间的战争

---

① 陈翰伯:《巨浪,巨浪,不断地增长!》,《一二九运动回忆录》第一集,人民出版社,1982 年,第 110 页。

和日本对东北的征服,激进主义的浪潮在那里传播开来。到1935年燕大竟出人意料地成为学生运动的发源地,这一运动后来席卷了整个中国。[①]

一二九运动真正的指挥者是中共北平地下党。燕大校方,特别是学校主要领导人司徒雷登,对学生运动和共产党活动所采取了宽容和支持的态度。

关于这一点,不少燕大校友撰写的文章中,都有较为详细的介绍。

原燕大政治系学生、曾长期担任共产国际情报员的张放(原名刘进中)先生,是燕大最早的共产党员之一。他在回忆录《死亡线上的搏斗》中,曾这样评价司徒雷登对学生运动的态度:

> 由于燕大是美国教会创办的,政府不敢妄加干涉,军警也不敢进校骚扰,因此,共产党在校园内几乎能公开活动,从而反日爱国运动也蓬勃发展。学校当局对这些活动也从来不予阻挠。因此,燕大从来未发生过像其他大学那样,因校方干涉学生运动而举行罢课。反之,校方特别是司徒雷登校长,还表示支持学生运动。……在学校和司徒雷登的"保护伞"保护下,学校党支部的活动很少遭到破坏,党员也发展到五十多人,这可能是北京各大学党员最多的学校。[②]

1934年,北京的学生为反对蒋介石对日本帝国主义采取的不抵抗政策纷纷南下请愿示威。一向积极参加爱国运动的燕大学生

---

① Edgar Snow, *Journey to the Beginning*, New York: Random House, 1958, p. 134.
② 燕大文史资料编委会编:《燕大文史资料》第九辑,北京大学出版社,1995年,第25页。

也立即宣布罢课,汇入南下请愿的队伍。对学生的这一举动,外籍教授强烈反对;中国教授除个别人表示支持外,大多数都持中立态度。南下请愿团出发后,留校的学生与外国教授对峙,不让他们开课,闹得不可开交。

当时,司徒雷登正在美国出差,对校内发生的事情一无所知。由于校方与学生之间的矛盾一时难以化解,只好急电美国,催促司徒雷登赶快回校,希望通过他对学生施加影响。然而,出乎人们意料的是,司徒雷登回校后非但没有对学生大加指责,反而站在学生的一边,支持他们的抗日爱国行动,缓和了原本对立的师生关系。曾就读于燕大历史系和新闻系的马绍强先生记载下了这段亲身经历:

> 司徒返校之日,也是南下请愿团北上返校之时。当司徒到校之后,立即召开大会,全校学生和中外教授,齐集本校大礼堂,听司徒讲话。外国教授总以为司徒必然站在他们一边;学生也以为司徒毕竟是一位外国人,不会赞成罢课的。可是大出一般人意料之外,司徒此时站在讲台上,默不作声约两三分钟之久,才开口讲话。他说道:"我在上海下船,一登岸首先问来接我的人:燕京的学生可来南京请愿了么?他们回答我说,燕京学生大部分都来了!我听了之后才放下心!如果燕京学生没有来请愿,那说明我办教育几十年完全失败了。"说这话时,脚尖一再踮起,态度真诚,声调恳切,眼中潮润着,泪水似乎就要掉下来。大家听后,无论中外教授和学生,无不为之动容。于是,满天乌云一风而散,次日学生照常上课,学生

与教授之间,平静无事,一场风波就此平息。①

在司徒雷登的带动下,燕京大学的许多教师,其中也包括不少外籍教师后来都转变立场,站到学生的一边,支持他们的抗日救国运动。燕大师生还纷纷捐钱购置了一万顶钢盔,送给与日寇英勇作战的前线将士。②

为了不耽误南下同学的学业,燕大把这一年的秋季考试推迟到来年春季进行。

中国共产党的老朋友、在抗战时期为八路军培养技术人才做出过突出贡献的燕大英籍教授林迈可先生,对司徒雷登在北京沦陷后想方设法对付日本占领军的做法非常赞赏。他在《八路军抗日根据地见闻录——一个英国人不平凡经历的记述》一书中说:

> 燕京大学校长司徒雷登和日本人打交道是很机智的。他在并不重要的枝节问题上是圆通的。为了阻止日本士兵走进燕大校园,他张贴用日文写的布告说,这是美国的财产;而当日本人反对时,布告就改用英文、中文和日文。他在重要问题上立场坚定。他说他无法阻止日本人封闭这所大学,但是在原则问题上他宁可关门也决不妥协。③

一日,二十多名日本宪兵来到燕大校门前,要求搜查学生宿舍,抓一名共产党学生。司徒雷登得到报告后,坚决拒绝了日本宪

---

① 燕大文史资料编委会编:《燕大文史资料》第十辑,北京大学出版社,1997年,第21页。

② Dwight W. Edwards, *Yenching University*, New York: United Board for Christian Higher Education in Asia, 1959, p. 238.

③ 林迈可:《八路军抗日根据地见闻录——一个英国人不平凡经历的记述》,杨重光、郝平译,国际文化出版公司,1987年,第16页。

兵的要求。他表示燕大是美国人开办的学校,受治外法权的保护。任何外国人要进校园搜捕学生必须首先得到美国驻北京领事馆的批准。日本宪兵执意要进燕大搜查,司徒雷登坚持不让步,表示如果日本人一意孤行,他将立即向领事馆报告,同时将要求美国政府向日本政府提出强烈抗议。司徒雷登寸步不让的坚定立场,保护了燕大的抗日学生,也使日本兵从此不敢再到燕大来找麻烦。①

那时,华北伪政权教育部经常下达一些指示,要求燕大组织学生参加支持"新民会"、反对国民党和蒋介石的游行活动,但每次都会遭到司徒雷登的拒绝。司徒雷登还曾直接致信日本使馆,声明燕大完全不是由政治控制的,也不是以政治为目的的,因此不能参加类似的活动。②

曾两度在燕大社会学系任教的雷洁琼先生在为《燕大文史资料》燕大建校 70 周年特辑撰写的序言中,对燕京大学做出了这样的评价:

> 燕京大学具有光荣的革命传统,自伟大的一二九运动开始,在历次学生运动中,燕大爱国师生在中国共产党的领导下,为拯救祖国和民族的危亡,献身民族、民主解放运动,为我国革命事业,创立新中国作出了贡献。③

这短短一百多字,既是对燕京大学的肯定和褒扬,也从一个侧面道出了这样一个事实:正是因为有了燕大校方的鼓励与支持,燕

---

① Dwight W. Edwards, *Yenching University*, New York: United Board for Christian Higher Education in Asia, 1959, p. 353.

② Ibid., p. 352.

③ 燕大文史资料编委会编:《燕大文史资料》第三辑,北京大学出版社,1990 年,第 1 页。

京大学的师生才会毫无顾忌地始终站在革命运动的前列。

## 二、支持和协助燕大师生奔赴抗日根据地

1937年卢沟桥事变之后,北京的国立大学相继迁到大后方,燕大的一些进步教师和学生也相继离校,投身抗日救亡运动。当时,司徒雷登为燕大师生投奔解放区和大后方力所能及地提供了种种帮助,给师生们留下了终生难忘的印象。

燕大社会学系导师制学生、英籍教授林迈可先生的夫人李效黎女士回忆说:

司徒校务长是个美国人,但他支持中国学生的抗日爱国活动。1937年9月末举行的迎新会上第一次听到他讲话,他表示坚决把学校办下去,能办多久就办多久。另外还谈了句类似"天下兴亡,匹夫有责"的中国成语,使我很惊讶。这说出了我们中国人的心里话。随后几年的事实证明他是这么说的,也是这么做的,对被日本逮捕的学生,他想尽办法营救,使他们免遭迫害;对想去解放区进行抗日或想去重庆大后方的学生,他都予以支持和帮助。他不出面,由学生生活辅导委员会(主持人是夏仁德、侯仁之)秘密进行,以防止日本特务的捣乱。就是教职员工有类似活动的,他也支持,如林迈可先生在校期间利用假期曾两次到华北抗日根据地访问,1938年是和戴德华先生一起去的,1939年是和赖朴吾先生一起去的。当时林迈可和司徒校务长同住临湖轩,司徒对林的行动都知道,

也很支持。[1]

后来,林迈可先生多次借用司徒雷登的小汽车为抗日根据地运送急需的通信器材和药品。1941年12月太平洋战争爆发后,林迈可夫妇也是乘坐司徒雷登校长的汽车,取道西山逃往解放区的。[2] 这以后,他们先后在晋察冀边区和延安工作,与抗日军民同甘苦,共患难,直到抗战胜利后才回到英国。回国后,林迈可先生把他在根据地的所见所闻写了 *The Unknown War*:*North China 1937—1945*(中译本名为《八路军抗日根据地见闻录——一个英国人不平凡经历的记述》)这本书,用大量事实回答了许多海外人士对中国共产党在抗战中是否真的抵抗过日本侵略军的疑问。该书在英国出版后,引起了很大的反响。

七七事变后成立的燕大生活辅导委员会,第一排左一为侯仁之,
后排左二为夏仁德,第二排右三为司徒雷登

---

① 李效黎:《记司徒雷登、夏仁德二三事》,《燕园钟声》,燕京大学,1937—1941年,五班联合纪念刊,第124页。

② 刘洪升:《林迈可夫妇的延安行》,燕大文史资料编委会编:《燕大文史资料》第十辑,北京大学出版社,1997年,第134—148页。

1932年考入燕大历史系、毕业后留校任教的侯仁之教授抗战时期是燕大学生生活辅导委员会的副主席,他撰写的《燕京大学被封前后的片段回忆》一文,恰好证实了李效黎女士所说的话:

……在我任职后不久,司徒雷登校长就提出一项任务:如果有学生要求学校帮助离开沦陷区,不是为了转学,而是为了参加与抗日有关的工作,应该给予支持,就由辅导委员会来负责办理。这项工作就落在了我的肩上。

……原来在燕大数学系任教的英籍教师赖朴吾[1],是艾黎的好朋友,也是深受学生爱戴的一位青年教师,他于1939年夏,得到司徒雷登校长的支持离开燕大,经过解放区到达四川,协助"工合"[2]的组织领导工作。这件事在燕大的教师和学生中颇有传闻,有的学生就想到那里工作。总之,我认为这正是辅导委员会应该办的事。我和夏仁德[3]教授商量后,就去见

[1] 赖朴吾先生,英国人,国际著名的地球物理学家、地震学家和应用数学家,中国人民的好朋友。赖朴吾先生1936年开始在燕京大学数学系任教。1939年,为了支持中国人民的抗战,他曾与路易·艾黎一起徒步三个月经解放区去成都,开展以发展生产、支援抗战前线为目的的"工业合作协会"工作。新中国成立时,他与燕大学生一道参加了在天安门广场举行的开国大典,直到1952年燕大与北京大学等校合并时才回英国,后又四次访问中国。1984年4月11日,赖朴吾在访问北京期间因突发心肌梗死,经抢救无效而去世,享年75岁。弥留之际,他叮嘱家人:"不要开追悼会、不要竖纪念碑,唯一的希望是把骨灰留在中国。"为了满足他的遗愿,家人把他的骨灰撒在燕园临湖轩后未名湖畔的小山坡上。以上内容摘编自燕京研究院编:《燕京大学人物志》第一辑,北京大学出版社,2001年,第247—249页;赖朴吾教授纪念册编委会编:《赖朴吾——中国的好朋友》,北京大学出版社,1988年。

[2] 指国际友人路易·艾黎等办的"工业合作协会",目的是把内地分散的手工业组织起来,扩大生产,支援抗日。

[3] 夏仁德教授,美国人,毕业于普林斯顿大学。1923年,在获得哥伦比亚大学的博士学位后,应司徒雷登的邀请来到中国,后一直在燕京大学任教,曾先后担任燕大心理学系、教育学系主任和代理教务长。抗战期间夏仁德先生公开支持学生的抗日救亡运动,是燕大第一个向学生抗日会捐款的外籍教授,并多次拿出自己的薪金资助生活困难的学生。1940年12月(转下页)

司徒雷登校长想办法。他主动提出应该资助学生南下，并且建议学生先去上海，然后再由上海男女青年会工作的燕大校友林永俣和梁思懿帮助他们转往内地。记得有十来个男女同学就是这样走了。此外，凡是要走的学生，临行前他（指司徒雷登）都要在临湖轩设宴送行。我记得一次设宴送行的会上，他说他希望燕京大学的学生，无论是到大后方，还是到解放区，都要在国民党和共产党之间起到桥梁作用，以加强合作，共同抗日。①

燕大新闻系毕业生杨富森先生 1965 年写了一篇题为《偷渡新黄河》的文章，回忆 1940 年他和几个同学为了躲避敌伪统治者的追捕，从北平逃到重庆的经过。文中有这样一段与司徒雷登有关的文字：

  ……正在这时，司徒雷登先生到上海来开会，他听说我们正在上海准备到后方去（我们离开学校时是偷偷摸摸走的，事先并没有告诉他老人家），希望能召见我们谈一次话。

（接上页）

太平洋战争爆发后，夏仁德即遭日寇逮捕，被关押在山东潍县集中营，直到 1943 年才被释放回美国与家人团聚，1945 年夏回到成都燕大。1950 年朝鲜战争爆发后，夏仁德教授离开燕大回国。回国后，他热心参加美中友好协会的活动，为增进美国人民对新中国的了解做了大量的工作。1973 年他应邀来华访问期间，周恩来在接见他时称赞他说："你为中国培养了不少人才，你是中国人民的朋友。"1981 年 7 月 11 日，夏仁德先生在美国病逝，享年 83 岁。两个月后，在北京的燕大校友集会，对这位良师益友寄托哀思。当时担任国务院副总理的黄华同志亲笔为他题写了悼词。以上内容摘编自燕京研究院编：《燕京大学人物志》第一辑，北京大学出版社，2001 年，第 217－219 页；《夏仁德在中国》编辑组：《夏仁德在中国》，世界知识出版社，1985 年。

 ① 侯仁之：《燕京大学被封前后的片段回忆》，燕大文史资料编委会编：《燕大文史资料》第三辑，北京大学出版社，1990 年，第 121－127 页。

　　我们听说他老人家也在上海,巴不得也想见见他,顺便向他解释我们之所以中途辍学与不辞而逃的苦衷。于是我们推选了三位代表(我是其中之一),当天晚上到旅馆去拜望他老人家。

　　我们看到他的时候,多少有些局促,但是他的第一句话就把我们的心定下来。他说(他和同学们谈话时,一向用他那口流利而略带杭州口音的国语):"我对你们这次的离校出走非常同情,非常鼓励。"我们听了,如释重负,在心理上,准备聆听而且接受他这次最后的训话。

　　他虽然如往常一样,慢条斯理地谈着,然而我们都感觉到,他的口吻中带着兴奋、激昂、凄楚的音调;我们三个同学都在静静地听着,不愿意打断老人家的话头。

　　他说了很多,而说话的主题没有离开中国的青年。经过了三十个年头,我自然不能记住他的每一句话,可是有几点我始终清晰地记在心头。

　　司徒先生提到当年的五四运动,认为五四运动把中国带入了一个新的世纪,这不能不归功于一些出乎爱国热忱的青年学子们敢作敢为的精神。然后,他又说到目前的情形,深信在过去的三年(1937—1940)中,燕京大学虽然处于敌伪的双重压迫之下,而能"洁身自好""出污泥而不染",正是因为全校师生忍辱负重,无苟安之心,而存报国之念。但是目前的局势已经在酝酿着巨变,美国的旗帜恐怕不能久悬于燕园的上空,同学们应该随时警觉,准备这巨变的来临。因此,他结论说:"我们师生同学们也应当贡献自己,参与这次史无前例的伟大的爱国救亡运动。我们恐怕要效法过去北大、清华、南开师生的先例，奔向自由，准备作长期的抗战。"

他说到这儿，略停了一下，他的语气略显沉重严肃，但是音调却仍然缓慢柔和。可是我们三个听话的人，已经意识到一个危机将要降临在我们所留恋的校园，仿佛暴风雨未来之前，海空上的黑云已经发出警号似的。

最后，司徒先生告诉我们他此次的南来，正是与美国驻华代表们会商分析目前的国际局势，他们一致相信，美日之间的冲突已经尖锐化到极端，太平洋上战云密布，一触即发。如果真的不幸而言中，那么，燕京大学便要经历"最后一课"的不幸局面。"我们的校园也许被迫封闭。"司徒先生接着说："但是我们的学校绝不能因此而停办。恐怕不久的将来，整个燕大的师生将步你们的后尘而离校出走。"他不等我们发问，一口气接着说："如果太平洋战争真的爆发了，如果燕大真的被敌伪封闭了，我已经决定把燕大搬到后方去。……"说到这里，他稍微迟钝一下。"不过，"他又接着说，"我们要把学校一千多人移到后方去，必须想一条最安全、最妥善，而且最经济的道路。"

我们听到这里，再也忍耐不住了，余同学是最年长的一位，他马上告诉司徒校长，我们已经找到了这么一条道路。于是他对老人家说，已经有几位同学离开上海，从海路转道福建，而去内地了。

"这条路也许安全，但不见得经济。"司徒老头儿慢条斯理地告诉我们，他碰到了到上海来开会的一位开封基督教青年会的干事,这位干事告诉他,很多人(多半是生意人)从开封往西走,渡过新黄河,便是自由区,然后转道郑州至洛阳,从洛阳坐火车一直到西安或宝鸡,再由宝鸡坐长途汽车经成都,直达重庆——当时的陪都,我们的目的地。

司徒先生似乎听信了这位青年会干事的建议,认为这条路可以成为将来燕大迁校的"康庄"大道。但是,问题的症结是:直到说话的时候为止,还没有任何青年学子走过这条路。司徒先生问我们:可不可以有几个人自告奋勇去试走一下?

我们不能给司徒先生一个肯定或否定的回答。我临急智生,告诉司徒校务长,我们愿意拜访那位开封青年会干事,问个详细,再作计较。

我们辞别了司徒先生,带着一颗沉重的心情,回到住地。同学们又聚集起来,问长问短,我们把谈话一五一十地报告了他们。大家都陷入一阵沉思,觉得司徒先生的话不是一道命令,却像是一个挑战。当夜无话,只是我一夜不曾睡好。

第二天清晨爬起,胡乱吃了点心,我们原班三位代表跑去拜访那位干事。他把路线告诉我们,并且补充了几点:第一,他从开封到上海来开会,一路坐的是火车,路上平静无事;第二,他愿意在开封替我们布置一切;第三,过新黄河之前,要走几十里旱路,不过来往商人很多,大家同是中国人,彼此患难相助,何况沿途小镇和县城都有教会的人,必要时可请他们协助。

经过了很长时间的讨论之后,我们决定由五个自告奋勇的男同学(我也在内)来闯一下这条最"安全"、最"妥善"而且

最经济的道路。……①

1939 年 7 月,有几位到大后方的燕京学生想转到西南联大继续读书。但当他们几经辗转赶到昆明时,已是 8 月中旬,早已超过了西南联大规定的转学日期。正当学生们焦急万分之际,恰巧司徒雷登来到昆明。当司徒雷登得知这一情况后,便马上与担任西南联大校长的梅贻琦先生联系,请他务必收下这些燕大的同学。结果,西南联大果然网开一面,同意所有的燕大学生只要有转学证明和成绩单,无论何时来,均可转入联大。事后,司徒雷登在昆明大西门文林堂召集先后到达云南的燕大同学讲话,语重心长地勉励这些同学,要在新环境中努力学习,报效国家,早日打败法西斯侵略者。

燕大学生举行抗战军事训练

---

① 燕京大学美国校友会编印:《燕大校刊》(非卖品),1973 年 3 月,第 14—15 页。

　　另据跟随司徒雷登四十多年的私人秘书傅泾波先生回忆，1936年6月，美国记者埃德加·斯诺在只身独闯共产党领导下的陕北抗日根据地采访之前，曾与司徒雷登有过一次秘密长谈。虽说没有人知道他们谈话的具体内容，但有一点是毋庸置疑的，即他们的谈话与斯诺的陕北之行有关，而且斯诺此行是得到司徒雷登支持的。

　　斯诺从陕北回京后，为了让更多的人了解陕北抗日根据地的情况，还在司徒雷登校长的住宅临湖轩多次为燕大和清华的教师及学生代表放映他摄制的反映苏区情况的影片和幻灯片，并将他在苏区拍摄的一百多张照片拿给学生传看。青年学生们第一次看到了传说中的毛泽东、周恩来和彭德怀等红军领袖的形象，使陕北红军和苏区生活成为燕大公开谈论的话题。

　　而且，燕京大学的校刊《燕京周刊》，首先连续发表了斯诺的《毛泽东访问记》等文章。这些文章后来汇编成《红星照耀中国》一书，于1937年10月在伦敦出版(1938年上海出版的中译本改名为《西行漫记》)。此书第一次客观、公正地向全世界介绍了中国共产党领导下的红军二万五千里长征的壮举。

　　在斯诺陕北之行的影响下，许多进步教师和学生萌发了到抗日根据地参加革命的想法，并于第二年(1937年)两次组织考察团，沿斯诺走过的道路访问延安。

　　司徒雷登对八路军抗击日本法西斯军队的情况非常关注。除了通过斯诺和林迈可了解抗日根据地的情况外，他本人也曾躲过驻北平日军的监视，秘密到太行抗日根据地考察，受到晋冀鲁豫边区政府主席杨秀峰及彭德怀、左权、罗瑞卿、刘伯承、邓小平等八路军抗日将领的接见,成为他们的座上宾。

另外,如前所述,司徒雷登除了安排夏仁德和侯仁之专门负责支持学生前往大后方或转赴抗日根据地外,他本人也曾向奔赴抗日前线的学生介绍来自根据地的联络人员,并为他们饯行。燕大校友方大慈在《有待定论》一文中写道:

> 1941年6月毕业后,走向何方尚无定论时,司徒雷登校长把孙以宽、陈培昌和我找到临湖轩,介绍给一位操北平口音,从太行山抗日根据地来的、学生打扮的苏珊女士。她翻来覆去地说根据地生活如何艰苦,怕我们这些洋学生受不了。当时,我们关心的是到那里能干什么?国都亡了,还有什么苦不苦?临行时,司徒雷登校长为我们饯行,并谆谆叮咐我们:"国民党腐败无能,抗日战争前途寄希望于中共。中共实行民主,美国政府支持中共抗日,你们到那里为我问候毛泽东先生。要是你们遇到什么困难,可以回来找我。"又说:"我们到了太行山,边区政府主席杨秀峰接见我们,形同父兄。左权、罗瑞卿、刘伯承、邓小平、彭德怀八路军豪杰,一一与我们相见。真是上上下下一律平等,个个艰苦朴素。"[1]

除了尽其所能地帮助学生完成抗日的心愿外,对于因抗日而被捕的学生,司徒雷登也是想方设法予以救助。

1922年至1926年在燕大就读的章克先生是燕大最早的共产党员之一,也是抗战时期的一个传奇性人物,曾长期进出于日、伪

---

① 燕京大学校友校史编写委员会编,张玮瑛、王百强、钱辛波主编:《燕京大学史稿》,人民中国出版社,1999年,第518—519页。

阵营,从事获取情报和策反的工作。抗战胜利后,他的身份暴露,国民党军统特务组织将其抓捕,准备以汉奸和通匪的罪名处决。正是由于司徒雷登的出面干预,才挽救了章克的生命。强剑衷先生在其撰写的《传奇人物章克》一文中,特别提到了这段往事:

　　抗战胜利后,从重庆飞往上海的军统人员,综合来自各方面的情报,已经发现章克的蛛丝马迹,决定对他采取断然措施。冯少白从潜入军统的地下党员那里得到情报,火速通知章克撤离上海,即日启程去淮阴军部。

　　可是,早一天,新四军军委会委员于毅夫(燕大校友,后曾任黑龙江省省长、吉林省委书记、中央组织部副部长等职)却通知章克留在上海,配合解放京沪两地的战斗行动。

　　章克权衡轻重,把个人安危置之度外,他决定留下来。

　　军统要捕捉章克的情报一点不假。冯少白带着邵式军撤离的第三天,上海的军统头子毛森就把章克抓起来,关到上海南市的军统看守所。罪名是汉奸和通匪。惩办汉奸是假,反共产党是真,扬言章克罪不在赦,不日处决。

　　想不到这件事却惊动了美国驻华大使司徒雷登和第一夫人宋美龄。司徒雷登决意要营救章克,因为章克是他的得意门生,他不愿意章克不明不白地死在国民党特务手下,他责怪国民党政府缺乏起码民主。宋美龄碍于司徒的情面,满口答应不加害章克,但不便马上释放,要经过法律程序,即先叫军统把章克移交法院,再由法院审理,从宽发落。果然,宋美龄的允诺不久就实现了,碰巧上海高等法院院长郭云观又是章克的老师,司徒雷登的朋友,情深谊重,笔下超生。因此,章克除在军统看守所关了一年外,又在上海法院监狱关了一年零三个月,就以假释的方式于 1948 年 3 月被释放了。[①]

后来,章克成为美国驻华大使司徒雷登与中共之间的联络人。1949 年司徒雷登离开中国前曾约章克谈话,试图通过他继续与中共保持联络渠道。1950 年遵照上级的指示,章克准备赴美与司徒雷登建立联系,因朝鲜战争爆发,形势突变而未能成行。

当年,司徒雷登坚定地支持燕大师生抗日的举动,不仅被燕大师生传为美谈,也得到中国共产党领导人的高度评价。

1945 年 9 月 19 日,在庆祝抗战胜利期间,毛泽东在重庆遇到司徒雷登时对他说:"你就是司徒雷登先生,久仰久仰! 你们燕京的学生在我们那边(指的是延安)工作很努力!"[②]

燕大学生访问团在延安

---

① 燕大文史资料编委会编:《燕大文史资料》第六辑,北京大学出版社,1992 年,第 137 页。
② 杨富森:《新闻工作八年谈》,燕大文史资料编委会编:《燕大文史资料》第七辑,北京大学出版社,1993 年,第 172—179 页。

据当年陪同司徒雷登到重庆去的傅泾波先生回忆,在这次见面之后,通过在周恩来身边工作的燕大学生龚澎的关系,毛泽东和周恩来专门邀请司徒雷登到中共设在重庆的办事处做客,并设便宴招待了他。在席上,毛泽东一再感谢司徒雷登对中国教育做出的贡献,并对燕大学生在抗日战争中的表现表示称赞。当时,由于傅泾波听不懂毛泽东浓重的湖南口音,还多亏司徒雷登不时帮他翻译。

1946 年 11 月,中国共产党驻南京代表处在撤回延安之前,中共代表周恩来在南京宴请已出任美国驻华大使的司徒雷登时,曾把中共代表团中燕京大学的毕业生龚澎、吴青、陈浩等人请去作陪。当时,周恩来指着这些人对司徒雷登说:"他们是你培养的学生,你是燕大的校长,可是为我们培养了人才。"①

对于自己的学生,司徒雷登的评价则是:"燕京的学生表现出了远非我能预见的顽强性格和精神,他们充分证明了中国青年的优秀品质,中华民族的生命力和精神力量。"②

## 三、燕大人眼中的司徒雷登

从 1919 年夏初至 1946 年 6 月出任美国驻华大使,司徒雷登在燕大担任校长(校务长)的时间长达 27 年。在这 27 年当中,司徒雷

---

① 王炳南:《南京局的外事工作》,中共江苏省委党史工作委员会、中共南京市委党史资料征集编研委员会、中共代表团梅园新村纪念馆编:《中共中央南京局》,中共党史出版社,1990 年,第 323 页。

② John Leighton Stuart, *Fifty Years in China—The Memoirs of John Leighton Stuart, Missionary and Ambassador*, New York: Random House, 1954, p. 78.

登以他的人格力量,赢得了燕大师生的爱戴。

从 1988 年开始,为了纪念燕京大学的诞生,北京燕大校友会在十年的时间里,共编辑出版了十辑《燕大文史资料》。这套书的绝大多数作者都曾经是燕京大学的一员:或是在燕大教过书,或曾是燕大的学生。虽然这些作者当年在燕大的身份和地位各不相同,在燕大待的时间有长有短,他们所记述的有关燕大的往事也涉及方方面面,内容非常广泛,但他们在谈及母校和司徒雷登校长时所怀有的感情却惊人的一致,其中不乏对司徒雷登本人的直接评价。

原燕大新闻系学生秦晋把司徒雷登校长视为他最敬爱的"燕京人"之一。他在《燕园生活中的燕京人》一文中做了这样的描述:

司徒雷登在临湖轩

> 一天在迎新会上,临湖轩前的庭院里转圈摆了五六层椅子。第一排二三十个座位闲了几个,其余几排似乎都已坐满。主持人站在张小桌子旁边不停看表,他发话了:"时间到了,我们准时开会。"语音未落,我看到一个洋人从外边匆匆进了会场,在我前面的一个空位坐下,口里抱歉似地说:"对不起,路上车耽误了。"一口地道的普通话令人惊异。没有繁文缛节,会开得简快精彩。自由交谈开始,这位洋人问我哪一系,我回答是新闻系,又问我的名字,我说我叫秦晋,他听了随口补了一句:"March

On. 好名字。"我看着他那微惊而又热情的神态,听到那句我不知何所指的英语,一时摸不着头脑。后来仔细思索一下 March On 的含义,才发现校务长是把我的秦(chin)听成前(chian),March On 正是前进的意译。那么校务长的惊奇和热情,包含着对我的理解,更有勉励的意思。

时隔不久,在从城里回校的校车上,我又碰到这位洋校务长。燕园的不成文法律,正确说是生活习惯,校车先上的坐着,后来站着,有时为了礼貌或尊敬,偶尔也有人让让,但很少有接受坐下,因为这也是礼貌和尊敬。这习惯除了 Lady-first,无论老幼尊卑都心照不宣遵守着。校务长这次是迟到者,自觉乖乖地走到车头站着。车到西直门下车,受日本宪兵检查,他没下车。回到车上,他看见我:"哦! 秦晋(语气不肯定,不说你是秦晋)。大概你还没结婚,不然怎么起这个名字?"当时我奇怪他怎么会知道我没结婚和起名字的原因。校务长的中国话在洋教士中是出类拔萃的。他读了不少中国书,说起话来俗语、成语、谚语、典故随口捻来,恰到好处。他说中国诗文的特点是含蓄深沉内涵丰富,引人深思。结婚不写结婚而写秦晋之好,其实结婚是两个物体机械结合,"秦晋结好"里面才蕴藏着丰富的爱的融合。说完他问我:"你有字或号没有? 晋与进同音尚有同义,不妨把前进做别号,March On 就做你的洋名吧!"接着他又补了一句:"说说好玩,你不介意吧。"

……过去长时间里,我对绿眼高鼻的外国人是不感兴趣的,以为"非我族类,其心必异"。自从接触过司徒雷登以后,加上与其他几位外籍教师的来往,我是思想变了。不止认为这位洋校务长是个好人,外国人中好人还是有的。我认为司徒雷登是燕园生活中真正的燕京人。[①]

燕大校友陈礼颂先生这样评价司徒雷登校长当年教导学生的方法:

司徒先生的教导方法,是积极的精神感召,而不是消极的速压方法,所以每次燕京校内的学生纠纷和风潮,只要他一出面,说上几句话,一切便自然迎刃而解,这一方面固然是系于他的精神感召的能力,另一方面也是他的处事得体,面面周到的本领。因此有人说他是"燕京的精神堡垒",确是一点儿也不错。

有一桩事,很可以看到司徒先生教导人的办法。燕京的校规是禁止一切人在湖里钓鱼的。有一次,有个学生在柳树下悠然垂钓,刚好给他碰上了。那个学生回头看见是他,自然不免一愣。可是他老人家却笑容可掬地问道:"湖里的鱼还不错吧?"这句半近讥讽半近责备的话,倒使那个学生不好意思起来,结果只好卷钓而跑了。

……照例每年应届的毕业生,总有机会逐一被请到临湖轩去座谈的。见面时一边品茗,一边恳切地谈话。每次谈话的时间至低限度总有二十分钟至半个小时那么久。谈话的范围无非是关于学生的就学和就业的问题。司徒先生关怀学生,就是这般无微不至的[②]。

---

① 《燕京精神(燕京大学建校八十周年特辑 1919—1999)》,《燕大史料选编》《燕大校友通讯》联合编辑,1999 年 4 月 16 日,第 51 页。

② 陈礼颂:《纪念一代伟大教育家燕京大学校长司徒雷登博士》,《燕大校友通讯——故校长司徒雷登博士纪念特刊》,燕京大学香港校友会编印,1963 年 2 月 20 日,第 7 页。

1936 年,当时在燕大担任教师的著名作家冰心先生,在燕京大学为庆祝司徒雷登六十寿辰而出版的《燕大友声》特刊上发表了《司徒雷登校务长的爱与同情》一文,描述了当年燕大师生心目中的司徒雷登:

> ……这几十年中,曾有过几次小小的事情,同他有过几次短短的谈话,每次的谈话里,都使我觉得他是兼有严父的沉静,和慈母的温存。他款款的笑在你的对面或身边,两手叉握着放在膝上,用温和恳挚的目光看着你。你不先开口,他是不多说话的。他总是尽量地给你机会,让你倾吐你的来意,然后他用低柔的声音,诚挚的话语,来给你指导与慰安……
>
> 人生中总有几件最深刻的往事,是你永远忘不掉的,和这往事有关的人物,也总是使你感激,思念,忘不掉。在燕大团体中,人人都萦萦爱念着我们的司徒校务长,也正因为他与团体人人生命中有着最深刻的往事,有着最密切的关联。……
>
> 一个人物的伟大,不但是能在"大处着眼",尤其是能在"小处下手",从纤细微小的事情里,能表现出伟大的精神的,才是真正的伟大。
>
> 仔细分析这伟大的成分,我觉得因为他宗教的信仰,和个人的理想已与燕大的前途合一了。燕大的一切,便是他的一切。他与燕大团体的关系,是父母与子女的关系,是领袖与群众的关系,是头脑与肢体的关系,祸福与共,痛痒相关。他多付予了一分爱与同情,就是与燕大的前途多一分的发展与希望。就是他的博大的爱与同情,将燕大的中西上下男女老幼

紧紧地拉在一起,一同欢乐奋发地往同工合作的路上走!①

同年 6 月 24 日出版的《燕大周刊》上发表的一篇文章写道:

> ……现在全北平各大学的同学们普遍在努力于救亡的工作,其他各校都受到校方无理摧残。司徒先生虽不是一个中国人,可是他对中国的厚爱,并不亚于我们,对于我们从没有一点压迫和干涉。我们青年人偶尔有错误的地方,他不惜以苦口婆心来教导;他从来未和我们为难,或者令我们放弃我们的主张。……他所愿望的是全世界的自由与平等,他所企慕的是全人类的博爱和平。他不愿让公平屈折,他不愿让真理隐藏。……假若我们的民族不能解放,我们的同胞都于流难饥饿之中度过他们自己的生日,想司徒先生见之亦为之作不乐的共感的,我们要使司徒先生得到最大最浓厚的快乐,我们只有拼着牺牲我们的头颅与热血去奋斗。……②

燕大校友陶履中在司徒雷登逝世后写了这样一段话:

> 司徒雷登这个名字和燕京大学可以说是二而一,一而二分不开的。提到司徒雷登就会想起燕京大学;提到燕京大学也就会想起司徒雷登。他老先生一生献身教育,举世同钦,至于见解的远大,人格的清高更是非一时学人所能及的。在他老先生春风化雨熏陶之下,燕大校风自成一格。司徒校长领

---

① 《燕大校友通讯——故校长司徒雷登博士纪念特刊》,燕京大学香港校友会编印,1963年 2 月 20 日,第 8 页。原载《燕大友声》,第 2 卷第 9 期,司徒雷登校务长六十寿辰特刊,1936年 6 月 24 日。

② 《燕大周刊》第 7 卷,第 6 号,1936 年 6 月 24 日。

导下的燕京大学,最主要的贡献,是在当时教会大学中树立了浓厚的学术自由空气。燕大校园中,学术的研讨,理论的雄辩,一时蔚为风气。有一个时期在学生运动中,燕京大学几乎取得北大在"五二一"运动①的地位而代之。"因真理得自由以服务"不只是母校的校训,确实成为同学一生奉行的圭臬。而今同学人才辈出,服务同群,饮水思源,对于司徒校长无限追思。②

学生们对老校长的评价是如此,教职员工们又是如何评价司徒雷登的呢?

对此,燕大最后一任校长,曾与司徒雷登共事多年的陆志韦先生这样写道:

司徒老先生不是圣人。圣人有两种:一种是像孔夫子一辈子没有出息的;还有一种是大禹周公之类,一生的功德太大了,后来人家只纪念他们的好处。老先生有点像周公,将来颇有成为圣人的希望。……

凡是崇拜司徒先生的人,不必褒扬他的长处,也不必为他的短处辩护。应当体谅他的难处。他的难处是什么呢? 第一,他没有在中国腐败的家庭生长,虽然也在污浊的社会里徘徊了这许多年,人家还是把他当外国人看待。……中国人的坏处他什么都知道,可是只知道个八九层。那八九层他用海

---

① 此处应是五四运动。

② 《燕大校友通讯——故校长司徒雷登博士纪念特刊》,燕京大学香港校友会编印,1963年2月20日,第4页。

大的宽容包含着。他费了最大部分的时间应付人事。

人事千头万绪。校外的不必说,大半是人家招到他头上来的。燕大内部的人事,芝麻绿豆的都得轮到他管。他也喜欢管,所以越管越多。外国教职员有外国的事,中国教职员当然更是人多口杂。他老人家一视同仁。种族之见他全然没有。有的中国人跟他比较接近一点,那是因为趣味的相投。燕园之内,差不多全然没有中国人跟外国人中间的人事纠纷。可是一般的人事,值得老先生照料的实在太多了。

除了人事,他的难处在于筹款。有人想美国遍地是黄金,只需扛着慈善的招牌,说几句动人的话,支票就像雪片飞来。那是大错特错。……美国人赚钱不难,为中国教育捐钱难于上青天。

……他是没有家庭的,他的字典里没有休养两个字。直到最后的一天,他必定为燕大鞠躬尽瘁。……①

同世界上许多名校一样,燕京大学也有一首被千百名学生和校友铭记在心的校歌。直到现在,昔日的燕大学生哼唱起此歌,眷念和自豪之情便会油然而生,仿佛又回到那令人难以忘怀的母校。

歌词唱道:

> 雄哉壮哉燕京大学,轮奂美且崇;
>
> 人文荟萃中外交孚,声誉满寰中;
>
> 良师益友如琢如磨,情志每相同;

① 陆志韦:《司徒先生七十寿词》,北京大学图书馆藏《燕大双周刊》合订本,1946 年 6 月 24日,第 15 期,第 119 页。

踊跃奋进,探求真理,自由生活丰;

燕京,燕京,事业浩瀚,规模更恢弘;

人才辈出服务同群,为国效荩忠。

"人才辈出服务同群,为国效荩忠。"是燕大校歌中的最后一段歌词,也是燕大33年办学成果的真实写照。

1988年11月,雷洁琼先生撰文纪念燕京大学诞生70周年,她写道:

> 燕京大学是一所培育社会服务人才,沟通中西文化,促进国际学术交流的高等学校,它聚集了当时一些著名的中、外专家学者,⋯⋯它培育了一批又一批学有专长的人才,⋯⋯为我国文化教育、外交、新闻和科学的发展做出了卓越的贡献。[1]

翻开《燕京大学人物志》,一个个数十年来在国内外各个领域享有盛誉的人名赫然在目。他们当中既有世界知名的科学家、大学教授、作家、医学工作者,也有活跃在不同岗位上的政府机构领导人、各行业的专家学者及著名演员。他们中的不少人都在国内外的一些著名大学任教,或在国家各部委、民主党派、学术机构里担任重要职务。

除了前几章中提到的著名作家许地山和冰心、著名社会学家雷洁琼、著名法学家严景耀外,还有熊佛西、孟用潜、聂崇岐、赵锡禹、张鸿钧、于毅夫、吴其玉、李安宅、焦菊隐、房兆楹、李霁野、赵承信、郑骞、冯家昇、齐思和、邓金鉴、杨刚、翁独健、萧乾、周一良、费

---

① 燕大文史资料编委会编:《燕大文史资料》第三辑,北京大学出版社,1990年,第1页。

孝通、叶笃义、袁家骝、许汉光、周汝昌、区棠亮、周华康、韩素音、严庆澍等都是知名人士。

新中国成立后成长起来的著名外交家和外事工作者黄华、龚普生、龚澎、凌青、韩叙、陈浩、周南,著名新闻工作者钱辛波、蒋荫恩、陈翰伯、黎秀石,著名医学家吴瑞萍、李肇特、曾宪九、许英魁、叶恭绍、赵以成、邓家栋、吴阶平、吴蔚然、胡懋华、张晓楼、冯传汉、张安、冯传宜、张蕙芬、谷铣之、方圻、薛庆澄、王大玫、翁心植、张金哲,著名金融学家陈绂、魏宗铎、甘培根、苏传绪,以及著名演员黄宗江、孙道临、张权,曾担任毛泽东、周恩来等中央领导人的英、法文翻译的资中筠、齐宗华,民俗学家叶祖孚,著名天文学家戴文赛等也都是燕大的学生。[1]

遗憾的是由于篇幅关系,笔者不可能把更多的人名一一列出。但仅从上面这些名单中,人们不难看出燕大的确是为国家、为社会培养出了一大批精英人才。中华人民共和国成立以后(截至2002年),燕大教授和学生中还有56人先后被评为中国科学院院士、中国工程院院士和中国科学院哲学社会科学部委员。[2]

1999年4月,为纪念燕京大学建校80周年,94岁高龄的雷洁琼先生再次撰文,对母校发出由衷的赞扬:

> 燕大为祖国培育出数以千计的学子遍及全球,在抗日战争的艰苦岁月里,在祖国现代化建设的洪流中,他们无不与民族命运、祖国脉搏息息相关,在不同地区和岗位上做出了卓越

---

① 详见燕京研究院编:《燕京大学人物志》第一辑,北京大学出版社,2001年。
② 详见本书附录2。

的贡献。在政界、外交界、新闻界、自然科学界、社会科学界、教育界、医学界、文艺界、金融企业界等各个方面,出现众多的社会知名人士。[①]

———————

① 燕京大学校友校史编写委员会编,张玮瑛、王百强、钱辛波主编:《燕京大学史稿》,人民中国出版社,1999 年,第 67 页。

# 第七章　涉足中国政坛(1920—1937)

## 一、广泛结交政府权贵和各界要人

1904 年底,28 岁的司徒雷登是以一个虔诚的基督教传教士的身份,回到他心目中的第二故乡中国的;而在 45 年之后离开中国时,他的身份是美利坚合众国的驻华大使,其在中国各界产生的影响力,远远超过了同时代在华的其他外国人士。

从本书前几章中,人们不仅能够了解到司徒雷登作为一个深受师生爱戴的、称职的教育家的一面,也能从他对待宗教问题的立场及其对历次学生运动的态度上,看到他在政治看法上的执着和勇于与保守势力斗争的一面。他的身上,既具备了温文尔雅的学者风度,也具备了挥之不去的浓厚的政治色彩。

但是,仅凭上述这些表面现象,远不能解释是什么因素促使这位在中国高等教育领域取得了如此成就的人最终走上了从政的道路,并为此付出了极大的代价,在心力交瘁和郁郁寡欢中度过余生。

不过,只要细读一下司徒雷登自己撰写的回忆录,答案便可一目了然。应该说,他多年编织成的一张与中国政要的关系网,是引导他一步步投身政坛的主要原因之一。曾几何时,这张网的建立,为燕京大学的生存和发展助了一臂之力。后来,也是这张网,使他深陷中国政治的漩涡而不能自拔。

谈到编织这张网的初衷,司徒雷登坦率地承认既有经济目的,也有政治目的。而当时经济目的是占第一位的。这一点,在他的回忆录中有两段相关文字阐述得十分明确:

> 有了在美国全力募集的资金支持,燕大的基础已经相当稳固。于是,我开始认真考虑如何使其引起中国人的关注。这样做的目的,一方面是想在这个受人猜疑并可能引起敌对情绪的环境中争取了解、同情和友谊;另一方面也想获得来自中国的财力支援。我和傅泾波走遍了包括"满洲"在内的全中国比较重要的地区,结识了几乎所有的政府显要以及教育、金融和实业界的名流,并同他们当中的许多人建立了长久的友谊。①

> 搬到北京后不久,我便开始努力结交中国官员,向他们介绍办这所教会大学的目的,并在可能的范围内,向他们募捐。

---

① John Leighton Stuart, *Fifty Years in China—The Memoirs of John Leighton Stuart, Missionary and Ambassador*, New York: Random House, 1954, p. 72.

这些官员中有不少人都是通过许多"合法"或"非法"的手段中饱私囊后告老还乡的。在清朝,公款和私款之间没有多大差别,当官的都可以乘机捞一把,只不过要受到其上司和习惯做法的一些限制。共和国初期,这种习惯和传统依然存在,除了害怕敌对军阀外,可以说是毫无顾忌。日本人为了在中国制造混乱,更是有意助长了这种腐败行为。……在那样一个不同利益犬牙交错的时期,我觉得最保险的做法就是结识各个派系的头面人物、他们的对手以及他们周围的人。①

司徒雷登的这两段话,既道出了他广泛结交中国政要的本意,也反映了其对中国传统社会习俗和官场腐败问题的深刻了解。

如何与中国政府的高级官员打交道,对司徒雷登来说是驾轻就熟的。早在辛亥革命时期,他一度拥有的美联社特邀记者的身份,使他可以随时进出孙中山的总统府,因此结交了一大批政府高官和社会名流。旧日的经历使他深知,与高层人物打交道将为他的事业带来巨大的方便与实惠。于是,凭借着一口流利的汉语,他广泛结交中国政界的各类风云人物,得心应手地游刃于上至政府首脑,下至称霸一方的省长和各路军阀之间。

曾在许多国家出任过公使,并担任过北京政府总理的颜惠庆,是司徒雷登在担任燕大校长初期认识的一位政界要人。司徒雷登第一次与颜惠庆见面,就请他想办法为盖一座男生宿舍筹措资金。北伐战争期间,为了保证学校的安全,在征得颜同意的情况下,司

① John Leighton Stuart, *Fifty Years in China—The Memoirs of John Leighton Stuart, Missionary and Ambassador*, New York: Random House, 1954, p. 105.

徒雷登拿这笔钱为海淀的新校园修建了一道围墙。后来,颜惠庆不但担任过燕大董事会的董事,还出任过燕大董事长一职。

为建起燕大新校园,司徒雷登广结善缘,可谓用心良苦,且历来是亲力亲为。

1920 年夏,为从陕西督军陈树藩手中买下墨尔根园,司徒雷登不惜长途跋涉,亲自跑到西安去向陈树藩当面游说。那时,通往西北的铁路尚在修建中,路上需徒步走一个多星期,还要经过一段土匪出没的地区。也许是他的诚意打动了督军,陈树藩事先派出一个班的兵力,一路护送这位洋人校长到达西安。

陈树藩与司徒雷登原本素昧平生,对当时毫无名气的燕京大学也知之甚少。但在短短几天当中,司徒雷登与陈树藩谈天说地,论古喻今,向他描述燕大的美好前程。到后来,陈树藩深深地被司徒雷登渊博的学识和在中国办学的诚挚之情所打动,不仅以象征性的四万银圆低价把原先预备为父亲养老送终的园地出让给燕大,还捐两万银圆给燕大作奖学金。司徒雷登在事后写给教会的报告中说:"这不仅是中国人对外国传教事业的最大馈赠,也是他们对基督教教育的赞同和欣赏。"①

有了这样一层关系,在陈树藩被革职回天津当平民之后,司徒雷登依然常到天津去探访他。

在以后的几年中,司徒雷登又陆续与更多的达官贵人交上了朋友。

1921 年秋,在随伯顿考察团访问山西时,司徒雷登认识了山西

---

① John Leighton Stuart to Friends in Central Presbyterian Church in Washington D. C. April 4, 1921, Edward Mack Papers.

军阀阎锡山。当时,阎锡山任山西省的省长,由于曾支持袁世凯称帝,在北洋军阀混战时又为了保全自己的实力而在各派军阀中左右逢源,所以在国际国内的名声很差。尽管司徒雷登对阎的评价也不高,但为了燕大的利益,仍然几次登门拜访。他们两人之间的交情持续了十几年。1937年,阎锡山曾邀请司徒雷登去太原,协助制定山西工业发展规划。后因抗日战争爆发,司徒雷登才没有成行。

从1922年开始,在司徒雷登与中国权贵的交往中,有一个人从中发挥了不可或缺的重要作用。这个人就是一生追随在司徒雷登身边,并为他养老送终的傅泾波先生。

关于傅泾波对司徒雷登的影响,与傅曾有过一段忘年之交的燕大老校友林孟熹先生有过这样的评价:

> 傅泾波是对司徒一生最具影响力的人,也是对司徒帮助最大的人。不理解傅泾波,就无法理解司徒,更无法理解日后司徒雷登担任大使的那段岁月。[1]

在燕大人的眼里,傅泾波是一个有几分神秘色彩的人物。他曾长年担任司徒雷登的私人秘书,但又从未受聘于燕大,也从未拿过燕大的一分钱。司徒雷登出任美国驻华大使时,傅泾波是他的政治顾问,但同样也没有领过美国的薪金,而且他在司徒雷登身边的活动,常常受到别人的指责与怀疑。国民党的特务组织怀疑他是为共产党做事;美国人却又把他形容成国民党特务机关安插在司徒雷登身边的密探;燕大的许多教职人员则对他抱有成见,不欢

---

[1]　林孟熹:《司徒雷登与中国政局》,新华出版社,2001年,第86—87页。

迎他介入燕大的事务。

那么傅泾波究竟是怎样的一个人？傅泾波为什么能与司徒雷登保持了四十多年的亲密关系,获得了司徒雷登始终不渝的信任和依赖,并在司徒完全退出公职,年老体衰后,仍像亲生儿子一样陪侍在他的身边,悉心地照料他,为他养老送终？

要了解这一切,还须从傅泾波的身世说起。

傅泾波出身于一个满族正红旗的贵族世家。其祖父因剿灭"义和团"有功而被封为镇国公、建威大将军,并担任过甘肃镇守使,是一个权倾一方的显赫人物。傅泾波是家中的长孙,自小聪明活泼,深得祖父的宠爱。6岁时,祖父曾带他到朝中去觐见过慈禧太后。傅泾波的另外一个名字"永清",就是慈禧太后给他起的。可见傅家在清廷中的地位是相当高的。

傅泾波的父亲傅瑞卿在清宣统年间曾担任过直隶省咨询局的议员,民国成立后,继续担任河北省议会的议员。后来因病弃政从商,因不善于经营而使家道中落,从此改信基督教,成为一名基督徒。

少年时期的傅泾波与其他八旗子弟一样,接受的是四书五经的传统国学教育,后受父亲的影响,进入美国教会办的汇文中学读书。中学毕业后先在北大,然后又转入燕大念书。在学生时代,对他影响最大的是两位政界要人。一个是直隶咨询局的议长孙洪伊,一个是曾做过袁世凯外交顾问的蔡廷干将军。

民国初期,中国政坛有过南北二孙之说,也称大小二孙。大孙是指孙中山先生,小孙即是指孙洪伊。当时,孙洪伊因在北京临时参议院组织共和统一党而在政坛崭露头角,后来又出任北京政府的内务部部长一职。

傅瑞卿与孙洪伊是至交。傅瑞卿每逢拜会老友孙洪伊,都要把傅泾波带在身边。孙洪伊非常欣赏傅泾波的聪慧和机敏,认为他是可造之才,便将他收到门下,悉心栽培。孙洪伊一向以雄辩著称,文笔也极好,各种往来的官方文件从来都是一挥而就。在孙的影响下,傅泾波练就了一手好文章,以致后来蔡元培和李石曾(李是清光绪年间担任过军机大臣的李鸿藻之子)都争着要聘请他做自己的中文秘书。①

蔡廷干曾是洋务运动时期清朝政府送到美国留学的百名幼童之一,甲午海战中英勇负伤。他给袁世凯当外交顾问时的军衔是海军上将。

在大学期间,为了贴补家用,有相当长的一段时间,傅泾波每天都要利用课余时间到蔡廷干家里为他工作两个小时,帮蔡处理中文书信。蔡廷干的英文非常好,平日常用英语与人交谈,同傅泾波谈话也是用英文,无意中为傅创造了一个良好的英语会话环境,使他的英语水平提高极快。

青少年时期的傅泾波不仅具有强烈的求知欲,也是一个交际广泛的活跃人物。他的诚恳和仗义使他在朋友圈中很得人缘。

在汇文中学读书时,因受父亲的影响,傅泾波经常参加北京和天津两地基督教青年会的活动。他是北京基督教青年会圣经班的成员,每个星期都要参加有关的宗教聚会。可是,那时他参加宗教活动并非出于对基督教的信仰,而是把基督教作为一种思潮加以

---

① 林孟熹:《司徒雷登与中国政局》,新华出版社,2001年,第88页。

研究,对基督教学说中的许多内容甚至持怀疑和否定的态度。

上大学之后,傅泾波结交了许多不同政治圈中的人物,试图从他们身上汲取更多的政治营养。这些人中有许多都是在中国政治舞台上产生过重要影响的人。如当时与他经常来往的有中国新文化运动的先驱胡适和陈独秀,有率先到法国留学的吴稚晖,有当时信仰无政府主义的李石曾,有后来长期担任国民党政府财政部部长的孔祥熙,有马克思主义的信仰者李大钊,有左翼文学家瞿秋白,有天津的学生运动领袖周恩来,还有以基督教北京青年会总干事德怀特·爱德华兹为首的一些美国传教士。傅泾波甚至还在庄士敦的引见下,到故宫去会见过逊位的清朝末代皇帝溥仪。

傅泾波的父亲由于皈依基督教而很早就认识司徒雷登,并对他非常钦佩。1918 年,傅泾波跟着父亲到天津参加全国基督教青年会大会,第一次见到应邀在大会上做演讲的司徒雷登后,便立即被司徒雷登精彩的演说和高雅的风度所吸引。第二年司徒雷登到北京就任燕大校长时,德怀特·爱德华兹将当时正在北大念书的傅泾波介绍给他。傅泾波的父亲傅瑞卿也希望司徒雷登能对儿子今后的发展有所帮助。

1920 年,傅泾波从北大转学到燕大,开始边读书边为司徒雷登做事。司徒雷登和他的家人把傅泾波当做自己的孩子,给予他无微不至的关心和照料。每天傍晚,傅泾波几乎都是同司徒雷登一起度过的,或是陪他散步,或是与司徒雷登的母亲和妻子一同在客厅闲谈。

司徒雷登的日常言行对傅泾波产生了极大的影响。傅泾波开始对基督教有了新的认识。在司徒雷登潜移默化的感染下,傅泾波终于皈依了基督教。

1922 年,司徒雷登为傅泾波施洗礼,使他成为一名真正的基督徒。

傅泾波曾这样评价司徒雷登在宗教信仰方面对自己产生的影响:

> 他给予我的印象仿佛他本人就是基督的化身。他在各个方面都吸引了我。他对我十分仁慈,而我对他的爱也超过了对我的亲生父亲。我从未同司徒一家一道去过教堂,但是他的榜样却唤醒了我应该成为一个基督徒,而不要再无目的地在周围游移。[①]

司徒雷登则在悉心呵护傅泾波的同时,经常像对待同事一样,同他谈起在办学中遇到的一些恼人的问题。

一次,司徒雷登对傅泾波说,他最大的心愿就是要把燕京大学办成一所中国化的大学,一所植根于中国、服务于中国的大学,而不是一般的意义上的教会大学,为此,燕大需要与中国社会沟通,取得他们的了解、信任与支持,并问傅能不能在这方面协助他。司徒雷登知道傅泾波的交际面很广。

傅泾波没想到司徒校长会对他提出这样的要求,一时不知如何回答才好。司徒雷登告诉他不必着急,考虑好了再说。几天后,傅泾波向司徒雷登表示愿意帮忙,但是为了避免外界的误会,他向校长提出三个条件:(1)除差旅费外,不接受任何酬劳;(2)不参与

---

① 林孟熹:《司徒雷登与中国政局》,新华出版社,2001 年,第 91—92 页。

燕大的任何校内事务;(3)只对司徒雷登校长一人负责。①

从傅泾波提出的这三个条件来看,他之所以答应帮助司徒雷登,纯粹是出于私人关系。

不久,为了帮助燕大与文化教育界建立联系,傅泾波在司徒雷登位于盔甲厂的住宅内安排了一次晚宴。出席晚宴的12位客人都是像蔡元培、蒋梦麟、周贻春这样享有盛名的文化教育界名流,使司徒雷登在欣喜的同时,更加看重傅泾波的交际才能。

在别人的鼓动下,傅泾波曾动过当牧师的念头。但司徒雷登更看重的是他在政治方面特有的潜质,他劝傅泾波先完成学业,以后可以更多地为国家效力。用司徒雷登的话来说,傅泾波"似乎从他那些世代都是高官的祖先身上,继承了一种先天的政治敏锐感,并生来就有一种通晓官场心理学的本能"②。

当然,傅泾波之所以能在司徒雷登与中国各界要人打交道方面发挥桥梁和纽带的作用,是与他的家庭地位和他本人广泛的人际关系网分不开的。与任何一个国家一样,人际关系网在社会生活和官场上具有举足轻重的作用。

在这方面对傅泾波帮助最大的是前文提到的他的两位恩师——孙洪伊和蔡廷干。当时,这两人都是中国政坛上极具影响力的人物,通过他们的举荐,傅泾波认识了许多政界显要。

李石曾则是另一个在结交权贵方面对傅泾波帮助较大的人。

傅、李两家是世交。李石曾的父亲李鸿藻当过光绪皇帝的老

---

①　林孟熹:《司徒雷登与中国政局》,新华出版社,2001年,第92页。

②　John Leighton Stuart, *Fifty Years in China—The Memoirs of John Leighton Stuart, Missionary and Ambassador*, New York: Random House, 1954, p. 122.

师,后担任军机大臣,与傅泾波的爷爷交情很深。李石曾早年在法国留过学,还加入过孙中山先生的同盟会,创办过留法勤工俭学会和中法大学。北伐战争之后,李出任北京临时政治分会的主席,也是一个在政界和文化界颇具影响力的人物。

李石曾与傅泾波的关系情同手足。虽然李本人是个无神论者,一直不赞成傅泾波信教,并常劝他少与教会的人来往,但傅泾波皈依基督教后,李对他的关心一如既往,丝毫没有改变。李不但介绍傅泾波认识了吴稚晖和张静江,还介绍他认识了陈立夫和汪精卫、宋子文等人。陈立夫非常欣赏傅泾波的学识和为人,1928 年和张静江一起把傅泾波推荐给蒋介石,致使司徒雷登也由此与国民党政府的最高层建立了直接的联系。

傅泾波在燕大学习了两年后因病休学,在家中调养。他特殊的家庭和社会背景及他与司徒雷登非同一般的师生关系,经常遭到其他燕大教师的非议,这使他十分苦恼。为了避嫌,身体康复后,傅泾波又转回北大念书。

从北大毕业后,傅泾波进入中国文化经济协会工作。这个协会是由吴稚晖、戴季陶、李石曾、周作民①和宋子文等知名人士发起的民间组织,主要负责为修缮故宫筹措资金,与福特汽车公司洽谈在中国建汽车修配厂,以及振兴京剧等事。协会的办公地址在中南海。

在协会中,傅泾波凭着初生牛犊不怕虎的锐气和过人的才干,很快便取得了突出的业绩。

---

① 周作民当时任金城银行董事长。

　　如为了募集修故宫的钱款,傅在经过多方努力后,专程前往美国亲自游说约翰·洛克菲勒三世。约翰·洛克菲勒三世在经过与傅泾波的长谈后,最终欣然慷慨解囊,同意承担修缮故宫的全部费用。

　　又如为了使福特公司同意在中国建立汽车修配厂,傅泾波不厌其烦,几次三番地赴美洽谈,他那不达目的誓不罢休的执着精神很得福特先生的赏识,后者不但同意在中国建立汽车修配厂,还委派傅泾波出任福特公司驻中国的经理。后来,在傅的鼓动下,山东军阀韩复榘一次就购买了 500 辆福特公司的汽车[①],这笔生意在当时引起了轰动。

　　然而,无论是傅泾波后来转到北大上学期间,还是他个人的事业如日中天之时,他始终把司徒雷登交办的工作放在第一位。不管手头的事情有多忙,只要司徒雷登一个电话,傅就会立即赶到他的身边,周末也往往是与司徒雷登共同度过的。他们两人之间的关系已远远超过了一般的师生关系。特别是当司徒雷登的母亲和妻子相继去世,独生子又回美国上学之后,傅泾波成了司徒雷登唯一的亲人。

　　傅泾波 24 岁那年,司徒雷登亲自为他主持了结婚典礼。

　　尽管不断有人在司徒雷登耳边对傅泾波说三道四,但司徒雷登深知,傅在他身边的角色和作用是其他任何人所不能替代的。多少年后司徒雷登这样描述他与傅泾波之间的关系:

> 　　傅泾波之于我,就像是我的儿子、同伴、秘书和对外联络

---

　　①　林孟熹:《司徒雷登与中国政局》,新华出版社,2001 年,第 96 页。

官。我的一切成就，特别是在了解中国和中国人民方面的成就，其得力于傅泾波之处，也许比我自己知道的还要多得多。①

确实，陪伴司徒雷登前往各地会见军政要人几乎成为傅泾波的日常工作，他为司徒雷登与中国各阶层人士的沟通立下了汗马功劳。

当然，傅泾波对司徒雷登的帮助不仅仅停留在与名人牵线搭桥上，他还时常站在司徒雷登和燕大的立场对其提出忠告。

司徒雷登原想先动员北京的熟人为燕大募捐，然后再到外地去做工作。但傅泾波却建议他不妨先试着从外地开始。傅的理由是，这样即使募捐不成功，也不会对燕大产生不利的影响。

1923 年，司徒雷登在傅泾波的陪同下首先到东北拜访了被称为"东北王"的张作霖。他们之所以选中张作霖为突破口，是因为谁都知道张是一个拥有万贯家财的大军阀。果然，张对远道而来的司徒雷登和傅泾波十分友好。他在听了司徒雷登对燕大的介绍后说："你办的教育事业本来是应该我们中国人自己做的。现在你做了，我十分感谢！"当场给燕京大学捐了五千大洋。以后只要司徒雷登向他张口，他总是有求必应，后来还把儿子张学曾送到燕大上学。张作霖的大儿子张学良后来也与司徒雷登成为好朋友。

1924 年以后，司徒雷登在傅泾波的陪同下，先后拜访了段祺瑞、冯玉祥、孙传芳、韩复榘、宋哲元等军阀及各省要员。司徒雷登不但让他们为燕大建设掏了钱，还与他们每一个人都建立了良好

---

① John Leighton Stuart，*Fifty Years in China—The Memoirs of John Leighton Stuart，Missionary and Ambassador*，New York：Random House，1954，p. 293.

的关系。

到 20 世纪 30 年代中期,在司徒雷登与之交往过的中国权贵名单中,既有曾任北京政府总统的徐世昌、段祺瑞,也有冯玉祥、孙传芳、韩复榘、张作霖、张学良、李宗仁、白崇禧、张宗昌、宋哲元等各路军阀,以及蒋介石、孔祥熙、宋子文、陈立夫、孙科、汪精卫、戴季陶等国民党政府要员。当然,像银行家周作民、中国商会主席虞洽卿,以及梁启超、顾维钧等社会名流,更是燕大的捐款人和座上宾。

**1930 年的司徒雷登**

司徒雷登结交中国权贵的最初目的的确是为了筹款,但客观地说,在 1930 年之前,来自中国私人的捐款在燕大日常经费中所占的比例是很低的,只可用杯水车薪来形容。然而到 1930 年之后,随着司徒雷登与国民党政府高层人士交往的加深,来自国民党政府的拨款和中国各界的捐赠,已约占燕大年度经费的 10％。[①]

虽然在回忆录中,司徒雷登只是轻描淡写地叙述了一番他与这些高官之间的来往。但实际上,在傅泾波的辅佐或者说是影响下,到 20 年代后期,司徒雷登已经开始介入中国的政治生活,并在其中扮演了越来越重要的角色。而作为司徒雷登的私人秘书和政治顾问,傅泾波也在司徒雷登担任大使期间和回到美国以后,以其特有的机敏、审慎和务实精神,发挥了极其重要的作用。

---

① 燕京大学校友校史编写委员会编,张玮瑛、王百强、钱辛波主编:《燕京大学史稿》,人民中国出版社,1999 年,第 12 页。

# 二、卷入中国政治

在燕大建校后的头十年,人们已能从司徒雷登支持学生爱国运动的积极态度上,看到他除热衷教育事业外,更有热心于政治活动的一面。但他真正卷入中国的政治生活,还是从劝说张学良将军东北易帜开始的。

自辛亥革命以后,东北一直挂的是旧民国制定的五色旗。五色旗由红、黄、蓝、白、黑五种颜色组成,代表着汉、满、蒙、回、藏五族共和。易帜,即落下五色旗,换挂南京国民政府的青天白日满地红旗帜。当时,五色旗只有东北还在悬挂。五色旗落,象征着南北军事对抗的结束,青天白日旗一升,则标志着东北归顺南京政府,全国实现统一。

1928 年 2 月,国民党在南京召开二届四中全会,蒋介石再度当选国民革命军总司令兼国民党中央政治会议主席和军事委员会主席,集党、政、军大权于一身。不久,为了迫使占据北京的奉系军阀首领张作霖归顺中央政府,达到统一的目的,蒋介石以总司令的名义宣布再次北伐。蒋介石统领的部队为国民革命军第一集团军,沿津浦铁路线北进;冯玉祥统领的部队为第二集团军,从郑州沿陇海路北进;阎锡山统领的部队为第三集团军,沿石家庄、太原线出击;李宗仁、白崇禧统领的部队为第四集团军,作为第一集团军的后续,挥师北上。

这四路大军长驱直入,使驻守北京的张作霖陷入空前孤立的境地。对中国早就虎视眈眈的日本人乘机多次对张作霖软硬兼施,要求解决"满蒙悬案",遭到张的断然拒绝。在大兵压境的情况下,为了保存实力,张作霖决定率部队退出北京城。

1928年6月4日凌晨,日本人乘张作霖从北京返回沈阳之际,事先在沈阳郊外皇姑屯的一座铁路桥上埋设地雷,炸毁了张作霖乘的专列,制造了震惊中外的皇姑屯事件。张作霖在爆炸事件中受重伤,几个小时后便不治身亡。

日本军队之所以制造爆炸事件,意在除掉张作霖,造成东北军群龙无首的局面,乘乱把东北三省的控制权操在自己手中。为了能迅速取代张作霖,平息可能出现的动乱,日本人事先在沈阳附近秘密集结了四万大军,随时准备对沈阳城里的东北军将士进行弹压。

张作霖遇刺当天,正好是其长子张学良28岁的生日。在得知父亲惨遭暗算的消息后,为了免遭日本人再下毒手,原准备出席舞会的张学良当夜潜回天津,在与驻守关内的东北军将领商量好撤军的有关事宜后,于6月17日化装秘密回到沈阳,接任东三省保安总司令,初步稳住了东北的局势。

可是,由于张作霖的个别部下仗着早年追随大帅打天下有功,不甘心受制于年轻的张学良,暗地里多次密谋闹事,试图夺取东北军的控制权,加上有日本关东军以四万大军陈兵沈阳城下相威胁,逼张学良在他们起草的有关扩展日本在"南满"权利的文件上签字,东北的局势一时间变得异常复杂凶险。

早在皇姑屯事件前,为了把"满洲"纳入国民政府的控制,南京政府就一直企图让张作霖依附中央。但张作霖把东北视为自己的势力范围,称王称霸惯了,始终不肯在蒋介石面前俯首称臣,这才引发了二次北伐战争。如今老帅一死,看到日本人加紧对张学良采取威逼利诱的手段,蒋介石意识到此时再不把张学良争取过来,东北三省的归属问题就更难解决了。于是,他决定马上派人到沈阳去做说服张学良的工作。

让谁去完成这项特殊的使命呢?蒋介石想到了傅泾波。

蒋介石是在 1928 年初经李石曾和张静江的联名举荐认识傅泾波的。蒋对傅的才能十分器重,后来也曾委托他执行过多次秘密使命。蒋深知傅泾波与张氏家族的私交很好,派他去做说客,至少不会被拒之门外。当然,蒋介石对傅泾波为人处世的机敏和稳重也是很放心的。

谁知事情的进展并不像蒋介石预料的那样顺利。傅泾波几次前往沈阳(其中有一次还是与当时担任国民政府北京临时政治分会主席的李石曾一道),都无功而返。其实张学良深知,以东北军自身的力量根本无法与日本人抗衡,他也不希望中国分裂,因此几次派代表主动与南京政府联络。但是东北军中那些当年同张作霖一起打江山的老部下早就过惯了占山为王的日子,根本不愿听命于中央政府,张学良自己也对东北军归附中央政府后的前途担忧,所以,东北军内部每每议论"易帜"之事,都因遭到众人的强烈反对而不了了之。

在这种情况下,傅泾波向蒋介石建议请司徒雷登出面做张学良的工作。那时,尽管蒋介石与司徒雷登还没有见过面,但对这位燕大校长在中国教育领域做出的成绩却是早有耳闻。虽说蒋介石对司徒雷登能否做通张学良的工作仍心存疑虑,但既然是傅泾波极力推荐的,他认为试试也无妨。

对于二次北伐战争的起因和张学良目前的处境,司徒雷登并不陌生。

张作霖的专列被炸时,司徒雷登恰巧刚在美国完成筹款,取道欧洲和西伯利亚铁路回国,途经沈阳。

火车一到沈阳,司徒雷登就从苏格兰的传教士朋友那里得知了张大帅遇刺身亡的消息。但当时司徒雷登正急着赶回学校主持燕大学生的毕业典礼,所以并未在沈阳逗留。

一向与中国上层社会保持密切接触的司徒雷登,对皇姑屯事件后东北的局势了如指掌,对傅泾波多次受命前往沈阳充当国民政府说客一事也一清二楚。所以,当傅泾波在征得蒋介石的同意,请他出面帮忙做张学良的转化工作时,司徒雷登欣然应允。

几天后,司徒雷登趁学校放暑假,在傅泾波的陪同下来到沈阳。

日本人最怕的就是张学良站到国民政府一边,因此对来自关内的一些知名人物的行踪非常敏感。傅泾波前几次到沈阳时,就曾受到过日本特务机关的盘查,此次来见张学良,自然同样引起日本人的警觉。但因为这次傅泾波是陪着一位美国人来找张学良的,日本特务机关即使再想找麻烦,也不敢有所动作。

张学良与司徒雷登虽谈不上有多深的交情,却是老相识,原先曾多次陪父亲一道接待过这位燕大校长,对司徒雷登的印象也不错。但司徒雷登作为南京政府的说客前来登门拜访,倒是他没有想到的。

这时,张学良身边的一个顾问对应当如何看待司徒雷登的来访一事,提出了积极的建议,使张学良感到有必要听听司徒雷登的意见。

张学良的这个顾问名叫李汤美(Tommy Lee),曾在美国留过学,对司徒雷登的学识和人品都非常钦佩。他告诉张学良,司徒雷登不仅学识渊博,还是个既熟悉中国国情又了解世界大局的人,一定会对东北军的何去何从有独到的见解。

张学良在家中热情地接待了司徒雷登和傅泾波,并将自父亲遇害后日本人如何要挟他的情景一一向司徒雷登倾诉。司徒雷登则完全以旁观者的身份从中华民族的利益讲起,耐心地为张学良剖析时局,晓以利害,劝他归顺中央政府,避免内战,以粉碎日本人坐收渔翁之利的美梦。

就在司徒雷登返回北京不久,为了解除张学良的后顾之忧,1928 年 10 月 8 日,国民党中央常务委员会任命张学良为国民政府委员。随后,南京方面与张学良达成四项协议:(1) 东北设边防司令长官公署,张学良为司令长官;(2) 设立东北政务委员会,委员人选需经中央同意;(3) 东三省及热河省委员人选由张学良推荐,中央明令任命;(4) 易帜不能拖到民国十八年(1929 年)元旦,应提前数日办理。①

经过半年多时间的犹豫、彷徨、思索和准备,1928 年 12 月 29 日,张学良力排众议,毅然通电全国,宣布东北易帜。不久,蒋介石为了进一步拉拢张学良,遏制其他军阀,不但与他拜了把兄弟,还宣布任命他为陆海空三军副总司令。

司徒雷登的东北之行,究竟对日后张学良最终选择易帜起了

---

① 张宪文主编:《中华民国史纲》,河南人民出版社,1985 年,第 339－340 页。

多大作用,因为缺少有关的资料,笔者不敢妄加评论,但有两点是
毋庸置疑的,这就是:

其一,从此之后,司徒雷登与张学良之间结下了深厚的友谊。
九一八事变后张学良被撤职,改任北平绥靖公署主任在北京居住
期间,两人经常互相拜访。少帅把司徒雷登当作恩师,常就西方文
化、国际争端、中国政局,乃至人生观和宗教信仰等问题向他一一
讨教。为了支持燕大的发展,张学良还把属于自己名下的蔚秀园
低价卖给了燕大。

左四为张学良,右五为司徒雷登,左二为斯诺

后来张学良因失去东北之责被迫出国,在向司徒雷登辞行时,
两人做了一次长谈。他告诉司徒,为了国家和民族的利益,他甘愿
为蒋介石背上不抵抗的罪名,"他年定当血染沙场以明心迹"。

1936 年西安事变之前,张学良曾向司徒雷登和傅泾波发出邀
请,请他们到西安做客。他在给司徒雷登的信中说:"返国之后,戎

马匆匆,不克来平把晤。尔来诸事不顺,而国仇家恨集于一身,益添烦恼,亟盼知己前来一吐肺腑。"①可是,正当司徒雷登和傅泾波准备经洛阳去西安之际,张学良手下的一位军官带来张的口信,请他们暂停西行。不久,就发生了西安事变。

1983年傅泾波曾获特准前去探望仍被幽禁的张学良将军。张还就此事向傅道歉说:"那年未能如约招待你们,实在抱歉!"②可见他与司徒雷登之间的友情是很深的。

其二,司徒雷登以一个美国私立大学校长的身份充当南京政府的密使,去说服张学良易帜,不管其效果如何,都表明了他不希望中国分裂的愿望,以及他对中国政局的关心。

值得一提的是,在目前公开发表的有关司徒雷登的著作中,还很少人提到过他到东北说服张学良易帜这件事,就连司徒雷登本人在他的回忆录中也没有关于此事的具体记述。根据燕大老校友林孟熹先生在他最近公开出版的著作《司徒雷登与中国政局》中提供的资料来源显示,这段往事是傅泾波亲口告诉林孟熹的。傅泾波作为当事人和司徒雷登的助手,讲的应当是实情。

另外,尽管司徒雷登在回忆录中没有提这件事,但字里行间还是可以看出他确实与张学良在那段时间有过接触,并进行过相关内容的谈话。如在谈到张作霖父子时司徒雷登这样写道:

> 在张作霖大帅及其子张学良的时代,我曾数次去东北访问。他们父子两人对我很友好,也曾对燕大解囊相助。……

---

① 林孟熹:《司徒雷登与中国政局》,新华出版社,2001年,第19页。
② 同上。

1928 年 6 月,我取道欧洲经西伯利亚铁路赶回燕京参加这一年的毕业典礼。刚到沈阳就从苏格兰的传教士朋友们那里听到这位尚未加冕的"'满洲'王"的悲惨遭遇。他从北京乘火车出关,走到离沈阳几里地外的一座桥上时,突然发生爆炸而身受重伤。传教士们私下告诉我,说他已经死了。……他的儿子"少帅"张学良那年才 22 岁①,得到消息后飞回关外接管。事后他告诉我,那次他父亲乘火车回沈阳时,途中日本人三次逼他父亲签署准许日本扩大其在东北权益的文件,最后一次还警告说,如不签字就别想活着回沈阳。……少帅还告诉我日本人如何派出以林权助男爵为首的代表团前来参加吊唁活动,并偷偷拿出那份文件要他签字。张学良向我描述了他如何紧闭双眼以示拒绝,等对方朝他开枪。②

从这段话中可知这样两点:(1)张学良在"皇姑屯"事件后与司徒雷登就此事专门进行过交谈;(2)他们谈得非常投机,两人之间的关系也相当不错。否则,张不会向一个局外人如此绘声绘色地谈及这些他个人亲身经历的事情。

据笔者分析,司徒雷登之所以不愿意更多地交代此事,主要因为张学良还被蒋介石关押在台湾。蒋与张的关系是一个非常敏感的话题,弄不好会惹出麻烦。

司徒雷登后来还曾出面为蒋介石协调与各省之间的关系。

1936 年 6 月 1 日,以广东的陈济棠和广西的李宗仁、白崇禧为

---

① 　张学良的生日是 1901 年 6 月 3 日,当时应是 27 岁。此处疑是原作者的笔误。

② 　John Leighton Stuart, *Fifty Years in China—The Memoirs of John Leighton Stuart, Missionary and Ambassador*, New York: Random House, 1954, pp. 110-111.

代表的西南政务委员会致电南京,批评中央政府的对日政策软弱无力,致使日本人得寸进尺,不断提出无理要求,并于次日向全国发出通电。6月4日,两广数十名军队将领集体签名,通电拥护西南政务委员会对南京中央政府的批评,表示他们愿意率领所属部队为国雪耻。

长期与国民党政府貌合神离的两广军政头目,开始公开反对蒋介石的对日政策。

当时有评论家们分析,两广军政首脑之所以这么大张旗鼓地对中央政府提出指责,其"醉翁之意不在酒",他们的真正目的是想与蒋介石实行权力的再分配,"抗日口号"不过是借题发挥的筹码而已。

实际情况究竟如何呢?

应该说,李宗仁和白崇禧确实是国民党内的坚决抗战派。九一八事变后,李宗仁多次在报刊上发表言论,抨击国民党当局的不抵抗政策。1936年4月17日,他在广州发表谈话,呼吁"发动整个民族解放战争,本宁愿全国化为焦土亦不屈服之决心,用大刀阔斧来答复侵略者"[1]。此后,李宗仁和白崇禧又先后发表了《焦土抗战和民族复兴》《抗日救国》等一系列文章,阐述他们纵使全国化成焦土,也要与日寇血战到底的决心。[2]

司徒雷登与李、白二人的私交不错,对他们坚决抗日的精神十分钦佩,认为国民党政府在对待广西的李宗仁、白崇禧和广东的陈

---

[1] 李宗仁:《我对于中日问题的观察和主张》,《南宁民国日报》,1936年4月18日。

[2] 参见白寿彝总主编:《中国通史》第十二卷(下册),王桧林、郭大钧、鲁振祥主编,上海人民出版社,1999年,第1158—1159页。

济棠时,要加以区别。在他的眼里,陈济棠是个一味追求权力和财富的人,而"李和白的动机却是高尚的,是爱国的"①,因此是可以争取的。为此,司徒雷登两次主动去广西做李宗仁的工作,希望他转变立场。对于这件事,司徒雷登在回忆录中做了较为详细的描述,其中还引述了几段当时他与李的谈话:

我说:"如果你相信蒋先生不会向你进攻,而将会抗日,那么你愿意支持他吗?"

"是的。"

我又说:"我相信他是会抗日的。白将军的态度会怎么样呢?"

"他比较固执一些,但最终也会同意的。"

"那好,"我最后说,"我会以事实使你们二位心悦诚服的。"②

回到上海后,司徒雷登马上与宋子文等国民党要员商谈此事。结果知道,南京方面已多次派人前去从中斡旋,但是都没有成功。于是,司徒雷登建议宋子文再去试试,因为他相信派一个重要人物前往,可以让对方看到中央政府的诚意,从而打破李宗仁、白崇禧与陈济棠之间的联盟,取得他们的支持。而当他得知宋子文难以抽出时间时,他问宋可否让蒋亲自出马,却被宋子文以"那样太危险"为由拒绝了。③

① John Leighton Stuart, *Fifty Years in China—The Memoirs of John Leighton Stuart, Missionary and Ambassador*, New York: Random House, 1954, p. 114.

② Ibid. 笔者注:司徒雷登在回忆录中,把此事发生的时间写为 1933 年,疑是笔误。

③ 林孟熹:《司徒雷登与中国政局》,新华出版社,2001 年,第 22 页。

以后,南京政府用金钱收买了陈济棠手下的一些得力骨干,迫使陈于当年的 7 月 18 日从广州仓皇出逃,从而没费一枪一弹便夺回了广东的控制权。

但在如何解决广西的问题上,南京政府却意见不一。

由于李宗仁和白崇禧在广西经营了多年,内部人员又非常团结,致使策反手段无从施展。蒋介石周围的一些人主张趁此机会向广西发动进攻,彻底除掉心头之患。但谁都知道,这样一来势必遭到桂系军阀的顽强抵抗,一场流血战争将在所难免。

而司徒雷登等人却力主讲和,认为大敌当前,中国人不能自相残杀。

最终,蒋介石还是听从了司徒雷登等人的建议,于 9 月 17 日亲自赴广州与李宗仁和白崇禧见面,双方言归于好,从而避免了一场可能发生的内战。司徒雷登用下面一段话对这个公案做了总结:

> 从此以后,蒋与李、白二人成为至交,在抗战期间一直合作得很好。1948 年,蒋介石在国民大会上当选为共和国总统,李宗仁被选为副总统。[①]

从这段往事中读者可以看到,此时的司徒雷登不但卷入了中国政治斗争的旋涡,而且已经成为能够帮蒋介石出谋划策的人物。

如果说司徒雷登的上述调停工作完全是出于自愿的话,那么不久,蒋介石就开始正式委托他做中央政府与地方军队首领之间的调停人了。

---

① John Leighton Stuart, *Fifty Years in China—The Memoirs of John Leighton Stuart, Missionary and Ambassador*, New York: Random House, 1954, p.114.

1936 年 10 月,中国工农红军第一、第二和第四方面军经过长征,在陕北胜利会师。为此,蒋介石亲赴西安,意在督促张学良、杨虎城统帅的东北军和西北军对红军进行全力围剿,遭到张、杨两位将军的坚决抵制。

蒋介石见他们居然公开抗旨不遵,便瞒着张、杨二人,召集随行的南京军政大员共商调遣其他部队围剿红军的计划,并秘密致信陕西省政府主席邵力子,准备任命蒋鼎文为西北剿匪军前敌总司令,任命卫立煌为晋陕绥宁四省边区总指挥,欲取张学良和杨虎城而代之。即使如此,张学良仍然下不了决心对蒋介石采取行动。

12 月 9 日,为了纪念一二九运动一周年,以东北流亡学生为首的一万多名西安学生举行游行,准备到蒋介石临时下榻的华清池请愿,要求国民党政府坚决抗日,收复失地。但蒋介石却下达了对学生格杀勿论的命令。张学良怕学生吃亏,赶去劝学生回去,答应向蒋介石转达学生的请愿。当天晚上,张学良去见蒋介石,却遭到蒋的斥责。蒋甚至说,对付这样的学生,除了用机枪打以外,没有别的办法。面对蒋介石如此顽固和恶劣的表态,张深感再不采取行动,东北军就有可能成为内战的牺牲品。经过反复磋商,张学良和杨虎城决定对蒋介石采用武装兵谏的方式,迫使蒋放弃内战,一致抗日。

12 月 10 日凌晨,张学良的卫队营包围了蒋介石下榻的临潼华清池,把蒋抓了起来,从而酿成了震惊全国的西安事变。

事变爆发后,一直对蒋介石抱有好感并与张学良关系密切的司徒雷登非常关注整个事件的发展。他认为,凡是了解少帅的人都感到张学良之所以采取这样极端的行动,"除了出于爱国的动机外,不可能有其他原因"①。但他并不赞成张学良扣押蒋介石的做法,认为此举是"愚蠢的、不当的"②。他希望蒋介石和张学良之间能尽弃前嫌,合作抗日。

西安事变在中国共产党的参与下和平解决之后,蒋介石于1937年1月3日返回奉化溪口的老家休养。不久,蒋介石便通过宋子文捎信给司徒雷登,让司徒雷登立即到溪口去见他。

收到蒋介石约见的消息,司徒雷登马上在傅泾波的陪同下,从北京赶到奉化溪口。

蒋介石立即会见了司徒雷登。据傅泾波的回忆,当时在座的还有西安事变后被蒋介石扣押的张学良将军。③

原来,蒋介石此次把司徒雷登约来,是想请他担任密使,亲自把蒋的两封信转交给驻守华北的宋哲元和驻守山东的韩复榘。蒋介石之所以把这一重任委托给司徒雷登,当然并不只是让他简单地充当一下信使,而是希望司徒雷登能够运用他个人对宋和韩的影响,达到使他们服从和支持南京中央政府的目的。

的确,司徒雷登与宋、韩两人都是有着多年交情的好友。就在一年前,司徒雷登还曾受韩复榘的委托,专程去南京试探蒋介石对其的态度。

韩复榘和宋哲元都不是蒋介石的嫡系,而是出身于西北军。为了扩大实力,韩复榘曾几度摇摆于中央政府和西北军其他势力

① John Leighton Stuart, *Fifty Years in China—The Memoirs of John Leighton Stuart, Missionary and Ambassador*, New York: Random House, 1954, p. 112.

② Ibid.

③ 林孟熹:《司徒雷登与中国政局》,新华出版社,2001年,第23页。

之间,他的山东省主席的头衔就是投靠蒋介石换来的。

1935年,日寇不断蚕食山东,对韩造成极大的威胁。韩复榘一时拿不定主意,在抗日和向日本妥协的问题上摇摆不定。他很清楚,与日寇开战,如果得不到中央政府的支持和援助势必大大削弱自家的实力,从而失去与蒋讨价还价的本钱,弄不好还会被别人吃掉。但如果对日寇的蚕食视而不见,他又实在难以咽下这口气。他知道在对日寇采取强硬态度之前必须了解蒋介石的看法。于是,他请司徒雷登到南京面见蒋介石,探探蒋的口气。司徒雷登很快便在傅泾波的陪同下专程去了趟南京。

对这件事,司徒雷登在回忆录中这样写道:

> 1935年,韩复榘请傅泾波和我在可能的情况下去见一下蒋委员长,以弄清他的态度。一开始,蒋将军大发雷霆说:"地方官员无权过问全国的政策,他们应该先做好自己分内的事,国家大事自有人去处理。"
>
> 我回敬他说:"这个原则固然不错。但几百年来中国一直是人治而非法治的国家,所以,是否能相互信任是至关重要的。如果你能同他建立私人关系,他便会成为你忠诚的朋友。"
>
> 蒋将军还是很气愤,但最终还是松了口:"好吧,你们去告诉他,只要他坚决顶住,我是不会让他失望的。"
>
> 我们回济南后,就劝韩复榘亲自去见一下委员长。韩果然去了,同蒋谈得很投机,双方取得了谅解。后来蒋委员长还派代表到山东,以建立更密切的联系。①

---

① John Leighton Stuart, *Fifty Years in China—The Memoirs of John Leighton Stuart, Missionary and Ambassador*, Random House, New York, 1954, pp. 108—109.

西安事变期间,韩复榘以为蒋介石大势已去,曾致电张学良和杨虎城,对他们的行动表示支持,并说他的军队已整装待发,随时准备西进支援张、杨二人。待事变和平解决的前景已经明朗时,韩又与宋哲元发出主张和平解决事变并确保蒋安全的通电。蒋安全回到南京后,韩复榘自然非常尴尬和不安。蒋介石在西安事变中差点被国民党中的反对派抛弃,故而也急于拉拢合伙人,不愿与韩复榘建立的联系就此中断,因此急于向韩表明自己不计前嫌,仍愿与其合作的心意。

宋哲元的情况与韩复榘相似。

宋哲元是著名的西北军"五虎上将"之一,骁勇善战。1933年,宋亲率大刀队血战喜峰口,大获全胜,并因此而威名远扬。宋哲元长期驻守华北,司徒雷登经常有机会与他打交道,他们成为无话不谈的好朋友。

1935年5月初,在天津日租界发生了亲日分子《国权报》社社长胡恩溥和《振报》社社长白逾桓被暗杀的"河北事件"。日寇企图借此挑起事端,以达到不战而控制华北的目的。

5月29日,日驻华北军队参谋长酒井隆和驻北平使馆的武官高桥坦以东北义勇军孙勇勤的部队进驻滦东"非武装区"为借口,向军委会北平分会代理委员长何应钦表示强烈不满,同时宣称,今后如再发生类似的事情,日本军队将"采取自认为必要的自卫行动。由此而产生的其他一切事态,日军概不负责"[1]。

不仅如此,6月9日,日方进一步向何提出更为苛刻的要求,其

---

① 张宪文主编:《中华民国史纲》,河南人民出版社,1985年,第431页。

中包括取消河北省内所有的国民党党部,驻守河北的东北军第五十一军、南京国民政府的中央军和宪兵第三团撤出河北,取消一切反日团体等等。7月6日,何应钦在日方的坚持下,经国民党中央政治会议主席、行政院院长汪精卫批准,签署了协议,无条件同意了日方的要求。短短几个月当中,中国的大片国土被日寇占领,成为沦陷区,宋哲元的二十九军随后也撤出了察哈尔。

接着,日本人得寸进尺,发起"华北五省自治运动"①。后来经过谈判,采取了一个折中方案,在华北成立"冀察政务委员会",宋哲元任委员长。另外17名委员中既有宋的人,也有蒋和亲日派的人。因国民党的力量已撤出华北,"冀察政务委员会"实际上成为变相的自治。在此情况下,宋哲元一方面要与中央政府保持联系,另一方面又要同日本人周旋,处于两难的境地,不但被青年学生和爱国人士骂做汉奸,同时还受到南京方面的怀疑。司徒雷登与宋哲元很熟,对他的处境深表理解。1936年西安事变之前,蒋介石曾把司徒雷登请到洛阳,询问宋对抗日的态度。司徒雷登表示"如果南京保证给予道义和军事支持,他一定决心抗日"②。

正是由于司徒雷登与韩、宋的素来交情甚好,蒋介石把他看作与韩、宋之间传递书信和协调关系的最佳人选,就是顺理成章的事了。

这一次,司徒雷登同样没有令蒋介石失望。在他的协调下,韩、宋二人了解了蒋的意图和策略,坚定了服从、支持中央政府的决心,稳住了险些因西安事变引发的华北和山东地区局势的动荡。

---

① 五省是指当时的冀、鲁、晋、察、绥。
② 林孟熹:《司徒雷登与中国政局》,新华出版社,2001年,第24页。

# 三、与蒋介石和国民党政府的关系

如果说司徒雷登涉足中国政坛是受傅泾波的影响,而且其初衷是为了扩大燕京大学影响的话,那么使他深陷其中的另一个主要也是最直接的原因,则是他与蒋介石之间的个人关系。这一关系在相当大的程度上,影响了人们对司徒雷登一生的评价。

在考察司徒雷登第一次与蒋介石见面的具体时间和当时的情景时,笔者发现存在着两种不同的说法。

第一种说法是司徒雷登回忆录的中译本:"1927 年,蒋介石领导的国民政府刚建立不久,我访问了南京,结识了新政府的领导人。当我通过孔祥熙博士第一次见到蒋时,他那好支配人的个性和迷人的魅力给我留下了印象。"[①]

由于南京国民政府成立于 1927 年 4 月 18 日,而当年 9 月司徒雷登就去了美国,所以可以推断,如果司徒雷登确实是在这一年访问了南京的话,时间只能是在上半年的 4 月下旬到 9 月之间。

第二种说法是 1928 年 10 月。这是菲力普·韦斯特(Philip West)在其撰写的《燕京大学与中西方关系》(*Yenching University and Sino-Western Relations*)一书中的说法:"司徒雷登第一次和蒋介石见面是在 1928 年 10 月,他由曾任燕京宗教学院院长的刘廷芳博士陪同来到南京。"[②]

---

① 约翰·司徒雷登:《在华五十年——司徒雷登回忆录》,程宗家译,刘雪芬校,北京出版社,1982 年,第 110 页。

② Philip West, *Yenching University and Sino-Western Relations*, 1916—1952, Cambridge, Mass., and London: Harvard University Press, 1976, p. 178.

关于第一种说法,笔者认为不大可能。这有两个方面的原因:

一是根据各种资料比较,可以确认司徒雷登第一次与蒋介石见面应该是在某一年的 10 月(1927 年或 1928 年)。但由刘廷芳、谢景升编写的《司徒雷登年谱》却显示,司徒雷登在 1927 年的 9 月下旬到美国去为燕大筹款,直到第二年的 6 月才取道欧洲回中国,行至沈阳时,恰巧赶上张作霖被刺的皇姑屯事件爆发。[①] 刘廷芳是燕大宗教学院院长,是司徒雷登最器重的中国教师,与司徒雷登的私人关系非常密切,他同时又是当年陪同司徒雷登到南京去与蒋介石会面的人物之一,他替司徒雷登编写的年谱应该是比较准确的。

二是据《中国通史》记载,1927 年 8 月,蒋介石被迫下野,9 月到日本访问,11 月 5 日在日本会见日本首相田中义一。[②] 另外,由王舜祁撰写的《蒋氏故里述闻》一书中也记载着:

> 蒋介石于 1927 年 9 月 28 日在张群、陈群等人的陪同下,从上海登轮赴日本访问。9 月 30 日在长崎登岸……于 11 月 5 日偕张群到东京青山田中私邸与日本首相田中义一会谈……11 月 10 日由日本返回上海。[③]

由此可见,1927 年 10 月,司徒雷登和蒋介石都不在中国境内,一个去了美国,一个去了日本。所以他们不可能于那段时间在南

---

① 刘廷芳、谢景升:《司徒雷登年谱》,中国人民政治协商会议全国委员会文史资料研究委员会编:《文史资料选辑》第八十三辑,文史资料出版社,1982 年,第 40 页。

② 白寿彝总主编:《中国通史》第十二卷(下册),王桧林、郭大钧、鲁振祥主编,上海人民出版社,1999 年,第 1058 页。

③ 王舜祁:《蒋氏故里述闻》,上海书店出版社,1998 年,第 288—289 页。

京会面。

关于 1927 年的说法,是不是司徒雷登记错了? 笔者研究了司徒雷登回忆录的英文版,才发现司徒雷登并没有明确地写出他与蒋介石第一次见面的具体时间,只是泛泛地说是在国民政府成立后不久,而原文中的 1927 年是在"( )"中,用以说明国民政府成立的时间,并非指他与蒋介石会面的时间。可见《在华五十年——司徒雷登回忆录》中译本里有关此事的时间有误,大概是译者一时的疏忽。

在司徒雷登与蒋介石二人会面的时间问题上,笔者认为第二种说法比较确切。这既是因为有菲力普·韦斯特的书为证,也是因为笔者查阅了燕京大学 1928 年全年的《燕大董事会会议记录》《燕大校务会议记录》和《燕大行政执行委员会记录》等三套原始档案后发现,1928 年 6 月 20 日到 10 月 3 日期间,司徒雷登几乎一直在燕大忙于召开各种会议,研究解决学校的内部问题,并确定:第一,在 1928 年 10 月 3 日的燕大校行政执行委员会的会议记录中,记载着这样两条决议:"(1) 决定'双十节'放三天假;……(14) 决定司徒雷登校长赴沪时,由副校长代理校长职务";第二,1928 年 10 月 30 日, 司徒雷登已在燕大主持召开校行政执行委员会会议。①

此外,邵玉铭先生在 *An American Missionary in China—John Leighton Stuart and Chinese-American Relation* 一书中关于司徒雷登第一次与蒋介石会面的时间,则是引自司徒雷登本人 1928 年 10 月 25 日写给燕大托事部的报告。

---

① 燕京大学档案,YJ 28004 卷,第 39 号,北京大学档案馆藏。

　　这样我们就可以确定,司徒雷登是在 1928 年的 10 月 4 日之后离开北京的,其目的地是上海,并于 10 月 10 日在南京第一次见到了蒋介石。

　　这次安排司徒雷登会见蒋介石的中间人是蒋介石的连襟——孔祥熙。

　　孔祥熙的老家在山西太谷县,其父是前清的贡生。孔祥熙 9 岁时生了一场大病,险些丢了性命,后来多亏一所教会医院治好了他的病,从此便对基督教产生了好感。10 岁那年,他不顾族人的反对,进入当地基督教会开办的华美公学读书,开始信奉基督教,成为中国世家子弟中最先皈依基督教者之一。1901 年,21 岁的孔祥熙赴美国留学,就读于俄亥俄州的欧柏林大学,后又考入耶鲁大学研究生院攻读矿物学。在耶鲁期间,孔祥熙认识了孙中山,并在孙中山的影响下加入了兴中会。1913 年,孙中山发动二次革命失败后流亡日本,孔祥熙追随孙中山赴日。1914 年 7 月孙中山解散国民党,成立中华革命党时,孔祥熙成为首批党员之一。就在这一年的春天,孔祥熙与孙中山的英文秘书宋霭龄结婚。1915 年孙中山与宋霭龄的妹妹宋庆龄结婚后,孔祥熙便成了孙中山的连襟。第一次北伐战争后,他历任国民党中央政治会议广东分会委员、广东省财政厅厅长兼广州国民政府财政部部长、武汉国民政府实业部部长、南京国民政府工商部部长等要职。1927 年 12 月 1 日蒋介石与宋霭龄的妹妹宋美龄结婚后,孔祥熙便又与蒋成了连襟。

　　由于孔祥熙信奉基督教,所以早就与司徒雷登和刘廷芳认识,并且成为极好的朋友。司徒雷登和刘廷芳来到南京后就住在孔的家中。司徒雷登在南京期间,孔祥熙不但把他引见给蒋介石夫妇,还带他去拜访了孙中山先生的长子孙科,以及教育部部长蒋梦麟等政府要人。

由于是初次见面,司徒雷登与蒋之间只是彼此寒暄了一番,并未做更深的交谈。可以说,蒋介石对司徒雷登的印象并不深,但司徒雷登却对蒋称赞不已。

实际上,司徒雷登在尚未结识蒋介石之前就对他颇生好感了。

司徒雷登虽说只是一名私立大学的校长,但他却十分关注中国政局的变化。他的这种关注不单单是简单地停留在对局势的一般性了解上,而是常常运用自己所掌握的中国社会变革和文化习俗等方面的知识,对中国的现状加以剖析,表现出一种特殊的、对中国政治的热衷。这也是他卷入中国政治的主观原因。

司徒雷登认为蒋介石是孙中山革命的继承人和真正的维护者,并认为只有蒋介石代表的国民党政府才能遏制共产主义在中国的传播,给中国带来希望。因此,他对蒋介石的评价一直很高。例如他的回忆录中有这样一段文字:

> 从 1927 年一直到现在,其(指蒋介石)反对以俄国共产主义作为中国政治纲领的态度始终没有动摇。在 1927 年到 1937 年的这十年当中,尽管有对共产党的围剿和日本的侵略,但国家的统一和在经济等方面取得的成就,却是有目共睹的。[①]

正是这种对蒋介石的好感,主导着司徒雷登与蒋个人和与国

① John Leighton Stuart, *Fifty Years in China—The Memoirs of John Leighton Stuart, Missionary and Ambassador*, New York: Random House, 1954, pp. 117—118.

民党政府的关系日益密切。而随着司徒雷登越来越多地为蒋和国民党政府做事,蒋介石对他的态度也日渐友善,以至逐步发展到相当亲密的程度。南京政府的许多高官也都成为司徒雷登的好朋友。从前面提到的司徒雷登几次为蒋介石与各路军阀之间协调关系来看,蒋介石已经把他视作可信赖的心腹人物。

随着司徒雷登与南京政府关系的加深,燕京大学也从中获得了一定的实惠。

1930年以后,由于美国经济大萧条,各方面对燕京大学的资助锐减,燕大开始过起了入不敷出的日子,1933年学校财政出现1.8万元的赤字,不得不一再紧缩预算,甚至开始裁人。1934年,在司徒雷登的倡议下,燕大发起"国内百万基金运动",先从教职员工开始,集体认捐十万元,从薪金里按月摊付,同时在社会上开展了广泛的宣传活动。司徒雷登的那些在社会上有着广泛影响的朋友,如胡适等人也都纷纷发表文章,呼吁人们为燕大捐款。

这时,司徒雷登感到仅有民间的支持是远远不够的,还应当争取中国政府对燕大的拨款。于是,他利用一次与蒋介石见面的机会,不失时机地向蒋抱怨说,燕京大学虽已蜚声国际教育领域,但南京政府的许多部门却并未给予应有的重视。

对司徒雷登心存感激的蒋介石听了此话,立即在南京励志社为他安排了一次讲演,并答应为他主持演讲会。开会当天,蒋介石由于临时有事无法来主持会议,特意安排行政院院长汪精卫代劳。那天,国民党政府的要员们几乎都来了,包括宋子文、孔祥熙、张群、何应钦、陈诚等在内的各部、院和陆、海、空三军官员近二百人出席了司徒雷登的演讲会,使司徒雷登受到一次近乎外国国家元首的礼遇。

在会上,司徒雷登用一口流利的汉语,围绕燕大的办学宗旨和教育制度、燕大与中国社会的关系、燕大的中国化、燕大对中美关系发展的贡献、燕大与中国的未来等一系列问题,做了长篇发言。他的讲话给南京政府的主要官员们留下了深刻的印象,使他们对燕京大学有了一个全面的了解和认识。据傅泾波介绍,这次讲演产生了立竿见影的效果,不但南京政府教育部开始每年给燕大拨7.5万元经费,从此政府各部门也争相聘用燕大毕业生。①

从这段往事中,读者不难看出司徒雷登与蒋介石的私交和与国民党政府的关系已非同寻常。

以后,随着与国民党政府的接触越来越频繁,司徒雷登对蒋介石个人的评价更高了。西安事变之后,司徒雷登称张学良扣押蒋介石的做法是"愚蠢和不当的",并称蒋介石作为精神领袖已获得全中国人民"自发的仰慕"②。

1937 年 5 月 15 日,司徒雷登在为北京的《民主》杂志撰写的一篇题为《蒋介石之评价》("General Chiang Kai-Shek—An Appreciation")的文章中,对蒋介石更是褒扬有加。他写道:

> 据我所知,报刊中那些关于蒋先生的生活方式的描写,以及关于十年前他如何无情地对待政敌的描述,也许并非空穴来风。但我认为即使如此,这或许是对他更大的推崇。因为

---

① 林孟熹:《司徒雷登与中国政局》,新华出版社,2001 年,第 56 页。

② John Leighton Stuart, "Foreword to 'Sian: A Coup Detat,' by Mayling Soong Chiang, and to 'A Fortnight in Sian: Extracts from a Diary,' by Chiang Kai-Shek," Shanghai, 1937, pp. 7—10.

从那时候起,一切都在向好的方面转变。自从 1926 年到 1927 年,他身系国家安危以来,我便以极大的兴趣,关注着他的事业。……他甚至在与他最亲近的人相处的时候,也沉默寡言,时刻以公务为念,而不善于做应酬性的闲谈。他具有中国上流人物必不可少的文雅与礼貌。但其处事的认真、率直和坦白,又非常合美国人的胃口。……与各种各样人周旋的非凡才能,受过高度训练的智慧,当机立断的魄力与勇气,永不疲倦的精神,都是使他成为一个伟大军人和政府首脑的基本素质。这也是他能够在国民党中始终处于群雄之首的原因所在。①

蒋介石是何许人,其在中国人民心目中处于什么位置,无需笔者赘述,自有历史加以评说。但读者完全可以从司徒雷登上面的这段文字中,看到他对蒋介石个人的崇拜和倾倒,已经到了"无以复加"的地步。七七事变之后,司徒雷登甚至声称自己成了"彻底的蒋的人",表示愿为其做自己所能做的一切。②

司徒雷登为什么会对蒋介石如此推崇呢?除了二人政治观点上的契合及其他原因之外,还有一个不容忽视的原因,就是司徒雷登把蒋介石视作基督教在中国得以传播的最好范例,并引以为荣。

在与宋美龄结婚之前,蒋介石与基督教本是无缘的。但是,为了能使宋美龄嫁给他,蒋不但在岳母面前答应尝试着研究《圣经》,并在婚后时常同宋美龄一起参加一些宗教仪式。总之,不管他骨

---

① John Leighton Stuart, *Fifty Years in China—The Memoirs of John Leighton Stuart, Missionary and Ambassador*, New York: Random House, 1954, pp. 118—121.

② 林孟熹:《司徒雷登与中国政局》,新华出版社,2001 年,第 56 页。

子里是否真的信仰基督教,表现出来的的确是一副相当虔诚的样子,不但每日按时做祈祷,还经常把《圣经》挂在嘴边。遇到信教的外国朋友,他也会时常向他们谈起自己的宗教生活,以获得他们的认同与支持。司徒雷登本人就曾亲耳听蒋介石向他阐述过内心的宗教世界,并为此深受感动。①

1939 年 7 月 30 日,司徒雷登在写给纽约托事部的信中说,蒋介石的皈依基督教是他迄今为止所知道的"最好的例证之一"②。

一次司徒雷登访问重庆时,按事先约定的时间去拜会蒋介石,正好赶上蒋在做祷告,不能中断,由宋美龄出来与他寒暄。宋美龄借此机会向司徒雷登讲述了许多蒋如何研究基督教教义的事情,并让司徒雷登代蒋找一些有关的书籍。此事给司徒雷登留下了极深的印象。十几年后,司徒雷登仍对此念念不忘。他认为当年蒋之所以能够获得成功,是因为有三种力量在影响他:一是对孙中山政治理想的信奉和忠诚;二是受到宋美龄的影响和辅佐;第三个就是对于基督教的虔诚信仰。对最后这一点,司徒雷登这样写道:

> 蒋先生信奉基督教差不多有十年了。他虽然很谨慎,但却能将这一信仰的原则付诸实践。最初,他对基督教的了解并不多,可他在公务繁忙和为国事操劳之余,仍找出时间进行宗教修养,并养成习惯,将其视为灵感和精神力量的源泉。站在一个基督教徒的立场,我坚信恪守教义并从这一信仰中汲

---

① 林孟熹:《司徒雷登与中国政局》,新华出版社,2001 年,第 57 页。
② Stuart to Trustees, July 30, 1939, Record of Yenching University.

**取精神力量将对人产生潜移默化的影响。**①

1931年10月26日,蒋介石和宋美龄成为美国最具影响力的时事性刊物《时代》(*Time*)周刊的封面人物。1938年,蒋氏夫妇的照片再次上了《时代》周刊的封面,并被该杂志评选为1937年度的世界风云人物。而《时代》周刊的创办人,就是司徒雷登最好的朋友和搭档、曾任燕大副校长的路思义的长子亨利·卢斯。而且,同是亨利·卢斯创办的《生活》(*Life*)和《财富》(*Fortune*)杂志,经常刊登一些宣传和赞扬蒋氏夫妇的文章,从而极大地扩大了二人的国际影响。

从司徒雷登对蒋介石推崇备至的态度来看,这不会只是简单的巧合。

总之,从1927年开始注意到蒋介石,到1937年亲自撰文对蒋大加赞美,司徒雷登与蒋的友谊已经发展到非常牢固的地步。此时的司徒雷登已不仅仅是简单地涉足中国政治,而是进入了中国的权力中心,并成为其核心人物家中的常客。

司徒雷登在中国的这些活动,得到来自美国的肯定。

1930年6月17日,普林斯顿大学在授予他名誉文学博士称号时称赞他说:

> 司徒雷登是燕京大学的创办人和校长。他出生于那个古老的东方帝国,从小就深受其富于人情世故的文化熏陶,后来又在西方民主政治的摇篮——弗吉尼亚深造。返回中国后,

---

① John Leighton Stuart,*Fifty Years in China—The Memoirs of John Leighton Stuart*,*Missionary and Ambassador*,New York:Random House,1954,pp.120—121.

他在远东的基督教教育领域获得了被广泛公认的领导地位。他通过与中国领导层的长期交往,正在有效地帮助那个年轻的共和国解决其重大而复杂的问题。[①]

但谁也没有料到若干年后,司徒雷登与蒋氏夫妇及国民党政府高官之间的友谊,将会彻底改变他的命运。

---

① John Leighton Stuart, *Fifty Years in China—The Memoirs of John Leighton Stuart, Missionary and Ambassador*, New York: Random House, 1954, p. 93.

# 第八章 从调停人到阶下囚(1937—1945)

## 一、充当蒋介石与侵华日军的调停人

与国内其他私立大学的校长相比,密切关注国际形势的变化和发展,一直是司徒雷登的一个突出特点。长期在中国工作和生活,尤其是与当时中国政界高层人士的密切交往,使他对于日本对中国的扩张和侵略野心早就抱有高度的警惕,并一贯持坚决反对的态度。

1915 年 1 月,日本为了扩大其在中国的势力范围,向袁世凯领导的北洋政府提出二十一个不合理的条款,不仅对中国的东三省地区、内蒙古地区和山东省的许多重要工业企业提出了实施特殊权利和兼并的要求,而且还把侵略的触角伸到了湖北、江西、浙江、广东和福建等地。日本明显的扩张企图激起中国各阶层人民的极大义愤,各地掀起了一场声势浩大的、反对签署"二十一条"和抵制日货的运动。

前面讲到,司徒雷登在美国度假时看到了报纸上有关"二十一条"的报道后,他感到如果中国接受日本提出的条件,中国将从此处于日本的统治之下,这对美国的在华利益将造成极大的危害,他希望美国政府出面支持中国抵制"二十一条"。为此,司徒雷登约了另外三个在中国当传教士的朋友一同向总统办公室提出晋见申请,准备向威尔逊总统当面陈述自己的看法。在等待接见的日子里,司徒雷登还于 3 月 24 日给威尔逊总统写了一封信,表明了他对中国局势的关注和对日本控制和干涉中国内政的担心。[①]

威尔逊总统因故未能接见他们,而是由国务卿威廉·布赖恩出面听取他们的意见。

司徒雷登向国务卿谈了对日本提出"二十一条"的看法,敦促美国政府应当尽一切可能帮助中国与日本抗衡,抵制"二十一条"。可是,正在为避免卷入第一次世界大战奔忙的国务卿先生对发生在中日之间的事情没有兴趣,所以并未就司徒雷登等人的建议表态。为此,司徒雷登深感失望。

司徒雷登原先对袁世凯一直持支持的态度,后来袁世凯不顾国人的反对接受了丧权辱国的"二十一条",使司徒雷登对袁的看法有了转变。

司徒雷登透过日本在中国的扩张现象看出了它的侵略本质。

1917 年 12 月 12 日,司徒雷登在给美国的回信中说:

在人类未来的和平当中,什么也没有美国对中日关系的

---

① Stuart to Wilson, Woodrow Wilson Papers, March 24, 1915, Library of Congress.

态度重要。美国,也只有美国有能力限制日本在华扩张势力的政策。但如果美国动作得太晚,她将失去遏制日本的机会。①

1919年6月16日,司徒雷登在写给美国朋友的信中又说:

> 欧战方停,日本便重蹈德国的覆辙,下一次世界大战的火种必在中国。除非目前的局势发展及时予以遏止,恐怕美国必得派遣军队跨过太平洋作战,正如不久前远征大西洋彼岸一样……②

尽管司徒雷登当时只是一个普通的神学院教师,但从其在给朋友的信中屡屡就国际事务发表评论来看,他有着很强的参政意识。

后来发生在中日两国之间的事实说明,司徒雷登确实具有一定的政治目光和远见。

1931年,日本帝国主义发动了九一八事变,武装占领了中国的东北三省,并逐步向关内推进。

面对日本这一公然违背国际法、破坏世界和平的侵略行径,司徒雷登十分愤怒。他一方面积极支持中国人民的抗日救国运动,与吴雷川校长一道亲自带领燕大的700名师生上街游行,高呼"打倒日本帝国主义"的口号;一方面顶住日军和国民党华北地方政府

---

① John Leighton Stuart to My Dear Firiends, December 12, 1917, Stuart Letter File, Board of World Missions, The Presbyterian Church of the U. S., Nashville, Tennessee.

② 林孟熹:《司徒雷登与中国政局》,新华出版社,2001年,第9—10页。同时参见 Stuart to My Dear Friends, June 16, 1919, Stuart Letter File, Board of World Missions, The Presbyterian Church of the U. S., Nashville, Tennessee。

的压力,敞开燕京的大门,收留了 50 名东北流亡学生。同时,司徒雷登还把他对日本对华政策的看法写成文章,上报美国政府以供参考。

司徒雷登认为,日本人用武力维护其在华经济利益的做法是非常愚蠢的,其后果实际上适得其反。因为事实表明它激起了中国全民对日货的强烈抵制,从而破坏了日本在华的长期经济利益。[①]

国民党政府对日采取的不抵抗政策,助长了侵华日军的气焰。1933 年 1 月,日军攻进山海关;3 月,攻克热河;5 月,侵占了密云、遵化、蓟县、丰润、唐山等冀东 22 个县,北京和天津危在旦夕。

南京政府此时奉行的依然是"攘外必先安内"的政策,成天忙于"剿共",无暇与日军对峙。在日本人的军事威胁和政治恫吓下,南京政府竟于 5 月 31 日签署了《塘沽协定》,等于事实上承认了日本占领东三省和热河的"合法性"。

日寇的得寸进尺和国民党政权的妥协退让在国民党内部引起了强烈的不满。如前已述,1935 年 6 月,李宗仁、白崇禧和陈济棠等两广的地方实力派人物打出抗日的旗帜,反对蒋介石的独裁内战政策,从而迫使国民党政府逐渐转变了立场;1936 年 12 月,张学良和杨虎城又对蒋介石进行"兵谏",进一步扭转了中国的抗日局面,实现了国、共两党的第二次合作。

七七事变之后,日本军队嚣张的侵略气焰更加激起了全中国人民的强烈愤慨。中共中央于事变发生的第二天向全国发出通电指出:"日本帝国主义武力侵占平津与华北的危险,已经放在每一

---

① Stuart to Kantzler, December 8, 1931, Harvard University Press, Cambridge, Massachusetts, 1976.

个中国人的面前……只有全民族实行抗战,才是我们的出路!"号召:"全中国同胞、政府与军队团结起来,筑成民族统一战线的坚固长城,抵抗日寇的侵略!"并希望:"国共两党亲密合作,抵抗日寇的新进攻!"[1]

中共中央还派叶剑英在西安与国民党方面取得联系,表示:"红军主力,准备随时调动抗日,并已下令各军十天内准备完毕,待命出动,愿以一部深入敌后方,打击敌人,与善于防守之友军配合作战。"[2]

国民党的许多爱国将领也纷纷通电,请缨杀敌,呼吁国民政府出兵保卫祖国。南京、上海、武汉、太原等地的爱国群众组织了抗敌后援会。北京地区的救亡团体则组织战地服务团奔赴前线。

在全国抗日高潮的影响下,蒋介石一方面在军事上做了紧急部署,一方面又表示:"由地方当局,与日军代表折冲,期事件之早日和平解决。"[3]蒋介石还寄希望于列强的干涉,亲自接见英、美、法、德等国的驻华使节,要求其政府出面调停中日"冲突",并特别指出"美国向来主张和平与人道主义……只有各关系国,尤其美、英二国之合作,可挽危机"[4],但并没得到列强国的响应。

蒋介石的求和姿态不但未取得日方的谅解,反倒使日军赢得了时间,迅速调整了作战部署,兵分三路沿平绥、平汉和津浦路向中国的西、南进犯,并于 8 月 13 日向上海发动进攻,17 日公开宣布

---

① 张宪文主编:《中华民国史纲》,河南人民出版社,1985 年,第 468 页。

② 同上书,第 469 页。

③ 《国民党政府外交部发言人声明(1937 年 7 月 12 日)》,复旦大学历史系中国近代史教研组编:《中国近代对外关系史资料选辑(1840—1949)》下卷第二分册,上海人民出版社,1977年,第 9 页。

④ 1937 年 7 月 25 日蒋介石接见美国大使的谈话,参见《卢沟桥事变前后的中日外交关系》,台北 1966 年印行,第 424 页。

放弃"不扩大"方针。

上海保卫战,激烈且悲壮,但在日军的猛烈攻击下,上海不幸失守。

1937 年 10 月底,国民党政府决定迁都重庆。12 月 13 日,日军攻占南京城,屠杀了 30 万中国军民,制造了惨绝人寰的南京大屠杀。

1937 年 12 月 22 日,日本以要求国民党政府"放弃亲共、反日和反'满洲国'政策;在有必要的地区建立非军事区和特殊政权;与日本缔结在经济上密切合作的协定;对日本做出战争赔偿"等苛刻的条件为前提,谋求与国民党政府谈判。

对于日军的蛮横做法和企图,司徒雷登看得非常清楚。他认为日本人的最终目的是吞并全中国,同时认为日本人这样做同样会事与愿违,其结果将推动中国民族意识和国家意识的统一。[①]

1937 年七七事变后,司徒雷登对日本的厌恶和敌对情绪与日俱增。他不断撰写文章,指责和批评日军在中国犯下的罪行。

1938 年 2 月,司徒雷登在他的一篇文章中指出,日本最不可原谅的行为,就是其军队在中国境内滥杀无辜、抢劫和强奸妇女。他还引用了一则消息,说明日本侵华战争爆发后,日军在上海和南京地区共杀害了 30 万平民百姓,称日军 1937 年 12 月在南京大屠杀是"兽行"。[②]

从反对中国与日本缔结"二十一条",到三一八惨案发生后因

---

① Stuart to Trustees,July 29,1938,Harvard University Press,Cambridge,Massachusetts,1976.

② John Leighton Stuart,"Japanese Propaganda in the Mirror of Events,"1938,Harvard University Press,Cambridge,Massachusetts,1976.

站在中国人民一边而遭到美国反对势力的围攻(详见本书第六章);从劝说张学良东北易帜,到九一八事变后带领燕大师生进行反日大游行;从为蒋介石当密使说服地方实力派服从南京中央政府的统一领导、一致抗日,到支持燕大师生投奔解放区,司徒雷登无时不表现出对日本军国主义的警惕和痛恨。然而,也正是这位司徒雷登先生,在 1938 年至 1941 年间,曾应日本政界和军界主和派的委托,在中国政府和日本军队之间,扮演过战争调停人的角色,虽然一次都没有成功。

司徒雷登第一次为日本人充当和谈使者的时间,是在 1938 年的春季。

时任华北"临时政府"主席的王克敏是司徒雷登的老朋友。王和驻守北京的一些日本军官都知道司徒雷登与蒋介石的关系密切,于是由王克敏出面请司徒雷登设法传个话,将这些条件转达给蒋介石。尽管司徒雷登对这些条件是否能被蒋介石接受持怀疑态度,但他认为可以借此机会探探国民党政府对和谈的想法,因此便答应了他们的要求,在向美国驻北京的领事馆汇报后,于 1938 年 2 月 25 日从北京出发,打算取道上海前往汉口。

当时,美国政府还无意介入中日之间的战争。美国国务院得知司徒雷登要去面见蒋介石的消息后,国务卿科德尔·赫尔(Cordell Hull)通知驻汉口的美国大使纳尔逊·詹森阻止司徒雷登,同时通报国民党政府,司徒雷登此行未经美国政府的同意,也不代表美国政府。

司徒雷登到上海后,美国驻上海的领事高思受国务卿的委托约司徒雷登面谈,试图说服他放弃此行。司徒雷登表示自己不代表美国政府，只是想以私人身份做些斡旋，并就燕大在北京的存亡问题探个虚实。

司徒雷登抵达汉口后，美国大使纳尔逊·詹森立即通知中国外交部，司徒雷登此行并未经过美国国务院的批准。面对重重阻挠，加上司徒雷登自己也意识到蒋介石很难答应日本提出的如此苛刻的和谈条件，所以尽管他如期见到了蒋介石，但在蒋面前根本未提及和谈的事情，使他的第一次"和谈"使命不了了之。

不久，日本提出的和谈条件经国内外报刊披露，遭到蒋介石政府的拒绝，使日本人大为恼火。

然而，以汪精卫为首的少数国民党右翼分子却在日本人的诱降下，答应与其合作。

1939 年 6 月，汪精卫集团筹备建立伪中央政权，到华北与王克敏商谈有关事宜。汪精卫的举动得到日本政府的支持，但却遭到驻华北日军的反对。他们认为面对中国汹涌的抗日浪潮，伪中央政权的合作于事无补。中日之间要想停战，最好的方式依然是直接与蒋介石这样的实力派人物谈判。于是，他们通过王克敏找到司徒雷登，希望他再做一次和谈使者。

8 月，司徒雷登借到香港开会的时机绕道重庆，把驻华北日军的和谈条件转达给蒋介石，并带回了国民党政府提出的下面几个条件：(1) 日本应全部撤军，废除傀儡政府，并停止在长城以南的商业活动；(2) 所有和谈活动排除汪精卫的参与；(3) 如果日方和王克敏有诚意的话，蒋会在长春与他们见面。

司徒雷登从重庆回来后，向王克敏和华北日军司令多田骏转达了蒋介石提出的条件，日方当然不会接受。汪精卫在得知蒋提出的上述条件后,也表示强烈的反对,司徒雷登的第二次"和平"努力又失败了。

1940年3月,就在司徒雷登要到重庆参加洛克菲勒基金会召集的乡村重建会议之前,王克敏又向他转达了驻华北日军的两个新的和谈条件:(1)如果蒋介石坚持剿共,汪精卫愿意与其合作;(2)如果蒋愿意和谈,可派特使与汪精卫或王克敏会面。尽管司徒雷登知道蒋介石不会接受这些条件,但还是向蒋转达了日本人的意思。

蒋介石依然没有答应日本人的条件。他明确表示,除非美国介入中日之间的调停,否则不考虑与日本人谈判。蒋介石明明知道司徒雷登从未获得过美国政府的授权,所以故意这样说,让司徒雷登碰了个软钉子。

1940年3月30日,以汪精卫为首的伪"中华民国国民政府"在南京成立。

这一年,第二次世界大战到了一个关键的时刻,6月下旬,德国法西斯对苏联发动突然袭击,苏德战争全面爆发。日本军国主义则借机加紧了对中国以南国家和地区的侵略扩张。为此,日本希望尽快全面控制中国,以便抽出主力,转向太平洋和东南亚。

同年11月13日,日本御前会议制定了《处理中国事变纲要》,其中规定:"除继续进行军事行动外,应用尽政治策略和战争策略上的一切手段,加强排除英、美的援蒋行动,并调整日、苏邦交,竭力设法摧毁重庆政权的抗战意志,迅速使其屈服。"[①]

---

① 复旦大学历史系日本史组编译:《日本帝国主义对外侵略史料选编(1931—1945)》,上海人民出版社,1975年,第310页。又参见张宪文主编:《中华民国史纲》,河南人民出版社,1985年,第579页。

11月30日,日本政府正式承认汪伪政权,并放弃了与蒋介石继续和谈的企图,命令驻华日军加强军事进攻,对国民党政府施加压力。但是,早已对中日战争失去信心的驻华日军却违背日本政府的意图,宁愿做出重大让步,继续谋求与蒋和谈。这一次,他们又决定寻求司徒雷登的帮助。

1941年1月底,驻华日军首领坂垣征四郎请司徒雷登到南京与他和汪精卫会面,商谈和谈的事情。但司徒雷登拒绝与汪会面,只同意见坂垣征四郎,并于2月13日来到上海。

坂垣征四郎告诉司徒雷登说,日军的18位高级将领近日在南京召开的一个会议上做出决定,尽快结束战争,并准备承认蒋的政府,将日军全部撤出长城以南,同时准备接受美国参与的调停,经三方会谈解决所有问题。

坂垣征四郎当然知道,驻华日军这样做有悖于日本政府新近制定的对华政策,所以他希望司徒雷登也可帮助驻华日军去游说东京。

司徒雷登最终选择了4月前往重庆。就在他出发之前,他被告知在日本外相3、4月访问莫斯科和柏林期间,暂停与蒋政府的和谈工作。因此,他人虽然如期到达了重庆,也见到了蒋介石,但却只字未提和谈之事。

其实,就算司徒雷登把驻华日军要求和谈的意愿转达给蒋介石,也不会从蒋介石那里得到任何满意的答复。因为与三年前相比,中日战场的形势已经发生了根本的变化。如果说抗战初期蒋介石还对与日本和谈抱有希望,只是因为日本人提出的条件太苛刻才作罢,那么经过三年的时间,国际形势的变化已经对蒋越来越有利了。

首先,美国政府对中日战争的态度有了转变。

抗日战争爆发后,美、英等国在很长一段时间里对日本的侵华行为一直持"不干涉"的立场。后来,由于日本的军事进攻不断扩大,已经直接影响到美国的在华利益,中美关系才开始出现转机。

1939 年 7 月,美国政府终止了《日美友好通商条约》,停止向日本提供战略物资,同时开始每年向中国提供大量贷款,以稳定中国的经济。

1940 年 3 月汪伪政权成立后,美国国务院发表声明,强调重庆国民政府是中国唯一合法的政府,拒绝与汪伪政权发生关系。

在 1941 年的日美会谈中,美国要求日本政府从中国及印度支那撤出其所有陆、海、空军队。

1941 年 3 月,就在司徒雷登预备第四次赴重庆前,美国又通过了一项对华提供更多援助的法案,使蒋介石更加坚定了抗战的决心。

此时,经过三年的抗战,"与日寇血战到底!"已成为绝大多数中国人的共识。汪精卫等一小撮汉奸卖国求荣的行径遭到包括海外华侨在内的全体中国人的唾弃。试想在这样一种情况下,蒋介石就算有与日寇和谈的心,也没这个胆去背"汉奸"的骂名。所以说,司徒雷登的第四次战争调停是注定不会有任何结果的。

一直对日本侵华战争持否定态度,支持燕大师生抗日救国运动的司徒雷登为什么要听命于日本人,去做中日战争的调停人呢?这是一个比较复杂的问题。

应该说,司徒雷登是真心支持中国人民的抗日战争的。他积极参与调停日本人和国民党政府的关系，只是出自早日结束战争的愿望。但这并不影响他反对日本侵略、维护中国利益及美国在华利益的立场。

1933 年 5 月，司徒雷登在美国为燕大筹款时，曾受到罗斯福总统的单独召见。罗斯福想听一听他对中国和远东时局的看法。司徒雷登支持中国富强、统一和反对日本侵略的观点说服了罗斯福，总统答应"要为中国做些事情"。

抗战爆发后，司徒雷登一直没有停止谋求美国政府给予中国多方面援助的努力。

早在 1938 年 7 月 15 日，司徒雷登就正式致函罗斯福总统，建议对日本进行制裁，并恳请美政府不要因顾及美国在华人员和财产的损失，担心与日本发生冲突而不敢对日采取更加严厉的禁运政策。① 但司徒雷登的建议未被采纳，大量物资仍源源不断地运往日本，其中包括用来制造武器的废铁和矿砂。同年 11 月 14 日，司徒雷登又发表致北美基督徒的公开信，呼吁大家联合"粉碎美国孤立主义立场"，唤起公众舆论反对向日本侵略者"出售用以延续涂炭生灵的军需品和其他物品"。②

在国际、国内舆论的影响下，1940 年 1 月，美国政府终止了与日本的商贸协定后，司徒雷登并不满足，仍然要求燕大托事部出面促请美国国会做出全面对日禁运的决定。1940 年 7 月，美国国会

---

① Stuart to Roosevelt，July 15，1938，Roosevelt to Stuart，August 22，1938. President's Office File，150—C（China），Roosevelt Library，Hyde Park，New York.

② Stuart to Fellow Christians of North America，November 14，1938，Record of Yenching University.

授权总统控制所有武器和可用于制造武器的物质的出口,但并未做到对日全面禁运。后来,在司徒雷登的奔走呼吁下,第二年7月,美国政府终于做出冻结日本在美国的所有财产,并实施全部石油禁运的决定。

1940年4月10日,司徒雷登给罗斯福总统发了一封长电,敦促总统向中国政府提供大额贷款以稳定货币,防止通货膨胀,并特别提到7年前总统对中国的承诺,意在提醒罗斯福要"说话算话"[①]。

也许纯属巧合,就在司徒雷登致罗斯福的信发出十天后,美国政府果然"言而有信",于4月20日签署了向中国政府提供2000万美元贷款的协议。[②]

1941年1月,司徒雷登又要求美国政府援助中国作战飞机,并派遣飞行员和机械师来华帮助训练中国的空军。几个月后,中美签署了航空援助协议。

1941年4月,司徒雷登通过美国驻北平的领事馆向国务院提出要求,主张美国应单方面放弃过去与中国签订的不平等条约。美国国务院随即于5月和6月两次发表声明,表示一旦条件具备,将立即取消与中国签订的所有不平等条约。1942年10月,美国正式宣布取消所有不平等条约。

从上述事例可以看出,司徒雷登的立场是站在中国一边的。

---

① Department of State，Foreign Relations of the United States，1940，Volume IV，Washington，pp. 315—316.

② Arthur N. Young，*China and the Helping Hand*，*1937—1945*，Cambridge：Harvard University Press，1963，p. 440.

他几次为侵华日军传口信,其出发点都是为了促使两国之间早日结束战争状态,而当他看出双方不可能达成一致时,即使见到蒋介石,也绝口不提日本的和谈条件。

司徒雷登在 1941 年 2 月写给燕大董事会的一封信中,就如何看待中日战争这个问题做了明确的阐述。他写道,作为一个传教士和教育工作者,他对战争的关注完全是从人道主义和理想主义出发的。因此,他要尽自己的努力,促使中日双方恢复友好关系,以实现中、日、美的多边合作。①

当然,司徒雷登并不是一个和平至上主义者,他的和平是有原则的和平。例如,他对于二战爆发前英国和法国以牺牲捷克为代价换取的短暂和平就十分反感,并且担心西方列强仿效英法的做法,以牺牲中国的利益换取与日本的贸易实惠。②

事实说明,作为蒋介石和国民党政府的朋友和支持者,作为把中国视为第二故乡的传教士兼教育家,司徒雷登既不愿意看到战争给中国政府带来的麻烦和给人民带来的苦难,也不希望美国的在华利益因为日本的大规模入侵而受到损害。这才是他真正的出发点。

## 二、为保护燕大与日伪政权周旋

七七事变之后,蒋介石虽调兵北上,但由于应战彷徨迟缓,缺

---

① Stuart to Trustees, February 18,1941, State Department Archives, National Archives, Washington, D. C.

② Stuart to Trustees, October 14, 1939, State Department Archives, National Archives, Washington, D. C. , 711. 942/361.

乏周密的作战部署,导致北京和天津相继在 1937 年 7 月底失守,成为日本侵略军统治下的沦陷区。

为了避免战乱的滋扰,北大、清华等许多大学开始陆续南迁。燕大何去何从的问题,非常现实地摆到司徒雷登面前。

其实,对于北京的沦陷,司徒雷登早有思想准备。

1935 年 7 月中日签订《何梅协定》后,按照协定的规定,国民党政府的许多机关都撤出北京。紧接着,日本侵略军又一手策划和导演了"华北自治运动",包括北京、天津在内的整个华北地区的命运已岌岌可危。司徒雷登预料到北京迟早也会落入日本人的手中,所以曾考虑过燕大的去留问题。当时,他一是担心一旦北京沦陷,许多家在外地的学生可能会放弃在燕大的学业;二是担心日军会干扰学校的正常运转。为此,他曾致信在成都的华西大学,探讨在迫不得已的情况下将燕大搬到成都的可能性。

1937 年 7 月 30 日,日本军队占领北京的当天清晨,离燕大近在咫尺的西苑兵营遭到日军的轰炸,震耳欲聋的爆炸声把司徒雷登从睡梦中惊醒。这次空袭使燕大的每一个人都强烈地感受到战争的恐怖。不少学校附近的居民纷纷逃到燕大的楼房里避难,校园里一片混乱。

作为学校的最高决策人,司徒雷登深感责任重大。他知道自己必须为燕大的去留问题做出抉择。

司徒雷登最关心的首先是学校的安全问题。他明白"城门失火"会"殃及池鱼","覆巢之下,安有完卵"。今天,日本轰炸机已经把炸弹扔在了燕大的围墙外,谁又能保证明天燕大不会成为他们的轰炸目标呢?

还有一个非常实际的问题,就是一旦决定燕大迁走,便意味着要把这座司徒雷登和他的同事们为之付出了十几年心血的校园拱手让给日本人。从感情上来说,这是让他们无论如何都难以接受的。

此外,还有许许多多具体的问题困扰着燕大的决策者们,例如大多数外籍教职员都对搬迁心存顾虑,他们虽然都害怕战争,但看到北京沦陷后日军并没有像原先预料的那样给学校带来太多的麻烦,所以认为不妨等一段时间,看看再说。

为了选择一个最佳方案,司徒雷登多次与各方面的朋友进行磋商,但谁也说不准是搬好,还是不搬好。因为任何人都很难预料日本人会怎样对待燕大。最后,经过反复衡量,司徒雷登决定继续留在北京。

他之所以做出这样的决定是有理由的。

首先,据他的判断,虽然北京已落入日本人的控制范围,但由于美日之间并未处于战争状态,因此日本军队目前还不敢公开对燕大这所美国人办的教会学校大动干戈,这样燕大应该暂时没有危险。而且他认为,只要能与日本占领军的高层人物搞好关系,让他继续办学这点面子,日本人还是肯给的。这也是后来日本人几次找他充当和谈使者,他都没有推辞的原因之一。

此外还有一个重要的理由就是,司徒雷登认为,由于北大、清华等几所中国的一流大学都已迁往内地,给日本占领区留下了一个高等教育空白,作为基督教的教会学校,燕大应该本着"自由、真理、献身、爱心"的原则留下来,为满足沦陷区人民受教育的需要而服务。

　　为了确保学校的安全,司徒雷登采取了几项应对措施。如为了强调燕大是一所美国学校,司徒雷登不仅重新担任校长一职,还嘱咐校工把原先挂在旗杆上的中国国旗换成美国国旗,又特别在学校大门口张贴告示,不准日本军人随便进入校园。此外,为了避免因语言不通而造成的误会,司徒雷登特意找了一个从小在日本长大,会说一口流利日语的燕大毕业生萧正谊来当他的秘书,并经常款待日本的军政官员,进行感情投资。

　　尽管如此,司徒雷登仍然有一种如履薄冰的感觉。因为他知道,燕大的教师和学生们对日寇恨之入骨,一件看起来很小的事情,处理不好,就有可能酿成灾难。

　　为了避免学生与日伪政权发生冲突,他制定了几项新的校规,以应付可能出现的麻烦。这些规定包括:取消燕大学生会;其他学生组织要在校方登记;布告板上不许发布学生信息;学生离校前必须事先登记;所有手稿必须经过审查批准才能出版;不准订阅或拥有反日内容的文学作品,以及违反上述规定者以开除论处;等等。

　　当然,这些规定只是做给日伪政权看的,并没有哪个学生因违反规定而被开除。司徒雷登对日伪当局采取的是一种虚与委蛇的策略。他一方面做出一副与他们交好的姿态;一方面又为抗日师生提供种种帮助和庇护。对日伪军试图进入学校搜捕抗日分子和共产党员的要求,他则以燕大是美国财产,随便捕人会引起国际纠纷为由,坚决予以回绝,并表示他可以用人格担保,校内没有抗日分子和共产党的活动。

　　然而,仍然有相当一部分燕大的教师和学生对司徒雷登的决定表示出强烈的不满和抵制,一些中国籍教师和进步学生陆续离开学校,前往非沦陷区或投奔抗日根据地。许多燕大校友也纷纷来信表示反对燕大继续留在北京办学。

1933年毕业于燕大社会学系的费孝通教授当时正在伦敦经济政治学院攻读人类学博士学位。在听到燕大还将继续留在已沦陷的北京的消息后,他立即从伦敦致信司徒雷登,对其提出批评。费孝通指出,燕大的不关闭政策违背了中国政府关于阻止日本势力在中国生根的原则,日伪政权将会利用这件事宣传中日友好,从而断送了燕大的美名。[①]

绝大多数燕大校友都赞同费孝通的观点,在成都的校友们甚至联名写信,对燕大今后是否还能坚持它的办学宗旨提出疑问,并要求燕大迁往成都。而司徒雷登则安抚校友们说,燕大不会背叛中国,也不会接受任何一项使燕大毕业生蒙羞的政策。

其实,在相当长的一段时间里,特别是面对来自校友们的强烈谴责,司徒雷登也曾对自己的决定发生过动摇。

1938年6月4日,他在给董事会的一封长信中提到,尽管目前日伪政权尚未对燕大采取措施,限制它的活动,但仍然存在着扼杀其学术自由的危险,并建议除了哈佛燕京学社的中国研究和部分自然科学学科外,其他学科都应停办。同时,他还向董事会反映了中国籍教师不愿留在日占区工作,以及燕大的许多学生和校友也都反对燕大留在北京的决定等问题。[②]

---

① Fei Xiaotong to Stuart,April 28,1938,John Leighton Stuart File,Records of Yenching University,United Board for Christian Higher Education in Asia,Yale University.

② *Stuart to Trustees*,June 4,1938,Harvard University Press,Cambridge,Massachusetts,1976.

　　后来,还是他的好友兼同事高厚德博士的一番理论,使司徒雷登坚定了留在北京的决心。

　　高厚德认为,在看待燕大去留问题的时候,应更多地考虑到燕大所追求的最高理想是为中国人民谋福利,而不是单纯为某一个政治势力或某一种政府服务。由于"在人类生活中有许多基本的利益和要求,而政治关系只是其中的一个",所以燕大必须留在北京,为华北的年轻人提供受教育的机会。他还特别举出耶稣为例说,当年耶稣并没有设法逃出古罗马人的统治,而是在艰难和压迫中继续他的事业和使命,从而提醒司徒雷登是宗教事业需要燕大留下来。

　　高厚德不同意司徒雷登把是否自由视为决定燕大去留的最重要的因素。他认为真理和献身才更具价值,基督精神要高于燕大精神,而为人类献身要比为国家献身更有意义。他甚至希望司徒雷登扩大教育项目,接纳日本学生和日本教师。[1]

　　高厚德的看法令司徒雷登有一种茅塞顿开的感觉,他让高厚德把这些观点写进给董事会的信中,并从此打定主意留在北京。后来,当燕大作为敌占区唯一的一块"绿洲",为为数众多的沦陷区青年学生提供了一处相对自由和安全的学习环境时,反对燕大留下的舆论便逐渐平息了,一些校友还自愿到北京,帮助燕大度过困境。国民党政府也支持燕大留在敌占区的做法。

　　对于沦陷区里那些渴望上大学的年轻人来说,燕京大学比以往任何时候都更加富有吸引力。一批不愿意接受日本奴化教育的

---

　　[1]　Galt to Trustees, June 5,1938, Harvard University Press, Cambridge, Massachusetts, 1976.

青年人抱着"燕大存在一日,华北一日不亡"的信念报考燕大。据燕大的档案记载,1938 年 7 月,有 1594 人报名参加燕大的招生考试,结果有 605 人被燕大录取。秋季开学时,燕大注册学生共有 945 人,比 1937 年几乎多了一倍。为了保证教学质量,弥补因部分教师转赴内地而出现的空缺,燕大又新聘了一批教授和讲师充实师资队伍,整个学校像战前一样正常运转起来。到 1941 年 9 月,燕大学生的注册人数达到了创纪录的 1128 人。[①]

尽管有美国教会学校的招牌作保护伞,但日本人并没有放松对燕大地下抵抗运动的监视,在校园里安插了不少密探和特务。虽说校方为了保护师生的安全明确规定不能进行抗日活动,但具有光荣革命传统的燕大师生在中共地下党的组织和领导下,一天也没有中断过他们的活动,经常会有一些学生因被人告密而遭到逮捕。由于日本人不能随便进学校抓人,所以往往是趁周末学校放假时,在送学生进城的校车上抓人。每当发生这样的事之后,司徒雷登都要派他的那个懂日文的秘书从中斡旋,争取把被捕的学生保释出来。

在这段时期里,相对于日占领区的其他地方而言,燕京大学确实像一处世外桃源,给学生们提供了一个能够安心读书的地方。但同时,司徒雷登并不要求学生"两耳不闻窗外事,一心只读圣贤书",而是提倡学生们关心国家大事,不要被日寇的反面宣传所蒙蔽。1939 年 2 月 9 日,司徒雷登在全校师生大会上讲话时,对燕大的学生提出了这样的要求:

---

① 夏自强:《燕京大学概述》,燕京研究院编:《燕京大学人物志》,北京大学出版社,2001 年,第 11 页。

> 大学应与其所在社会和国家发生密切关系，……校训中有因真理得自由以服务，可改为因自由得真理，因为当前有一种势力赖武力及宣传，曲解真理。所以欲保存真理必须有自由，切望每一位燕京学生能对此有清楚认识。①

司徒雷登的这种态度，确保了在日伪统治时期燕大学生依然保持着战前关心时事的良好校风。

虽然从表面上看，日本人与燕大这所美国学校是在和平共处，司徒雷登与日本军政官员也保持着接触，但实际上，日本占领军根本不相信燕大是一个纯粹的教育机关，而是一直把它视为华北的抗日大本营。他们这样认为不外乎有以下几个方面的原因：(1)燕大受美国保护，而美国同情中国，因此肯定会为中国人的抗日活动提供庇护；(2)燕大在七七事变后，仍然在领取蒋介石政府的津贴；(3)燕大是华北教会的领头羊，司徒雷登直接参与负责的机构除燕大外还有国立北京图书馆、静生生物调查所和协和医院，其他教会学校也会受到燕大直接或间接的影响；(4)常有英美的政界学界人物、新闻记者和牧师到燕大访问；(5)司徒雷登每年都要往来于香港、重庆、昆明等地，与蒋介石政府的高官们过从甚密，回来后都要在学校讲演，势必会更激发学生们的反日情绪；(6)每年暑假后，大批燕大毕业生都要回到大后方为中国政府服务。这些理由，任何一条都能引起日本人的猜疑和仇恨，但有碍于司徒雷登的身份和美国政府的保护，他们又急不得，恼不得，可那种如芒在背、如鲠在

---

① 燕京大学校友校史编写委员会编，张玮瑛、王百强、钱辛波主编：《燕京大学史稿》，人民中国出版社，1999年，第32页。

喉的感觉,却使他们无时无刻不在寻找机会给燕大制造麻烦。他们经常会向司徒雷登提出一些这样那样的要求,试探他对日伪政权的态度。

1938年夏季招生时,日本人向司徒雷登提出允许日本学生进燕大读书的要求。司徒雷登表面上同意了,但坚持日本学生应和中国学生一样,经考试合格后方能录取。结果虽有日本学生报名参加入学考试,但都未达到入学的标准,所以最终没有一个日本学生进入燕大。

不久,日方又提出为了增进中日两国的文化交流,应该有日本教授来燕大任教,人选和所需经费均由日本政府承担。

对这种"醉翁之意不在酒"的提议,司徒雷登也是先照单全收,然后再想出应对的办法。

司徒雷登认为,与其让日本人在燕大安插他们的亲信,不如由燕大自己主动聘请一位不带有任何政治偏见的知名学者来校任教。这样既可让日本人无话可说,又可避免不必要的麻烦。经与其他校方领导商量,大家一致同意司徒雷登的意见。于是,燕大从三四位蜚声国际的日本学者中,挑选了著名的人类学和考古学家鸟居龙藏先生作为燕大的客座教授来校从事研究工作。

当时已年近70岁的鸟居龙藏先生是一位建树颇丰的国际知名学者,曾历任东京帝国大学人类学教研室主任、国学院教授、东方文化学院研究员和上智大学文学部部长等职,在日本人民中享有很高的声望。当司徒雷登把聘请他来燕大的消息通知日本驻华使馆的一位秘书时,那位秘书非常惊讶,连连说燕大不可能聘请到这样一位著名的学者,他更没想到,鸟居龙藏先生实际上已经接受了燕大的邀请。

司徒雷登之所以选中鸟居龙藏，不仅是看重他的学识，更是看中了他主持正义、反对日本侵华的政治立场。

事实证明司徒雷登的眼光果然没有错。鸟居龙藏先生1939年到燕大后，并没有助纣为虐，而是一直埋头于考古研究，在东北、山西、河北、山东等省对中国周、汉两朝及辽代的古城遗址、墓葬和壁画等进行了大量的考察，并用日文、中文和英文发表了许多论文和专著。1941年底燕大被日寇封闭时，师生们被赶出学校，有几十人遭到日本军方的逮捕。鸟居龙藏不顾可能受到的迫害，站在校门边向被日寇逮捕离校的燕大师生深鞠一躬，以示歉意。一些教师的私人图书和财物也是由于他从中斡旋，才得以平安地转移出学校。鸟居龙藏先生以他渊博的学识和正直的为人，深深地赢得了燕大师生们的爱戴和尊敬。但他对中国人民表示出的同情，却遭到日伪政权的记恨，全家因此被软禁了一年才得到自由。

燕大被迫关闭后，鸟居龙藏先生失去了经济来源，一家人的生活相当艰苦，靠两个女儿出外打工维持生计。但无论多么困难，他们一家始终没有离开中国。

1942年，鸟居龙藏先生以哈佛燕京学社的名义，用英文出版了他的潜心之作——《辽代画像石墓》一书，书中的序言是司徒雷登早已为他写好的。当时正值日美太平洋战争白热化之时，燕大已被关闭，司徒雷登正遭监禁，日伪政权又明令禁止使用英文，鸟居龙藏先生竟然以哈佛燕京学社的名义用英文来出版自己的专著，并刊登司徒雷登写的序，其对日伪当局的蔑视和抗议不言自明。

1945年燕大在北京复校后，鸟居龙藏先生继续受到燕大的聘请,直到 1951 年 12 月才回日本,在中国整整居住了 12 年。

司徒雷登非常欣赏鸟居龙藏先生不畏强暴的高傲骨气,并对他的为人和在恶势力面前所表现出来的不妥协精神给予了极高的评价。许多年后,司徒雷登在回忆录中这样写道:

> ……尽管校园内有种种反日情绪的存在,但他们一家仍能日益获得人们的爱戴,他们是出类拔萃的有教养的日本人,也是真正具有国际性眼光的人。……只有高年级的学生才能有幸陪同鸟居龙藏博士和他的家人外出考察,陪同的人对他们表示了极大的赞赏,其中一个学生还和博士的一个女儿结了婚。珍珠港事件后,他们住在城里,生活十分贫困,靠两个女儿养家。日本人曾请他出来做事,但都被他拒绝了,他说:"既然成了燕京的人,就永远属于燕京。"①

为了使燕大得以在沦陷区继续办学,司徒雷登除了要对付来自日伪政权的骚扰和压力,还要想方设法帮助学生在精神生活和物质生活方面渡过难关。

学生自治会被取消后,在校方的支持下,各种社团活动在燕大空前活跃起来。其中既有同学们自发组织起来的、以讨论时事政治为主的杂行会和读书会,也有爱好戏剧的同学组建的燕大昆曲社、燕京剧社(话剧)和燕大国剧社(京剧)。此外,原有的基督教团契活动进一步扩大,最多时参加者达六百余人。有些团契组织的召集人甚至是中共地下党员,如名为耶稣之友的小团契的召集人

---

① John Leighton Stuart, *Fifty Years in China—The Memoirs of John Leighton Stuart, Missionary and Ambassador*, New York: Random House, 1954, pp. 133—134.

杜含英(杜若)就是留校的中共地下党员,而这个团契的顾问则是一度代理燕大教务长职务的美籍心理学教授夏仁德及英籍物理和数学教授赖朴吾。

1940年,随着国际形势的日趋紧张和日寇不断在沦陷区进行"大扫荡",北京的情况也严重恶化了。这一年的冬天,日军车撞死燕大研究生兼物理系实验教师冯树功,燕大师生举行千人追悼会和反日游行。形势的严峻使不少学生的经济来源也受到了影响,许多学生放弃学业,投身到抗日救亡运动中去。为了加强对学生的课外组织工作,帮助经济困难的同学渡过难关,并给去大后方的学生提供帮助,司徒雷登将原来隶属于教务处的学生辅导科改组为学生生活辅导委员会,直接由文、理、法三个学院的院长会议领导,并任命一贯积极支持学生爱国运动,深受学生信任和爱戴的两位教师夏仁德和侯仁之为该委员会的主席、副主席。

为了帮助那些家境比较贫寒的学生,司徒雷登在学校经费十分紧张的情况下,仍然拨出一定的钱款,为学生在校图书馆、实验室、办公室等地安排了一些勤工俭学的位置,由学生生活辅导委员会负责,根据学生的申请分配工作,按时付酬。有时,夏仁德教授甚至拿出个人的钱来帮助那些特别需要资助的学生。

在司徒雷登的授意下,学生生活辅导委员会为那些要求去参加抗日活动的学生提供尽可能的帮助和资助。从1940年底到1941年底,在短短一年的时间里,就有曹天钦、刘适等十多个学生通过学生生活辅导委员会和燕大校友的协助去了大后方,另有三批同学去了共产党领导的解放区抗日根据地。据燕大校友肖芳先生告诉笔者,由侯仁之先生安排,经肖芳先生帮助,通过其做地下党联络员的哥哥肖在田送往西山八路军抗日根据地的燕大同学就有陆禹、陶军、王季兰(李凡)、张志深、田玉、陈涤夷、吴铮、佟静波和丁木等。

随着抗日战争的逐步深入,燕大的一些外籍教师陆续秘密前往八路军管辖的抗日根据地访问并直接参与了援助抗日的工作。对此,司徒雷登一律给予支持。如英籍教授林迈可先生曾多次秘密为华北共产党游击队提供通信和医疗设备,为了躲避日军的检查,司徒雷登多次把自己享有外交豁免权的小汽车借给他使用。日军偷袭珍珠港后,林迈可夫妇和班威廉夫妇秘密投奔晋察冀抗日根据地时,也是乘坐司徒雷登的汽车离开北京城的。

司徒雷登就是这样,一方面明知徒劳无功,却每年都要为驻华北的日军充当求和使者,到重庆去见蒋介石,做出一副乐于为日本人效劳的姿态;一方面则坚定而积极地支持燕大师生的各种抗日救国活动,用自己特殊的方式既维护了燕大的完整性,又向人们证实了燕大在日本占领区坚持办学的必要。

## 三、日本宪兵队的阶下囚

与以往一样,在日占领区坚持办学的司徒雷登并没有忘记随时把自己对中日战争的看法报告给国内,并对美国在中日战争中所扮演的角色提出建议和忠告。

由于司徒雷登不仅经常与日本人打交道,还同时与国民党政府的高级官员以及华北伪政权的各色人物保持着千丝万缕的联系,因此他能够对抗战局势的发展做出较为客观的分析和判断。

他的许多报告和备忘录被递交到美国国会后,成为负责远东事务官员的必读物,有时甚至成为包括赫尔国务卿在内的高级官员的参阅文件。

1941 年 7 月 14 日,司徒雷登把一份有关对中日战争前景评估的报告交给美国驻北京的领事理查德·巴特里克(Richard P. Butrick)。司徒雷登的报告指出:

> 大多数中国人都认为,如果美国能向中国提供两国都能接受的、快速而有效的帮助,中日之间的战争将很快就会结束。据一位资深的中国人分析,从经济实力上看,日本可以再坚持两到三年的时间;而另一个日本问题专家则认为日本最迟在明年春季就会寻求和平解决中日问题的途径。前华北傀儡政权主席则认为日本也许不会维持到明年。[1]

这份涉及中国各方人士对战争前景评估的报告转到美国国务院后,得到国务院政治关系司顾问贺百克(Stanley K. Hornbeck)的高度重视。他随即把有关内容整理成备忘录,呈有关官员参考。

这期间,由于美国冻结了日本在美国的财产,并对日实行全面的石油禁运,致使日美关系急剧恶化。为了避免美日之间可能爆发的战争,美国国务院与日本驻美大使在华盛顿举行了会谈。

得知这一消息后,司徒雷登又于 9 月 18 日致函国务院,对此提出批评。他认为,美国与日本的谈判不可能有实质性的结果,美国政府也不应该相信日本的任何承诺,因为日本将会采取先向美方

---

[1]　Yu-ming Shaw, *An American Missionary in China : John Leighton stuart and Chinese-American Relations* , Harvard University Asia Center, 1992, p. 135.

妥协,然后再伺机向南或向西伯利亚进军的策略。日本无论做出怎样的承诺,都不过是在玩弄阴谋。司徒雷登的结论是:"目前华盛顿会议和日后外交政策的危险不在于它们将导致战争,而在于它们将带来的对和平的极端不切实际的幻想。"①

就是上述这两份报告,在太平洋战争之前举行的美日谈判中发挥了重要的作用。

贺百克在读了司徒雷登9月18日的信后,于9月23日致函国务卿,声称司徒雷登的意见"实乃一针见血"②。两天后,他再次给国务卿赫尔写信,表示强烈反对拟议中的美日高峰会谈,以及任何双方可能达成的协议。

经过反复斟酌,赫尔国务卿听取了贺百克的劝告,于10月2日通知日本驻美大使野村吉三郎,美国政府拒绝接受日本在贸易、中国局势及欧洲战场等问题上所持的立场。

原定的美日高峰会谈胎死腹中。

另一位对司徒雷登的后一份报告给予高度评价的是美国国务院远东司的官员约翰·戴维斯(John P. Davies)。他认为司徒雷登的观点对美日谈判是"一个特别深刻而具有重大意义的贡献"③。

约翰·戴维斯是一个传教士的儿子,出生在中国,曾在燕京大学读过书。他曾出任美国驻沈阳领事馆的领事,同日本人和伪满政权都打过交道。因此,他对司徒雷登所持观点的评价是比较客观的。太平洋战争爆发后,约翰·戴维斯被派到远东,担任美国驻

---

① Stuart to Trustees, September 18, 1941, Record of Yenching University.

② Hornbeck to Hull, September 23, 1941, Hornbeck Papers.

③ Foreign Relations of the United States, 1941, Volume IV, Washington, D. C., p. 564.

远东司令史迪威将军(Joseph W. Stilwell)的顾问,在延安会见过毛泽东,为中国的抗日战争的胜利做出过贡献。

三个月后,日本偷袭珍珠港的举动证明司徒雷登对日本的判断是有先见之明的。

1941 年 12 月 7 日晨(夏威夷当地时间),日本出动了 350 余架次的轰炸机,在对方没有丝毫防备的情况下,对美国海军太平洋舰队司令部的所在地——夏威夷瓦胡岛的珍珠港海军基地进行了轮番轰炸,使太平洋舰队在不到两个小时的时间里,死伤 3400 多名官兵,损失了 300 余架战斗机和 21 艘战舰,几乎全军覆没。

而就在日本空军开始轰炸珍珠港之后一小时,日本驻美大使还向美国国务卿递交了一份外交信函,摆出一副愿意与美国共同维持太平洋地区和平的姿态。

事实是,几小时前,日本军队已同时向马来地区、关岛、菲律宾群岛、威克岛及中途岛等太平洋地区发动了全面进攻。

日本偷袭珍珠港的消息传到美国本土后,美国公众义愤填膺。罗斯福总统当即发表"国耻日"演说,指出:

> 夏威夷同日本相距甚远,显而易见,这次进攻是许多天甚至数星期之前便精心策划的。在此期间日本政府通过虚伪的声明和希望维持和平的表示蓄意对美国进行欺骗。……我断言,我们不仅将尽全力保卫我们自己,而且将确保永远不再受到这种背信弃义行为的危害。[1]

---

[1] 常冬为编:《美国档案:影响一个国家命运的文字》,中国城市出版社,1998 年,第 533—534 页。

在罗斯福发表演说之后,美国国会以压倒多数投票通过对日宣战。

太平洋战争全面爆发。

早已对司徒雷登和燕京大学心怀不满的日本宪兵队,在获知美国对日宣战的当天早晨八点便派兵开进燕大校园,对学校实行包围和封闭。

美丽宁静的燕园顿时陷入恐怖和混乱。学生们预感到将会遭受不测,开始销毁所有可能引起猜疑的书籍、信件和文稿。校园里到处飘散着黑烟和纸灰。

日本宪兵把所有的办公室和教室都一一贴上封条,并把全体学生赶到大礼堂,把中国教师们赶到体育馆,把外籍教师集中到临湖轩,分别听他们奉命占领燕大的训话。第二天,日本宪兵按名单逮捕了十几个燕大学生和教授后,宣布全校同学必须在上午十点到下午三点钟之前离校,其余教师则不准擅自离开学校。

这一天,燕大被捕的校方人士和教师有:校务委员会主席陆志韦、教务长林嘉通、宗教学院院长赵紫宸、哲学系主任兼教授张东荪、社会学系主任赵承信、新闻系主任刘豁轩、法学院院长陈其田七人。同时遭逮捕的还有11名学生。

几天后,燕大历史系教授洪煨莲和邓之诚,以及总务长蔡一谔、学生生活辅导委员会副主席侯仁之也在家中被捕。

来不及撤离的燕大外籍教师谢迪克、贝卢思等六人,集中住在燕园,数月后被送往日军设在山东潍县的集中营关押,其后分为两批交换回国。

至此,在日本占领区坚持了四年的燕京大学被迫关闭。环境幽美的燕大校园被改成日本军官的疗养院。而与其毗邻的清华大学校园则早已成为日军的战地医院。

事发的当天,司徒雷登不在学校。他应天津校友会的邀请在前一天到天津去度周末。12月9日一早,正当他在准备回校时,两个日本宪兵找到他在天津的下榻处将他逮捕,押送回北京。

当时,司徒雷登并不知道究竟发生了什么事,但想到燕大和他本人对日本人一贯采取的阳奉阴违的态度,一路上都在为自己可能遭到不测而忐忑不安,直到日本人把他押到美国领事馆驻地,与其他被拘留的近二百名美国海军陆战队员、记者和传教士一道关在美国领事馆的三楼上,他才安下心来。

从此,司徒雷登开始了他近四年的囚徒生活。

尽管一直关注着国际形势的变化,也预感到美日之间似乎会发生点什么事,但日本偷袭珍珠港这件事,仍然令司徒雷登和与他同时被捕的那些远离美国本土的人感到不可思议。各种有关这场战争的小道消息已经传开。与其他人不同的是,当日本向美国海军发动突然袭击的消息被证实后,司徒雷登并未情绪激愤,而是体验到一种满足感。

虽然司徒雷登本人也深感自己的这一心态非常不合时宜,但却认为是有理由的。在回忆录中,他为自己之所以会有这样的感受辩解说:

> 几年来,我一再向燕大托事部发去密信,对日本可能造成的威胁以及如何防患于未然提出我的忠告。这些报告也曾在一些经过筛选的领导人中传阅过。但他们却把我的警告当做耳旁风,令我十分沮丧。反过来说,也只有发生这种灾难性的

事件,才能唤起美国人民的觉醒和行动。……可叹的是日本人根本不了解美国人的脾气,以致正应验了中国的一句俗话"聪明反被聪明误",从而使我们最终获得了有史以来代价最为昂贵的胜利。①

最初一个月的囚禁生活虽然因缺少生活必需品而令人很不舒服,但还算比较平静,除了不能自由外出,在领事馆内的活动却相对比较自由。圣诞节那天,司徒雷登甚至还接待了几位前来看望他的客人,并收到了许多令人愉快的贺卡。可是四个星期后,当绝大多数人都被释放时,只有司徒雷登与协和医学院的校长胡恒德博士及另外两名医学院的教授仍然没有获得自由,而是被转移到位于东单三条的胡恒德的家里继续关押。

被日本宪兵关押中的司徒雷登(中),左为协和医学院校长胡恒德博士,右为协和医学院财务主管鲍文(Trever Bowen)博士

这是一座前满族亲王的宅邸,既华丽又宽敞。经过胡恒德的改造后,它不但拥有供暖、洗浴等现代化生活设施,还保留了一批训练有素的佣人。司徒雷登等人的生活条件大大改善了,有时还能通过大门上的瞭望孔与朋友会面。

然而,好景不长。四个月后,他们又一次被转移。新的关押地

---

① John Leighton Stuart,*Fifty Years in China—The Memoirs of John Leighton Stuart, Missionary and Ambassador*,New York:Random House,1954,p.138.

在外交部街,是一个已年久失修的英国商人的住宅后院,不但十分狭小,而且缺乏供暖和卫生设备。前院稍好一些的房间,住着负责看守他们的 7 个日本宪兵。司徒雷登等人不但每天要忍受严寒的折磨,还要吃着难以下咽的日式粗茶淡饭,这令他们有一种度日如年的感觉。

不久,与他们同时被捕的协和医学院的荷兰籍教授斯乃博(Isidore Snapper)博士被释放了。这给司徒雷登带来了希望。他确信过不了多久,他们几个同样会获得自由。他们从地下渠道得到的消息也证实了这是可能的。可是,时间一个月一个月地过去,他、胡恒德和另一个美籍教授鲍文却始终没有获得自由,而是日复一日地过着与世隔绝的监禁生活。

当时司徒雷登并不知道,他被捕的消息传到美国后,他的朋友们立即展开了营救工作,洛克菲勒基金会和燕京托事部也都千方百计地想把他救出来。美国国务院甚至把他、胡恒德教授和鲍文教授列入交换人员名单的前列,并威胁日本政府说,如果再不把他们放回美国,美国就停止双方交换侨民的工作。

可是,日本军方无视美国政府的威胁,一次又一次把他们的名字从释放人员的名单中删除。

所幸的是,日方尽管在看管和防范措施上十分严格,但在生活上多少还是给予了一定的优待。司徒雷登的一位中国银行家朋友拿出一笔钱用以改善他的生活待遇。经过交涉,日本人不仅允许朋友们定期给司徒雷登等人送日用品和食品,还同意让一位挪威女传教士每星期六晚上到看押地来给他们做一顿美味的晚餐。

日本人为什么要扣住司徒雷登等人,拒不释放呢?

因为日本人认为,如果单纯依靠教会和民间的捐赠,燕京大学不可能办成现在的规模,燕大的背后肯定有美国政府的支持。另外,从司徒雷登与蒋介石政府的关系如此密切来看,他不会只是一个普通的大学校长,而很有可能肩负着特殊的使命。特别是在美国国务院态度强硬地一再要求释放司徒雷登后,他们更是坚定了自己的判断,把司徒雷登视为一个重要的人物,并自认为深知他的价值所在。

他们认为关押司徒雷登对日本政府来说至少有三点好处:一是可把他作为人质与美国讨价还价;二是一旦需要与蒋介石政府讲和时,还可让他从中做调解人;三是尽可能减少他对外界的影响力。所以,他们既不肯轻易放司徒雷登回国,也不能让他随便与外人接触,可又得保证他健健康康地活到发挥作用的那一天,因此才会出现既对他严加看管又在生活上适当给予照顾的局面。而日本人把协和医学院的胡恒德教授和鲍文教授与司徒雷登一道关押的真正意图,就是让他们在这期间确保司徒雷登的身体状况不发生意外,因为他毕竟已是一位年近古稀的老人了。

日本人真可谓用心良苦。然而事实证明他们的如意算盘打得并不精明,因为至少有一点他们没有考虑到,这就是:这种所谓的秘密关押非但没有达到消除燕大影响力的目的,反而产生了相反的效果。用司徒雷登自己的话来说就是:

> 要是当初日本人不声不响地把我们遣送回国,学校和我们的影响也就到此为止了。或者,如果把我们关进集中营,我们同样会消失在人群中,被人遗忘。但这种将我们与其他人隔离关押的做法却激起了外界的好奇和同情心,使我们几乎

成为传奇式的人物。①

同所有的囚犯一样,在被关押的第一年,司徒雷登也被提审过。日本人想从司徒雷登那里了解到一些他们长久以来渴望得知的情况,但却次次在司徒雷登面前碰了壁。

据司徒雷登回忆,日本宪兵共对他进行过四次长时间的严酷审问。

首先,日本人急于了解司徒雷登是怎样把燕大的学生送到大后方去的。日本的特工人员经过几年的探察,已经多少掌握了一些这方面的情况。

对这个问题,司徒雷登并没有回避,而是以一种坦然的态度告诉日本人,他非常同情那些无家可归的学生,感到自己有责任帮助他们到他们想去的任何地方。至于这些学生出走的原因和目的是什么,他从不过问。

而当日本人追问有哪些中国人帮助过他这样做时,司徒雷登则拒绝说出他们的名字。司徒雷登直截了当地对审问他的人说,中国人帮助他是对他的信任,如果他出卖了他们,不但有负于人家的信任,就连审问者也会因此而看不起他。

司徒雷登还对审问他的日本人说,他已经是个老人了,多活几年或少活几年没有太大的关系,听任日本人的处置,但自己决不做任何可能危及朋友性命的事情。

日本人的另一个问题,是有关燕京大学的办学性质和办学目

---

① John Leighton Stuart, *Fifty Years in China—The Memoirs of John Leighton Stuart, Missionary and Ambassador*, New York: Random House, 1954, p. 141.

的。这也是长期以来最令他们迷惑不解的问题。因为司徒雷登曾经拒绝接受日本政府试图提供给学校的一笔数目相当可观的补贴。当司徒雷登告诉他们燕大完全靠私人捐助办学,美国政府从未给过一块美元的经费时,日本人非常吃惊,也根本不相信司徒雷登的话。

当然,日本宪兵在提审司徒雷登时问得最多的还是他与蒋介石的关系。

抗战爆发后,作为理事,司徒雷登每年春天都要和傅泾波一起去香港参加中国教育基金会会议,并利用这个机会去重庆与蒋介石和其他国民党政府官员会面。日本人想知道他们会面的具体情况和细节。

每当涉及这个问题,司徒雷登总是理直气壮地夸蒋介石是一个热忱的爱国者,并奉劝日本人应从中日两国人民的根本利益出发,停止与中国人民为敌。

最后,日本宪兵还想了解司徒雷登是受谁的指使代表日本军方去与蒋介石进行停战谈判的。显然这种使命是违背日本政府中某些人的意志的。

对这个问题,司徒雷登做出一副不了解内情的样子,顾左右而言他,拒绝讲出任何人的名字和细节,而让日本人去问他的秘书。司徒雷登知道自己的秘书是有办法对付这些审问者的。

日本宪兵提的问题虽然都很尖锐,但对司徒雷登的态度还是很客气的,有时甚至表现出小心翼翼的样子。因为他们知道司徒雷登一向与日伪政权的头脑们过从甚密,在各方面都有朋友,是一个他们不愿轻易得罪,也暂时没必要得罪的人物。

然而,日本宪兵对待同一天被捕的燕大学生的态度,却极其蛮横和凶恶,不但在生活上虐待他们,有的还施以重刑。

日本人问得最多的问题集中在两个方面:一个是燕京大学送学生去大后方和八路军抗日根据地的情况;另一个是学校内部的组织活动,特别是基督教团契、读书会及其他宗教活动的情况。日本宪兵试图从学生的嘴里,得到那些从司徒雷登嘴里得不到的东西。在日本人看来,燕大的所有组织和活动都是抗日活动的伪装。

据当时被捕的燕大学生陈嘉祥回忆,日本宪兵曾要求每一个燕大学生都要填一张题为《燕京大学抗日容疑取调询问》的调查表。这张调查表共有八个题目:(1) 个人之普遍思想,对美思想,对日思想;(2) 学校援蒋抗日策动;(3) 学校抗日教育;(4) 学校亲美教育;(5) 对共产党及其外廓团体之认识及关系;(6) 与共产军之联络;(7) 学校内之抗日团体;(8) 其他。[①]

很显然,在日本人眼里,司徒雷登所领导和管理的燕京大学,亲日是虚,亲蒋、亲共是实;传播知识和基督教是虚,传播反日思想是实,是一个地地道道的从事抗日活动的机构。因此美日之间一进入战争状态,他们便迫不及待地关闭了燕大。

当然,日本人从燕大学生那里同样一无所获,不得不在一个月后把他们释放了。

燕大遭封闭后境遇最惨的,是那些被日本宪兵抓起来的中国籍教职人员。日寇把在司徒雷登和燕大学生那里碰壁后的所有恶气,统统都撒在了他们的身上。他们不但受到刑讯逼供,还被转移

---

① 陈嘉祥:《在日本监牢中三十三天》,燕大文史资料编委会编:《燕大文史资料》第三辑,北京大学出版社,1990 年,第143－151 页。

到条件更为恶劣的日本陆军监狱关押,并受到日本军事法庭的审判,有的直到日本投降后才获得自由。而他们的罪名,就是抗日。

最可敬佩的是这些平日里温文尔雅的大学教授们,没有一人在日寇面前屈服或者出卖别人,表现了中国知识分子的尊严和中国人宁折不弯的气节。

日寇对燕大人很无奈。他们对付燕大的唯一办法,就只剩下继续监禁司徒雷登了。

在遥遥无期的囚禁生活中,司徒雷登最关心的当然还是有关战争进程方面的消息。好在日本人竟然允许他们订阅了两份报纸,一份是北京出的英文日报,一份是英文版的《大阪每日新闻》。

北京当地出的日报由于受到日本军方的检查和控制,内容极其有限,但从《大阪每日新闻》中,司徒雷登等人却能获得不少有关战争的消息。尽管日方的报纸登满了日军如何在战场上取得"胜利"的报道,但时间一长,司徒雷登等人便练就了一套如何透过这些消息了解实际战况的本领。回忆起这段往事,司徒雷登写道:

> 我们逐渐学会了如何分析日本方面的新闻报道。例如,报纸上登了一条有关美国海军陆战队两次企图在太平洋某岛登陆的消息,还说他们的企图被击退了,损伤惨重。但以后有很长时间报上不再提起这个海岛的名字,直到有一天又传出日本飞机轰炸该岛的消息,于是我们就断定美军的登陆行动成功了。我们从许多新闻中得知日本缺乏航空汽油、货轮和食品的消息后,推断出德国战败后日本也坚持不了多久的结论。……到1945年春天,《大阪每日新闻》开始时有时无,最后终于完全停版了。这证明美军对日本的轰炸发挥了威力,但

同时我们也失去了消息的主要来源,我们真不知道对此应该感到高兴,还是应该感到遗憾。①

就这样,司徒雷登和狱友们依靠日本报纸透露的点滴消息,判断着战事的发展,并从中获得了在漫长的囚禁生活中支撑自己的力量。

1944年春,苏联红军把德国军队赶出国境,开始了战略大反攻,一个个欧洲国家相继获得解放。6月,英美联军在法国诺曼底登陆,开辟了欧洲第二战场,世界反法西斯战争的形势发生了根本的转变。美军在太平洋战争中也取得了重大的胜利,先后在马绍尔、加罗林、马里亚纳群岛、塞班岛和菲律宾等地登陆,日本侵略者节节败退,曾经十分嚣张的气焰一落千丈。

1945年5月9日,苏联红军攻克了柏林,欧洲战场的战事以德国法西斯的彻底失败而告结束。

1945年5月底,穷途末路的日本人想让苏联出面调解同美国的关系,遭到苏联的断然拒绝。于是,他们又试图通过蒋介石与美国取得和解。6月中旬,日本内阁通过了释放司徒雷登的决定,打算让他到重庆去说服蒋介石承担这一使命。

7月4日,傅泾波被允许前来看望司徒雷登,向他介绍了当时的军事情况。日本人的用意是企图通过这一举动,消除司徒雷登因长期受关押而产生的对日本人的不满。但他们似乎丝毫没有意识到这是徒劳的。

---

① John Leighton Stuart, *Fifty Years in China—The Memoirs of John Leighton Stuart, Missionary and Ambassador*, New York: Random House, 1954, pp.148—149.

此时,第二次世界大战已近尾声。

7月17日,美国总统杜鲁门、英国首相丘吉尔和苏联领导人斯大林在柏林附近的波茨坦举行会议,就对德国的管制、太平洋战争、美国和苏联与中国的关系等问题进行了三方会谈,并于7月26日通过和发布了《波茨坦公告》。

《波茨坦公告》的主要内容就是以中、美、英三国政府的名义,促令日本无条件投降。

7月27日,日本军界的一些顽固分子逼迫政府表示坚决不同意投降,还想做最后的挣扎。

8月初,日本政府派来的代表在傅泾波的陪同下到关押地会见司徒雷登,直截了当地向他提出再次充当求和使者的要求,遭到司徒雷登的断然拒绝。

司徒雷登提醒日方代表说,《波茨坦公告》已经敦促日本应"无条件投降",现在任何人都帮不了他们的忙。他们唯一应该做的就是规劝天皇和新内阁遵守《波茨坦公告》,宣布无条件投降,尽早结束战争。否则,等待他们的将只会是灭顶之灾。

令司徒雷登欣慰的是,日方代表竟然接受了他的意见,答应把他的想法转告日本政府。

日本拒绝执行《波茨坦公告》的行为,激起了世界反法西斯阵营和中国人民的强烈不满。美军当即出动数百架飞机轮番轰炸日本本土,日本遭受巨大损失。

8月6日,美国在日本广岛扔下了一颗原子弹。顷刻之间,广岛化为一片焦土。

8月8日,苏联对日宣战。

8月9日，百万苏联红军越过中苏边境，进入中国东北地区，向日本关东军开战。

当天，毛泽东发表了《对日寇的最后一战》的声明，号召中国人民的一切抗日力量举行全国规模的反攻，密切而有效地配合苏联及其他同盟国作战。

同日，美国向日本长崎市投下了第二颗原子弹，继续向日本政府施压。

8月10日，朱德总司令向中国共产党所领导的武装力量发布进军令，向日军展开全面反攻。

短短一周内，抗日战场捷报频传。

冀热辽军区部队进入东北，和抗日联军游击队一起，积极配合苏联红军作战，解放了全东北。

晋察冀军区部队攻占了张家口、山海关等重要城市，解放了察哈尔全省，并包围了北京、天津、保定等日本人控制的大城市。

晋绥部队攻克归绥、太原等重要据点，解放了大片土地。

山东部队解放了一百个县城。

晋冀鲁豫部队解放了黄河沿岸的广大地区。

华中地区的部队向苏南、上海郊区、浙江北部、淮南、陇海线东段、津浦路南段等地区反攻，直逼上海和南京。

各路大军进军神速，作战英勇，取得了重大胜利，击毙和俘虏的日伪军多达35万人。

在中国人民和世界反法西斯力量的沉重打击下，日本帝国主义的人、财、物消耗殆尽，再也无力将侵略战争继续下去了。

1945年8月14日，日本政府照会美、英、苏、中四国政府，表示接受《波茨坦公告》的决议。15 日,日本天皇裕仁发表全国广播讲话,宣读《终战诏书》,正式宣布无条件投降,并下达了日本军队立即终止战斗的命令。

9 月 2 日,日本外相重光葵和参谋总长梅津美治郎在停泊在东京湾的"密苏里"号美国军舰上,向同盟国代表正式签署了无条件投降书。

9 月 9 日,日本驻华部队总司令冈村宁次也在南京向中国政府的代表何应钦签署了无条件投降书。

至此,抗日战争胜利结束。

司徒雷登等人是在日本天皇宣读《终战诏书》后的第三天获释的。

8 月 17 日下午,司徒雷登、胡恒德和鲍文被传唤到日本宪兵司令部。在宪兵司令部的接待室里,日本宪兵司令亲自向他们宣布了释放决定,并为他们受到长期关押向他们道歉。

从 1941 年 12 月 9 日被捕到 1945 年 8 月 17 日获释,司徒雷登的囚禁生活整整持续了三年零八个月。

司徒雷登出狱时,随身带走的只有几包在囚禁期间撰写和翻译的书稿。其中有他的自传《平生自述》《对于同观音之见解》《第四福音注释》,以及吕坤的《呻吟语》和《四字成语》的英译稿、《论语》的节译稿和附注等。

8 月 18 日,司徒雷登立即邀请尚留在北京的燕大教职人员陆志韦、洪煨莲、林嘉通、蔡一谔、侯仁之等五人在东交民巷三官庙开会,组成复校工作委员会,共商复校大计。他们要使燕京大学成为抗战胜利后第一所在北京光复的大学。

8月29日，司徒雷登在美国军事代表团的安排下，由傅泾波陪同，搭乘一架美国军用飞机离开北京。他此行的目的地是重庆，此行的主要目的有两个，一是参加国民党政府为庆祝抗战胜利举行的活动；二是与那些燕大被日军关闭后在成都复课的燕大流亡师生见面。

司徒雷登和傅泾波乘坐的飞机先在西安着陆，又于次日飞往昆明。在昆明耽搁了几天后，他们于9月3日抵达重庆，在重庆逗留了近三周的时间，于9月22日离开。

得知司徒雷登到重庆的消息后，数百名燕大校友为他举行了一个盛大的招待会，庆祝老校长与他们劫后重逢。

司徒雷登与燕大新生在一起

司徒雷登于 9 月 4 日出席了国民党政府举办的庆祝抗战胜利的招待会,并在会上第一次见到了中国共产党的代表毛泽东、周恩来和董必武。双方进行了交谈。事后,经燕大校友龚澎安排,毛泽东和周恩来于 9 月 19 日又专门设便宴招待了司徒雷登和傅泾波。

在重庆期间,司徒雷登还专程飞到成都停留了两天,与成都燕大的同仁们共同商讨复校的具体事宜。

1945 年 10 月 10 日上午 10 点,劫后余生的燕大师生们在燕园大礼堂举行了隆重的开学典礼。

大礼堂里座无虚席,人声鼎沸,掌声雷动。人们尽情地为重逢欢呼,为胜利欢呼,更为新生的燕京大学欢呼。

# 第九章　出任美国驻华大使(1945—1946)

## 一、蒋介石的全面内战与马歇尔使华

1945 年 11 月 12 日,当燕大的各项复校工作有条不紊地开展起来之后,司徒雷登在傅泾波的陪同下离京赴上海,从上海乘军舰前往关岛,再搭乘美国海军运送伤病员的一架医用飞机回国。在被日寇监禁了近四年之后,司徒雷登的健康状况已经大不如前,需休养一段时间,燕京托事部也急于与他就燕大复校后的各类繁杂事务进行协商。

燕京纽约托事部为司徒雷登举行了一系列的招待会和酒会,人们像对待一位凯旋的英雄一样欢迎他的到来。在北京沦陷后仍不顾艰险坚持办学以及日美交战后被日军关押了近四年的经历,使司徒雷登的名望空前高涨。每一次聚会,他都是人们关注的中心,而每当他谈到燕大劫后新生、百废待兴的境况时，不用他明言，人们便纷纷慷慨解囊，为重振燕大尽力。

12 月 28 日，司徒雷登在华盛顿出席了由华美协进会主持召开的庆功会。五百余名中国留美学生代表欢聚一堂，热烈欢迎从抗战第一线归来的燕京大学校长司徒雷登。司徒雷登在会上发表讲演，热情地称赞抗战时期沦陷区学生的爱国运动。国民党驻美大使胡适和林语堂先生也都在会上发表了讲话。

当司徒雷登沉浸在与亲朋好友欢聚的喜悦中时，大洋彼岸的中国局势却急转直下，全面内战的硝烟再次笼罩了中国的大地。

抗战胜利后，蒋介石政府为了重建其在中国的独裁统治，不允许曾对抗战做出过重大贡献的中国共产党领导的军队接受日军的投降，而想独自垄断中国战区的受降权。

当时，中国境内共有 128 万日军和 60 余万伪军等待着中方接受他们的投降。一直战斗在抗战最前线的八路军和新四军就地接受战败者的投降原本是顺理成章的事，但以蒋介石为首的国民党政府考虑的不是如何使饱尝了家破人亡之苦的中国老百姓重建家园，开始和平安定的生活，而是如何对付迅猛发展起来的共产党领导的人民军队。他们知道，如今的共产党政权与抗战初期相比，已不可同日而语，不仅拥有 100 万平方公里的解放区，还拥有了一支由 120 万正规军和近 220 万民兵组成的武装力量。对国民党政权来说，这一武装力量的存在本身就是巨大的威胁，如果他们再从日军手中接收大量武器装备，则无异于如虎添翼。

但是，要立即全面接受日伪军的投降对蒋介石来说也并非易事，因为当时国民党的几十个用美式武器装备的机械化师团还远在滇西和缅甸北部的崇山峻岭中,根本无法赶到前线接受投降。

于是,为了抢夺抗战的胜利果实,也为了阻止共产党壮大自己的力量,蒋介石一方面摆出要与共产党握手言和的姿态,一方面又不惜与日伪合流,对汉奸和日本战犯网开一面。

1945 年 8 月 14 日,就在日本表示接受《波茨坦公告》的当天,蒋介石致电中共中央主席毛泽东,请他到重庆"共商国家大计"。由于未得到毛泽东同意立即前往重庆的明确答复,蒋介石又分别于 8 月 20 日和 23 日,连续两次发电报邀请毛泽东赴重庆会谈。

在十天之内三次向共产党的首脑发出和谈邀请,蒋介石的"诚意"赢得了国内舆论的一致赞赏。

蒋介石政权为何如此迫切地想与共产党言归于好,和平共处?

时任国民党《中央日报》社社长的胡健中、主笔陶希圣和总编辑陈训悆(蒋介石侍从室主任陈布雷的弟弟)的一番话,道出了其中的原委:"毛泽东决不会来重庆与国民党谈判,我们就可以借此发动宣传攻势,说共产党蓄意制造内乱,不愿和谈。""我们明知共产党不会来渝谈判,我们要假戏真做,制造空气。"①

为了阻挠共产党军队接受日寇的投降,1945 年 8 月 15 日,在日本天皇宣读了《终战诏书》之后,蒋介石发表了名为《以德报怨》的广播讲话,要求对日军不要企图报复,不要以暴行答复敌人的暴行,而应"不念旧恶、以人为善",并迫不及待地颁布了如下命令:"日军在军事行动停止后,可暂保有其武装及装备,保其现有态势,

---

① 王抡楦:《重庆谈判期间的〈中央日报〉》,中共重庆市委党史工作委员会、重庆市政协文史资料研究委员会、红岩革命纪念馆编:《重庆谈判纪实(1945 年 8 月－10 月)》,重庆出版社,1983 年,第 417 页。

并维持所在地之秩序及交通,听候中国陆军总司令何应钦之命令。"①

蒋介石的"宽宏大量"令日寇感激涕零。

8 月 18 日,侵华日军司令冈村宁次在他起草的《和平后对华处理纲要》中,表示要全力支持国民党政府,而对中国共产党的态度则是:

> 延安方面如有抗日侮日之行为,则应断然予以讨伐。……应向中国移交的武器、弹药、军需品等,根据统帅命令指定时间、地点,完全彻底地交付中国方面,为充实中央政权的武力做出贡献。②

为了回报冈村宁次的表态,蒋介石政府果然"以德报怨",非但没有给这个大战犯治罪,反倒对其严加保护,待若贵宾,并在国民党撤离大陆前夕经蒋介石批准,宣判其无罪,由汤恩伯从上海将其秘密遣送回国。就连冈村宁次本人都没有想到他能活着回到日本:"在停战初期,我自忖不仅被判为战犯,且死刑也在所难免。但几经曲折,终被宣判无罪,得以生还。"③

更为卑劣的是,国民党当局公然以敌为友,要求日军从共产党领导的抗日武装手中夺回失地。

8 月 23 日,在蒋介石第三次电邀毛泽东赴重庆的当日,何应钦

① 何应钦:《八年抗战之经过》,张宪文主编:《中华民国史纲》,河南人民出版社,1985 年,第 633 页。
② 稻叶正夫编:《冈村宁次回忆录》,天津市政协编译委员会译,中华书局,1981 年,第 45—46 页。
③ 同上书,第 142 页。

打电报给侵华日军司令冈村宁次:"如果各地为股匪所占领,日军应负责任,并由日军将其收回。"①

8月27日,到南京负责受降的国民党政府前进指挥所主任、陆军副参谋长冷欣又当面向冈村宁次强调说:"本人要特别说明,凡不听蒋委员长命令、自由行动的就是土匪。"他还要求冈村宁次应特别注意上海、南京、北平、天津、青岛、汉口、广州、香港等重要都市。②

针对国民党政府的一系列行径,8月25日,中共中央发表了《对目前时局的宣言》,严正指出:"在这个新的历史时期中,我全民族面前的重大任务是:巩固国内团结,保证国内和平,实现民主,改善民生,以便在和平、民主、团结的基础上,实现全国的统一,建设独立自由与富强的新中国。"③

宣言要求国民党承认解放区的民选政府和抗日军队,实现和平,避免内战;承认各党派的合法地位,取消一切妨碍人民集会结社言论出版自由的法令,取消特务机关,释放爱国政治犯;立即召开各党派和无党派代表人士参加的会议,共同商讨抗战结束后的各项重大问题,制定民主施政纲领,成立举国一致的民主联合政府,并筹备自由无拘束普选的国民大会。

宣言还声明,中国共产党"愿意与中国国民党及其他民主党派,努力求得协议,以期各项紧急问题得到迅速的解决,并长期团

---

①　张宪文主编:《中华民国史纲》,河南人民出版社,1985年,第634页。

②　冷欣:《从参加抗战到目睹日军投降》,传记文学出版社,1967年,第135-136页。

③　白寿彝总主编:《中国通史》第十二卷(上册),王桧林、郭大钧、鲁振祥主编,上海人民出版社,1999年,第301页。

结一致,彻底实现孙中山先生的三民主义"①。

《对目前时局的宣言》的发表是对国民党污蔑共产党"不要和平"的有力驳斥。宣言所提出的和平建国思想和政治主张,充分显示了中国共产党的远见卓识。

为了避免内战,表达对和平谈判的诚意,切实还广大人民群众一个安宁的生活和建设环境,1945年8月28日,毛泽东在周恩来、王若飞等人的陪同下从延安飞抵重庆,同机的还有专程到延安迎接中共代表团的美国驻华大使帕特里克·赫尔利(Patrick J. Hurley)和国民党军事委员会政治部部长张治中。

在重庆机场,毛泽东向中外记者和前来迎接的各民主党派人士发表谈话,再次表明了中国共产党是主张和平、民主和团结的,使国民党政府企图让共产党背历史骂名的如意算盘彻底落空。

由于邀请中共领袖到重庆会谈原本是蒋介石施放的烟幕弹,实际上国民党政府对谈判根本就毫无准备,毛泽东的重庆之行使国民党当局方寸大乱,在谈判桌上拿不出一条实质性的意见。国民党代表张群不得不在谈判桌上尴尬万分地承认:"我方事前党内并未有任何讨论,也未准备任何方案与中共谈判。"②

可中国共产党人却是抱着真诚的和平的愿望来到重庆的。

为了推动谈判顺利进行,9月2日,毛泽东提出了八项原则性意见。

---

① 白寿彝总主编:《中国通史》第十二卷(上册),王桧林、郭大钧、鲁振祥主编,上海人民出版社,1999年,第301页。
② 中共重庆市委党史工作委员会、重庆市政协文史资料研究委员会、红岩革命纪念馆编:《重庆谈判纪实》,重庆出版社,1983年,第208页。

9月3日,周恩来、王若飞又代表中共中央依照八项原则,提出了十一条具体方案。这些方案与8月25日中共中央《对目前时局的宣言》中提出的主张相比,做了较大的让步,如承认国民党政权和蒋介石的领导地位,不再要求召开党派会议及成立联合政府等。

但蒋介石对此并不买账。

9月4日,蒋介石召集国民党参加谈判的代表张群、王世杰、邵力子、张治中等人开会,把他自己写的《对中共谈判要点》交给国民党代表。其中不仅对共产党军队的数量做出限制,还明确表示拒绝承认解放区。

9月8日,张群将一份充分体现了蒋介石谈判要点的答复交给中共代表团。国民党在强调军令、政令必须统一的幌子下,一再要求共产党"放弃地盘","交出军队"。张群在谈判桌上也明确表示:

> 我以为问题之症结所在正是军队。就承认党派合作、平等合作而论,如中共不以军队为一党私有,则各党派团结合作,也是容易实现的。政治亦然,倘不与军队牵连一起,亦极容易解决。[1]

10月9日,直到《双十协定》签署的前一天,蒋介石在与毛泽东单独会谈时,仍一味坚持要求中共改变对国内政策方针,放弃军队和解放区。[2] 可见,在抗日战争中发展壮大起来的人民武装和广大解放区是国民党政府一块心病,国民党政府必欲彻底铲除之而

---

[1]　中共重庆市委党史工作委员会、重庆市政协文史资料研究委员会、红岩革命纪念馆编:《重庆谈判纪实》,重庆出版社,1983年,第217页。

[2]　同上书,第227页。

后快。

谈判桌上,蒋介石根本没有谈判的诚意;谈判桌外,他几次三番秘密地给国民党各部队下达作战部署,命令他们及时抢占战略要地,对解放区发动进攻。

9月5日,蒋介石密令国民党第五战区司令刘峙抢占平汉、陇海铁路各要点;9月30日,密令国民党第九战区司令薛岳进攻信阳、礼山一带的新四军;10月9日,密令国民党第三战区司令顾祝同和第六战区司令孙蔚如围剿长江南岸鄂、浙、皖东及桐柏山区的共产党军队。[①]

在中共中央的统一指挥和调度下,共产党同国民党进行了针锋相对的斗争。

在战场上,解放区军民坚决反击,粉碎了国民党军队的屡次进攻,并严惩了拒绝向人民武装投降的日伪军。据冈村宁次回忆,仅华北和苏北因抗拒中共武装力量的正当受降而被击毙、击伤的日伪军就有七千人之多。[②]

在谈判桌上,中共代表严词驳斥了国民党的无理要求。王若飞理直气壮地质问国民党代表:我们抗战八年,守住大门,以掩护后方的安全,但反不能取得应有的地位,地位反不如汉奸伪军,这是为什么?[③]

就这样,国共两党边谈边打,边打边谈,在经过长达40天的马

---

① 南京国民政府军令部战史会档案,中国第二历史档案馆藏。

② 稻叶正夫编:《冈村宁次回忆录》,天津市政协编译委员会译,中华书局,1981年,第36页。

③ 中共重庆市委党史工作委员会、重庆市政协文史资料研究委员会、红岩革命纪念馆编:《重庆谈判纪实》,重庆出版社,1983年,第216页。

拉松式的谈判后,终于在 1945 年 10 月 10 日签署了《政府与中共代表会谈纪要》(即《双十协定》)。

重庆谈判最主要的成果是国民党原则上承认了中共提出的"和平建国基本方针"。

纪要中说,国共双方"必须共同努力,以和平、民主、团结、统一为基础,长期合作,坚决避免内战,建设独立、自由和富强的新中国,彻底实行三民主义"[①]。在这个前提下,中共承认蒋介石的领导地位。

由于谈判在有关国民大会、军队国家化、解放区地方政府及停止武装冲突等问题上均未达成协议,双方同意以后继续商谈,并确定在适当时期召开政治协商会议。

《双十协定》签订后,中共中央履行诺言,着手将长江以南的新四军撤往江北,以实际行动表明了自己和平、团结的诚意。可是,国民党政府却视协议为废纸,根本不打算执行,一再调动优势兵力,对北撤的新四军浙东纵队实行围追堵截,意在将其一举歼灭,造成该部队人员的重大伤亡。

10 月 13 日,蒋介石向国民党各战区下达了"剿匪"的密令,要求各部队迅速完成任务,有延误者以军法论处。在蒋介石的指挥下,到 11 月中旬,向解放区发动进攻的国民党部队的总人数达到了二百万人。[②]

---

① 白寿彝总主编:《中国通史》第十二卷(上册),王桧林、郭大钧、鲁振祥主编,上海人民出版社,1999 年,第 306 页。
② 参见中共重庆市委党史工作委员会、重庆市政协文史资料研究委员会、红岩革命纪念馆编:《重庆谈判纪实》,重庆出版社,1983 年,第 336—341 页。

大规模的全面内战一触即发。

面对中国内战的不断升级,美国政府开始出面调停国共两党的关系。

为了美国的在华利益,也为了维持东亚的稳定以遏制苏联,美国政府并不希望中国再度发生内乱。因此,援助国民党,帮助其巩固政权,鼓励国共双方进行协商并彼此达成妥协,一直是美国政府在战后处理国共两党关系问题上所持的原则立场。美国的最终目的是想将中国共产党纳入资产阶级民主政治的轨道,使国共两党和民主党派共同参加到一个亲美的、以蒋介石为首的、经过改组的联合政府里来。因此,美国驻华大使赫尔利一直以协调员的身份参与国共两党之间的谈判。

那么,对于国民党政府与侵华日军合流的做法,美国政府又是持什么态度呢?

当时的美国总统杜鲁门在他卸任后撰写的回忆录中毫不隐讳地写道:

> 我们就必须采取异乎寻常的步骤,利用敌人来做守备队,直到我们能将国民党军队空运到华南,并将海军调去保卫海港为止。因此我们便命令日本人守着他们的岗位和维持秩序。等到蒋介石的军队一到,日本军队便向他们投降,并开进海港,我们便将他们送回日本。这种利用日本军队阻止共产党人的办法是国防部和国务院的联合决定而经我批准的。[1]

————————————

① 哈里·杜鲁门:《杜鲁门回忆录》第二卷,李石译,世界知识出版社,1965年,第71页。

可见,国民党与侵华日军的合流是得到美国政府首肯的。

事实也的确如此。

远东盟军总司令麦克阿瑟发布了第一号命令,对日本政府和中国战区的日军下令,只能向蒋介石政府及其军队投降,不得向共产党所领导的人民武装力量缴械。[①]

为了协助蒋介石政权受降,美国组织了巨大的海空军运输力量,在日本投降后的一年当中,耗资6亿美元,把散布在西南和西北地区的14个军的国民党部队从空中和海上运到华北、华中和东北各地。

就在重庆谈判期间,在美国参谋长联席会议的授意下,美国海军陆战队在中国沿海登陆,帮助国民党政府迅速抢占战略要地,并规定所有抢占的地盘只许移交给中国国民政府。

美国的这种一边倒的亲蒋态度,遭到了共产党的强烈反对和抵制。但美国坚持要国民党与共产党妥协的政策,并不符合蒋介石的个人独裁和国民党一党专制的愿望,因而也遭到蒋介石和国民党内右派势力的反对。

1945年12月15日,为了平息国共双方的不满,制止中国的内战,美国发表了《杜鲁门总统关于美国对华政策的声明》。

杜鲁门在声明中特别强调指出,"美国政府坚信,一个强盛的、团结的和民主的新中国对世界和平最为重要";敦促中国人民"切勿忽视以和平谈判的方法迅速调整他们内部分歧的机会"。声明一方面表示南京政府应"容纳国内其他政治党派,修改训政制度";

---

① 参见 F. C. 琼斯、休·博顿、B. R. 皮尔恩:《1942—1946 年的远东》下册,复旦大学外文系英语教研组译,上海译文出版社,1979 年,第 741 页。

另一方面又强调"国民政府为中国唯一的合法政府;自治性的军队,例如共产党军队那样的存在,乃与中国政治团结不相符合,且实际上使政治团结不能实现"①。

同日,美国国务院宣布,杜鲁门总统将派曾任美国陆军参谋长的乔治·马歇尔(George C. Marshall)将军作为他的私人代表去中国,负责调停国民党与共产党之间的纠纷。

杜鲁门选马歇尔出使中国是有其原因的。

珍珠港事件之后,罗斯福总统应蒋介石的请求曾派美国驻远东部队司令史迪威将军担任中国战区最高统帅部的参谋长。

毕业于西点军校的史迪威是马歇尔的老部下,他曾四次来华。1911 年,史迪威自美国赴菲律宾驻地时曾在中国逗留 17 天,目睹了辛亥革命。1919 年至 1922 年,精通法文和西班牙文的史迪威被派到北京担任美军的语言教官,其间适逢五四新文化运动的发生。1926 年至 1928 年,史迪威第三次来华,出任天津租界美军第十五步兵团的营长(马歇尔当时是该团的团长)。1937 年至 1939 年,史迪威第四次来华,担任美国驻华大使馆的武官。②

史迪威在华任职期间,喜欢去大江南北旅行,对中国的历史、文化、军事和社会风俗习惯了解颇多,并学会了中文,是美国军队中一个不可多得的"中国通"。

史迪威是一个标准的军人,素以言语泼辣犀利、脾气倔强耿直

---

① 四川大学马列主义教研室中共党史科研组编:《停战谈判资料选编》,1979 年,第 25—26 页。

② 林博文:《跨世纪第一夫人宋美龄》,时报文化出版企业股份有限公司,2000 年,第 239—240 页。

著称。出于对中国的了解,他看不起国民党政府和蒋介石,因而常与蒋介石发生冲突,并最终在蒋的坚持下于 1944 年 10 月被召回国,引来美国军政界对蒋介石政府的强烈抨击,从而导致了二战时期蒋介石与美国关系史上最不愉快的一段插曲。

史迪威离华后,蒋介石推荐一向与其关系比较融洽,且性情相对温和的魏德迈(Albert C. Wedemeyer)顶替了史迪威的位置,接任中国战区参谋长。曾在胡佛政府期间担任陆军部长的赫尔利将军则在 1944 年 11 月 17 日正式出任美国驻华大使。

为了履行美国政府促使国共合作的基本方针,赫尔利上任后,把调停国共之争作为他的使命。但赫尔利与史迪威在对待国民党政权的态度上却有着天壤之别。史迪威反感蒋介石同情共产党,而赫尔利则是个地地道道的亲蒋派,他力劝罗斯福总统采取无条件支持蒋介石的政策。但在经过权衡利弊后,罗斯福以及后来继任的美国总统杜鲁门还是选择了向蒋介石施加压力,迫使国民党与共产党达成协议,促进中国统一的政策。赫尔利因此对美国政府不满,于 1945 年 11 月 27 日向国务院提出辞呈。

中国局势的恶化,迫使杜鲁门总统必须选派一位国共都能接受的、足以服人的特使前往中国调停国共之间的严重纠纷。正当他为人选发愁时,在 11 月 27 日举行的内阁会议上,农业部长克林顿·安德森(Clinton Anderson)向他推荐了刚刚退休的陆军参谋长、五星上将乔治·马歇尔。

在美国军中服役了 44 年的马歇尔,的确是一位声名显赫的人物,曾被英国首相丘吉尔誉为第二次世界大战“胜利的组织者”,并深受已故的美国总统罗斯福的信赖。杜鲁门本人对马歇尔也颇具好感,称他为美国"有史以来最伟大的军人"。当杜鲁门进一步了解到马歇尔曾在派驻天津的美军中任团长,在中国住过三年,并与蒋夫人宋美龄关系颇佳时,当即亲自往马歇尔在弗吉尼亚李斯堡的家中打电话,征求他本人的意见。

马歇尔毫不迟疑地接受了新总统的委派。

但无论是杜鲁门还是马歇尔本人都不曾料到,国民党内的一些人士当时并不欢迎马歇尔以美国总统特使的身份来华。

蒋介石的亲信、国民党 CC 系头目陈立夫就曾当面向蒋介石表示他反对此事。陈立夫后来在他的回忆录中这样写道:

> (1945 年)11 月下旬某日,委员长约我至重庆汪山官邸午餐,同席有经国同志。餐毕,外交部王世杰部长有要事晋谒,报告美政府派马歇尔将军来华调解国共间问题。我听完报告,即对委员长率直而肯定地说:"此事不妥,任何人来,比马歇尔将军为佳!"委员长问:"何以见得?"我说:"国共间问题,宜直接商诸苏联,反易解决,若由美国出任居间,使苏面子过不去,徒增阻碍,此其一。照我观察,共方利于拖延,俾有时间整军以对我。美方对于共党问题,见解不深,易受其欺,此其二。国共问题,据我推测,调解之机会极少,马歇尔将军英雄人物,为世所称,此番出任调人,只能成功不能失败,一旦失败,如何下场? 其咎若诿之于我方,我又将何以自处? 此其三。有此三者,我所以认为马将军不相宜。"委员长听了,似有所动,即向王部长问道:"同意的电报,已经发出否?"王答:"已经发出。"(其实那天是星期六,要追回电报,还来得及。)并谓:"美方对中共问题不太了解,参加和解,当可

340

增加认识。"委员长默然不语，我续道："将来得不偿失，悔之晚矣。"①

从陈立夫写的这段文字中不难看出，实际上蒋介石对由马歇尔担任杜鲁门的特使来华调停与中共的关系一事，也是心存芥蒂的，如果不是当时的外交部长王世杰告诉他已向美国政府发出同意马歇尔来华的电报，他极有可能建议杜鲁门收回成命。

司徒雷登是在回到纽约后不久得知马歇尔将作为总统的私人代表前往中国的。出于对国民党政权与中共之间矛盾和积怨的了解，他在为马歇尔勇敢地面对挑战而喝彩的同时，也深为马歇尔是否能完成使命而担忧。当然，他更没有想到的是，马歇尔的中国之行竟彻底改变了他晚年的命运。

## 二、马歇尔看中的大使人选

1945 年 12 月 15 日，在发表了《杜鲁门总统关于美国对华政策的声明》之后，杜鲁门致信乔治·马歇尔，对他的中国之行提出希望和要求。杜鲁门在信中说：

> 在你行将离此前往中国的前夕，我要再一次重申我对你愿意担任这项艰巨的使命的谢意。
>
> ……
>
> ……国务卿贝尔纳斯和我两个人都热切地盼望尽可能快地用和平民主的方法达到中国的统一。我希望你，作为我的

--------

① 陈立夫：《成败之鉴——陈立夫回忆录》，正中书局，1994 年，第 343-344 页。

特别代表,以适当的和实际可行的方式,用美国的影响来达到这个目的。

特别是,我希望你努力去说服中国政府召开一个有重要的政党代表参加的国民大会,以获致中国的统一,同时,设法停止敌对行动,特别是华北的敌对行动。

……

……你的此番努力能否成功将大部分依赖于我们下述计划的实现,即从中国,特别是从华北撤出日本军队,然后再从中国撤出我们自己的军队。我特别希望,达两个任务都能尽快完成。

在你与蒋介石和其他中国领袖的会谈中,你有权以最坦率的态度和他们谈话。……你可以说,一个不统一的、被内战弄得支离破碎的中国,实际上不可能被认为是在上列各方面取得美援的合适的地区。

……你将会得到我们充分的支持,我们将在任何时候尽一切努力给予你帮助。①

杜鲁门的这封信在报刊上公开发表了,其用意很明白,似乎在告诫蒋介石政府:只有停止打内战,美国才能继续向国民党政府提供军事和经济上的援助,否则一切免谈。这就是为什么尽管蒋介石从骨子里不愿与中共和谈,但又不得不做出一副热衷于和谈的样子的关键所在。

同时,这封信的发表也等于公开赋予马歇尔在这次中国之行

---

① 哈里·杜鲁门:《杜鲁门回忆录》第二卷,李石译,世界知识出版社,1965年,第77—78页。

中极大的处理问题的权利。

1945 年 12 月 20 日,马歇尔的专机在上海江湾机场着陆。国民党陆军总司令何应钦、盟军中国战区参谋长魏德迈和美国驻华公使沃尔特·罗伯逊(Walter Robertson)都到机场迎接。稍事休息后,魏德迈和罗伯逊从政治和军事两个方面向马歇尔汇报了国共之间存在的不可协调的矛盾,并一致表示以他们的判断,国民党要继续掌权,中共要夺权,国民党和共产党没有合作的基础。但初来乍到马歇尔却对完成自己的使命充满了信心。

次日,马歇尔在魏德迈和罗伯逊的陪同下飞抵南京。蒋介石亲自到机场迎接。当晚,马歇尔即与蒋介石进行了首次会谈。马歇尔直言不讳地向蒋介石阐明了美国政府希望中国早日实现和平的态度,并明确表示:

> 美国人民强烈反对自己的政府卷入别国内部争论的任何行动……虽然他们对中国人民怀着伟大的友谊,除非他们看到确实的证据,证明目前进行的获致和平解决中国内部争论的努力取得成功,他们将不允许总统保持对中国的军事援助和对中国提供经济援助。[1]

蒋介石则强调统一的最大障碍是中共不愿交出自己的军队。他寄希望于马歇尔此次出使中国期间能在这个问题上说服共产党。

12 月 22 日,马歇尔乘飞机来到重庆。中国共产党驻重庆代表

---

[1] 《马歇尔使华:美国特使马歇尔出使中国报告书》,中国社会科学院近代史研究所翻译室译,中华书局,1981 年,第 29－30 页。

周恩来、第十八集团军参谋长叶剑英和王若飞等到机场迎接。

12 月 23 日，周恩来、叶剑英、董必武等人到马歇尔的下榻处拜访他，对他的中国之行表示欢迎。在谈话中，周恩来指出，为实现和平，国共间首先应无条件停战，而军队国家化应以政治民主化为前提。

与国共双方的初步接触，终于使马歇尔意识到他所面临的任务的艰巨性在于"每一方都在总统的美国对华政策声明中寻找证明自己的态度正确的东西"①。

在马歇尔的参与下，国共双方的代表在重庆就停战问题进行谈判。

为了表达中国共产党对和平统一的诚意，12 月 27 日，中共代表团向国民党提出了无条件停止内战的三条建议。

经过近十天的艰苦谈判，国共双方终于就停战达成了初步协议，于 1946 年 1 月 5 日发表了《关于停止国内军事冲突的协议》，决定停止国内各地的一切军事冲突，恢复交通。

1 月 10 日，国共双方进一步就在北京成立军事调处执行部，负责监督停战协议的问题达成了共识。同日，由国民党、共产党、民主同盟、青年党及无党派人士共 38 名代表参加的政治协商会议在重庆开幕。会议围绕改组国民政府、施政纲领、军队国家化、国民大会、宪法草案五个问题进行了激烈的争辩。

政治协商会议在通过了关于政府组织、和平建国纲领、国民大会、宪法草案和军事问题五项协议后，于 1 月 31 日闭幕。这些协议

①《马歇尔使华：美国特使马歇尔出使中国报告书》，中国社会科学院近代史研究所翻译室译，中华书局，1981 年，第 32 页。

实际上否定了国民党的一党专政及其奉行的内战政策,再一次确认了和平建国的基本方针。

政协会议的各项协议发表后,社会各界都以为和平即在眼前,马歇尔也为之松了一口气,于 3 月 21 日回美国,与进出口银行洽谈向中国提供五亿美元贷款之事。但紧接着发生的事情,使他们的愿望都成为泡影。

在国民党中占统治地位的 CC 系对政治协商会议取得的成果表示出强烈不满。陈果夫当即致函蒋介石说:

> 政治协商会议……共产党已得到好处,本党已受害。中国如行多党政治,照现在党政、军政未健全之际,颇有蹈覆辙之可能。请悬崖勒马,另行途径。[①]

何应钦等军界人士则表示反对政协会议,反对裁军;坚持武力收复东北(当时东北在苏联红军和共产党军队手中),继续"剿匪"。[②]

国民党特务和暴徒还多次破坏政协代表举行的演讲会,制造了"较场口血案",打伤社会知名人士李公朴、郭沫若、陶行知、章乃器、施复亮、马寅初等人及六十余名群众。

2 月 20 日下午,国民党特务甚至纠集暴徒包围了设在北京的军事调处执行部,后又冲进办公楼,高呼反共口号,不顾中共代表叶剑英和美方代表罗伯逊的劝阻,追打中共办公室的工作人员,行为极为恶劣。

---

① 徐咏平:《陈果夫传》,正中书局,1978 年,第 934 页。另参见张宪文主编:《中华民国史纲》,河南人民出版社,1985 年,第 653 页。

② 《秦风工商时报》,1946 年 3 月电讯。

政协会议的协议书违背了国民党一党专政的企图,蒋介石在会上表示同意是在马歇尔的督促下不得已的举动。会后,当国民党顽固分子对政协协议群起而攻之时,蒋介石认为应当及时统一党内的认识和行动方针,于 3 月 1 日至 17 日,在重庆主持召开了国民党六届二中全会。当然,蒋介石召开这次全会的目的并不是要把全党的认识统一到政协会议的协议上来,而是要想方设法地破坏这个成果。

在会上,蒋介石指责"政治协商会议所决定的修改宪草原则有若干点实在与五权宪法的精神相违背",表示他"绝对不会抛弃五权宪法而不顾"①。

在蒋介石的带头发难下,国民党六届二中全会通过了一项《对政协报告之决议案》,提出了五条与政协会议决定的民主宪政原则完全背道而驰的宪草修改方案。

同时,国民党积极调兵遣将,企图通过武力得到他们在谈判桌上得不到的东西。

国民党制定的作战方针是:集中兵力,迅速消灭山海关内的解放军主力,控制津浦线和平汉线这两条南北交通大动脉,稳住江南,确保华北,夺取对东北的控制权。

针对国民党政府一系列蓄意破坏政协决议的行径,3 月 18 日,中共中央发言人以《坚持政协会一切决议》为题发表谈话指出:

> 在政协会议中,国民党代表人数最多,并由国民政府主席蒋介石亲任会议主席,蒋氏曾于 1 月 31 日闭幕致辞中郑重声

---

① 国民党中央党部档案,中国第二历史档案馆藏。

明,说政治协商会议"所决定的各种方案,本人虽然不能出席参加,但是时时刻刻都在研究和注意,觉得各项方案的内容都是大家竭诚洽商的结晶。我敢代表政府先行声明,政府必然十分尊重,一俟完成规定手续以后,即当分别照案实行"。现在距该会闭幕之日仅一个半月,国民党方面忽然对于宪法原则等项决议提出修改意见,实使人不胜惊异。[①]

中共发言人呼吁一切民主人士和全国人民为维护政协会议决议能得到百分之百的实现而奋斗。

为了让人民群众进一步认清国民党破坏国家和平统一的真相,《解放日报》于 3 月 25 日发表了《谁在破坏整军协定?》的短评,揭露了国民党口头上允诺缩编军队,实际上却在扩张武力,到处拉壮丁,甚至把从共产党部队复员的战士抓去,强迫他们为国民党当兵的事实真相。

3 月 28 日,《解放日报》刊登《延安观察家对国民党军委会发言人掩护扩大东北内战之谈话的评论》一文,对停战命令颁布后,尤其是政协会议闭幕后,国民党军队仍然在东北不断发动军事进攻并继续扩大战事的行为提出指责。评论特别指出:

中共曾向政府方面再三要求东北停战,马歇尔将军亦一再提议派遣执行组至东北执行停战,但国民党方面不但不予接受,反而声称"东北在军事调处范围以外","执行部无权过问东北"。因此东北停战至今未能实现,去东北的执行组至今

---

① 四川大学马列主义教研室中共党史科研组编:《停战谈判资料选编》,1979 年,第 107—108 页;原载《解放日报》,1946 年 3 月 19 日。

未能派出。①

4 月 4 日,中共代表周恩来在重庆召开中外记者招待会,列举了大量事实,就政协决议的实施问题、军事问题和东北问题,向国内外媒体揭露了国民党政府是如何动摇政协决议和破坏停战的。周恩来吁请同盟国"应坚守杜鲁门总统声明和三国公告原则,帮助中国结束一党训政,取消独裁,坚持政协、停战、整军等决议",促进中国的和平、民主、安定和统一,而不要随便向一个"不和平、不民主、不安定的中国"提供财政上的帮助。②

中国局势的不断恶化,迫使回美国刚刚一个月的马歇尔又于 4 月 18 日匆匆赶回中国,试图平息国共之间的争执,制止随时可能在中国爆发的全面战争。

在与蒋介石及中共代表周恩来进行了多次交谈之后,马歇尔意识到中国的局势比他在美国期间听到的要严重得多。同时,他认为造成目前这一严重局面的责任主要在国民党政府一方。马歇尔在写给美国政府的报告中说:

> 我对(国民党)政府代表们说,目前的许多困难国民政府早些时候本来是可以避免的,但是局势现在是逆转了;国共双方都完全缺乏诚意而且互不信任,每一方在对方的所有建议后面都看到邪恶的动机;国民政府阻碍了派遣执行小组进入"满洲",而执行小组或许是能够控制局势的;……我不得不作

---

① 四川大学马列主义教研室中共党史科研组编:《停战谈判资料选编》,1979 年,第 111—112 页。

② 详见《周恩来同志招待中外记者对时局发表重要讲话》,《新华日报》,1946 年 4 月 6 日。

出结论：蒋委员长的军事顾问们所表现的判断力是低劣的。在许多事例中，国民政府当局给共产党提供了指责他们缺乏诚意的机会……根据我听到的情况来看，国民政府所犯的大错包括对较小的事情采取强硬的态度，这种态度达不到有益的目的，却引起了严重的僵局。①

既然造成和谈破裂的原因在国民党方面，为了完成总统赋予的使命，挽救危局，马歇尔只得不断地向蒋介石施压，试图寻找一个解决问题的突破口，但却始终未能如愿，反倒招致蒋介石的强烈不满。

蒋介石与马歇尔之间的矛盾日益公开化。

青年党的领袖李璜在日后谈起此事时说："如果没有蒋先生向其左右亲信表示并不赞成马氏所主催的政治协商会议的心腹话，则二陈系(指陈果夫、陈立夫兄弟的CC)等当权派绝对不敢发动'较场口事件'，使民盟的'左倾'分子挨一顿打，而从此美国舆论愈对蒋先生的左右不满。"他又说："我自1945年底自美国回国后，到陪都重庆晤见张岳军(张群)，他在偶然与我单独闲谈时，便谈到蒋先生很不高兴马歇尔将军向他本人施压力，强迫他与共党停战，以致贻误戡乱军机。"②

就在马歇尔将军整日为调停国共之间的矛盾而倍感烦恼时，在美国休养了一段时间，并成功地为复校后的燕大募集到一大笔经费的司徒雷登，于1946年4月28日回到上海。

---

① 《马歇尔使华：美国特使马歇尔出使中国报告书》，中国社会科学院近代史研究所翻译室译，中华书局，1981年，第117—118页。

② 林博文：《跨世纪第一夫人宋美龄》，时报文化出版企业股份有限公司，2000年，第289—290页。

马歇尔将军在南京的住地

司徒雷登在上海逗留了两个星期,以便把他回美期间积存下来的一些教会的杂事处理一下。在他准备返回燕大之前,特意赶到上海来迎接他的傅泾波建议他趁此机会去南京拜访一下蒋介石。司徒雷登答应了。但他没有想到的是,此番南京之行改变了他晚年的人生轨迹。因为正是这次在南京,他在蒋介石夫妇的鼓动和安排下结识了马歇尔,从而促使马歇尔在两个月之后做出了建议国务院任命司徒雷登出任美国驻华大使的决定。司徒雷登在回忆录中提起这段往事时写道:

谈话中,蒋介石问我对中国的时局有什么看法。我答道,一切比我从美国报纸上所了解的还要糟糕。于是他问我有什么建议。我想了想后对他说,我愿意就问题的根本提一条建议,那就是他应该拿出当年追随孙中山先生参加国民党时的勇气和热忱,发动一场内政改革运动。这样一来,他就能再度把学生和青年知识分子团结起来,因为他们虽对现状不满,但却迫切希望有一位值得信赖的领袖。有了这些人做自愿的宣传者,他就能重新赢回日见消沉的民心,再度成为民族意志的象征。这是对付共产主义威胁的唯一办法,不过在这样做的时候,他也应实行三民主义中的第三个主义,即民生主义。他点头表示同意。可是我后来了解到,使他同意我的主张是一回事,而要他下决心采取坚决的行动,则完全是另一回事。

我在蒋主席和蒋夫人的鼓励下拜访了马歇尔将军。我并不认为他曾听说过我的名字,我主要是出于好奇心,想去见见这位曾立下过赫赫战功并在中国肩负着特殊使命的人。在约定的时间里,他跟我谈了一个半小时,对迄今为止的全部谈判过程进行了回顾。我只是偶尔提几个问题,其余时间则一直在聚精会神地听他讲。最后,他说他之所以告诉我这些,是因为想得到我的帮助。我向他保证说,只要他需要,我乐意随时回到南京见他。①

与马歇尔会面后,司徒雷登回到北京,集中精力处理校务。按司徒雷登的想法,他将在燕大再创办一所融汇美国最先进科学技术和生产技术的工学院。此次在美国期间,不少科技界和企业界的朋友,甚至一些政府官员都表示愿意从资金和人力、物力上支持他完成这一构想。但同时,他也在考虑向燕大董事会提交报告,申请退休,以便有更多的私人时间来专心致志地做一些研究工作。

马歇尔没有忘记司徒雷登对他的允诺,不久便任命司徒雷登

---

① John Leighton Stuart, *Fifty Years in China—The Memoirs of John Leighton Stuart, Missionary and Ambassador*, New York: Random House, 1954, p. 163.

为宪法草案研究委员会的成员。

1946 年 6 月 24 日是司徒雷登七十岁的生日。从月初开始，他就不断收到来自国内外各界人士的贺信、贺电和各式礼品。国民政府主席蒋介石、教育部部长朱家骅、内政部部长张厉生、冯玉祥和李德全夫妇等人也都发来了贺电。

6 月 24 日当天，为庆贺司徒雷登的生日，中国各大报纸都刊登了事先请燕大校友连士升撰写的署名文章《司徒雷登——中国的友人》。该文用"不顾艰苦，深信服务即人生""为了教育，向人低头""民主作风""银行存款仅一千六百元"等四个副标题，向人们展示了司徒雷登许多鲜为人知的生活小事，使人们无形中对司徒雷登更为钦佩和尊重。

为了庆祝司徒雷登的七十寿辰，燕大复校后出版的《燕大双周刊》特别发行了《庆祝特刊》，将 6 月 21 日之前收到的各界知名人士、社会团体和燕大校友的贺信刊载出来，以示庆贺。

蒋介石为司徒雷登题写的贺词、国民政府的褒奖令和教育部部长朱家骅发来的贺电刊登在特刊的最前面。

蒋介石的贺词为：

司徒雷登先生七秩荣寿纪念

陶　铸　群　伦

蒋中正

中华民国三十五年六月①

---

① 北京大学图书馆藏《燕大双周刊》第 15 期，1946 年 6 月 24 日，第 118 页。

国民政府的褒奖令用一百多个字概述了司徒雷登的功绩：

> 司徒雷登博士致力我国教育垂五十年，其所创办之燕京大学，为我国著名学府之一，历年以来，成材甚众，卢沟桥事变后，北平文化教育机关，尽陷敌手，司徒博士独任艰危，力维弦咏，不使中辍，直至太平洋军兴，身系囹圄而后已，临危不惧，守白不缁，其行谊殊难多觏等情，据此，查司徒博士热心教育，忠贞不二，亮节高风，足资楷式，应予明另褒奖，用彰有德。①

教育部部长朱家骅在贺信中写道：

> 司徒雷登先生鉴：先生在华办学将四十年，嘉惠士林，夙深倾佩。比岁遭寇困辱，老节弥彰，本月梗日，欣逢七秩揽揆之辰，特电薪祝。另奉立轴，并请哂纳是幸。②

一个外国私立大学校长的生日竟然惊动了政府的最高层，这在当时是不多见的，足可见司徒雷登在中国的名气之大，及与蒋介石等政要的私交之深。

在《庆祝特刊》上发表的各类贺词、贺信共有近四十篇，其中最长的贺信近千字，每封贺信都体现出各界人士对司徒雷登的崇敬。

成都燕大学生自治会在贺信中不仅对司徒雷登在教育领域独树一帜的理念予以肯定，还特别表示了对他在抗战胜利后所持政治立场的赞许。贺信写道：

---

① 北京大学图书馆藏《燕大双周刊》第 15 期，1946 年 6 月 24 日，第 305 页。
② 同上。

……以往七十年的生命历程，也许你自己并不在意，但作为你的学生的我们，对学生民主运动更需要蓬勃发展开的今日中国，对民主教育还没有实现的今日中国，对全国人民都站了起来争取民主反对内战的今日中国，以至对保障和平彻底消灭法西斯的今日世界，都具有非常重大的意义。

你一生致力教育事业，手奠了燕大的民主传统，创立了燕大的自由精神。你所教育出来的学生，是人，不是机器，是民主事业中的一砖一石，不是法西斯高台上的一瓦一木。你知道历史的发展驱使今天中国与世界最需要的是什么。因之，你的教育事业才有了目标，而奠基在民主自由的精神上。当中国举目滔滔，大学教育尽是包办统制的时候，你能独树一帜，使民主教育得以发展苗长，这该是民主中国的大幸。独忆去年你在成都和我们见面，你的第一句话就是，"五四""一二·九"以来的中国学生运动，实在是历史上最伟大的事件，要建造民主中国，必须继续光大发扬学生运动。这是一声春雷，它将永远鞭策着我们前进不停。

尤其使我们不能忘记的，你更是我们真正的一位国际友人，你知道怎样才是真正对中国有利。当抗战刚结束，内战正日益扩大的时候，你曾经发表讲话，说中国不该有内战，需要真的民主，国共都应放下武器，一切以政治协商方式解决。你在重庆也曾和蒋毛两先生会谈。后来，你回了美国，更随时宣传苏美合作，帮助中国走上民主之道。现在，我们又在报纸上看到你在上海的谈话，你说，中国的内战必须停止，否则美国将考虑对华贷款，唯有中美苏的真诚合作，才能促进世界和

平。这才是我们的友人之声,我们感到万分欣慰。……①

《庆祝特刊》上登出了"司徒校务长七秩大庆及校友返校节程序",从中可以看出为庆贺司徒雷登的七十寿辰,从 6 月 23 日开始,燕大便安排了各种相关的活动;不少燕大校友还特地从外地赶来为司徒校务长祝寿。

下面是《庆祝特刊》上登出的"司徒校务长七秩大庆及校友返校节程序"中有关 6 月 24 日全天的日程安排:

上午 七时半　　　　学校招待校友早点

八时半至十时 来宾签到,校友报到 校友门

九时　　　　工友献寿礼　　　临湖轩

十时　　　　校旗升旗礼　　　睿楼西面

十时半　　　祝寿典礼　　　　贝公楼礼堂

(会后在贝公楼补行校友报到)

正午 十二时半　　寿面宴　　　　　男校第一食堂

下午 二时半至五时 游艺会　　　　　贝公楼礼堂

三时至四时　体育项目　　　　女校体育馆

四时半至六时 音乐会　　　　　甘德阁

六时　　　　学校招待校友晚餐 男校第一食堂

八时　　　　国剧(平津同学会献

赠凯声国剧社主演) 贝公楼礼堂

附校友艺术作品展览　(二十四日　上午至下午六时)②

---

① 北京大学图书馆藏《燕大双周刊》第 15 期,1946 年 6 月 24 日,第 122—123 页。

② 同上书,第 127 页。

从上面这个安排得满满的日程中可以看到,燕京大学把司徒雷登的七十寿辰看作学校的节日。

整整一天,到临湖轩来祝寿的人络绎不绝,其中既有各大学的校长、教授,也有不少军政界人士。如国民党北平行辕参谋长王鸿韶、北平市副市长张伯谨等都前来向司徒雷登道贺。北平行辕主任李宗仁本人虽未到场,也指派萧一山作为他的私人代表赶来祝寿。①

特别值得一提的是,军调部的中共代表叶剑英也在这一天来到司徒雷登的家中向他祝寿,表明了中共对这位多年在华从事教育工作的老人也是十分敬重的。

晚上,当前来参加寿宴的客人都一一告辞后,司徒雷登第一次向傅泾波表达了他准备退休的心愿。傅泾波则表示无论司徒雷登以后做什么,他都将一如既往地跟在他身边,为他服务。

这一天,无论是司徒雷登本人,还是他的同事和属下,谁也不会料到,两周之后,命运将使司徒雷登从此告别与他血脉相通,令他魂牵梦萦的燕京大学,在古稀之年坐上美国驻华外交官的第一把交椅。

## 三、出任美国驻华大使

七十寿辰的第二天(6 月 25 日),司徒雷登即飞到上海,出席教会大学校长联席会议。在上海期间,国民党 CC 派的头目陈立夫两

---

① 参见北京大学图书馆藏《燕大双周刊》第 16 期,1946 年 7 月 6 日,第 136 页。

次去拜会他,向他谈了许多对局势的看法。

对于以陈立夫和陈果夫为首的国民党 CC 派,司徒雷登一向有自己的看法。他认为在蒋介石的庇护下,"CC 派的势力极大,每个成员都集凶残和愚顽于一身,在个人私利的驱动下,干尽了肆意横行和敲诈勒索的坏事"①。

**1946 年司徒雷登**
**与马歇尔将军在南京**

司徒雷登知道马歇尔也一直对陈立夫反对与中共和谈耿耿于怀,所以事后给马歇尔发了一份电报,问其是否愿意听听他与陈立夫谈话的情况。马歇尔立即派他的私人飞机把司徒雷登接到南京。

6 月 30 日,就在司徒雷登到南京的第二天,国共之间持续了近一个月的停战谈判无果而终,内战继续升级的危险现实地摆在了每一个人的面前。此时,马歇尔已无暇听取司徒雷登向他汇报与陈立夫的谈话内容,而是与他讨论了如何处理眼前危机的办法。临别时,马歇尔对司徒雷登说:

> 你生在中国,美国人把你当成中国人,你的思想概念都已中国化,对于我这个对中国感到陌生的美国人来说,你可以帮很大的忙。至于帮什么忙,你想想,我也想想,过一两天再

---

① John Leighton Stuart, *Fifty Years in China—The Memoirs of John Leighton Stuart, Missionary and Ambassador*, New York: Random House, 1954, p.156.

见面。①

在以后的几天里,马歇尔又与司徒雷登做了一次长谈,就如何使国共谈判从僵局中走出来听取他的意见。

7月4日是美国的国庆日。按惯例,这一天美国大使馆要举行国庆招待会,宴请政府官员和各国使节。司徒雷登知道,如果他继续留在南京,晚上的招待会十有八九得到场,而他此时却没有心情去应酬,只想赶快回燕大,去处理手头的一大堆事情。

正当司徒雷登为如何脱身而烦恼的时候,马歇尔派人送来一张便条,请他九点钟过去。

出乎司徒雷登意料的是,一见面,马歇尔便开门见山地问他是否愿意做驻华大使,并表明他自己的使命是代表杜鲁门总统做特使,并无当大使的任务。

司徒雷登深为吃惊。他没有想到马歇尔会有这种想法,便急忙辩解说,自己刚刚过完七十岁的生日,而且已经向校董事会请求辞职。一个人到了这把年纪,理应退休,避开繁忙的公务,再说自己也没有搞外交的经验,所以还是不当大使为好。

马歇尔听了面露难色。于是司徒雷登对马歇尔说,他知道马歇尔将军的任务非常艰难也非常重要,在需要帮助的时候,任何人都不能推脱,只要对中国的和平统一有益,他本人愿意随时效劳,并表示是否出任大使的问题,由马歇尔将军最后根据情况决定。马歇尔这才告诉司徒雷登,他已经向杜鲁门总统举荐司徒雷登任驻华大使。司徒雷登见事已至此,只好同意,但提出任期最多不超

---

① 林孟熹:《司徒雷登与中国政局》,新华出版社,2001年,第76页。

过一年。

与马歇尔谈话之后,当天上午十点,司徒雷登便乘马歇尔的专机飞回北京。

事情进展得很快,杜鲁门总统对马歇尔选中司徒雷登出任驻华大使一事非常赞成。他认为:"深入了解中国的人不多,受到中国人尊敬的西方人也很少。我认为他对马歇尔是会有很大帮助的。他的一口流利的中国话当然使得同各方面的领袖人物的商谈更加容易些。"[1]因此,当杜鲁门得知司徒雷登同意担任大使后,便于 7 月 10 日向参议院提交了对司徒雷登的提名,并获得了一致的通过。

用司徒雷登的话来说,"当时马歇尔将军随便要什么,都可以得到美国人民的同意"[2]。

在提名由谁来担任美国驻华大使的问题上,马歇尔是经过一番犹豫的。1945 年 11 月赫尔利辞职后,驻华大使的位置就一直虚位以待。杜鲁门总统把选择权留给了马歇尔。杜鲁门深知就任这一职位的人是否能在各方面配合工作,对马歇尔来说非常重要。

马歇尔原先曾考虑让接替史迪威任中国战区参谋长的魏德迈当驻华大使,并曾在一个非正式的新闻会上宣布了他的决定。但这个建议在获得蒋介石大为称赞的同时,却遭到共产党代表和民主人士的强烈反对。原因是魏德迈是一个坚定的反共分子,与蒋介石走得很近,他们不能接受这样一个人当大使。马歇尔考虑到

---

[1]　哈里·杜鲁门:《杜鲁门回忆录》第二卷,李石译,世界知识出版社,1965 年,第 92—93 页。

[2]　John Leighton Stuart, *Fifty Years in China—The Memoirs of John Leighton Stuart, Missionary and Ambassador*, New York: Random House, 1954, p. 166.

这个任命无利于国共之间的和谈,便致电杜鲁门,收回了对魏德迈的推荐。正当马歇尔为大使的人选迟迟没着落而暗自烦恼时,他经蒋介石夫妇的介绍认识了司徒雷登。在与司徒雷登接触过几次之后,他便认定司徒雷登是驻华大使的最佳人选。

在最后下决心之前,马歇尔就此事不仅征求了费正清的意见,还征求了美国驻华使馆信息处,以及其他中国问题专家们的意见。结果得到的答案全部是肯定的。

1946 年 7 月 5 日,马歇尔在发给国务院的电文中就他之所以建议司徒雷登出任驻华大使写了如下一段话:

> 我需要这样一位大使人物的帮助,他能够立即在谈判双方产生一种高度的信任感。……我之所以要求他出任,是根据所有在中国的知情人士,无论是美国人抑或是中国人之反应,他是一位占有独一无二位置的高度受尊重的外国人。他完全无缺的人格标准,以及他五十年来在中国的所作所为是西方世界最好的榜样。国民党和共产党都同样信任和仰慕他。不久前为他 70 岁寿辰在北平举行的庆祝成了一项盛大的活动。他大公无私,心中只有中国和美国的利益。[1]

当然,马歇尔对蒋介石最希望魏德迈能够出任大使是心知肚明的,可他也看出蒋介石与司徒雷登的关系非同一般,自忖蒋介石不会对改任司徒雷登有什么不满。此前,他当然没忘了征求共产党人对司徒雷登的意见,结果同样得到他们的肯定。

---

[1] 林孟熹:《司徒雷登与中国政局》,新华出版社,2001 年,第 77 页。原载 Foreign Relations of the United States, 1946, Volume IV, pp. 1297—1299.

令马歇尔十分得意的是,果然不出他的预料,消息传出后,中国各界对任命司徒雷登为驻华大使一事好评如潮。7 月 11 日,拥有众多读者的上海《文汇报》发表社论指出:

> 我们首先觉得,杜鲁门总统昨天这一选择,实在是非常高明。在今天的北美朝野人物中,没有另一个比他更适宜于担任驻华使节这一重要任务的了。他考虑中国问题,关心中国命运,我们或者可以说,要比其他任何一个美国友人更为亲切。以这样一个人物出任驻华大使,在中美邦交已经受到严重考验的今天,无论对美对华,都应该是有利的。……司徒雷登以宗教徒的热忱、教育家的精神,来出任国共之间的调处工作,为马歇尔特使的强力助手,对于中国人民制止内战,争取和平,实现民主的艰巨工作,必有相当的贡献。①

当晚,上海《联合晚报》称:

> 正当和平谈判在僵局中停顿,各地军事冲突的枪声几乎压倒了全国人民"反内战,要和平"的惨厉呼声的时候,正当人们都以疑虑的目光注视着美国对华外交政策的时候,杜鲁门总统任中国人民的患难朋友司徒雷登博士继任驻华大使的消息传来,有如阴云密布的天空突然出现了色彩鲜明的一道长虹……②

天津《大公报》以《司徒雷登的新使命》为题发表社论说:

---

① 北京大学图书馆藏《燕大双周刊》第 17 期,1946 年 7 月 20 日,第 148 页。
② 同上书,第 151 页。

司徒先生之热爱中国,有他七十年来的历史做有力的说明。他深切了解中国社会各阶层的生活,了解一般中国知识分子以及这一代青年的理想和抱负,了解新中国发展成长的过程以及中国民族之真实的愿望,这样一个人物此时出任美国在华使节,真是最适合最理想的人选了。①

天津《益世报》以《司徒使华与目前大局》为题,对司徒雷登在国共和谈中可能发挥的作用提出了明确的希望:

我们盼望,司徒博士与马歇尔特使能够为解决同一个问题,而做不同方向的努力:把国内与国际之间的复杂关系,在非兼顾不可的前提下,一齐设法解决,这是解决中国问题最后的出路……②

上海《大公报》发表短评说:

司徒先生久在中国办教育,春风桃李遍中国,朋友也遍中国,提起司徒雷登无人不喜欢他。于此重大时会,杜鲁门总统任他为驻华大使,这不仅为中美两国人士所欢迎,且坚信他必能善尽其力,以大有贡献于中美邦交。③

北京的《华北日报》则对公众对司徒雷登出任美国驻华大使的反映做了绘声绘色的描写:

昨天这一天间,至少在北平,我们在任何集会中,谈话的

① 北京大学图书馆藏《燕大双周刊》第 17 期,1946 年 7 月 20 日,第 147 页。
② 同上。
③ 同上刊,第 148 页。

资料,集中于司徒雷登博士。这里没有阶级,当然更没有党派,每一个人都表示着衷心的欢迎。即使不是公共集会,而是私人的会晤,几乎"您知道司徒先生出任驻华大使吗"这一问语来代表了通常的寒暄。这不是偶然的。司徒雷登博士实在是一个我们太熟悉的美国人,熟悉到几乎忘了他是个美国人。……显然的,他对中国革命抗战,有重大的贡献。具体地说,数十年来他所造就的人才,应有一部分是革命抗战期间成仁的先烈,而另一部分是今天在朝在野的建国干部与社会中坚。他们受了司徒先生的精神感召,才能百折不挠地为自由与正义而奋斗。①

中共代表周恩来、邓颖超、董必武和叶剑英等人也纷纷发表讲话,欢迎对司徒雷登的任命。

据联合社电讯报道,中共代表周恩来称:

余本人对司徒博士极其尊敬,并热烈欢迎其任命,此项任命,邀得中国全体人民之深刻信赖。②

邓颖超在上海就此问题答记者问时说:

司徒雷登先生生长在中国,对中国情形很熟悉,对我们一直有良好的友谊,而且正为中国的和平民主在努力,所以对于他的出任驻华大使热烈欢迎,同时也寄予极大的希望。③

---

① 北京大学图书馆藏《燕大双周刊》第 17 期,1946 年 7 月 20 日,第 148 页。
② 同上刊,第 152 页。
③ 邓颖超:《邓颖超谈时局》,原载《群众周刊》,1946 年第 11 卷,第 11 期。

中共驻沪发言人陈家康对采访他的联合晚报记者说:

> 司徒博士为各级共产党员之友人,余坚信彼能与吾人和
> 善共处。①

中国的民主人士也十分赞成对司徒雷登的任命。民主同盟的
罗隆基说:

> 司徒雷登本身就是中美文化优点的荟萃,是中美文化沟
> 通的象征。他任驻华大使确是最适宜的人选。他不仅了解中
> 国,而且爱护中国。……我确信他能够帮助中国谋取和平统
> 一的实现。②

教育家陶行知也说:

> 美国的这一行动,关系很大,不但能增进中美友谊与相互
> 的谅解,而且也可以帮助中国,促进远东与世界和平。③

美国的各报纸也对司徒雷登任驻华大使一事表示支持。如
《纽约时报》7 月 11 日发表社论,欢迎杜鲁门总统委派司徒雷登担
任驻华大使的决定,并指出:"此可赞许之适当人选,应即迅速确
定,并开始工作。"④

《纽约前锋论坛报》认为,司徒博士对于中国情形熟悉,超过以
前任何派往中国的美国使节,并盛赞司徒博士中文之渊深。⑤

---

① 北京大学图书馆藏《燕大双周刊》第 17 期,1946 年 7 月 20 日,第 151 页。
② 同上。
③ 同上。
④ 同上刊,第 148 页。
⑤ 同上。

自然,对司徒雷登担任驻华大使的任命持反对意见的人也并非没有。其中一类是国民党中反对和谈的人,一类是司徒雷登在燕大的个别挚友,另一类则是在中国经商办厂的一些实业界人士。

蒋介石知道,如果任命魏德迈为驻华大使,则对国民党非常有利,所以他本人虽与司徒雷登相交甚好,仍然对没有任命魏德迈而深感惋惜。可碍于情面,他也不好公开提出反对司徒雷登任大使,但他的不满情绪却时有流露。在一次与马歇尔谈话时,蒋介石连续几次称已成为大使的司徒雷登为教授,精明的马歇尔从中看出蒋介石的不满,只好装糊涂。

司徒雷登就职后因公开表示国民党理应更加爱护自己的人民,而令宋子文对他产生不满。宋曾私下对一位美国顾问说,司徒作为一个大学校长可以说这些话,但作为一个大国正式派驻中国的代表,这样说就不合适了。①

司徒雷登的个别挚友反对他担任驻华大使一职,却是出于对他的爱护。一是考虑他年纪大了,又因被日本人关押了三年多,健康状况大不如前,他不宜再参与像国共和谈这样过于劳神的工作;二是有些对国共之间由来已久的矛盾看得比较透彻的朋友,了解司徒雷登面临的任务之艰难,担心一旦失败,将有损他一生的清名。

至于那些在华的实业界人士反对司徒雷登任大使的原因,无外乎是因为在他们看来,司徒雷登不过是个传教士,不仅难以考虑

---

①　John R. Beal，*Marshall in China*，New York：Doubleday，1970，pp. 124—125.

实业界的利益,而且在对待中国人的问题上,又常好感情用事,有时甚至会表现出一种狭隘的宗教狂的色彩。[①]

对任命司徒雷登担任驻华大使最不能释怀的,当属与大使一职失之交臂的魏德迈。若干年后,他仍对此耿耿于怀。他写道:

> 6月初,我被副国务卿艾奇逊(Dean Acheson)叫到他的办公室。他把马歇尔致总统的电文给我看,内称有关任命魏德迈为驻华大使消息的泄露,令他在与共产党人的微妙谈判中相当尴尬。他们抗议对我的任命,原因是我不会在他们与国民党人之间保持公正。因为我在战争年代与委员长关系密切,也因为战争结束后我立即采取迅速之步骤以保证国民党军队到达华北的关键地点。
>
> 艾奇逊说他感到抱歉,但我的大使任命必须撤销。我回答说,一开始我并不想当大使,只是由于马歇尔的迫切要求才同意接受任命。我告诉艾奇逊,我不喜欢这种观念,即共产党人有权决定由谁来出任美国政府责任职位的任命。[②]

司徒雷登本人又是如何看待出任大使这件事的呢? 对此,在司徒雷登任大使期间仍一直为他工作的傅泾波说:

> 司徒先生认为,八年抗战中国人民经历了前所未有的灾劫,今天实在不能再打了。作为中国人的一分子(他一向自认为是中国人)或者上帝的使者,司徒都要不惜一切去阻止这场

---

① John Leighton Stuart, *Fifty Years in China—The Memoirs of John Leighton Stuart, Missionary and Ambassador*, New York: Random House, 1954, p.174.

② 林孟熹:《司徒雷登与中国政局》,新华出版社,2001年,第80页。

战争。当初他去南京见蒋介石和马歇尔就是希望能为和谈尽一份力,即使不当大使他也会为谋求实现和平而不惜一切,担任大使只不过把他的角色推向前台而已。此外就是发展中美友好。他一直希望中美两国成为战略盟友……①

对于马歇尔为什么选中他当驻华大使一事,司徒雷登认为这是由于马歇尔看中了他"对全体中国人都心存友好,及对任何政治派别和思想学派均无明显偏爱"这一点。②

当记者让他就出任驻华大使一事发表看法时,他表示:"……为新中国造就更多新人才,此为余终生目标,至今未变,惟此次达到目标之方式或有不同而已。"③他还说他个人不愿意做官,更不愿离开学校,一旦危机过去,和平到来,他会立即回到燕大。

事实上美国国务院的正式任命公布后,司徒雷登还是相当兴奋的,特别是他看到报纸和各界的评论几乎众口一词地对他表示拥护,在略感意外的同时,更多的是惊喜。他为中国人民将他看做"自己人"而深感自豪。

但同时,他也为不得不暂时离开他为之奋斗经营了几十年的燕京大学而倍觉惆怅,希望在不久的将来,能够再回燕园,继续完成他的梦想——让燕京大学永远立于中国一流大学的行列。

1946 年 7 月 12 日,也就是在任命公布的当天,司徒雷登向燕大校务委员会递交了辞呈。在辞呈中,司徒雷登向与他共事了 25

---

① 林孟熹:《司徒雷登与中国政局》,新华出版社,2001 年,第 83 页。

② 同上书,第 77 页。原出自 Seymour Topping, *Journey Between Two Chinas*, New York: Harper & Row, 1972, p.19.

③ 北京大学图书馆藏《燕大双周刊》第 17 期,1946 年 7 月 20 日,第 145 页。

年的同事和属下,表达了他就任新职务的原因和对燕大的眷恋之情。他写道:

> ……请允许我向你们保证,我之所以接受此项任命,完全是出于我确信此举目前最符合我为之奉献终身的燕京大学本身和其他有关方面的利益。一般情况下,我不会考虑突然放弃我对燕京大学所承担的责任,即使另有高就的机会来临之时。我之被任命为大使和我本人接受这一使命,都说明了目前中国内部、中美关系,以及更广泛的国际纠纷所面临的严峻形势。从任何一种个人角度来说,我都宁可选择留下来,过一种相对稳定并为我所热爱的生活。但是你们自己定已充分警觉到目前的危机,并意识到除非这种危机能够转化为国家统一和内部和平,否则燕京大学也好,其他我们所关心的事业也好,都是无法继续存在下去的。我究竟能起多大作用呢? 没有任何人比我自己更担忧。我起码对所面临的困难的复杂性缺乏理解。但是我既已被召唤来帮助解决困难,那我是不能拒绝的。
>
> ……
>
> 经马歇尔将军同意,现在要求我暂时离开燕京大学。我希望能在一年或更短的时间内,可以从我的新职务上引退,重返我今天离开的地方……[1]

但是,燕大校务委员会一致拒绝接受他的辞呈,只允许他请一年的长假。

---

[1]　林孟熹:《司徒雷登与中国政局》,新华出版社,2001年,第261—262页。

The following letter has been received from Dr. Stuart under date of July 12th, 1946. It seems wise to distribute it to the entire list of friends as it shows Dr. Stuart's thinking regarding his appointment.

C.A. EVANS.

August 5, 1946.

To the Yenching University Committee:

You will already have heard of my appointment as American Ambassador to China. Let me assure you at once that my acceptance is solely because I am compelled to believe that this form of activity is at present the one which will count most for Yenching itself and for all those related interests to which I have devoted my life. Under ordinary circumstances I should not have considered so sudden a desertion of university responsibilities, even granting the improbable assumption that I should have been given the opportunity. The appointment and my acceptance are both alike an indication of the gravity of internal conditions in China, of Chinese-American relations, and of further international complications. From every personal standpoint I would prefer to continue in the relative ease of the life here which I have learned to love. But you are yourselves sufficiently aware of the present crisis to realize that, unless it can be transformed into something approaching national unity and internal peace, neither Yenching nor any of the other causes with which we are all concerned can survive. How much I can be of use is a question about which no one can have more misgivings than myself. I at least have no illusions as to the complicated difficulties. But since I have been called upon to help I cannot refuse.

It is a week today since the matter was first broached to me. My intention is to assist General Marshall in his untiring efforts to aid the Chinese toward a solution. I was delighted last December on hearing of his appointment, but my admiration has been greatly increased as I have come to know him during the past two months or more since my return to China.

With General Marshall's approval, I am asking for a temporary leave of absence from the University, hoping that in a year's time or less I may resign from my new duties and resume those I am now leaving, for that brief period during which we all hope that the best Chinese leadership can be secured.

I am confident that you will all be even more actively ready to support my colleagues with the added burdens I am imposing upon them, and that they and I, in our respective forms of a common service, will be more than ever in your thought and prayers. In this continuing bond,

Very sincerely yours,

J. LEIGHTON STUART.

司徒雷登于 1946 年 7 月 12 日致信燕京大学委员会,表示自己受命担任驻华大使可是,司徒雷登无论如何也没有想到,由于国共和谈的一再破裂而导致的战争升级,使他重返燕大的心愿直至他去世竟没有机会实现。

7月12日下午四点,全校教职员在临湖轩举办茶话会,向司徒雷登表示惜别。出席茶话会的还有特意从天津赶来的五位校友,以及从南京赶来迎接司徒雷登赴任的一名美军中将。

此时,司徒雷登的内心确实是十分矛盾的。他既为自己受命于危难之时所肩负的不可推卸的责任而踌躇满志,又着实放不下一手创办的燕大。他在与人们交谈时,反复强调"不想离开燕大,可是为了促进中美间的邦交,只能暂时离开燕京。但希望能早日回来,继续教育工作";"今日燕京的问题,实在与中国问题不可分割。能出去帮忙使中国渡过今日的难关,实际上仍是为燕京工作"①。

7月13日,他在接受《燕大双周刊》编辑的采访时,说了下面这样一番话:

> ……今日中国之政治局面,相当复杂,而其影响于校内学生生活者,尤为明显,明年在学生中间因不同之政治思潮所引起之冲突,将在想象之中。……此外燕京之将来,系于中国之将来。国内愈不安定,燕京之困难亦愈增加。余已将明年学校困难及建议解决办法,草成一建议书,寄交纽约托事部。其中余提出两大原则:(1)无论如何困难,校内同人须得足以维

---

① 北京大学图书馆藏《燕大双周刊》第 17 期,1946 年 7 月 20 日,第 144 页。

持生活之薪水；(2) 无论如何困难,我校之学术水准须尽力
维持。①

7月14日上午,司徒雷登出席学生大会,与两百多位留校的
学生话别。在司徒雷登讲话之后,学生们争相发言,既表达了他
们对校长的依恋之情,也对他们的校长提出了三点希望:(1) 制
止美国因片面援华而助长中国的内战;(2) 要做中美大多数人民
的代表,不要做少数人的代表;(3) 促成中美、中苏、美苏的友好
关系。②

司徒雷登非常高兴同学们能在此时向他提出这样的要求。他
向同学们解释了美国政府的立场,并用下面一句话作为会议的结
束语:"好,请大家帮忙保持燕京固有的自由民主作风吧,假若我在
南京能听到燕大的好消息,那将是我最高兴的事。"③

就这样,司徒雷登怀着对燕大的依依惜别之情,于第二天上午
九时十七分,登上了马歇尔将军装饰着五颗银色五角星的专机,飞
往南京。从此,他被彻底抛进中国政治的旋涡之中,跌宕起伏,随
波逐流⋯⋯

---

① 北京大学图书馆藏《燕大双周刊》第 17 期,1946 年 7 月 20 日,第 144 页。
② 同上刊,第 145 页。
③ 同上刊,第 146 页。

司徒雷登担任驻华大使时的外交护照

# 第十章　劳心伤神的外交官(1946—1947)

## 一、参与国共谈判

1946 年 7 月 15 日，司徒雷登告别燕京大学，到南京走马上任。与他同行的，是他早已视为己出，并已须臾不可离开左右的傅泾波。

在位于南京西康路 33 号的美国大使馆，南京各界社会名流为新任大使举行了欢迎会。中共驻南京的谈判代表周恩来、董必武、李维汉等人也到会，向司徒雷登表示祝贺。

7 月 20 日，马歇尔带着司徒雷登和即将卸任及新任的大使馆参赞从南京来到庐山，向在牯岭避暑的蒋介石递交国书。在那次会面中，司徒雷登告诉蒋介石，他要根据两人之间长期的友谊，而不是以新任外交官的身份处理彼此的关系。① 这番话给蒋介石吃了一颗定心丸。

**1946 年司徒雷登向蒋介石递交国书后的留影,从右至左为**

**马歇尔、蒋介石、司徒雷登,后排为巴特沃思(William W. Butterworth)公使**

　　虽然司徒雷登没有担任职业外交官的经验,但马歇尔看中的是他对中国国情的了解和他遍布于中国各派政治力量中的人际关系网,以及他良好的口碑。因为在当时的中国,大使的职责并不像通常那样,需要去用娴熟的外交辞令与驻在国维系良好的国与国的关系,而是需要能够在各种政治势力之间寻找平衡与沟通的渠道,并能施加一定影响力。而这个人,马歇尔认为非司徒雷登莫属。

　　的确,与中国上层人物的长期交往,使司徒雷登成为国民党政府中几乎所有高官的朋友;燕京大学校长的身份,则更是"无心插柳柳成荫",决定了他无论在哪一派政治势力中,都有一群身居要

---

　　① John Leighton Stuart, *Fifty Years in China—The Memoirs of John Leighton Stuart, Missionary and Ambassador*, New York: Random House, 1954, p. 166.

职的、对他怀有敬意的燕大毕业生。

先看蒋介石方面。虽然蒋介石本人对司徒雷登出任大使一事不甚满意,但长期随侍在蒋左右,并深得他赏识的沈昌焕,就是1934年转入燕大的政治系研究生。此人毕业后即服务于南京政府,成为蒋介石的得力助手,他在国民党逃离大陆后曾官居要职,是蒋介石的亲信和近臣,也是司徒雷登与蒋介石之间最方便的联络人。蒋介石的许多口信就是由他直接转给司徒雷登的。

在中国共产党方面,更有一大批司徒雷登的学生。如从重庆谈判开始就一直在周恩来身边工作的龚澎,是1933年入校的燕大新闻系学生。她因中、英文俱佳,又善于交朋友,深得国内外记者的赞赏。国共谈判期间,她也在南京,是中共代表团的工作人员。

1932年入校的燕大经济系学生黄华,抗战期间一直在中共中央外事组任部门的领导工作,1946年又调进北平军事调处执行部,为叶剑英当助手。

1922年入燕大政治系就读的刘进中(张放),是长期战斗在中共隐蔽战线上的无名英雄,1946年调入北平军事调处执行部工作后,曾应司徒雷登的邀请到临湖轩做客。司徒雷登出任美驻华大使后,向中共代表团建议由刘进中担任他与中共代表团之间的联络员,刘随即调到南京,成为司徒雷登与周恩来、董必武之间的秘密联络人。

另外,民族英雄林则徐的五世孙、当时在延安军委外事组担任重要工作的凌青(林墨卿),也是燕大的学生。

就连民主党派方面也不乏燕大的人。如民主同盟会第一届中央委员兼宣传部副部长叶笃义,当时在民盟政协代表团任秘书。

他是燕大政治系 1934 年的毕业生,也是民盟指定专门与马歇尔和司徒雷登沟通的联络人。

有了这样一个由燕大学生组成的、在当时中国三大政治势力之间上通下达的关系网,让司徒雷登参与国共之间的停战谈判,是急于完成总统使命的马歇尔打出的一张王牌。

当时,中国内战的形势十分严峻。

事实上,从 1946 年 1 月 10 日国共代表团联合发表《关于停止国内冲突的命令和声明》之后,双方大大小小的局部战争就一天也没有停止过。国民党政府根本没有停战的诚意。蒋介石抢在停战命令发布的三天前,密令所属部队迅速抢占战略要点,并频繁调动军队,为扩大内战规模做准备,企图在三至六个月的时间里彻底肃清共产党的军队,从而达到由国民党"统一"中国的目的。据统计,从停战令生效日(1946 年 1 月 13 日)起到当年的 6 月底,国民党向解放区发动的进攻多达 4300 多次,使用的兵力总数达 270 万人次。[①]

针对国民党军队的频繁挑衅,无论是在人员上,还是在武器装备上都处于劣势的解放区广大军民进行了英勇的反击。

从 1946 年 6 月开始,也就是在马歇尔考虑让司徒雷登担任驻华大使时期,国民党发动了全面内战。

6 月底,蒋介石调动了 21 万陆军,以及汉口和西安两地的空军,加上一个骑兵旅,首先向位于鄂东和豫南的中原解放区发起了大规模的围攻,企图借助优势兵力,一举歼灭中原解放军。蒋介石

---

① 张宪文主编:《中华民国史纲》,河南人民出版社,1985 年,第 649 页。

之所以选中这里开战,是因为这一地区是北出黄淮平原、南下武汉的战略要冲。

当时,双方的力量悬殊。为了保存实力,中共中央决定中原解放军作战略转移。毛泽东几次给中原解放军发去电报,命令他们"立即突围,愈快愈好,不要有任何顾虑,生存第一,胜利第一"①。

接到命令后,中原解放军兵分三路:主力在李先念的率领下向西突围,经过两个月的艰苦作战,分别进入陕甘宁边区、豫西和陕南,创建了陕南根据地;向东突围的部队在皮定均的率领下进入苏北解放区;另一路在王树声的率领下在鄂西北以武当山为中心,创建了鄂西游击根据地。中原大战以国民党的失败告终。

蒋介石并未善罢甘休。在与中原解放军作战的同时和7月中旬,国民党军纠集优势兵力,又分别向华东的苏皖和山东解放区发起进攻,企图从西、南、北三个方面把华中野战军和山东野战军聚歼在苏北根据地和山东境内。华中野战军在陈毅、粟裕和谭震林的领导下与敌人斗智斗勇,在三个月的时间里以七战七捷的业绩,歼灭了国民党的五个主力师。华东和山东大战,同样以国民党军队的惨败而告终。

同一时期,国民党还对华北解放区、热察解放区和晋东南解放区也发动了大规模的进攻。

司徒雷登就是在国民党军队和共产党军队犬牙交错的战争全面爆发并向纵深发展的情况下,参与到国共谈判中来的。他的首要目的,就是与马歇尔一起制止中国内战的蔓延。

---

① 毛泽东:《同意中原军区部队立即突围》,《毛泽东军事文集》第三卷,军事科学出版社、中央文献出版社,1993年,第288页。

　　为了尽快使国共双方能经过谈判达到停火,从庐山回到南京后,司徒雷登便直接介入了停战谈判。有时,他与马歇尔一道出席一系列的会议,更多的时候则是在大使官邸会见国共两党及各阶层的代表,听取他们的看法。

**司徒雷登在南京的大使官邸**

　　在与各方面的人物进行交谈之后,司徒雷登意识到和谈的前景比他预想的要严峻得多,因为他看出谈判的主要两方,即国民党和共产党之间根本没有信任可言。他认为与其在无休止的辩论中消耗时间,不如把争论控制在小范围内进行,也许能有所进展。

　　出于对和平的渴望,中共代表团团长周恩来向司徒雷登提出建议,指出如果不能立即达成全面休战,最好讨论政治问题并为改组政府制订程序,以便政治问题与军事问题能够同时解决。否则,共产党只能对国民党的进攻发起反击,其结果只会导致内战继续蔓延。

1946 年蒋介石与司徒雷登在江西庐山牯岭

　　周恩来的建议得到马歇尔和司徒雷登的一致认同。司徒雷登当即赶到牯岭,就中共代表团的建议与蒋介石进行磋商,并建议国共双方各派出两名代表,由他作仲裁人,组成了一个五人小组,进一步商谈停战问题。此前,司徒雷登的这个建议也得到周恩来的支持。

　　8 月 5 日,蒋介石告诉司徒雷登,同意他提出的成立一个五人小组的建议,但同时他也提出了五项停战条件:(1)苏北共军应撤至陇海铁路以北;(2)共军应自胶济铁路撤退;(3)共军应自承德及热河省承德以南的地区内撤出;(4)共军应退入东北的两个半省内(新黑龙江、嫩江和兴安省);(5)共军应撤离 6 月 7 日以后在山西和山东两省内所占领的地区。①

蒋介石说,如果在五人小组第一次会议上共产党接受上述五项条件,就立即停火。

**1946 年司徒雷登大使**

**与中共谈判代表周恩来交谈**

次日,当司徒雷登回到南京向周恩来转达了蒋提出的条件后,周恩来用三句话一针见血地指出蒋提出的这些无理要求的目的在于:(1)他想使用武力,然后通过谈判来达到其目的;(2)他能够一方面继续使用武力,一方面进行谈判;(3)如果共产党拒绝谈判,他就能把内战的责任推给共产党。②

周恩来指出,共产党要求的是无条件停战,并召开政协综合小组会议和宪草审议委员会,而不能接受蒋介石五项条件中的任何一项。

8 月 8 日,马歇尔与蒋介石在牯岭进行了一次十分坦率的谈话,他告诉蒋:司徒雷登博士和周将军的协商毫无进展。周将军认为,五项条件的提出使谈判又回到 6 月底的僵局中去了。马歇尔直言不讳地对蒋介石说:

> 我的目的是促成一个统一的新生的中国,不是与蒋委员长的某些顾问所想象的那样——使共产党就范,而是完全相

---

① 《马歇尔使华:美国特使马歇尔出使中国报告书》,中国社会科学院近代史研究所翻译室译,中华书局,1981 年,第 207 页。

② 同上书,第 208 页。

反。我与蒋委员长及其亲密的顾问们的意见不同,我认为他们目前的做法可能导致共产党控制全中国。……我从多方面获得的情报表明,国民党的威信严重下降,对国民党政府所采取的措施的批评也与日俱增。①

马歇尔还针对国民党政府限制出版和言论自由的做法,奉劝蒋介石注意不要使他本人的威望受到极大的损害,而他的"威望"也许是美国向其提供援助的最大本钱。

马歇尔最后提醒蒋介石说:"美国知识界有一种感觉,即中国对自由主义见解的压制与德国所实行的做法相同,它已使全世界震惊和愤怒。""共产党在过去两个月中不断要求先停止冲突,然后通过谈判解决有争论的问题,共产党急切期望政协的决议和程序能够被遵循。"②

马歇尔的这番话,使蒋介石至少明白了三点:其一,美国知道国民党政府对停战没有诚意;其二,马歇尔的目的是促成一个统一的新生的中国,而不赞成蒋所采取的逼共产党就范的政策;其三,马歇尔表达了对蒋介石推行专制政策的失望和恼火。

蒋介石知道马歇尔会随时把自己对中国局势的看法报告杜鲁门总统,一旦美国真的认定内战不能停止的责任在他蒋介石身上,美国就有抛弃他的可能。感受到巨大压力的蒋介石,终于表面上答应要使停战谈判朝好的方面进行下去。

8月10日上午,马歇尔和司徒雷登一起同周恩来会谈。会谈

---

① 《马歇尔使华:美国特使马歇尔出使中国报告书》,中国社会科学院近代史研究所翻译室译,中华书局,1981年,第210页。

② 同上。

中,司徒雷登操着和周恩来一样的、带有浓厚苏北口音的普通话,与其探讨了如何使正在逐渐扩大的战事停下来的问题。尽管会谈的气氛非常平和,但由于司徒雷登的建议几乎全是蒋介石提出的五项条件的翻版,而在原则问题上,周恩来又从来是寸步不让,以致几个小时过去了,会谈没有任何实质性的进展。

同一天下午,马歇尔把上午与周恩来会谈的情况向国民党的谈判代表俞大维做了通报。

马歇尔告诉俞大维说:"共产党担心蒋委员长的五项条件正逼得他们走投无路,这是由于条件苛刻,也由于他们认为蒋不想达成协议,而只是为了赢得军事行动的时间而进行谈判。"马歇尔接着说:"在我看来,共产党担心的主要是,国民政府不仅对执行政协决议不感兴趣,而且企图隐瞒其中的任何含意。"[1]

由于蒋介石拒绝收回他提出的五项停战条件,谈判再次陷入僵局。

意识到战争规模的扩大化已在所难免,8月10日当晚,为了使舆论界认识到危机和即将来临的混乱,马歇尔和司徒雷登向报界发表了一项联合声明,对外界公布了谈判的情况。声明对国民党和共产党采取了各打五十大板的态度,既肯定了"政府与共产党双方领袖,均渴望终止战争",又指出"有若干立待解决之问题,迄难获致协议"[2]。

---

[1] 《马歇尔使华:美国特使马歇尔出使中国报告书》,中国社会科学院近代史研究所翻译室译,中华书局,1981年,第218页。

[2] 四川大学马列主义教研室中共党史科研组编:《停战谈判资料选编》,1979年,第169页。原载《中央日报》,1946年8月11日。

　　马歇尔和司徒雷登发表声明的另一层意思,是指望舆论界能对国共双方施加压力,最终解决双方的分歧。

　　但国共之间你死我活的斗争又岂是谈判桌上能够解决的。

　　路透社记者认为,联合声明的发表说明马歇尔承认他来中国的使命已经失败了。

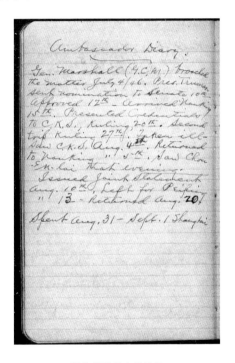

**司徒雷登的大使日记**

　　8 月 14 日,《解放日报》发表了题为《七个月总结——评马、司联合声明》的社论。

　　社论列举了大量事实,明确指出中国内战的步步升级除了国民党政府企图坚持他们的独裁统治之外,美国政府不断地向国民党提供大量援助,是使蒋介石越来越蛮横的重要原因。

社论同时指出,蒋介石向马歇尔和司徒雷登提出的五项荒谬的停战条件,"乃是侮辱马、司二人人格的行为"①。

社论指责美国七个半月的"调处"和"援华",是"调处"和"援助"出来一个更大的内战,并分析马歇尔之所以"调处"失败,是因为"他在国民党反动派每次提出破坏已成协议的新要求来时,并不为已成的协议之实现去奋斗,却不顾已成的协议,而来重新'调处',这样就使国民党越来越肆无忌惮,马歇尔自己的地位越来越低"②。

值得一提的是,与指名道姓地指责和讽刺马歇尔有所不同的是,《解放日报》的这篇社论对刚上任不久的司徒雷登还是相当客气的,没有任何针对他个人的指责,这说明共产党人对司徒雷登今后在国共谈判中可能发挥的作用还是十分看好的。

马歇尔和司徒雷登联合声明的发表,并没有使内战蔓延的趋势有所缓和,国民党部队在7、8、9三个月对解放区的进攻有增无减,终于导致了张家口战役的爆发,使内战达到高潮。

1946年9月下旬,国民党北平行辕集中了孙连仲和傅作义的11个整编师共七万多人,从东西两面沿平绥路向张家口进攻。中共指挥下的晋察冀和晋绥野战军立即奋勇反击,打响了张家口保卫战。

9月14日,在国民党部队蓄意进攻张家口的同时,周恩来向马

---

① 四川大学马列主义教研室中共党史科研组编:《停战谈判资料选编》,1979年,第163—168页。原载《解放日报》,1946年8月14日。
② 同上书,第167页。

歇尔递交了一份备忘录,针对美国不顾中共的一再反对,近期内与国民党政府签订了一系列军事和经济援助协议的做法,表示了强烈的不满,指出美国政府这种违背诺言的行径,无异于助纣为虐,助长了蒋介石向解放区发动大规模进攻的气焰。周恩来在备忘录中说:

> ……这种火上加油的办法,不能不使中国人民感到极大的不安与愤怒。……余今复受命代表中国共产党及解放区一亿四千万人民,经过阁下向美国政府提出正式抗议,并要求美国政府在中国和平团结及联合政府未实现时,将该约所列之物资船舶等全部冻结。①

为表示对国民党向解放区发动全面进攻的强烈抗议和对马歇尔一味迁就蒋介石的不满,周恩来愤然离开南京,回到了上海。

次日,周恩来再次致电马歇尔,继续对美国政府向国民党提供外援,致使中国内战持续升温提出谴责。周恩来要求马歇尔立即召开三人会议,尽快制止中国的内战。

但此时的蒋介石认为国民党军队在张家口战役中已稳操胜券,先是拒绝召开三人会议,后又提出种种明知共产党不可能答应的条件,故意拖延时间。

1946 年 9 月 30 日,周恩来、董必武、叶剑英、吴玉章、陆定一、邓颖超、李维汉等人联名,再次向蒋介石和马歇尔发出备忘录,对国民党政府自当年 6 月撕毁停战协议以来一而再、再而三地进攻解

---

① 四川大学马列主义教研室中共党史科研组编:《停战谈判资料选编》,1979 年,第 175—176 页。

放区,并派出重兵大举进攻张家口提出强烈抗议。备忘录最后说:

> ……事实已很显然,政府不惜以进攻中共解放区的政治军事中心之一的张家口,来迫使国共关系至最后破裂的境地,恩来等特受命声明:如果政府不立即停止对张家口及其周围的一切军事行动,中共不能不认为政府业已公然宣告全面破裂,并已放弃政治解决方针,其因此而造成的一切严重后果,当然全部责任均应由政府方面负之。[①]

中共备忘录的看法使几个月来为制止中国内战而九上庐山的马歇尔感同身受。他认为"国民党政府的政客们正尽力使司徒雷登博士和我成为'傀儡'",蒋介石的做法"已把美国置于无法接受的、站不住脚的地位,因此考虑退出目前的谈判"[②]。

马歇尔向司徒雷登讲明了自己的看法和立场,得到司徒雷登的认同。

当天,司徒雷登向国民党谈判代表表达了他和马歇尔的意见,强调局势已经到了"令人不能容忍"的程度,并明确表示如果目前的局势继续下去,他和马歇尔"将有可能退出调停,并继而撤销美国对中国的其他支援"[③]。

两个半月直接参与国共谈判的经历,以及脱离了学校的文化氛围后耳闻目睹社会的现状,使司徒雷登对国民党政权的看法发

---

① 四川大学马列主义教研室中共党史科研组编:《停战谈判资料选编》,1979 年,第 179－180 页。

② 《马歇尔使华:美国特使马歇尔出使中国报告书》,中国社会科学院近代史研究所翻译室译,中华书局,1981 年,第 293 页。

③ 同上书,第 293－294 页。

生了很大的变化。如果说从前他曾把中国的希望放在国民政府身上的话,那么此时此刻,他对这个政府的态度已经由希望变成了失望。

8月13日至19日,司徒雷登在回燕大小住期间,曾于8月18日晚在燕大校友为他召开的"崇拜会"上发言,公开表示了对国民党政府的不满,他说:"国民政府腐败之弊病,各方面种种官僚习气,贪官污吏,自私自利,因此失去人民之信任……且此种消息已逐渐传至国外,对中国国际地位及前途颇多妨碍。我的话,诸位不要见怪,我现在非以美外交官身份说话,乃以差不多一中国人之立场而言,故我心中很悲伤。"他还认为:"目前中共的问题(指共产党日益赢得人心,作者按)并非完全是中共的问题,而是国民党内部贪污腐化的问题。"①

可叹的是司徒雷登虽对国民党持批评态度,但对国民党的主席蒋介石却一如既往地抱有好感和幻想,认为他是国民党政府中的"好人",并寄希望于政府发起的"革新运动"能扭转国民党政府日益失去民心的局势。② 他认为蒋的许多错误做法不在他本人,而在于"一旦他离开了高级会谈,他就极易听信一些亲信幕僚的花言巧语"③。

10月1日,马歇尔正式致信蒋介石,指出:"除非觅致协议的基础,以终止战争,而不以建议及反建议更事拖延,我将向总统提议

---

① 北京大学图书馆藏《燕大双周刊》第20、21期合刊,1946年9月9日,第191页。

② 同上。

③ John Leighton Stuart, *Fifty Years in China—The Memoirs of John Leighton Stuart, Missionary and Ambassador*, New York: Random House, 1954, p.162.

将我召回,美国政府亦终止其调处的努力。"①

但无论马歇尔和司徒雷登对停战谈判的前景如何不抱希望,在杜鲁门总统没有明令他们中止调停工作之前,他们不得不依然为了那根本不可能达成的停战协议日复一日地周旋于国共两党之间。

司徒雷登在 1946 年 10 月 3 日的日记中这样写道:

> 今天不啻是一个纷扰的日子。马歇尔将军很坚决地要求杜鲁门总统把他召回。蒋介石进军张家口,同时又利用马歇尔将军和我继续和平谈判,这会连累及美国方面的信誉。我向共产党方面提出若干条建议,其中四点总算得到他们的同意…… ②

日记的字里行间流露出对久拖无果的停战谈判的深深倦意和对国民党政府的失望。

这期间,唯一能给司徒雷登带来安慰的是燕大校友的频繁到访。南京同学会和其他燕京人士不断出入他的住所,以至于有人戏称"大使馆成了燕京分校"③。

从当时司徒雷登与朋友的通信中也可看出,在这段时间里,身为大使的司徒雷登仍然经常以燕大校务长的身份为燕大筹款,或为燕大师生赴美进修写推荐信,并乐此不疲。

---

① 《中美关系资料汇编》第一辑,世界知识出版社,1957 年,第 239 页。
② 司徒雷登 1946 年 10 月 3 日日记手稿原件,北京大学图书馆文献。
③ 北京大学图书馆藏《燕大双周刊》第 20、21 期合刊,1946 年 9 月 9 日,第 190 页。

## 二、马歇尔使命的终结与司徒雷登角色的转换

面对一次次调停的失败,沮丧之极的马歇尔于 10 月 5 日致电华盛顿,提议把他召回。

马歇尔在电报中说:"我深深感觉到美国政府在世界面前不能再让我继续担任调处人,并应立即照此秘密通知蒋委员长。我相信这是唯一的途径,借以停止军事攻势并消除国民政府将领们的明显的信念,以为他们在进行武力的进攻中,可以把美国拉在一起。"①马歇尔甚至在电报后面附上了他自己代杜鲁门总统草拟的将他召回国的电文。

当司徒雷登告诉蒋介石马歇尔已经打电报给杜鲁门总统,请求结束调处使命的消息后,生怕就此得罪了美方的蒋介石,急忙表示愿意暂停对张家口的进攻,休战五天,与中共谈判,条件是共产党方面须同意他在 10 月 2 日提出的条件,即:(1) 召开五人小组和三人小组会议;(2) 共产党的军队限制在 18 个师的配置之内;(3) 提出共产党出席国民大会代表的名单。

马歇尔见形势出现了"转机",又致电美国务院,先不要将他请求召回的电文转交总统。

10 月 6 日上午,马歇尔在与司徒雷登一道同蒋介石会面时对蒋说,他认为短时间的休战不能使谈判取得成功,尤其是在国民党军队随时可能再次向张家口发动进攻的情况下更是如此。在马歇

---

① 《马歇尔使华:美国特使马歇尔出使中国报告书》,中国社会科学院近代史研究所翻译室译,中华书局,1981 年,第 305 页。

尔的坚持下,蒋介石同意把休战延长到十天。

10月8日,中共代表王炳南向司徒雷登转达了周恩来对蒋介石提出的休战条件的答复。其中有这样两条:

> (1)休战应无时间的限制,除非政府军队撤退至原来阵地,则方案似系一项策略而已。

> (2)共产党希望召集三人小组及五人小组会议,但讨论者应不限于蒋委员长10月2日备忘录中的两项。在休战条件下讨论此等问题,应视为系在军事压力下进行的谈判。①

周恩来向到上海与他会谈的马歇尔指出:国民政府向共产党控制的几个城市如延安、张家口和哈尔滨发动进攻,就意味着国家的分裂。进攻张家口既是蒋决心放弃谈判的最后宣言,也是蒋把国家推向全面分裂的标志。在这个问题上只能有一种结局——要么停战,要么不停战。这不是一个暂时停战的问题。

周恩来在与马歇尔会谈时,再次强调了中共一直坚持的两个观点:(1)在内战没有停止期间,中共不赞同美国政府给国民党政府提供援助,也不赞同在中国的美国军队至今仍不遵循撤军的诺言;(2)中共注意到司徒雷登和马歇尔的声明总是选定在共产党拒绝国民政府的要求之后,而不是在国民政府拒绝共产党的要求之后发表。

10月11日,就在马歇尔和司徒雷登为了促使国民党军队停止对张家口的进攻而竭力在国共之间斡旋时,传来了张家口被国民

---

① 《马歇尔使华:美国特使马歇尔出使中国报告书》,中国社会科学院近代史研究所翻译室译,中华书局,1981年,第310页。

党军队攻克的消息。这既是蒋介石拖延战术的胜利,也是对马歇尔"调处"使命的绝大讽刺。

无奈之中,马歇尔和司徒雷登决定暂时退出调停,让民主党派出面说服国共坐下来继续进行和谈。然而,由于蒋介石不顾中共和民主党派的反对,坚持要在 11 月 12 日召开"国民大会",通过新的"宪法",致使本有可能继续下去的和谈成为泡影。

按照 1 月政协决议的精神,国民大会必须在内战停止、政府改组、训政结束、宪草修正完成后才能召开。因此,自从蒋介石在 10 月 11 日宣布召开"国民大会"以后,立即遭到中国共产党和民主党派的强烈反对和抨击。中共驻南京代表团指出,国民党单独召开"国大",违反了政协精神。民主同盟的代表则认为,召开"国大"应先经政协各方协商,国民党如此独断专行,是对和平建国基本方针及平等协商原则的破坏。

但急于通过宪法确立国民党统治地位的蒋介石却不愿再等下去了。

11 月 15 日,以国民党党员为主要代表的"国民大会"在南京开幕。这次会议的中心任务是制定《中华民国宪法》,故又被称为"制宪国大"。

11 月 16 日,周恩来对国民党召开"分裂国大"发表严正声明,指出"国大"的召开"破坏了政协以来一切决议及停战协定与整军方案,隔断了和平商谈的道路,彻底揭穿了国民党政府停战的欺骗性";"国大"即将通过的"宪法",是要"把独裁'合法化',把内战'合法化',把分裂'合法化',把出卖国家人民的利益'合法化'";"和谈之门已为国民党政府一手关闭了"。①

为了对蒋介石的一意孤行表示抗议,11 月 19 日,中共代表周恩来乘马歇尔为他安排的美国陆军军用飞机返回延安。临行前一天,周恩来设宴与司徒雷登话别。他不但特意请来中共代表团里曾在燕大学习过的龚澎、吴青、陈浩等三位工作人员作陪,还在事后请王炳南将一只高约二尺的明代五色瓷花瓶转交给司徒雷登留作纪念。②

周恩来的离去,意味着从年初就开始的、长达十个月的谈判宣告结束。

在对待蒋介石召开"国大"的问题上,司徒雷登与马歇尔的态度存在着明显的不同。

"国民大会"开幕的当天,马歇尔拒绝出席开幕式,因为他"不希望在人们心目中被看成是附和国民政府对待国民大会的方针"③。可司徒雷登却以美国大使的身份出席了开幕式。

虽然马歇尔在他的报告中称司徒大使出席"国大"开幕式的理由是"出于外交礼节",但只要读一下司徒雷登在"国大"召开之前的日记,便可看出他对蒋介石召开"国大"是寄予了极大希望的。司徒雷登在 1946 年 10 月 30 日的日记中写道:

> *蒋氏派人召见……我告诉蒋氏说他以往已有过两次使政*

---

① 四川大学马列主义教研室中共党史科研组编:《停战谈判资料选编》,1979 年,第 189—191 页。

② 燕大文史资料编委会编:《燕大文史资料》第七辑,北京大学出版社,1993 年,第 48—49 页。

③ 《马歇尔使华:美国特使马歇尔出使中国报告书》,中国社会科学院近代史研究所翻译室译,中华书局,1981 年,第 390 页。

局改观的经验,第一次是他当年团结国民党的决心表现,第二次是终于荣膺主席要职。我希望他趁六十岁诞辰召开国民大会,达成他第三次扭转政局的辉煌表现,借以向世人证明他的真正民主领袖的才具。[①]

在第二天写给国务卿的报告中,在谈及即将召开的"国民大会"时司徒雷登指出:

> 政府显然想不管其他党派参加与否,如期召开国民大会,一切表示调解阶段似乎已经过去了。假如是这样,希望将寄托于蒋委员长及其同僚们承认结束一党训政,建立真正的民主制度,进行人们渴望的内部改良。[②]

"国大"召开的第三天(1946年11月17日),回燕大小住的司徒雷登在接受《燕大双周刊》记者的采访时又说:

> 我劝蒋主席实行民主,他也同意,但有相当的困难。对于政府的困难,大家也应该体恤。如果建设运动风行,交通恢复,大家合作,光明总会来的。现在最要紧的是地方行政,人民须能在地方行政范围内,发表真正的民意。[③]

"国大"闭幕后,1947年元旦,国民党政府公布了"国大"通过的《中华民国宪法》。延安的《解放日报》发表评论指出:该"宪法"的

---

① 司徒雷登1946年10月30日日记手稿原件,北京大学图书馆文献。

② 1946年10月31日司徒雷登致国务卿的信,见《司徒雷登写给美国国务卿的报告》,中国人民政治协商会议全国委员会文史资料研究委员会编:《文史资料选辑》第八十三辑,文史资料出版社,1982年,第50页。

③ 北京大学图书馆藏《燕大双周刊》第26期,1946年11月23日,第235页。

精髓和实质，可以用八个字来概括，这就是"人民无权，独夫集权"①。

司徒雷登在回忆录中对"国大"的评价却是：

> 蒋主席向国民大会提出的宪法草案，是经过政治协商会议宪草审议委员会所同意的宪法草案（该委员会由各党派代表组成）。该草案比十年前所宣布的草案要民主得多，显示出蒋主席思想的进步。当时，国民党中的极端分子曾对宪法中的一些较为民主的条款表示强烈反对，并坚持要改回原来的样子。要不是蒋主席的决心，这一宪法草案很难获得国民大会的通过。他向死硬派施加压力，告诉他们，要么服从他，要么同他决裂，迫使他们服从了大多数人的意见。……经过长期的争论之后，国民大会终于制定了一部民主的宪法，功劳不小。②

比起司徒雷登来，马歇尔对新"宪法"的评价则要低调得多。

虽然马歇尔也认为"国大"通过的"宪法"与政协会议的原则是"相一致的"。但他在给美国政府的报告中写道：

> 虽然新宪法是一部具有一定民主性质的文件，我却关心它付诸实施的程度和方式。宪法的通过仅仅是个开端，而真诚地改组政府和认真地实施宪法的唯一保证仍然要看中国真正的自由派集团的发展。我担心，如果少数党和无党派自由

---

① 《解放日报》，1947 年 1 月 3 日。

② John Leighton Stuart，*Fifty Years in China—The Memoirs of John Leighton Stuart, Missionary and Ambassador*，New York：Random House，1954，p.171.

主义集团继续各行其是,政府的改组就可能是虚假的。[1]

司徒雷登对"国民大会"和新"宪法"的态度之所以与马歇尔不同,关键在于他们个人对蒋介石的看法存在着明显的差异。

制宪"国大"闭幕后,自认为已大权在握的蒋介石,主动提出要派代表去延安,请共产党答应重开谈判,摆出一副爱好和平的姿态。对于这种故作姿态,马歇尔非常反感。他明确告诉蒋介石,据他的看法,共产党不会同意重开谈判,因为他们非常清楚国民党政府的最终目的是要用武力消灭他们。在这种情况下,"至为重要的是政府先行改组,而为共产党和民主同盟的加入敞开大门"[2]。

马歇尔的表态,说明他对蒋介石热衷于做表面文章和一贯出尔反尔的做法早就了如指掌,并深恶痛绝。

出于对形势发展的估计,马歇尔认为美国已经没有必要继续在国共之间进行调解,他的使命应该结束了。他在给杜鲁门总统的报告中说:

> ……新宪法已经通过,而在行将开始的争取重开谈判的玩弄花招之中并没有我的真实地位。我继续留在这里对未来的调整将形成尴尬的局面,尤其是如果我把话说明白了,而我认为我是必须说的,这就会在中国双方的官员中激起怨恨的反感。是时候了,该由中国人自己去做我曾经努力把他们领

---

[1]　《马歇尔使华:美国特使马歇尔出使中国报告书》,中国社会科学院近代史研究所翻译室译,中华书局,1981年,第443页。

[2]　同上书,第446页。

进去的那些事情了……①

在报告中，马歇尔特别提到他虽然退出了，但"幸而司徒雷登博士所处的地位仍将自然而然地吸引各方面人士不断寻求他在谈判中的斡旋作用，而随着时间的推移，他这种作用的重要性将与日俱增"②。

这段话既是马歇尔对司徒雷登在调解国共关系中所发挥的作用的肯定，也是他建议将调处使命移交给司徒雷登的一个明确的表态。

1947年1月3日，马歇尔接到国务卿伯恩斯（James F. Byrnes）的通知，总统希望他能尽快回国，以便与他就中国问题进行磋商。国务卿还告诉他，在与他讨论之前，总统不会做出任何有关由司徒雷登博士进行调停的决定。

1月6日，白宫对外界宣布：总统已指示马歇尔将军返回华盛顿就中国局势提出报告。

在白宫的消息发布之前，马歇尔和司徒雷登一道去见蒋介石，把马歇尔将应召回国述职，并将于1月8日上午离开南京的消息通知了蒋。

蒋介石对马歇尔回国一事并不感到意外，因为在这之前，马歇尔就曾几次表明过请杜鲁门总统召他回国的意思。况且蒋介石明白从国共和谈破裂的那一天起，马歇尔的使命就终结了，至于马歇尔什么时候离开中国，只不过是个时间问题。现在，当他得知马歇

---

① 《马歇尔使华：美国特使马歇尔出使中国报告书》，中国社会科学院近代史研究所翻译室译，中华书局，1981年，第449页。

② 同上书，第448—449页。

尔终于要走的时候,除了出于礼貌向其表示惋惜及假惺惺地表示想聘请马歇尔担任他的高级军事顾问外,他真正关心的是马歇尔回国后,美国的对华援助是否还将继续。

蒋介石让马歇尔转告杜鲁门总统,希望美国政府以同情的态度看待国民政府将面临的困境,认真考虑中国的经济状况,不要中断对中国提供的物质援助。

我们不知道马歇尔在听了蒋介石的话之后是一种什么心情,但从他离华前发表的个人声明中对蒋所领导的国民政府在和谈期间的表现非常不满这一点来看,他没有当面给蒋介石难堪,已经是相当克制的了。

同蒋介石见面后的当天,马歇尔告诉司徒雷登,既然要走了,就不能再保持沉默了,他打算就过去一年中国的局势发表一份措辞强烈的声明,并告诉司徒雷登,他的声明稿已经交到国务院,以便在发表之前获得批准。

司徒雷登仔细地看了一遍马歇尔准备发表的声明。他告诉马歇尔说,他认为在这个时候发表这样一个声明是非常适宜的。

1947 年 1 月 8 日上午,马歇尔乘飞机回国。在机场为马歇尔送行的既有以蒋介石夫妇为首的国民党政府高官,也有王炳南等中共代表,以及司徒雷登率领的美国驻华使馆的各级工作人员。此时,大家都已经知道几个小时之前,杜鲁门总统已正式提名马歇尔接替伯恩斯出任美国国务卿一职。

对于并未完成总统使命的马歇尔非但不罚,反倒委以重任,说明杜鲁门深知造成国共和谈失败的责任不在马歇尔。

望着逐渐远去的飞机,司徒雷登感到前所未有的孤独。与数月前初任大使时对调解国共关系志在必得相比，此时的司徒雷登的内心有着深深的失落感。但想起就在当天早上，马歇尔还就和谈破裂后美国政府应该对中国采取什么政策，征求过他的意见一事，他又为由马歇尔出任国务卿而感到庆幸。因为他知道，今后无论他做什么，都会得到了解中国情况的马歇尔的谅解。

当马歇尔的专机还在太平洋上空飞行时，美国国务院向新闻界发布了他以个人名义对中国时局发表的声明。马歇尔首先指出，中国和平的最大障碍是"国共两方彼此完全以猜疑相对"。接着，他分析了国共双方在和谈中互不配合的原因：

> 余以为最近谈判决裂最重要之因素如下：在国民政府实际上即国民党方面，其最有势力之反动集团，对于余促成真正联合政府之一切努力，几无不加以反对，往往以政治或党的行动为掩护……彼等公开坦白宣称：中共之合作实为不可想象之事，唯有武力政策方能解决。此一集团包括军事与政治各领袖。①

马歇尔对国共双方在和谈失败中应负的责任，采取了各打五十大板的态度。他指出：

> 一年前政治协商会议所获致之协议，系自由而且远大之宪章，此项宪章遂为中国奠定一和平及复兴基础。惟国民党中不妥协集团，意欲保持其在中国之封建统治，显无秉承协议决议之诚意。……政府中之反动派显然以为不论其行动如

---

① 《中美关系资料汇编》第一辑，世界知识出版社，1957年，第698页。

何,必能获得美国之帮助。共产党则不愿为国家利益而妥协,彼等以为经济崩溃,将使政府垮台。……①

一年的调处经历使马歇尔得出这样一个结论:"有一点是美国的调解努力所不能逾越的:中国的和平与稳定,归根结底,应该由中国人自己的努力来实现。"②

马歇尔还在声明中声称,共产党指责美国援助国民党打内战是对美国政府的"故意歪曲和诬蔑"。

马歇尔措辞严厉的声明发表后,国民党报纸在刊登这篇声明时,删掉了用来形容国民党内部统治集团的"反动"一词。事后,蒋介石在一次政府集会上公开说"不能把我的看法说成和马歇尔将军的看法完全一致"③,表示了他对马歇尔声明的不满。但因为一来马歇尔声明中对国民党的指责并非空穴来风,二来马歇尔回国后即正式出任美国国务卿一职,执掌着是否对国民党政府提供援助的决定权,所以蒋介石在实在憋不住说了上面那番话后,又不得不急忙用巧妙的外交辞令补充说:"由于他的使命,也由于他在向美国人民提出这样一份报告时的地位,可以说他是坦率、公正、诚恳而且友好的,他的声明非常富于建设性。"④

马歇尔声明发表后的第三天,即 1947 年的 1 月 10 日,中共中央副主席周恩来在延安为纪念停战协议签字和政治协商会议开幕

---

①　《中美关系资料汇编》第一辑,世界知识出版社,1957 年,第 698－701 页。

②　《马歇尔使华:美国特使马歇尔出使中国报告书》,中国社会科学院近代史研究所翻译室译,中华书局,1981 年 7 月,第 461 页。

③　同上书,第 456 页。

④　同上。

一周年召开的群众集会上,对马歇尔的离华声明做了客观的评价,既肯定了他对国民党破坏和谈的揭发,又对他没有公开指出蒋介石就是国民党内反动势力的头子表示遗憾,同时希望马歇尔当了国务卿后,"故能站在罗斯福总统对华政策的立场上,为着中美两大民族的传统友谊和利益,重新检讨美国政府近一年来的对华政策,停止援助蒋介石政府进行内战","重新调整中美关系"①。

1月21日,马歇尔在华盛顿宣誓就任国务卿。

1月29日,根据马歇尔的建议,美国国务院发布新闻,决定退出三人小组会议,撤回美方派驻军事调处执行部的人员。马歇尔告诉司徒雷登,这个决定意味着谈判的结束,但"不应妨碍他在任何一方在中国局势所特有的各种问题上向他寻求一位美国大使正常职能范围内的帮助时,提供这种帮助"②。

此时的司徒雷登内心非常矛盾,处于一种去留两难的境地。他深知,1946年他代表美国政府与国民党政府在南京签订的《中美友好通商航海条约》即《中美商约》,就已受到当时中国人民的普遍反对。

1月8日当天,在得知马歇尔回国的消息后,燕京大学校务委员会便立即致电南京的美国驻华使馆,欢迎司徒雷登返校。

电报只有短短的五个英文单词:"Yenching Needs You. Warmest Welcome. (最热烈之欢迎——燕京需要你!)"③

---

① 四川大学马列主义教研室中共党史科研组编:《停战谈判资料选编》,1979年,第204页。
② 《马歇尔使华:美国特使马歇尔出使中国报告书》,中国社会科学院近代史研究所翻译室译,中华书局,1981年,第461页。
③ 北京大学图书馆藏《燕大双周刊》第30期,1947年1月18日,第267页。

电文虽然简短,但热情而真挚,表达了校务委员们急切盼望司徒雷登早日回到燕大的心情。他们认为,司徒雷登是为了协助马歇尔调处国共和谈而就任驻华大使的,既然和谈失败,马歇尔都回国了,司徒雷登的使命也应该就此结束了。虽说司徒雷登自从到南京上任后也曾多次返校处理校务,但每次都是来去匆匆,因为公务缠身,根本无法正常履行校务长的职责。进入1947年后,由于受中国国内经济衰退的影响,燕大的经费缺口非常大,形势不容乐观,许多问题都需要司徒雷登集中精力去处理和解决,加之他在辞职信中也曾明确表示希望能在一年或更短的时间内引退,回到燕大,所以校务委员们认为此时正是老校务长回燕大的最佳时机。

然而,电报发出去后,却迟迟未见答复。

司徒雷登并非不愿答复,而是实在无法给燕大人一个令他们满意的答复。

应该说,自从出任大使以来,司徒雷登无时无刻不在牵挂着燕大的建设和发展问题,在就职后不到半年的时间里三次利用谈判的间隙回燕大就是最好的证明。但马歇尔的离去,已经从客观上把他从处理中美关系的二线推上了一线。在国共之间和谈无望,美国的对华政策又处于新的调整时期的时候,他怎能一走了之呢?再说马歇尔走后,他的大使官邸就一天都没有清静过,各个党派的人士都希望从他那里了解到美国新的对华政策,并想通过他对即将出台的政策施加影响,蒋介石更是每次见面时都向他追问华盛顿在对华援助方面有什么消息。所有这一切,使他的工作量虽然比参与国共谈判时有所减轻,但精神上的压力却反倒更重了。在这种情况下,他哪里还敢有返回燕大的"非分之想"。

其实,作为驻华大使,司徒雷登对美国政府在对华政策方面可能发生的变化比其他任何人都更为关注。

马歇尔在回美国之前,曾就和谈破裂后美国应当对华采取什么政策的问题征求过司徒雷登的意见。当时,司徒雷登告诉他有三种选择:(1) 积极支持国民党政府,尤其是以派遣军事顾问的方式给予支持,希望国民政府做出必要的改革,并根据其改革的情况,逐步考虑进一步提供援助的问题;(2) 美国政府方面不采取任何有力的措施,做"走着瞧"的打算,一切任其发展,相机行事;(3) 完全不参与中国的内政。同时,司徒雷登还告诉马歇尔说,他本人最赞成的是第一条方针,但若是让他在后两条中做选择的话,他则宁愿挑选第三条。①

显然,司徒雷登之所以做这样的选择,一是出于他个人与蒋介石和国民党政府之间有着长达 15 年的深交;二是因为站在维护美国国家利益的立场上,他认为唯有国民党的强大,才能抑制共产主义在中国和亚洲的蔓延和发展;三是他认为"既然美国政府已经深深地陷入了中国的内部事务,那就只能继续协助他们解决内部的纷争"②。

他还认为,如果政府不愿采取上述政策,就要当机立断,除了与中国保持一般的外交关系外,应停止在该国的一切政治活动。因为内战的长期拖延,国民党会以为美方抛弃了他们而心怀怨恨;共产党人会指责美国偏袒国民党一方;对现状不满的知识分子们,

---

① John Leighton Stuart, *Fifty Years in China—The Memoirs of John Leighton Stuart*, *Missionary and Ambassador*, New York: Random House, 1954, pp. 178—179.

② Ibid., pp. 179—180.

则会骂美国是入侵的帝国主义。这样一来,势必会使美国政府处于一种"费力不讨好,里外不是人"的尴尬境地。

司徒雷登记得,当时马歇尔在听了他的阐述后并没有马上表态,而是略加思索后才表示原则上同意他的观点,并对他首选第一条方针的用意表示理解。

但是马歇尔就任国务卿已经几个月了,政府的对华政策却迟迟没有出台,而国共之间的军事对抗却在步步升级。作为大使的司徒雷登,除了坚持随时将中国国内的各种动态向马歇尔报告以外,实在不知还能从哪些方面开展自己的工作。1947 年 3 月 12日,他在给马歇尔国务卿的报告中写道:

> ……目前的军事行动,已超过了许多月以来的规模。国民党政府显然想要,而且非常需要在山东获得一次大的军事胜利,但它并未能得到这个胜利。……陆军武官说,他看到双方,特别是政府军有日益不愿打仗的迹象。甚至高级军官都向他说过:当敌人是日本人的时候,不断的打仗似乎还有些道理,而当这是打中国人的时候,就没有多大斗志了。这种士气的消沉,似乎反映军队中并不了解内战究竟为了什么,而在某些场合,他们就容易接受共产党要他们放下武器的呼吁。蒋委员长的坚持增加薪饷,以改善军队士气,对宋子文的辞职是起了作用的。
>
> 过去十日来的政治变化就是在这种悲哀的背景下发生的,这些变化迄今为止还没有结果。……①

---

① 《中美关系资料汇编》第一辑,世界知识出版社,1957 年,第 282—283 页。

当然,自马歇尔将军走后,还有一件令司徒雷登不能不予以关注的问题,就是国民党政府的改组和改革。

司徒雷登不是瞎子,尽管他对蒋介石个人仍颇具好感,但他对国民党内部的腐败和派系斗争,以及国民党在人民大众心目中的地位一落千丈还是看得十分清楚的。这时的司徒雷登,已经逐渐对国民党失去了信心。他知道在许多方面,国民党的所作所为正日益失去人心,而这一点对国民政府来说是致命的。关于这个问题,作为多年的老朋友,他曾不止一次地提醒过蒋介石,并寄希望于国民党政府能切实有所改进,重新树立起自己的形象。他知道这是国民党是否能在中国站住脚的最后一个机会。但他对国民党能不能把持住这个机会心怀疑虑。

1947 年 3 月中旬,国民党在对延安发动大规模进攻的同时,召开了国民党的六届三中全会。在会上,国民党一再声明要结束一党训政,还政于民,与各党派平等相处。当然,他们所指的"各党派"中,显然并未包括中国共产党。

3 月 19 日,胡宗南占领延安的消息传到南京后,国民党六届三中全会立即给胡宗南发去一封长长的电报以示祝贺。

司徒雷登却在给马歇尔国务卿的报告中对此发表评论说:"国民政府虽然声称它击溃了十万共军,但看来这是一种很大的夸张,因为美国的观察员们在共产党调处人员返回的期间曾报告过,中共实际上已经撤出延安。"①

司徒雷登明确指出,国民党实际上是中了中共惯用的"敌进我

---

① 《中美关系资料汇编》第一辑,世界知识出版社,1957 年,第 284 页。

退,敌疲我打"的游击战圈套。

4月17日,蒋介石宣布对国民政府进行改组。听到这一消息,司徒雷登在感到欣慰的同时,仍对国民党是否能说到做到表示怀疑。他在两天后写给马歇尔国务卿的报告中说:

> 准确地评价4月17日宣布的国府委员会改组的效果如何,还为时尚早。……做这样的评价必须非常审慎,原因是过去所进行的屡次政府改组只是为了照顾国外影响,而对于中国国内的改变则收效甚微。①

在详细地报告了政府组成人员的改动之后,司徒雷登写道:

> 除了战争状态的存在而外,中国内部问题如此繁重,希望现状很快地加以改变是不现实的。但由于国府委员会中的国民党人及独立人士的能力和分量,可以指望达到一些健康的转变。这种改变将是缓慢的,而我们也必须想到二陈集团(指陈果夫、陈立夫的CC系,编者按)虽然目前不在第一线,但仍然有力量控制着国民党机器。把非国民党人士包括在内,这至少提供一定的政治活力和非共产党式的反对力量。归根到底,无法正确估计的是大元帅是否能接受自由——进步势力的忠告而不听从于他的反动的亲信仆从。……②

大量的资料显示,1947年上半年,司徒雷登在等待美国政府新的对华政策出台的几个月里,非常敬业地履行着他的大使职责,不

---

① 《司徒雷登写给美国国务卿的报告》,中国人民政治协商会议全国委员会文史资料研究委员会编:《文史资料选辑》第八十三辑,文史资料出版社,1982年,第61页。
② 同上。

断把他所观察到的有关中国政治、军事和社会发展和变化的情况十分详细地一一向国务卿马歇尔汇报。有时,这样的报告一天就要写上两份。

1947 年 3 月中旬,当燕大校务委员会意识到他们的老校长短期内不可能重返燕园之后,为了使学校的各项工作不至于因司徒雷登的缺席而受到影响,便一致推选校务委员、本校化学系主任窦维廉教授在司徒雷登返校前,出任代理校务长。

从此,司徒雷登除了偶尔回燕大参加一些学校的重大活动外,几乎把全部精力都投入大使职责上。

## 三、魏德迈使华与司徒雷登的尴尬

1946 年 12 月 1 日,为了让蒋介石对中国局势的发展有一个清醒的认识,马歇尔曾与他做过一次长谈。在这次谈话中,马歇尔向蒋介石明确指出:

> 国民政府为支持广泛的军事努力而造成了财力上的真空。一旦财政崩溃,国民党就将陷于危险境地,而共产主义的蔓延将获得肥沃的土壤。[1]

同时,他还告诫执意要用武力消灭共产党的蒋介石:

> 共产党已经是一支大得不容忽视的军事和社会力量,即使不考虑为了摧毁他们而必须采取的手段的残酷性,要靠军

---

[1] 《马歇尔使华:美国特使马歇尔出使中国报告书》,中国社会科学院近代史研究所翻译室译,中华书局,1981 年,第 426 页。

事行动消灭他们也多半是不可能的。因此当务之急就是把争取他们参加政府的努力继续下去,而且应当小心从事,切不可让军事行动破坏谈判的进行。①

后来的事实证明,马歇尔的判断是客观且具有先见之明的。如果蒋介石听从马歇尔的劝告,真心实意地与共产党合作,而不是盲目地自信他的军队"完全可以在八个月到十个月的时间内消灭共产党的军队"②,国民党政府的垮台或许还不至于来得那么快。

但在当时,蒋介石已被军事上暂时的胜利冲昏了头脑。

从 1946 年 7 月蒋介石发动全面内战以来,到 1947 年的 6 月,国民党军队实际上夺取了除哈尔滨以外的几乎所有的东北城镇,获得了苏北的县城,占领了张家口和延安,控制了大部分陇海和胶济铁路线,以及河北、热河两省的大部分地区。

1947 年上半年,国民党军队仍然不断向解放区发动进攻。在其人数和武器装备都优于共产党军队的情况下,中共中央审时度势,决定主动放弃一部分城镇,并在广大农村展开了轰轰烈烈的土地改革运动,最大规模地赢得了农民群众的支持。许多分到了土地的青年农民积极报名参军,使共产党军队的实力迅速得到扩充。

与此相反的是,在军事上节节胜利的蒋介石,却越来越失去了国民党政权的重要根基——城市市民的信任与支持。

由于抗战胜利后国民党政府不是集中精力搞经济建设,还饱受战争之苦的广大人民群众一个安定、富足的生活环境,而是全然

---

① 《马歇尔使华:美国特使马歇尔出使中国报告书》,中国社会科学院近代史研究所翻译室译,中华书局,1981 年,第 426—427 页。

② 同上书,第 427 页。

不顾中国共产党及国内外舆论的强烈反对,执意把政府预算的90％用于与中共为敌的军事方面,致使原本就遭到重创的国民经济继续大幅下滑,财政入不敷出,连年出现高额赤字。如 1946 年,国民党政府全年的财政总收入为 19791 亿元(法币),而当年的军费开支就高达 60000 亿元,扣除美国的援助,全年政府的财政赤字为43000 余亿元,超过支出总额的 78％。[①]

为了弥补严重的财政赤字,国民党政府只好滥发纸币。抗战前,法币的发行额每年为 14 亿元,1946 年增加到 82000 多亿元,1947 年更是增至 400000 亿元。[②] 通货膨胀造成的货币贬值引起物价飞涨,老百姓的生活水平下降到最低点。据统计,当时知识分子、大学教授、中学教师、作家、记者和政府雇员们的实际收入,只相当于 1937 年之前工资的 6％至 7％,其中大学教授的实际收入减少了近98％。[③]

1947 年 3 月,国民党发行量最大的政治评论性刊物《观察》的创始人兼主编储安平在他所撰写的《中国的政局》一文中这样写道:

> 现政权的支持层原是城市市民,包括公教人员、知识分子、工商界人士。现在这一批人,没有对南京政权有好感的。国民党的霸道行为作风使自由思想分子深恶痛绝;抗战结束以来对公教人员的刻薄待遇,使他们对现政权赤忱全失;政府官员沉溺于贪污作弊,他们进行种种刁难,使工商界人士怨气

---

① 南京国民政府财政部档案,中国第二档案馆藏。
② 张宪文主编:《中华民国史纲》,河南人民出版社,1985 年,第 680 页。
③ 《大公报》,1946 年 8 月 30 日。

冲天;因财政金融失策以及内战不停而造成的物价暴涨,使城市市民怨声载道。①

的确,当时不仅学生积极投身"反饥饿、反内战"的运动,就连许多曾坚定地支持过国民党的高级知识分子和政府雇员也都纷纷以各种各样的形式,加入到反对国民党政府的行列中来。

为了镇压此起彼伏的反战运动,1947 年 2 月 17 日夜间,北京军警以清查户口的名义逮捕了 1600 余名参加过游行示威的社会各界人士和学生,加上几天前已被捕的人,被关押的群众共达 2000 人以上。消息传出后,引起了北京知识分子们的极大愤慨。

2 月 22 日,北京大学和清华大学的许德珩、吴之椿、金岳霖、俞平伯、徐旭生、陈达、陈寅恪、张奚若、汤用彤、杨人梗、钱端升等 13 名教授联名发表抗议宣言,指出:

> 当初政府公布宪法,重申保障人民自由,甚至颁行大赦,今反以清查户口为名,发动空前捕人事件,使经济上已处于水深火热之市民更增恐惧。为保障人权,安定人心计,乃对此种搜捕提出抗议,呼吁释放无辜被捕之人民,至有犯罪嫌疑者亦应依法速送法院,并保证不再有此侵犯人权之举。②

燕京大学的赵紫宸、赵承信、雷洁琼、关瑞梧、梅贻宝等 17 名教授在报纸上看到他们的抗议书后,也联名发表了响应北大、清华教授的保障人权宣言。宣言中说:

---

① 《观察》,1947 年 3 月 8 日,第 3 页。
② 北京大学图书馆藏《燕大双周刊》第 33 期,1947 年 3 月 1 日,第 288 页。

　　……这次大规模的搜查逮捕,时间是深更半夜,人民正在酣睡的时候。被捕人,就已知的说,有68岁的老学者,有年轻的大学生、教员、出版家等等。这些人牵连不到治安问题,更说不上有什么罪状,莫名其妙地被逮捕,被拘禁。这不但违反了蒋主席去年正月所宣布的四项诺言,也破坏了国民政府多年来再三申明保障人权的法令,以及最近所颁布的宪法。逮捕情形尤其严重,居然动员军警、宪兵、特务8000余人,分800多组,持枪闯入民宅。……我们站在人民的立场,站在教育文化工作者的立场,为保障人权计,也为维护政府威信计,对北平市地方当局违反中央法令的非法行为,提出严重抗议。……①

　　几天后,燕大法学院院长赵承信在基督教团契礼拜会上,公开发表题为《基督徒学生对于当前世界问题的认识和使命》的讲演,号召学生"团结起来,领导国内民主分子并且配合国际民主力量,制裁内战的制造者"②。

　　1947年5月、6月间,由青年学生发起的"反饥饿、反内战"的运动席卷了全国大多数主要城市的大学和中学。燕京大学师生也不断以罢课和游行示威的方式,积极投身各种反战运动。

　　对在中国生活了近五十年的司徒雷登来说,尽管他个人一直对蒋介石抱有幻想,但对国民党政权惶惶不可终日的状况他不能视而不见,除了时常向蒋介石提出忠告外,作为驻华大使,他必须把在中国观察到的情况随时向美国国务院报告,指望他的政府能尽早制定出一套行之有效的对华政策。

------

① 北京大学图书馆藏《燕大双周刊》第33期,1947年3月1日,第288页。
② 同上刊,第289页。

1947 年 5 月 20 日燕大学生"反饥饿,反内战"示威活动

1947 年 5 月 21 日,司徒雷登在报告中向国务卿马歇尔分析了学生闹学潮和工人罢工的原因:

> ……学生示威游行主要是由于不能使人满意的生活状况和日益加深的失望情绪,但粮食暴动和工人罢工则可能是一种自发行动。无论怎样,所有这些都是经济危难和政治抱怨的象征。……政府当局首次开始承认局势可能失去控制。自始至终这里有一个反美含义。激烈分子责备我们支持政府进行内战,而忠于政府者则认为我们坐视不顾国家危难。……①

6 月 4 日,司徒雷登在写给马歇尔的报告中进一步向他描述了国民党所面临的危机:

> ……最主要的特点是政府的蒙昧主义的态度。蒋委员长

---

① 《司徒雷登写给美国国务卿的报告》,中国人民政治协商会议全国委员会文史资料研究委员会编:《文史资料选辑》第八十三辑,文史资料出版社,1982 年,第 64 页。

和他的属僚们把学生和其他方面的骚乱一概归之于共产党及其心甘情愿的工具中国民主同盟的煽动。……但假如人民的意愿能够正确无误地表达出来的话,那么目前广泛而日益增长的要求是和平。悲剧在于蒋委员长及其周围负责人士不懂这一点,他们只相信自己的情报机构,而听不到发自大众的呼声。他们因而只依赖武力镇压,干正有利于共产党的事。……在此同时,我听说共产党也绝不是如一般所认为的那样反对恢复和平谈判。……顺带讲一下,近来学生和其他示威运动中,似乎没有什么反美味道了。……①

就在司徒雷登不厌其烦地、忠实地履行着一个外交官的职责,并为政府的对华政策迟迟定不下来而着急的时候,发生了一件令他感觉非常尴尬的事情。

1947年7月11日,在事先没有任何征兆,也没有打招呼的情况下,美国政府突然致电蒋介石,宣布要派抗战期间曾担任过中国战区参谋长的魏德迈将军率领一个调查团到中国进行为期一个月的考察,为美国制定新的对华政策寻找依据。

得到这个消息后,为了解更多的情况,几名国民党中央社的记者立即赶到美国驻华使馆采访。由于没有事先得到通知,使馆工作人员对记者的提问感到莫名其妙,不知如何应答。无奈之中,他们只好打电话给司徒雷登,问他是否知道此事。当时,司徒雷登刚刚参加完燕大第三十届毕业生的毕业典礼,在北京做短暂逗留,治

---

① 《司徒雷登写给美国国务卿的报告》,中国人民政治协商会议全国委员会文史资料研究委员会编:《文史资料选辑》第八十三辑,文史资料出版社,1982年,第65—66页。

疗牙疾。他自然也被蒙在鼓里,对此事全然不知。

直到第二天,大使馆才收到美国国务院发来的正式电报。

按照惯例,此类政府代表团的出访,应事先通知驻在国的大使馆,好让他们有所准备,以应付媒体的询问。但司徒雷登得知此事的消息来源,却是国民党政府的中央社,这令他既感到尴尬,又感到异常气愤,很明显,国务院根本就没把他这个驻华大使放在眼里。

一回到南京,他立即给国务卿马歇尔写信,对此事提出抗议。他在致马歇尔的信中说:

> ……我相信你有充足理由在你决定派代表团来之前不通知我这个消息。虽然如此,我不得不认为你们在发布新闻上应当避免使我及我的同僚感到困窘。①

真正令司徒雷登生气的当然并不仅仅是国务院没有提前向他打招呼,而是在他看来,政府派魏德迈来华搞调查这件事本身就是画蛇添足,多此一举,是对他这位驻华大使以及使馆工作人员的不信任和不尊重。若干年后他在撰写回忆录时,仍然对此耿耿于怀。他写道:

> ……我们大使馆的人也想不通,为什么当我们和各领事馆一直在对中国情况进行详尽报告的时候,还要迫不及待地从华盛顿派专家来对我们的工作做补充。而令美国的人民感到迷惑的则是,为什么如此兴师动众,且又如此花费金钱的使

---

① 《司徒雷登写给美国国务卿的报告》,中国人民政治协商会议全国委员会文史资料研究委员会编:《文史资料选辑》第八十三辑,文史资料出版社,1982年,第66—67页。

团写出的报告,竟然从来没有全文发表过。①

自然,在生气之余,司徒雷登也感到了些许的宽慰,因为美国政府总算又把对中国的援助问题列上议事日程了,不管调查的结果如何,总比将其束之高阁要强多了。

蒋介石虽然也对美国政府不曾与他商量就决定派魏德迈使团来华这一失礼做法感到不悦,但更多的还是欣喜和兴奋,毕竟他与魏德迈之间有着一段不错的交情。他认为就凭这段交情,魏德迈也没有理由不替他说话,看来美国继续向中国提供援助一事应该是指日可待了。因此,当他看到美国国务院的照会后,立即吩咐外交部部长王世杰发去电报,对魏德迈再次来华表示欢迎。

当时,司徒雷登和蒋介石都没有想到,魏德迈使团给国民党政府带来的不是希望,而是难言的羞辱和深深的失望。

魏德迈一行九人是在 1947 年 7 月 22 日飞抵南京的。

除魏德迈外,调查团的其他成员是几位分别来自美国国务院、财政部、陆军部、海军部及《巴尔的摩太阳报》的军事、政治、财政、经济、新闻和公共事务等方面的专家和顾问。

7 月 9 日,杜鲁门总统曾就魏德迈此次访华下达指令说:

> ……在你和中国官员及负责领袖讨论中,要说明你的任务在调查事实;只有在中国政府对中国复兴之有效措施提出使人满意的证据后,而且任何援助都要受美国政府代表监督

---

① John Leighton Stuart, *Fifty Years in China—The Memoirs of John Leighton Stuart, Missionary and Ambassador*, New York: Random House, 1954, p. 187.

的条件下,美国政府才能考虑对于复兴计划的援助。①

因此,一下飞机,魏德迈就发表了一个简短的声明,表示他此行的目的不是为了来"叙旧",而是来搞实地调查,所以不会把时间浪费在没完没了的应酬上。这不啻给准备大宴老友、再续旧情的蒋介石兜头浇了一瓢冷水。

魏德迈在听取了宋子文、孙立人等人就中国当前的军事、政治和经济情况所做的报告后,随即带着他的顾问团到各地考察,用了一个月的时间,走遍了沈阳、抚顺、北京、天津、青岛、济南、上海、汉口、广州和台湾等地,会见了各地的政府官员和各界人士,召开了一连串的座谈会,并两次拜会了蒋介石。在耳闻目睹了南京政府各级官吏的腐败无能之后,魏德迈深切地感到只能用"黯淡"这两个字来描述国民党政权的前途。

8月22日,在魏德迈一行结束考察,即将返回美国之前,蒋介石原准备在总统府设宴款待他们,没想到却遭到魏德迈的拒绝。魏德迈要求取消宴会,改为由他向南京政府的主要官员发表演讲。

蒋介石见他态度坚决,只好召集国府委员和各部部长到家里来听魏德迈的讲话。

但谁都没有想到,魏德迈在演讲中一点不留情面地抨击了国民党政府的军事行动和贪污腐败盛行的官僚作风。他指出:

> 中央政府不能以武力击败中国共产党,而只有立即改进政治及经济状况以争取人民群众忠心的、热烈的、至诚的拥护。中央政府在共产党的猛攻之下能否屹立或倒台,将决定

---

① 《中美关系资料汇编》第一辑,世界知识出版社,1957年,第785页。

这种政治与经济状况改进的效率与时机。

根据我的调查,我发现不少政府官员将他们的兄弟子侄安置于政府,任职于国营或私营公司之中,利用职权不顾国家与人民的福利而谋取巨利。假如诸君对各种大银行组织及其他新设的商业组织做一调查以确定这些组织已经赚了多少钱,这些钱已付给何人或何种人的集团,那是很有趣而且足以暴露真相的。①

魏德迈直言不讳的批评,使蒋介石和他的同僚们极为恼怒和尴尬,可又不便发作。等魏德迈一离开,考试院院长戴季陶竟然立刻哭了起来。

其实,在这次会议之前,蒋介石唯恐魏德迈在会上发表不利于国民党的讲话,曾打电话给司徒雷登,请他提醒魏德迈不要过于指摘政府。但司徒雷登告诉蒋介石,作为大使,他本人没有资格去左右特使该讲什么或不该讲什么。

8月24日是魏德迈使团离华的日子。临上飞机前,魏德迈在机场再次发表声明,用辛辣的口吻谈及国民党各级官员的"麻木和怠惰",谴责他们"不设法解决问题,而把很多时间和精力消耗于责难外在的影响和寻求外来的协助上"。"大多数人的品行是特别表现出贪婪、无能昭著,或者二者俱全。"②

魏德迈这种在大庭广众之下大揭国民党政府之短的做法,不但使蒋介石感觉脸上无光,也让司徒雷登觉得很没面子。两天后,

① 《中美关系资料汇编》第一辑,世界知识出版社,1957年,第765—767页。
② 同上书,第770页。

他在写给马歇尔的报告中谈及魏德迈 22 日的演讲时说:

> 出席会议者大多数属士大夫阶级,一个外国客人发表唐突的公开言论是会使这些人感到不悦的。据可靠报告,考试院院长戴季陶会后竟然哭了。国民党政府委员会曾建议委员一律不至机场与魏德迈将军送行,但蒋主席否决了这一建议。①

司徒雷登在报告了国民党政府对魏德迈一行在调查期间的某些做法表示不满后写道:

> 8 月 25 日晚,蒋委员长召见本大使私人秘书傅泾波于其私邸,详细询问魏德迈代表团的背景如何。蒋委员长希望知道本大使曾否参与代表团的组织或派遣,并且在有大使及其人员将中国情况做报道之际,何以会有这样一个未被邀请的代表团到中国的必要。②

不难看出,司徒雷登其实是在借蒋介石之口,再次道出了他对马歇尔派魏德迈使华的强烈不满。

然而,无论如何不满,作为一个长期融会于中国社会生活的大使,司徒雷登对国民党政府岌岌可危的情形,比魏德迈要清楚得多。他在回忆录中的一段话,真切地表明了他的看法:

> 政府不断地通过一些改革方案,但却极少付诸实施。物质的贫乏和精神的颓丧使它除了维持现状以外,已不可能再

---

① 《中美关系资料汇编》第一辑,世界知识出版社,1957 年,第 836 页。
② 同上书,第 770 页。

有更大的作为了。经济、军事和心理方面的全面恶化,导致了政府功能的逐渐瘫痪。对这样一个病入膏肓的患者,如果不能及时给他服用一种特效药,便再无康复的可能。俗话说:"福无双至,祸不单行。"公众对政府的信任度在不断下降,这种情绪也影响到政府官员本身。①

就在魏德迈率领他的顾问团在各地考察,试图寻找出一条拯救国民党政权的锦囊妙计的时候,毛泽东在对全国的形势做了评估之后,向人民解放军发出了新的战争动员令:"举行全国性的反攻,即以主力打到外线去,将战争引向国民党区域,在外线大量歼敌。"②

中国人民解放军在全国范围内开始了战略大反攻。

**1947 年司徒雷登在南京美国大使馆**

---

① John Leighton Stuart, *Fifty Years in China—The Memoirs of John Leighton Stuart, Missionary and Ambassador*, New York: Random House, 1954, p. 188.

② 毛泽东:《解放战争第二年的战略方针》,《毛泽东选集(第二版)》第四卷,人民出版社,1991年,第 1230 页。

　　得知这一消息后,司徒雷登明白,除非美国尽早恢复对中国的援助,否则国民党政府的最后崩溃将是大势所趋。

　　1947 年 12 月 23 日,司徒雷登回到燕大过圣诞节,他从自己一年多的大使薪金里拿出一大笔钱让学生"打牙祭",还给燕大的每一个人都准备了一份圣诞礼物。人们暂时忘掉了往日的忧愁,像迎接圣诞老人一样,欢迎老校长回家,期待着新的一年能给他们带来好运……

# 第十一章 无法挽回的败局(1948—1949)

## 一、敦促美国政府救蒋的最后努力

1947 年圣诞节期间,《燕大双周刊》的记者就新的一年里美国是否会对中国提供援助的问题采访了司徒雷登。司徒雷登坦率地回答了这个问题。

司徒雷登告诉记者,据他了解,一月份美国国会正式开会时,国务院将会提出一个新的计划。但美国国内有许多人反对援华,认为中国政府是个填不满的老鼠洞,而且腐化无能,美国的援助不但起不了太大的作用,反倒有可能成为和平民主的障碍。

司徒雷登接着说,他认为,一味地等待美国的援助是消极的态度。那么,什么是积极的办法呢?他列举了三点:(1) 人民应该行使自己的权利,民主不能单靠政府来负责,否则国家就会出现严重腐败的问题。知识界,尤其是学生应该唤起民众,履行公民的责任,看见政府不对的,就应加以反抗和批评。(2)美国应继续向中国提供各类援助并派遣专家,以此来帮助和刺激中国政府,使其觉得有存在的希望,才会进行改革,反之,在现在的情况下让政府自动改革是不可能的。(3)政府内部应进行革新。政府中也有自由分子,但遭到压制。这些人应该得到大家的帮助,以便有所作为。司徒雷登说:

> 这些话看着空洞,实际上全看人做不做。国共问题靠武力是解决不了的,和谈现在已无希望,只有用这种积极的方法试一试。如果实现了,共产党方面一定有好的反应,他们也未必愿意永久打仗。①

司徒雷登的这段谈话,集中地反映了他希望中国的局势得到改观,希望美国政府能够继续援助中国的一贯思想。

司徒雷登原计划在1948年的元旦前赶回南京,可是,与燕大师生的欢聚令他对这个他视之为家的美丽校园流连忘返。在出任大使的这一年半的时间里,唯有回到燕园,他才能真正暂时抛开烦恼,使身体和心灵得到片刻的歇息和安宁。他知道,在新的一年里,中国的局势可能会继续恶化,压在他肩上的担子也将日益沉重,所以就更加珍惜未名湖畔这难得的幽宁与清静。

1948年1月2日,司徒雷登回到南京。等待着他的,除了接踵而至的繁忙公务外,还有蒋介石的一张冷脸。

马歇尔离开中国整整一年了,美国的对华援助问题仍迟迟没有下文,这不能不使蒋介石对司徒雷登这个驻华大使心生抱怨。

---

① 北京大学图书馆藏《燕大双周刊》第51期,1947年12月31日,第390页。

1月16日,蒋介石宴请到访的美国海军上将库克(Charls M. Cooke Jr.)夫妇,司徒雷登出席作陪。同时在座的还有司徒雷登的老相识——长期在乡村推行平民教育的中华平民教育促进会会长晏阳初博士。席间,蒋介石除了礼节性地与库克寒暄以外很少说话,只是偶尔与晏阳初探讨一些平民教育问题,而根本不与司徒雷登搭话,使司徒雷登备受冷落。这种情景,也被在座的沈昌焕和傅泾波看在眼里。回到大使馆,司徒雷登在当天的日记里写下了自己的感受:

> ……席间我跟蒋氏谈话时,发现他很冷淡,唯对晏阳初微感兴趣。沈昌焕和傅泾波他们却都以为他在怪美国:每当中国处于恶化危机的关头,通常都没有切实援助的。①

几天后,宋美龄又通过傅泾波传话给司徒雷登,希望他能亲自去华盛顿,敦促美国政府"为中国做点事"。司徒雷登知道,蒋介石把战胜共产党的最后一点希望完全都寄托在美国政府身上了。

可是,蒋介石着急,司徒雷登又何尝不着急呢?不过,就算他再着急,也不能为了这件事贸然到美国国务院去游说,因为该说的话和该反映的情况,他早在一份接一份的写给马歇尔的报告中都说明了。再说,要求国民党政府进行名副其实的改革,是美国向其提供军援的先决条件,可到目前为止,蒋介石做得如何呢?1947年的政府改组除了人员构成在形式上有所变动外,其一党训政的实质非但没有任何改变,CC系这样的极"右"势力反倒比过去更专权了。在这种情况下,除了劝告蒋介石切实拿出像样的改革方案用以证明他的诚意之外,司徒雷登真不知道还有什么更好的办法。

---

① 司徒雷登1948年1月16日日记手稿原件,北京大学图书馆文献。

司徒雷登当然没有想到,他在接受燕大记者采访时谈的想法其实与魏德迈使团在写给杜鲁门总统的报告中所提的建议不谋而合。

魏德迈使团回国后用了四周的时间,把他们在中国调查到的情况整理成一份洋洋十多万字的报告,于 1947 年 9 月 19 日呈交美国总统杜鲁门。

在报告中,魏德迈和他的顾问们详细地描述了中国的政治、经济、社会、文化和军事现状,从多个角度阐述了造成此种状况的原因,并向总统提出了他们的建议。

虽然他们确实对国民党政府的无能和堕落十分震惊和反感,但出于对共产主义可能在中国乃至整个亚洲和世界其他地区蔓延的担忧和恐惧,他们仍然建议美国政府继续向中国提供必要的援助,以巩固摇摇欲坠的蒋介石政权,使其得以继续与中国共产党抗衡下去。

当然,魏德迈在报告中并未掩饰他对国民党政权的蔑视和该政权行将垮台的现实。他写道:

> 中国政府现以蒋介石委员长为领袖,且为他所领导的国民党所统治。国民党领导权的反动本质、它的统治的高压性质和文武官员中普遍的腐败,从人民对政府的信任和支持而言,使政府受到严重的损失。现在普遍相信,在目前情况下,除非国民政府厉行改革,他将经缓慢逐渐的过程而告瓦解。①

---

① 魏德迈:《致总统的报告》,《中美关系资料汇编》第一辑,世界知识出版社,1957 年,第787 页。

对国民党政府在 1947 年春季进行的所谓改革,魏德迈同样也嗤之以鼻。他指出:

> 当马歇尔将军离华时,他曾声明说民主中国的形式业已在新宪法中规定了,但中国政府将这种形式实现到何种程度,当视其实行的措施而定。……在国府委员会中也为共产党和民主同盟保留出席位,以备他们将来愿意参加之用,但这主要是一种政治姿态而已。这个委员会可能的效果,大部分已经为同时产生的国民党新政治委员会所抵消。这个委员会的主要人物是陈立夫,政治委员会在控制国民党及其政策中所发生的重大作用,从 CC 系地位和力量随后的更加巩固中可以看出。改组后在张群将军领导下的行政院也引起了类似的希望,但是 CC 系的政治阴谋,军事及经济发展的速度与蒋委员长的控制都使行政院受到束缚,它的应付迫切问题的有效行动的努力,归于无效。[①]

魏德迈还指出,目前共产党掌握了中国军事形势的主动权,国民党军队则士气低落,连连失利。而造成这一态势的原因,是由于国民党军队高级指挥当局的措施失当与无能,以及国民党陆空军装备和补给的普遍折耗及空竭。所以,美国必须继续对国民党政府提供援助。因为,如果"取消美国的援助而不取消苏联的援助,终将使中国受共产党的统治。这将在亚洲的其他部分发生影响,降低美国在远东的威望,并会使苏联势力的伸张和政治扩张,不只

---

① 《中美关系资料汇编》第一辑,世界知识出版社,1957 年,第 788—789 页。

在亚洲,而且在世界其他区域都更为容易"①。因此,魏德迈认为:

> 一个援助计划,如果有效地执行起来,可以支持对于共产主义的扩张的抵抗,且有助于中国逐渐趋向安定的发展。……美援计划,最好是在特殊经济和军事范围内,由美国顾问监督执行。但只有在中国请求顾问方面的以及物质方面的帮助时,此类计划才能实行。②

在给总统的报告中,魏德迈使团还提出了详细的对华军事援助的原则和方案,其中既有关于物质方面的,也有关于派遣什么样的军事顾问团,以及如何帮助国民党军队训练技术人才的建议。

应该说,魏德迈在美国对华政策方面的建议,与司徒雷登写给马歇尔的报告中的许多观点都大同小异,如出一辙。如果司徒雷登当年有幸看到这份报告,就可能不再对魏德迈使华一事那么耿耿于怀了。

但是,由于此报告的内容不仅涉及中国内部国共两党的纷争,还牵扯到美苏之间的利益,同时,报告的观点又与杜鲁门总统一贯对外宣称的"不干涉中国内政,促进中国和平统一"的原则相悖,所以美国国务院一直把它视做政府的最高机密,在很长一段时间都未向外界公开。后来,该报告中的一部分被编入《美国与中国的关系白皮书》,于 1949 年 8 月对外发表。

以后的事实证明,美国政府自 1948 年开始奉行的对华政策,正是以魏德迈使团的报告为基础制定的。

---

① 《中美关系资料汇编》第一辑,世界知识出版社,1957 年,第 789 页。
② 同上书,第 782 页。

当然,这一切除了杜鲁门、马歇尔等美国政府的核心人物外,他人并不知晓,加之魏德迈回国几个月后,美国的对华政策仍然悬而未决,也就难怪蒋介石和他的同僚们整日为美国是否向他们提供援助而担心了。

司徒雷登同样也因为不明就里而费心伤神。

1948年3月,蒋介石似乎明白了政府如果不进行必要的改革,美国的军事援助就只能是"雾里看花",他主持召开"国民大会",宣布实施"宪政","民主"选举总统和副总统。蒋介石还故作姿态,表示他本人在国家没有统一之前,决不参加竞选总统。

对蒋介石的表态,司徒雷登立即给予支持,并及时把消息传回美国。他向马歇尔报告说:

> ……如果他能亲自开始进行所需要的政治与经济的改革,使他的政府更为人民所能接受(这里也已看出了他可能达到那个阶段);如果我们能够继续并在可能的情况下扩大我们现在的支持(如从现在国会考虑援华法看似乎是可能的),那么,局势可能不是完全不能挽救的。[1]

在"国民大会"召开期间,司徒雷登密切关注着事态的发展,几乎每天都要把会议的进展情况向马歇尔汇报。但不久,司徒雷登也看出蒋介石宣称不参加竞选总统是假,根本不愿意撒手放权才是真。

果然,蒋介石后来还是当仁不让地为自己冠上了总统的头衔。

司徒雷登在事后写给马歇尔的报告中,分析了蒋介石宣布愿

---

[1] 《中美关系资料汇编》第一辑,世界知识出版社,1957年,第855页。

意退出总统竞选的后果是"确定了他的总统地位,获得了国民党内对他的领导的拥护,扩大了他的权威"①。

1948 年 4 月 3 日,美国国会经过激烈的辩论之后,批准了《1948 年援华法案》,决定向国民党政府提供 3.38 亿美元"经济援助"②,外加1.25 亿美元的"特别补助"。

7 月 3 日,司徒雷登代表美国政府,与南京国民政府签订了《中美关于经济援助之协定》的双边协议。美国决定派一个经济合作特别代表团来华,具体落实援华法案的各项条款,试图挽救国民党政权的败局。

但是,无论是积极主张援华的司徒雷登,还是迫于共产主义的威胁而不得不同意援华的魏德迈和美国政府,都低估了中国共产党的力量。

就在美国的对华政策当断未断的这段时间里,共产党领导的中国人民解放军始于 1947 年夏季的战略大反攻取得了节节胜利,使国共双方在战场上的力量对比发生了重大变化。

毛泽东运筹帷幄,于 1947 年 7 月至 10 月四个月内,指示刘伯承、邓小平率领的人民解放军晋冀鲁豫野战军四个纵队,陈赓、谢富治兵团的两个纵队和一个军,以及由陈毅、粟裕指挥的华东野战军的八个纵队,分三路南下,与国民党的 27 个整编师和 10 个旅的几十万大军展开周旋,在歼灭了国民党的十一万七千余名官兵之后,分别在大别山区、豫西地区和鲁西南地区建立了互为犄角的三块根据地。这三块根据地的建立,对平汉、陇海、津浦三条铁路和

---

① 《中美关系资料汇编》第一辑,世界知识出版社,1957 年,第 859 页。
② 同上书,第 962 页。

徐州、郑州、开封等国民党的战略要地构成了极大的威胁。尤其是刘邓大军挺进大别山后,国民党的武汉、南京和长江防线暴露在人民解放军的枪口之下,令蒋介石如坐针毡,寝食难安。

11月,蒋介石在南京召开大别山区作战检讨会和湘鄂皖赣苏豫六省绥靖会议,宣布成立"国防部九江指挥部"。国防部部长白崇禧亲自挂帅,制定了对付解放军的四条措施:(1)调动26个师的兵力对大别山进行围剿;(2)以6个师的兵力分别扼守津浦、平汉铁路、长江沿线,以及武汉、南京、信阳、安庆等要地,以防解放军的小股部队向这些地区渗透;(3)封锁长江,自东南向西北对刘邓大军形成压势;(4)以16个旅分别在黄淮间和豫西地区牵制陈粟和陈谢大军。

针对国民党的部署,人民解放军在毛泽东的指挥下,巧妙地运用曾在抗战中屡试不爽的游击战术,与敌人展开斗智斗勇的拉锯战,致使国民党的"点线防御"战略非但发挥不了作用,还为其所困。国民党部队由于缺少夜战经验和协同作战能力,加上得不到当地老百姓的支持,情报常常有误,经常被解放军牵着鼻子疲于奔命,最终被孤立、包围,直至被各个歼灭。

与此同时,聂荣臻率领的晋察冀野战军攻占了河北重镇石家庄,控制了平汉铁路;彭德怀的部队收复了包括延安在内的大部分陕北地区;林彪、罗荣桓率领的部队在东北战场歼敌近七万,攻克了西丰、公主岭、梨树、八面城等地,收复了海城、朝阳、阜新等战略要冲,迫使国民党军龟缩在长春、吉林、四平、沈阳、营口、锦州等孤城中。

到1948年年初,人民解放军实际上已完全掌握了战争的主动权,使国民党军队处于被动挨打的地位。

1948 年 3 月 7 日,毛泽东以人民解放军总部发言人的名义对解放军在过去几个月中的胜利发表评论说:

> 我刘邓、陈粟、陈谢三路野战大军,从去年夏秋起渡河南进,纵横驰骋于江淮河汉之间,歼灭大量敌人,调动和吸引蒋军南线全部兵力一百六十多个旅中约九十个旅左右于自己的周围,迫使蒋军处于被动地位,起了决定性的战略作用,获得全国人民的称赞。我东北野战军在冬季攻势中,冒零下三十度的严寒,歼灭大部敌人,迭克名城,威震全国。……打得蒋介石匪帮,或者只有暂时招架之功,并无还手之力;或者连招架都没有,只有被我一个一个地歼灭干净。①

在各个战场所遭受的一连串失败,使国民党部队的士气一落千丈。3 月 17 日,司徒雷登在致马歇尔国务卿的报告中对此做了客观的描述:

> 政治与军事的崩溃现在正迅速地接近早已预料的高潮。这方面最显著的证据就是:军队士气的涣散,不仅在无精打采和消极漠不关心上面可以看得出来,而且也在拒绝服从命令或者甚至做出违反命令的行动等上面也能看得出来。中国人称后者从民族利益来讲是自取灭亡的做法。文武人员,不论上下,都在贪污或者打算逃脱。②

---

① 毛泽东:《评西北大捷兼论解放军的新式整军运动》,《毛泽东选集(第二版)》第四卷,人民出版社,1991 年,第 1293—1294 页。
② 《中美关系资料汇编》第一辑,世界知识出版社,1957 年,第 854 页。

在同一份报告中,司徒雷登还向马歇尔报告了蒋介石政权因美国政府迟迟没有兑现其许诺的援助而引发的抱怨。

1948 年 4 月下旬,国民党期待已久的来自美国的军事物资援助开始逐步到位,但这些援助对于在人民解放军的强大攻势之下接连损兵折将的国民党军队来说,只是杯水车薪,不仅于事无补,反倒激起国民党中的反对派和国民党统治区内人民群众的反美情绪,正好应验了司徒雷登早先的预言:

> 如果美国援助能以数量和合乎胃口的方式求实现,便可能迅速把局势转为有利于我。反之,如果我们的计划被认为不足或令人不悦,或者似乎不够有效,那么现在政府中的某些分子的不满将随时发生,这不只是可能而已。[①]

4 月 27 日,美国驻上海总领事约翰·卡波特(John M. Cabot)在致马歇尔的报告中就此写道:

> 国民党中国的政治上警觉的人当中,有大部分是基本上反对共产党和反对革命的。然而,这些人却认为就目前的南京政权而言,他由于无能、腐化和缺乏人民支持以反对共产党而不可避免地必然要崩溃。他们认为这个政权的厉行清洗或改革是唯一挽救的希望。他们对于美国在政府重新整顿以前给予援助表示公开反对或是深怀疑惧,认为这样做只是腐败的政权加速走向不幸而已。……总之,尚未明确的美国对华援助计划的结果将是:(1)加强极"左"派集团;(2)无限期的

---

① 《中美关系资料汇编》第一辑,世界知识出版社,1957 年,第 852 页。

继续与扩大内战;(3)助长自由主义集团和反动集团中的反美主义,前者认为不应给予援助,后者则认为所给予的援助数量不够。①

就在大批美援物质将到未到之时,1948年5月,国民党统治区内的各界人民针对美国战后扶植日本的政策,发起了声势浩大示威运动。

5月4日,上海120所大专学校的学生代表在交通大学集会,发起组织了"上海市学生反对美国扶植日本,挽救民族危机联合会"。5月22日,又发起了十万民众"反美扶日"签名运动。北京、天津、南京、昆明、杭州、福州、西安、成都、重庆、长沙、广州、武汉等12个大城市的大中学生积极响应,先后举行罢课和游行。北京的437位大学教师联名致信美国驻华大使司徒雷登,对美国的扶日政策提出抗议。清华大学的朱自清、吴晗等百余名教授为了表示中国人的尊严和气节,甚至拒绝购买美国援助的平价面粉。

这一事件的发生,使一直在为国民党政府争取美援的司徒雷登既担心又恼火。他于6月4日发表了一份声明,认为这次运动将严重损害中美间的传统友谊,并表示他不能理解为什么在"美国现正着手于广泛而郑重的计划以协助陷于悲惨环境中之中国时"发生这类针对美国的抗议事件。同时,他还为美国政府的扶日政策进行辩解,指出如果日本人"成为饥饿不安之人民,则日本亦将续为和平之威胁"②,并认为"反美扶日"运动的爆发,纯属学生和教授

---

① 《中美关系资料汇编》第一辑,世界知识出版社,1957年,第865—866页。
② 同上书,第882—884页。

们对美国政策的误解。

司徒雷登的这个声明在参加运动的知识界人士中招来非议,也使一些燕大校友感到不满。还有一件事值得一提,这年 5 月底,司徒雷登与巴大维将军在傅泾波的陪同下前往台湾访问,并于 5 月 28 日访问了台湾省立农学院。关于这次访问台湾的目的,司徒雷登并没有在他的日记和自传中提及过。笔者相信,这次不被外界注意的访问,一定与国民党政府在大陆即将垮台有关。

1948 年 6 月中旬,美国援华使团抵达南京,整日忙于协助使团与国民党政府各部门间接洽的司徒雷登,连回燕大过生日都是来去匆匆,也没来得及参加燕大学生的毕业典礼,只在北京呆了不到三天就赶回了南京。

但就是在这次回燕大期间,38 名在清华、北大和燕京工作的校友联名上书司徒雷登,对他 6 月 4 日的声明发表看法。信中说:

> 我们都是以前在燕京大学读过书的学生,对于先生,素所爱戴,基于"燕大一家"的心理,常常把燕京人——尤其是先生——的荣辱当做自己的荣辱。先生这一次声明,使全国多少敬爱先生的友好和学生,衷心为先生惋惜。……①

同时,校友们认为司徒雷登声明中的观点不一定出自他的本意,而是因为他身为大使,不得已而为之。因此,校友们敦促老校长最好尽快辞去大使的职务,这样不但对他本人来说是值得庆幸的,也会使每一个燕京人都感到欣慰。

但他们哪里知道,司徒雷登在声明中阐述的观点,确实是他的

---

① 北京大学图书馆藏《燕大双周刊》第 60 期,1948 年 7 月 3 日,第 437 页。

本意。当记者问司徒雷登在知道各方面的反映后是否准备再解释一下时,他表示:"如果我的人格不能作保证,多说话也是没有用的。"①

其实,司徒雷登之所以发表那篇声明,无非是有两个方面的考虑:一是想通过他的解释,劝告学生们不要做有损于中美关系的事;二是唯恐中国的反美浪潮会给美国国内本来就反对向中国提供军援的人以口实,从而使好不容易争取来的美国援华政策功亏一篑。

实际上,从魏德迈报告中提出的美国向中国提供援助的基本出发点来看,司徒雷登的担心是多余的。美国继续援助国民党与中共交战,完全是出于美国的全球目标和利益:

> 任何苏联的势力范围与力量的更进一步扩张,都有害于美国的战略利益。在战时要是存在着一个不友好的中国,将使我们不能得到重要空军基地作为轰炸前站之用和不能沿亚洲海岸拥有重要海军基地。中国如为苏联所控制,或者成立一个亲苏的政权,则将使许多不冻港和空军基地供作敌用。②

本着这一原则,从1948年7月中旬起,大批的美国援华物资开始源源不断地运到中国的各个港口。

而现实情况是,不论美国向国民党政府提供多少军援,都已无法从根本上改变蒋介石政权垮台的命运了。

---

① 北京大学图书馆藏《燕大双周刊》第60期,1948年7月3日,第437页。
② 《中美关系资料汇编》第一辑,世界知识出版社,1957年,第820页。

# 二、美国援华政策的转变

到了 1948 年 6 月,经过一年的战略反攻,人民解放军的力量愈加壮大,中国共产党不仅拥有了依靠缴获国民党军队的美式武器装备起来的 280 万人的正规部队,还有一支数量几倍于正规军的地方武装。

曾吹嘘用七八个月就可以打败共产党的国民党军队,却在一年当中因战斗减员达 93 万余人,总兵力由原先的 450 万,下降到 360 余万,其中能用于前线作战的正规军仅有 170 余万,比人民解放军的前线部队少了整整 100 万人。就是这 170 余万人,也已被人民解放军分割牵制在东北、华北、华东、中原和西北五个战场上。

国民党军明显处于劣势。双方力量的对比表明,国共之间进行战略决战的时机已经成熟。

根据中共中央的命令,1948 年 9 月,林彪、罗荣桓率领的人民解放军东北野战军以 70 万的优势兵力,分别向被围困了十个月之久的锦州、沈阳和长春发起猛烈进攻,拉开了解放军与国民党军之间战略大决战的序幕。

由于惧怕东北落入共产党之手,蒋介石亲自飞到北京坐镇指挥。然而,面对解放军的强大攻势和巧妙的战略战术,原本就缺乏指挥作战能力的蒋介石已回天无术。

10 月 15 日,解放军攻克锦州。

10 月 17 日,驻守长春的国民党军队在几乎被饿死的情况下,向人民解放军投降。

11月2日,在人员遭受重大伤亡之后,沈阳城内残余的敌人也宣布投降。

屡战屡胜的林罗大军随即挥师南下,与华北的杨得志、杨成武两个兵团协同作战,以总兵力89万对敌60万的绝对优势,于11月29日打响了解放北京、天津的平津战役。

**1948 年 12 月 15 日燕园解放了**

1949 年 1 月 4 日,解放军攻克天津,切断了傅作义的退路。此时,傅作义手下驻守北京(当时称北平)的军队只有二十几万人,根本无力与解放军抗衡。为了保护北京城内大量的名胜古迹,中共中央做出了争取和平解放北京的决议。在中共党组织的说服动员下,面对必败的前景,傅作义同意于 1 月 22 日将部队撤到北京城外,改编为中国人民解放军。

2 月 3 日,北京正式宣告和平解放,人民解放军部队没费一枪一炮,在市民的锣鼓声中开进北京城。

几乎与平津战役同时进行的淮海战役,是导致国民党正规军彻底瓦解的第三个著名战役。

与辽沈和平津两大战役有所不同的是,表面上看,国民党投入淮海战役的兵力总数大大超过了人民解放军:蒋介石集结了他的嫡系——刘峙、黄百韬、邱清泉、李弥、杜聿明、黄维、孙元良、李延年、刘汝明等绥靖区和各兵团所属的 80 万兵力;人民解放军的参战部队只有陈毅、粟裕指挥的华东野战军 16 个纵队和刘伯承、邓小平指挥的中原野战军 7 个纵队总共 60 万人。但据不完全统计,整个淮海战役时期,有近 200 万战区的老百姓和民兵被动员起来,加入了为解放军刺探军情、运送弹药、补给和救护伤员的队伍,形成了人民战争的汪洋大海。

淮海战役从 1948 年 11 月 6 日开始,到 1949 年 1 月 10 日结束,总共进行了 65 天。

在这两个多月的时间里,国民党军损失了其最精锐的机械化部队 5 个兵团,共 22 个军,计 55 万余人。兵团司令黄百韬、邱清泉被击毙;黄维、杜聿明被俘;孙元良和李弥虽然侥幸逃生,但因所率部队全军覆没,成了光杆司令。所有这一切,致使国民党部队从此丧失了大兵团作战的能力。

淮海战役结束后,对蒋介石来说最令他痛心和担心的不仅是他的大量嫡系部队遭到重创,还有由于长江防线和南京、上海两个重要城市完全暴露在人民解放军的枪口之下,而对国民党政权产生的致命威胁。

在三大战役发起之前,一向对蒋介石颇具好感的司徒雷登已开始转变了对蒋的看法,并一改几个月前积极为蒋争取美援的立场,转而反对对华增加援款。他在 1948 年 6 月 14 日写给马歇尔国

务卿的信中说:

> 我对努力影响总统(指蒋介石,编者注)的想法已经比任何时候都感到灰心了。……我有时对他的顽固执拗程度,究竟有多少是出于他的性格和习惯,有多少出于他对俄国和中国的共产主义的怀疑和恐惧心理感到困惑不解。[①]

7 月 6 日,司徒雷登在向马歇尔报告了中国经济恶化的情况后说:

> 我们常被询问,为何采取保全这样一个好像已在自取灭亡的政府在位,而其实反是在替共产主义的传播铺平道路的政策。我们虽以蒋委员长反共的坚决立场来回答这种询问,但我们不得不承认这种立场也仅仅是徒有其名而已。蒋政权如果再继续下去,将使整个国家陷于混乱的深渊,而共产党也将因此取得权力,或者使急于要保卫自己的地方领袖们取得权力。[②]

虽然司徒雷登对蒋介石的许多做法不满,也意识到国民党政权已成了"扶不上马的阿斗",但他毕竟是蒋多年的老朋友,不忍看到蒋就这样一败涂地,在蒋介石被糟如乱麻的局势搅得脾气比任何时候都更为暴戾和反复无常的时候,也只有司徒雷登才敢向他进言。

7 月 16 日,司徒雷登一早就去拜访蒋介石,想向他提出忠告。

---

① 《司徒雷登写给美国国务卿的信》,中国人民政治协商会议全国委员会文史资料研究委员会编:《文史资料选辑》第八十三辑,文史资料出版社,1982 年,第 79—80 页。

② 《中美关系资料汇编》第一辑,世界知识出版社,1957 年,第 886 页。

**1948 年吴铁城、李宗仁和于右任在南京拜会司徒大使**

司徒雷登告诉蒋介石说,据他所得到的情报,共产党将召开一个重要会议,会议日程中有组织联合政府的意图。另据大使馆从香港得到的消息,李济深可能会建议与共产党联合。为此,司徒雷登建议由蒋介石出面召集傅作义、李宗仁、白崇禧、李济深等国民党各派系的领袖人物一起搞一个联合宣言,联手对付共产党。

司徒雷登深知蒋介石是个疑心很重的人,对曾与他闹过意见的国民党内的反对派一贯不予信任,要说服他与这些人合作是很难的。但司徒雷登还是奉劝蒋介石抓紧时间,对值得一试的事情,要尽快去做。可蒋介石只答应将此事仔细考虑一下再做打算。

事后,司徒雷登在给马歇尔的报告中这样评价他的这次拜访:

> 总结这次访问的情形,最显著的印象还是徒然白费。我非常怀疑蒋总统是否有那种伟大的品质,可使他召集那些不完全顺从他的领袖,待他们如同志一般,请他们发表自己的意见。……即使他有与这种人合作的企图,他大概也不会十分

宽大诚恳,而做到开诚布公地交换意见。①

不久,司徒雷登又对蒋介石在用人方面坚持"任人唯亲",而不是"任人唯贤"提出批评。

8月10日,司徒雷登在分析了共产党的军队可能将向国民党发动全面进攻后写道:

> 这是一幅暗淡的图景。人们或许期望政府能抓住任何改进这个情势的办法,然而政府不理适当的军事建议,不利用已有的军事机会。这原因大部系由于政府和军事的领导不断堕落,因为蒋委员长之选任人员,是全凭个人可靠性而不凭军事能力。在分配急切需要的军需供应时,有军事能力的人,如傅作义,则被列在后面,几乎要他们自己供应自己。②

在这份报告中,司徒雷登还对蒋介石做了这样的评价:

> 与他长久相处的经验显示,他不再能变更和改革,也不能撤换一批无能的幕僚以引进能胜任的人,除非他能够汇集一切力量来扭转目前的趋势,他将不可避免地经过相当时期而被抛弃。③

辽沈战役打响之后,蒋介石在北京亲自指挥作战,但因指挥失当,非但没有扭转战局,反而加速了国民党军队的溃败。

对于蒋在军事指挥方面的无能,当时在中国的美军顾问团的

---

① 《中美关系资料汇编》第一辑,世界知识出版社,1957年,第889页。
② 同上书,第898—899页。
③ 同上。

作战专家和司徒雷登都非常清楚。济南战役失利后,司徒雷登甚至为此上门劝蒋介石不要再去独自指挥作战,而应把战争的指挥权交给那些经过严格训练和挑选的人。蒋介石当时虽然答应考虑司徒雷登的意见,但事后还是突然飞到北京,指挥国民党军队争夺东北,直到国民党军队被一一歼灭,丧失了东北的最后一块地盘。

在三大战役进行之前,美国政府实际上已经意识到无论对蒋介石提供多少援助都是徒劳的,丝毫改变不了国民党覆灭的下场。但蒋介石依然幻想靠美国的援助继续支撑下去。

1948 年 9 月,蒋介石多次试图说服司徒雷登,亲自跑一趟华盛顿,为南京政府再争取一些军援,但都被司徒雷登婉言拒绝了。

10 月,联合国在巴黎开会期间,蒋介石又想派与马歇尔私交较好的前行政院院长张群去巴黎面见马歇尔。张在临行前征求司徒雷登的意见,司徒雷登明确告诉他去也是白费工夫,杜鲁门总统不可能对尽快再次向南京政府提供大量军援做出承诺。张群只得放弃了巴黎之行。

11 月 5 日,司徒雷登在写给马歇尔的报告中,谈了对蒋介石的看法,他说:

> 他明显地置失败之真正理由于不顾,而认为共产党占领沈阳是不关重要的。他否认他自己有任何悲观情绪……①

11 月 6 日,司徒雷登再次给马歇尔写信说:

> 我们召集美国联合军事顾问团高级人员和各兵种武官开

① 《中美关系资料汇编》第一辑,世界知识出版社,1957 年,第 903 页。

440

会。在讨论军事情况之后,他们一致认为,鉴于局势的再度恶化,如果不实际使用美国军队的话,那么无论多大的军事援助都挽救不了目前的局势。……因此,我们非常不愿意地得到这样的结论:国民党现政府之早日崩溃是不可避免的了。①

面对国民党政府的如此不可救药,马歇尔在给司徒雷登的回信中明确表态说:

> 总而言之,采取增加对华援助的办法,是与决定美国对华政策的一切基本考虑相抵触的;这个办法会把美国直接牵入中国内战中;这个办法会连累美国政府,使它在军事和经济上为中国政府承担一切责任,其代价是无法估计的……②

但蒋介石并不知道美国已对他失去信心,仍在不遗余力地想争取更多的美援。

11 月 6 日,蒋通过国民党政府驻联合国代表蒋廷黻直接上书正在巴黎参加联合国会议的马歇尔,询问是否同意任命美国军官以顾问名义实际指挥中国军队,是否能加速向国民党提供军火。

马歇尔对蒋的不知趣十分恼火。两天后,他在致副国务卿罗维特的信中解释了为什么不能派美国的高级军官赴中国:

> 即使无中国政府在过去屡次不接受美国劝告之情形,当此中国政府在民政和军事两方面的权威分崩离析之际,美国从事如此荒唐不经之冒险,实是勇而无谋之举。③

---

① 《中美关系资料汇编》第一辑,世界知识出版社,1957 年,第 906 页。
② 同上书,第 327 页。
③ 同上书,第 901 页。

蒋介石在没有等到马歇尔答复的情况下，于 11 月 9 日责令南京政府驻美国大使顾维钧将他写给杜鲁门总统的一封亲笔信直接送到白宫。11 月 12 日，美国国务院把蒋介石的这封信转致驻巴黎使馆，交到马歇尔手上。蒋介石在信中说：

> 华中之共产党军队现在已到达距沪宁甚近之地区。如果我们不能阻遏这一浪潮，中国便将失去民主。我因此不得不向阁下再作直接与迫切之呼吁。中国军事局势之一般恶化可以归因于若干因素，但其最基本原因是苏联政府不遵守中苏友好同盟条约之故。阁下无疑当能忆及中国政府系由于美国政府之善意劝告而签订该约。我几乎不必在此指出的是，中国共产党如无苏联之继续援助，则不能占领"满洲"而成为如此之威胁。①

显然，蒋介石抓住了美国最担心的是苏联势力对中国的渗透这一弱点，指望通过把国民党军队的失败归结于苏联的干涉，而引起美国政府的警惕与新一轮支持。最后，蒋介石直言不讳且又理直气壮地向杜鲁门提出要求：

> 我以反对共产主义在全世界进袭与侵入之民主共同防卫者之资格要求你迅速给予并增加军事援助，并发表关于美国政策之坚定声明，支持我国政府从事奋斗之目的。当此在华北华中正展开重要战斗之际，此一声明足以鼓舞军民士气，并巩固政府之地位。阁下如能尽速派遣一高级军官与本政府共

---

① 《中美关系资料汇编》第一辑，世界知识出版社，1957 年，第 901—902 页。

商有关军事援助之具体计划,包括美国军事顾问参加指挥作战,本政府当无任欣快之至。①

三天后,即 1948 年 11 月 12 日,杜鲁门给蒋介石回了一封信。杜鲁门在信中告诉蒋介石,美国国务院已授权司徒雷登大使转告中国外交部部长,美国"全国军事机构"正在争取尽快把援华法案中规定的有关军事物资运抵中国。

同时,杜鲁门还告诉蒋介石,马歇尔国务卿也已授权司徒雷登大使,让他向蒋解释为什么美国不能再派一位新的军事顾问去中国:因为一个不熟悉中国情况的人,将很难直接参与指挥作战。而目前已经在中国的美国联合军事顾问团团长巴大维(David Goodwin Barr)少将比较了解情况,足可提供必要的咨询。

杜鲁门的这封回信令蒋介石非常失望。虽然杜鲁门信中的语气还比较和缓,对蒋的处境也表示了同情,但很明显,对蒋提出的几项要求一个都未给予满足:蒋介石原指望美国提供的军援越多越好,杜鲁门却只同意催促有关部门尽快落实援华法案规定的有关物资;蒋介石原指望美国派一名高级军事指挥人员来华具体指挥国民党军队作战,但杜鲁门却告诉他不必多此一举,有问题请教现有的美国顾问团即可;蒋介石原指望美国政府发表一份声明,给他以精神上的支持,杜鲁门在回信中却对此避而不谈。

明眼人完全可以看出,杜鲁门对蒋介石已经丧失了兴趣和信心。可是,当局者迷,蒋介石在没有看到美国的明确表态之前,并不甘心就此作罢。

---

①　《中美关系资料汇编》第一辑,世界知识出版社,1957 年,第 902 页。

11 月 24 日,蒋介石再次通过驻美大使顾维钧向美国政府提出几项要求,除了再次请美国政府发表一份支持国民党的声明及派遣高级指挥官外,还要求向中国提供更多的飞机和弹药。

除此之外,为了争取让美国答应上述要求,宋美龄决定亲自赴美,试图凭着她与马歇尔和马歇尔夫人的私交为蒋介石争取更多的美援。

对这段往事,司徒雷登在回忆录中这样描述:

> 1948 年感恩节中午刚过,蒋夫人打来电话,兴奋地要我立刻去见她。我一过去,她就告诉我说,她刚给马歇尔打了越洋电话,谈了她即将访美的打算。我非常想劝她放弃这次明显将徒劳无功的旅行,但又不便开口,只好协助她办理有关手续,使她和她的随员能早日成行。后来,蒋总统问我蒋夫人临行前是否征求过我的意见,他希望她曾经这样做过,并表示他本人对蒋夫人此行的效果表示怀疑。①

果然不出司徒雷登和蒋介石所料,宋美龄在华盛顿遭到新近连任的美国总统杜鲁门的冷落,整整等了十天才受到杜鲁门的接见,且会谈时间仅为一个小时。尽管后来宋美龄极力与马歇尔套近乎,也同样没有获得任何增加援助的承诺。

事实上这一时期,已经有人向美国政府吹风说,鉴于蒋介石已失去民心,且早已被共产党所痛恨,应当迫使他交出手中的权力,让一个更有威信的人和更能让共产党信任的人取而代之,这样或

---

① John Leighton Stuart, *Fifty Years in China—The Memoirs of John Leighton Stuart, Missionary and Ambassador*, New York: Random House, 1954, p.203.

许能与共产党重新开始和谈,以救国民党政权于危难之中。

听到风声的蒋介石立即派张群将司徒雷登约来面谈,想从这位大使那里打听一下美国方面对此持什么态度。司徒雷登直言不讳地告诉张群,大多数美国人确实认为,"广大人民群众感到蒋委员长是结束战争的主要障碍,应该削除他的权位。而中国人民的思想和要求是美国制定政策的主要因素"①。

12月17日,就在平津和淮海两大战役打得如火如荼之际,预感到失败命运的国民党行政院院长孙科找到司徒雷登,与他探讨是否让蒋介石交权的问题及与共产党谈判的可能性。

在谈话中,孙科直截了当地问司徒雷登是否与共产党领袖有直接接触。因为在他看来,司徒雷登有那么多学生在共产党领袖们的身边担任要职,应该会有各种与共产党领袖取得联系的方式和方法。孙科的本意是想通过司徒雷登在共产党内的渠道,了解一下共产党对结束战争的看法。但令他失望的是,司徒雷登的回答是否定的。

接着,孙科又提出是否能借助苏联的影响力,说服中共与国民党政府谈判,以及美苏共同参与调停国共关系的可能性,但都遭到司徒雷登的拒绝。尽管司徒雷登本人十分同情孙科的处境,也深为中国的局势担忧,但作为大使,他只能站在美国政府的立场上说话。他知道,在目前这种状况下,美国政府是无论如何也不会轻易插手中国事务的,中国的问题还是得中国人自己解决。

蒋介石在军事、政治和经济等各方面所遭到的彻底失败,使国

---

① 《中美关系资料汇编》第一辑,世界知识出版社,1957年,第907—908页。

民党政府内早就潜在的矛盾全面激化,蒋介石成为众矢之的。而司徒雷登代表美国方面的表态,对危机四伏的国民党政权无疑是雪上加霜,使"倒蒋派"的决心更为坚定。

1948 年 12 月下旬,华中"剿总"总司令白崇禧两次通电蒋介石,要求停止国共间的一切军事行动,邀请美、英、苏三国共同斡旋和平。副总统李宗仁等人随即提出五项和谈主张,其中第一条就是让蒋介石下野。同时,湖南省主席程潜、河南省主席张轸以及湘、鄂、豫、桂四省的参议会议长也都先后发表通电,要求蒋介石下台。

12 月 31 日晚,明白大势已去的蒋介石邀请李宗仁、孙科等四十余名政府要员到总统府开会,征询人们对他下野的看法。在场的大多数人都发言表示同意蒋介石辞去总统职务。万般无奈的蒋介石只得原则上同意暂时让位于副总统李宗仁,试图以此缓和解放军的进攻,寻找东山再起的机会。

第二天,即 1949 年元旦,蒋介石发表《新年文告》,表示愿与共产党"商讨停止战事,恢复和平的具体方法",并表示"和平果能实现,则个人的进退出处,绝不萦怀"①。

司徒雷登认为蒋介石的《新年文告》"是一篇外表冠冕堂皇的富于修辞的文章。其中含有一位权威的统治者对付麻烦的叛乱分子予以的那种宽宏的口吻。这里面却没有提到许多不愉快的事实:军事力量的实际崩溃,最近的货币改革措施的失败,几乎是普遍的对和平的愿望,以及只要他在位一天,和平的没有可能等

---

① 《中美关系资料汇编》第一辑,世界知识出版社,1957 年,第 933—935 页。

等"①。

司徒雷登同时断言共产党决不会妥协,而要"一举完成最后根绝国民党恶势力的事业"②。

的确,已经胜利在握的人民解放军是绝不会停止前进步伐的。

1949年元旦,新华社全文发表了由毛泽东亲笔撰写的新年献辞《将革命进行到底》。

毛泽东在这篇具有历史意义的文献中指出:"敌人是不会自行消灭的。无论是中国的反动派,或是美国帝国主义在中国的侵略势力,都不会自行退出历史舞台。"③他号召全中国人民在共产党的领导下,"像粉碎敌人的军事进攻一样,粉碎敌人的政治阴谋,把伟大的人民解放战争进行到底"④。

1月5日,新华社再次发表由毛泽东亲笔撰写的文章《评战犯求和》,对蒋介石的《新年文告》予以痛斥。

面对共产党的强硬立场,蒋介石无计可施,但还要打肿脸充胖子,他对到访的司徒雷登表示,如果共产党坚持要进攻南京、上海的话,他就奉陪。

对于蒋介石的这种表态,司徒雷登很不以为然。他在1949年1月7日的日记中写道:

> 蒋氏似乎尽按照他的天生偏好,认为共方自大地拒绝和

① 《中美关系资料汇编》第一辑,世界知识出版社,1957年,第331页。
② 同上书,第332页。
③ 毛泽东:《将革命进行到底》,《毛泽东选集(第二版)》第四卷,人民出版社,1991年,第1374页。
④ 同上书,第1379页。

平提议,正足以证明他们是任性的。让他们别无选择,尽继续进攻南京、上海好啦,他将准备部署防御。这么一来却让李宗仁处于不愉快的进退两难的境况中。……无奈蒋介石的意愿和他对共方非军事方面,或甚至军事方面,都欠了解……①

1月8日,南京政府外交部部长吴铁城到美国驻华使馆,向司徒雷登递交了一份备忘录,要求美国政府对国民党政府希望与中共和谈的事情表明态度。当天,法国、苏联和英国的驻华使馆也分别收到了内容相同的外交照会。

但司徒雷登和另外三个国家的大使除了将有关信息传回本国,都没有立即就南京政府的这一求援行动表态。

1月10日,淮海战役胜利告捷。人民解放军的先头部队迅速开抵长江北岸,国民党政权的心脏——南京危在旦夕。

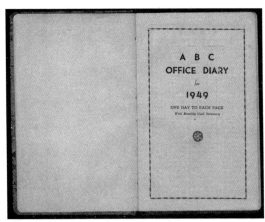

**司徒雷登 1949 年日记本的封面及扉页**

---

① 司徒雷登:《司徒雷登日记:美国调停国共争持期间前后》,陈礼颂译,傅泾波校订,香港文史出版社,1982 年,第 22 页。

1 月 12 日，美国国务院通过司徒雷登向国民党政府递交了一份备忘录。备忘录在列举了马歇尔使华以来美国参与调停国共关系的历史后，表态说："美国政府殊难相信在当前情势下，按中国政府的建议试图充当调解人，能达到任何有益的效果。"①

同样，法国、英国和苏联也都拒绝了南京的调解请求。

1 月 14 日，新华社发表了《中共中央毛泽东主席关于时局的声明》一文，提出了和平谈判的八项条件：

> （一）惩办战争罪犯；（二）废除伪宪法；（三）废除伪法统；（四）依据民主原则改编一切反动军队；（五）没收官僚资本；（六）改革土地制度；（七）废除卖国条约；（八）召开没有反动分子参加的政治协商会议，成立民主联合政府，接收南京国民党反动政府及其所属各级政府的一切权利。②

共产党提出的这八个条件，哪一条对蒋介石来说都是致命的，也是他不可能接受的。蒋介石的"和平攻势"就此破产。

1 月 21 日，穷途末路的蒋介石终于被迫发表声明退休，取道杭州，回奉化溪口老家。临行前，他宣布由副总统李宗仁"代行总统职权"。

蒋介石宣布下野时，司徒雷登正在上海治牙。对蒋介石的离去，司徒雷登在前一天下午就知道了。当时，几个蒋介石的亲信试图说服司徒雷登劝蒋介石放弃退休的想法，但被他拒绝了。司徒

---

① 《中美关系资料汇编》第一辑，世界知识出版社，1957 年，第 333 页。
② 毛泽东：《中共中央毛泽东主席关于时局的声明》，《毛泽东选集（第二版）》第四卷，人民出版社，1991 年，第 1389 页。

雷登认为这是形势使然，只能听之任之。当天下午从上海回到南京后，他依然从容地出席了大使馆举行的音乐晚餐会。

就在蒋介石离职的第二天，傅作义宣布起义，北京和平解放。

南京政府的最后覆灭已为期不远了。

## 三、稍纵即逝的中共与美高层接触

国民党代总统李宗仁的上台，并没有改变南京政府面临的重重危机。除了争取与中共和谈外，李宗仁和他的追随者们实在找不出第二条能使局势得到改观的道路。

为了能够与共产党和谈，李宗仁一方面电邀李济深、章伯钧、张东荪等人共商促进和平运动的办法；一方面派邵力子等人去上海拜访宋庆龄、颜惠庆、章士钊、黄炎培、罗隆基、张澜等民主人士，请他们做做共产党领袖们的工作，答应与南京政府和谈。

1月27日，李宗仁致电毛泽东，表示愿意以中共所提的"八项条件"为基础，在中共指定的时间、地点进行谈判。

次日，中共以李宗仁处处受到蒋介石的牵制，对谈判无诚意为由，拒绝了他的请求。但中共表示欢迎由颜惠庆、章士钊、邵力子等人组成的"上海人民和平代表团"前来会谈。

2月5日，针对南京政府国防部战犯军事法庭宣布在押的侵华日军总司令冈村宁次无罪释放一事，毛泽东主席以中共发言人的名义发表声明，强调和谈的条件必须包括重新逮捕和惩办日本战犯冈村宁次，以及逮捕并惩办以蒋介石为首的国民党战争罪犯。

其实每个人都知道，蒋介石的所谓下野，纯粹是一种遮人耳目的权宜之计。他人虽然在奉化溪口老家,但仍以国民党总裁的身份控制着南京政府的党、政、军各部门。他对李宗仁为与中共和谈而答应中共提出的"八项条件"恨之入骨。他知道其中的第一条"惩办战争罪犯"的矛头就是指向他的。他既不愿意眼睁睁地看着中共在拒绝与他谈判之后,与李宗仁和谈,让李以此捞取政治资本,更不愿束手待毙,等着别人来"惩办"。为此,蒋介石来了个一百八十度的大转弯,从原先迫不得已同意和谈,变为反对与中共和谈。为了破坏和谈,蒋在命令国民党中政委和中常委南

**1949 年春司徒雷登大使与李宗仁代总统在南京**

迁广州的同时,策动原打算将行政院迁到上海去的行政院院长孙科,把政府的主要办事机构也迁到广州去,企图在南京一旦失守的情况下,以广州为基地与共产党负隅顽抗。同时,他还让孙科发表决不接受"惩办战犯"为和谈条件的声明。

　　蒋介石原想通过他的所作所为,达到一箭双雕的目的:既使李宗仁陷入孤立,又使和谈无法进行下去。

　　但李宗仁也不是省油的灯。

针对蒋介石"退而不休"的做法，他采取了两项措施：一是派人拜访司徒雷登，请美国出面，阻止蒋介石干涉政府和军队的事务；二是利用立法院、监察院以及广东地方实力派人物对他的支持，向孙科施压，迫使其于 2 月 28 日把行政院迁回南京，并于 3 月 8 日辞职。

虽然蒋介石表示可以考虑下野，但司徒雷登以他多年来对共产党的了解，估计无论由谁执政，共产党都不会轻易答应与国民党谈判，因为以共产党现在的实力，彻底推翻蒋政权只是时间问题。

当然，从早日结束战争考虑，司徒雷登也希望李宗仁的和谈要求能得到共产党的积极响应，那样的话，国民党或许还有一点回旋的余地，如果届时美国再适当地给予援助，国民政府说不定能绝处逢生也未可知。但李宗仁上台后，形势的发展不容乐观：一边是共产党提出的和谈条件日渐严厉；一边是蒋介石和他的追随者在这种性命攸关的时刻，不是为"前途"考虑，暂弃前嫌，而是依然以派系利益为重，不断地为本来就步履维艰的和谈制造障碍，更使形势的发展雪上加霜。

对于国民党内部的这种永无止境的"窝里斗"，司徒雷登极其反感，却又无能为力。虽说他对李宗仁的处境十分同情，但每每李向他求援时，他除了严格遵守国务院的指令，决不轻易表态和只能静观事态的发展外别无他法。

早在 1 月 16 日，司徒雷登就从加拿大、英国和印度大使那里听到了国民党政府将迁到广州的消息，并得知国民党方面希望各国大使馆也一同南迁。

后来，当这个消息得到证实，并在征得美国国务院的同意后，司徒雷登做出了留在南京的决定。在他的影响下,最后除了苏联大使馆南迁广州外,其他所有国家的大使馆仍旧留在南京,直到人民解放军占领南京。

司徒雷登之所以留在南京主要是出于两个方面的考虑,一是表示对代总统李宗仁的支持;二是国务院希望他留在南京,以便照顾共产党占领区的领事馆和美国侨民。美国政府和司徒雷登都意识到南京被共产党军队占领只是时间问题。

2月10日,司徒雷登在写给他在美国的好友大学教授佩特斯(William B. Pettus)的信中这样写道:

> 请你一定要原谅我没有及时给你回信。正如你所料,最近一段时间以来,我的精神压力一直很大。……几乎所有的国民党政府官员都离开南京了,只留下一位代总统。我的绝大部分中国朋友和熟人也都不见了。但除了苏联大使外,几乎所有的外交使节都留在这里,一些传教士和他们的家人也还留在这里,我们因此仍有不少社会和社区的活动,这使我们比以前更忙了。可是,一旦这座城市的政权易手,在其被我们的官方承认前,我将会有一段清闲的日子。①

在这封信中,司徒雷登还请佩特斯教授给胡适发一封邀请函,以帮助胡适留在美国。3月17日,司徒雷登在写给佩特斯教授的另一封信中说:

> 关于这个国家未来局势的发展,我没有什么可补充的,好

---

① Stuart to W. B. Pettus, February 10, 1949, Pitzer College, U.S.A.。

的或坏的可能性都有。但有一点我是清楚的，即无论我们是成功还是失败，我们的国家都将受到这一结果的巨大影响！[①]

经过三个多月的对话，中共中央决定由周恩来担任首席代表，与林伯渠、叶剑英、李维汉、聂荣臻等人组成中共代表团，以中共提出的八项条件作为和谈基础，于 4 月 1 日在北京举行谈判。

国民党方面派出的代表是张治中、邵力子、黄绍竑、章士钊、李蒸、刘斐。

临赴北京前，李宗仁与国民党代表团成员经反复磋商，制定了与中共谈判的原则，中心为"停止一切战斗，各守原防"[②]。其用心就是阻止人民解放军渡江，从而达到隔江而治，实现体面和平，为国民党保留一片统治区的目的。

南京政府代表团到北京后，又与中共代表就战犯和渡江等问题一再讨价还价，坚持要先签订停战协定，再商谈和平条件，致使谈判日期被迫一推再推。

其实，辽沈、平津和淮海三大战役结束后，人民解放军主力部队经过两个多月的休整，无论是在精神状态上、体力上，或是在武器装备方面都已做好了解放全中国的充分准备。由粟裕、张震指挥的第三野战军第八、第十两个兵团 35 万人组成的东路作战集团，由谭震林指挥的第三野战军第七、第九两个兵团 30 万人组成的中路作战集团，由刘伯承、邓小平指挥的第二野战军第三、第四、第五等三个兵团 35 万人组成的西路作战集团，共百余万大军，齐集长江

---

① 　Stuart to W. B. Pettus, March 17, 1949, Pitzer College, U. S. A..

② 　张治中：《我与共产党》，文史资料出版社，1980 年，第 129 页。

北岸,在西起九江东北的湖口,东至江阴,长达五百多公里的长江沿线,严阵以待,随时准备渡江作战。

可见,此时谈判的主动权完全掌握在中国共产党手中,南京政府根本就没有讨价还价的资本。

4月4日,毛泽东发表《南京政府向何处去?》一文,严正指出"庆父不死,鲁难未已。战犯不除,国无宁日",要求南京政府不要再说空话,而应配合解放军渡江战役的打响,逮捕并严惩蒋介石、汤恩伯等国民党首恶分子,立功赎罪,"免得逃难,免得再受蒋介石死党的气,免得永远被人民所唾弃"[①]。

4月5日,中共委托民革代表朱蕴山等人带信给李宗仁,明确告诉他:无论是战还是和,人民解放军都要渡江,并限南京政府最迟在12日前给予答复。

4月13日,在国共和谈代表团举行的第一次正式会谈中,周恩来提出《国内和平协定》,共八条二十四款。南京政府代表团却对该协议草案提出了四十多条修改意见,其中"就地停战"和"划江而治"两条遭到中共代表的严词拒绝。

4月15日,中共代表团提出最后修正案,并规定4月20日为最后签字期限,逾期不在协议上签字,就表明谈判破裂,人民解放军将立即渡过长江,打到南京。张治中等南京政府的代表和李宗仁都做不了主,一边把中共的修正案送去给蒋介石过目,一边召集各方人士磋商对策。

4月19日,李宗仁致电中共代表团,请求宽延签字的期限,想

---

① 毛泽东:《南京政府向何处去?》,《毛泽东选集(第二版)》第四卷,人民出版社,1991年,第1446页。

继续与中共代表团就协议的有关条款扯皮。

4月20日,李宗仁和行政院院长何应钦给张治中等人发电报,让他们向中共提出"临时停战协定",而拒绝在中共提出的协定修正案上签字。

4月21日凌晨,毛泽东亲自起草,并向各野战军和南方各游击区的部队下达了《向全国进军的命令》,要求他们"坚决、彻底、干净、全部地歼灭中国境内一切敢于抵抗的国民党反动派,解放全国人民,保卫中国领土主权的独立和完整"①。

破晓前,人民解放军的百万雄师在长达五百多公里的长江沿线,全面发起进攻。一时间,素日风平浪静的江面上出现了一幅万船竞发的壮丽画卷。

在解放军官兵的强劲攻势下,国民党苦心经营了三个半月、号称"固若金汤"的长江防线全线崩溃。

4月23日,解放军占领浦口,打开了进入南京城的北大门,李宗仁、何应钦等军政要员以及各政府机关人员纷纷逃离南京,国民党政权顷刻瓦解。

几个星期以来,预感到和谈可能会夭折的司徒雷登一直在考虑:解放军打进南京后,他该何去何从? 他坚信到那时,其他国家的外交使节都将看美国大使的眼色行事。

为了安全起见,大部分使馆工作人员及眷属都已经撤离了,只留下一个排的海军陆战队队员负责大使馆的警卫。

本来,使馆的大多数人都劝司徒雷登撤到广州去,并于4月8

---

① 毛泽东:《向全国进军的命令》,《毛泽东选集(第二版)》第四卷,人民出版社,1991年,第1451页。

日拟好了给国务院的报告。但司徒雷登的私人秘书傅泾波却极力反对这样做。司徒雷登也不同意南撤,当时有一个想法一直在支撑着他,这就是一旦南京失守,他便有机会在近距离与共产党接触,同他们讨论中美之间今后的关系问题。于是,他坚持要留在南京,他的另外几个年轻助手也与他一道留了下来。

1949 年 4 月 11 日,就在人民解放军渡江战役打响的前十天,司徒雷登在日记中写道:

> 克拉克、钟士和我整天争论关于我的南移的意见。英国大使午后来,也讨论到同样的问题。最后把大家一致的意见分列为三条,呈报国务院:(1)南迁广州,是我最强烈反对的;(2)逗留南京静观其变才是我所喜欢的;(3)为规避后果,唯有听候华府召回以备咨询。如果这样,李宗仁什么时候才走呢?或者较后才走呢?我宁取较后才走的办法。[①]

两天后,司徒雷登接到国务院同意他继续留在南京的复函。

4 月 18 日,李宗仁派人把傅泾波请去,让他劝司徒雷登赶快撤到广州去,遭到司徒雷登的拒绝。

人民解放军宣布渡江作战的当天,负责大使馆警卫的美国海军陆战队减少到六名士兵,其余的人都分别撤往上海和香港。

4 月 22 日,国民党的外交部部长叶公超亲自登门,最后一次劝司徒雷登南迁广州,仍然被他婉言拒绝了。[②]

---

[①]　司徒雷登 1949 年 4 月 11 日日记手稿原件,北京大学图书馆文献。
[②]　钱辛波:《我认识的司徒雷登》,燕大文史资料编委会编:《燕大文史资料》第九辑,北京大学出版社,1995 年,第 93 页。

4月23日,在解放军部队已经兵临南京城下之时,司徒雷登召集使馆的留守人员开会,宣布"除非具有充分理由之外,任何人不得擅自移动"①。

很快,南京就被解放军全面接管了。解放军战士纪律严明,士气高昂,与国民党军的颓丧和混乱形成鲜明的对照,给司徒雷登留下了深刻的印象。

不知不觉中,司徒雷登的感情世界在发生着变化。过去,虽说他的不少学生都投奔了共产党,有些还成为共产党的得力骨干,但他却一直站在反共的立场上,同绝大多数美国人一样,视共产党为洪水猛兽。今天,当他目睹了共产党在中国大地上迅速崛起,并深得老百姓爱戴的时候,他不得不对原先的看法进行反思。司徒雷登的回忆录里有这样一段话,恰好反映了他那时的一些真实想法:

> 此刻,长期以来一直深藏在我心中的矛盾开始浮出水面,并越来越尖锐。这个矛盾,就是我个人对国民党和共产党的看法。国民党里的许多人都是我多年的老朋友。平心而论,其中有不少人是我真心钦佩的。我知道他们是一些出类拔萃的、正直而有教养的人。然而这个党几乎从一开始执政,就对各级官员的贪污、懒散、无能、搞裙带关系和派系斗争采取了容忍的态度。总之,它继承了它所推翻的那个腐朽势力的一切恶习。抗战胜利后,在动用军队和秘密警察来肃清共产党人的同时,这些恶习变得愈加明显。政府逐渐失去民心,失去威信。当共产党的军队胜利地、大踏步地向长江推进的时候,

---

① 司徒雷登 1949 年 4 月 23 日日记手稿原件,北京大学图书馆文献。

广阔的长江防线却因政治纠纷、叛逃和混乱的撤退而土崩瓦解。但,就是这样一个政府,长期以来一直在接受着各种各样的、大量的美国援助。而它所奉行的目标与主张,与我们完全一致。

令人痛苦的是,相比之下,共产党人不谋私利,官兵平等,勤俭朴实,纪律严明,训练有素。这一切在他们进入南京城后是有目共睹的。对老百姓,他们秋毫无犯,虽然到处借东西,但总是如数归还或照价赔偿。……从表面上看,共产党发动了一场强有力的运动,旨在使千百万民众养成良好的品质与能力。这种品质和能力是长久以来中国社会所迫切需要,而基督教教育和其他文化势力为之付出了多年努力,但却收效甚微的。[1]

尽管司徒雷登承认共产党有许多独到之处,也承认民众对共产党的拥戴程度是令国民党汗颜的,但以他的立场和世界观,他并不真正理解共产党为什么会在短短几年当中如此深入人心,而且其影响力要远远超过他所引以为豪并为之献身的基督教。

但是,任何困惑都抵挡不住这样一个事实:南京政府垮台了,共产党已经成为中国真正的主人,并开始行使管理国家的权利。

4 月 27 日,就在南京被人民解放军接管后的第三天,司徒雷登开始在家中起草关于承认中共的备忘录。[2]

5 月 4 日,司徒雷登与到访的英国、法国和印度大使一道,又仔

---

[1]　John Leighton Stuart, *Fifty Years in China—The Memoirs of John Leighton Stuart, Missionary and Ambassador*, New York: Random House, 1954, pp. 242—243.

[2]　参见司徒雷登 1949 年 4 月 27 日日记手稿原件,北京大学图书馆文献。

细讨论了有关承认共产党政权的问题。以后几天,凡是有其他国家的大使来访,司徒雷登都要与他们就是否承认中共的问题展开讨论。最后,他们达成的共识是:承认中共政权是大势所趋,可现在承认又有些为时过早。

此时,共产党的领袖并没有忘记司徒雷登。就在渡江战役打响之前,中共中央副主席周恩来亲自点将,把司徒雷登从前的学生,曾就读于燕大经济系的黄华,派到南京军事管制委员会任外事处处长。

在派遣黄华到南京赴任之前,周恩来交代他:"司徒雷登和许多国家的使节留在南京未走,你去南京外事处工作吧,除负责接管国民党政府外交部和处理有关对外事务外,可以同司徒雷登进行私人接触。"①

周恩来是想通过黄华与司徒雷登的接触,了解美国政府对共产党执政的看法和所持的立场。②

由于黄华曾在北京军调处工作过,司徒雷登也曾在军调处见过他,对他的印象还不错。现在听说他到南京来主管共产党的外事工作,司徒雷登认为这是一个极好的与共产党接洽的机会。

5 月 6 日,司徒雷登派傅泾波去与黄华联系。次日,黄华在办公室接见了傅泾波。

---

① 黄华:《司徒雷登离华真相》,燕大文史资料编委会编:《燕大文史资料》第九辑,北京大学出版社,1995 年,第 76 页。

② 黄华去世后,笔者曾于 2010 年 12 月 18 日在《光明日报》发表了《黄华——永载史册的共和国先驱》一文,其中写到黄老的遗孀何理良向笔者强调,1949 年 4 月周恩来派黄华去南京与司徒雷登"私人接触"的内容时,中央交代黄华的一个重要使命就是要了解美国是否有军事干涉的意图,司徒雷登对此否定的答复和美军从青岛等地撤走军舰的实际行动说明了美方的政策,这对解放军挥麾向南方和大西南挺进有重要意义。

据黄华回忆,傅一见面,就替司徒雷登表白,说司徒雷登一年来渐渐了解过去对国民党认识的错误,美国已经停止援助蒋介石了。这次他决定留在南京不走,就是希望同中国共产党接触。这一点也已获得美国国务卿艾奇逊①的同意了。

傅泾波还向黄华转达了司徒雷登想与他见面的急切心情。

事后,黄华立即把与傅泾波见面的详细情况向中央做了汇报。

1994 年 12 月,由中央文献出版社出版的《毛泽东外交文选》一书,披露了曾是绝密文件的、毛泽东关于黄华与司徒雷登如何谈判的密电指示。由此我们得知:1949 年 5 月 10 日,中共中央主席毛泽东致电中共南京市委,就黄华与司徒雷登的会面,及双方谈话时应注意的事项,提出了下面七点意见:

（一）黄华可以与司徒雷登见面,以侦察美国政府的意向为目的。（二）见面时多听司徒雷登讲话,少说自己意见,在说自己意见时应根据李涛②声明。（三）来电说"空言无补,需要美首先做更多有益于中国人民的事",这样说法有毛病。应根据李涛声明表示任何外国不得干涉中国内政,过去美国用帮助国民党打内战的方法干涉中国内政,此项政策必须停止。如果美国政府愿意考虑和我方建立外交关系的话,美国政府就应当停止一切援助国民党的行动,并断绝和国民党反动残余力量的联系,而不是笼统地要求美国做更多有益于中国人民的事。你们这样说可能给美国人一种印象,似乎中共也是

---

①　艾奇逊于 1949 年 1 月接替马歇尔,出任美国国务卿一职。

②　1949 年 4 月 30 日,中央军委作战部部长李涛受毛泽东委托,作为中国人民解放军总部发言人发表声明,严厉谴责紫石英号等英国军舰侵入中国内河长江、炮击人民解放军的暴行。

希望美国援助的。现在是要求美国停止援助国民党,割断和国民党残余力量的联系,并永远不要干涉中国内政的问题,而不是要求美国做什么"有益于中国人民的事",更不是要求美国做什么"更多有益于中国人民的事"。照此语的文字说来,似乎美国政府已经做了若干有益于中国人民的事,只是数量上做得少了一点,有要求它"更多"地做一些的必要,故不妥当。(四)与司徒雷登谈话应申明是非正式的,因为双方尚未建立外交关系。(五)在谈话之前,市委应与黄华一起商量一次。(六)谈话时如果司徒雷登的态度是友善的,黄华亦应取适当的友善态度,但不要表示过分热情,应取庄重而和气的态度。(七)对于傅泾波所提司徒雷登愿意继续当大使和我们办交涉并修改商约一点,不要表示拒绝的态度。①

接到毛泽东的指示,5月13日当晚8点,黄华以私人身份来到美国大使官邸,拜访司徒雷登。

这次会面表面上虽然是学生拜见老校长,但两人谈及的话题却始终没有离开国民党政权垮台后的中美关系这个内容。1994年,黄华在《司徒雷登离华真相》一文中回忆起这段往事时写道:

> 司徒雷登表示,愿同新中国建立新关系,希望中国政府能广泛地吸收民主人士参加。并说,美国已停止援助蒋介石,不愿参与中国内战。他建议将上海经济合作分署所存粮食、棉花等援助蒋介石的物资,待上海解放后移交我方,以支援上海

---

① 毛泽东:《黄华同司徒雷登谈话应注意的几个问题》,中华人民共和国外交部、中共中央文献研究室编:《毛泽东外交文选》,中央文献出版社、世界知识出版社,1994年,第87—88页。

恢复生产。我表示粮食、棉花等我不接受(因为我们将从国民党手中接受),美国既然表示不干涉中国内政,就应该将美国驻青岛等地的海军舰只和陆战队撤走,以免发生冲突,司徒答应转告有关方面。①

黄华和司徒雷登之间的这次谈话持续了将近两个小时。

据黄华回忆,这次见面后,司徒雷登又派傅泾波去找过他两次。傅泾波告诉他,在司徒雷登的安排下,美国舰队已于5月21日撤离青岛,以后解放军打到哪里,美国军舰就从哪里撤走。

在请示中央后,6月6日,黄华又把司徒雷登和傅泾波约到军管会外事处进行第二次正式会晤。

在谈话中,黄华告诉司徒雷登,中美要建立新关系,美国首先要停止援助国民党,并断绝与国民党逃亡政府的关系。司徒雷登则表示,各国使节留在南京,就表明了对国民党的态度。今后国民党政府如果再从广州迁到别处去,美国代表也不会随行的。但是,由于目前新政府还没有成立,没有承认的对象,加之国共两党各占据一片地盘,按照国际法,美国尚不能断绝与旧政府的关系,等产生了为人民所拥护的新的民主政府,而这个政府也证明愿意并有力量担负国际义务时,问题自然就解决了。至于美援问题,现在运来的是去年国会通过的援华法案中拟定的物资,而且所剩无几,今后不会再援助了。

会谈快结束时司徒雷登表示:中国问题不只是一个对华政策

---

① 黄华:《司徒雷登离华真相》,燕大文史资料编委会编:《燕大文史资料》第九辑,北京大学出版社,1995年,第77页。

问题,而且也是关系到世界和平的问题。因此,他希望经过自己的努力,使中美关系得到完满的解决。这样无论是对苏美关系,还是对世界和平,都是一大贡献。①

5月18日,毕业于燕大新闻系、当时担任《新民报》副总编的钱辛波(中共党员)也以燕大校友的身份前来看望老校长司徒雷登。钱辛波向司徒雷登谈了许多他在解放区的见闻。司徒雷登也向钱辛波询问了有关共产党筹备成立政府的情况。

据钱辛波回忆,在5月6日到6月6日的一个月当中,黄华与司徒雷登之间的实际互访达五次之多②。这种与共产党军管会干部的频繁会面,对当时留在南京的其他任何一个国家的外交使节来说都是不可想象的。

在黄华的安排下,6月12日,司徒雷登在傅泾波和其他两名助手的陪同下来到刚获解放的上海,看望美国驻上海领事馆的留守人员以及在上海的美国侨民。为了确保司徒雷登等人的安全和活动的便利,黄华不仅派出军管会外事处的三名工作人员随行,还特意为司徒雷登一行安排了几位便衣警卫人员。

当然,黄华之所以对司徒雷登如此关照,并非出于他个人与老校长的私人关系,所有这一切,完全都是按照中共中央领导的意图安排的。

在上海期间,司徒雷登不失时机地约见了即将访问北京的民

---

① 参见黄华:《司徒雷登离华真相》,燕大文史资料编委会编:《燕大文史资料》第九辑,北京大学出版社,1995年,第76页。

② 参见钱辛波:《我认识的司徒雷登》,燕大文史资料编委会编:《燕大文史资料》第九辑,北京大学出版社,1995年,第93页。

主人士罗隆基,请他向毛泽东和周恩来传达这样一个信息:今后如中美之间消除敌意,中国能保持独立而不成为苏联的附庸,美国愿提供不少于 20 亿美元的长期低息贷款,帮助中共恢复和发展经济。①

罗隆基很高兴地答应替司徒雷登把这个口信带到。但在去北京的路上,他知道了毛泽东为纪念中国共产党成立 28 周年发表的讲话中,表示要"向苏联一面倒",所以最终未敢把司徒雷登的话传给中共领导人。② 直到很久以后,中共才知道司徒雷登口信的内容。③

其实,那时司徒雷登非常想能有机会亲自到北京去见见周恩来,以便当面就中美关系问题交换意见和看法。为此,他曾派傅泾波去找过黄华。关于这件往事,黄华在他撰写的《司徒雷登离华真相》中这样写道:

　　6 月 8 日傅泾波再次来见我,称与司徒雷登研究结果,认为美国现在(对新中国的关系)很难作出正式表示,需司徒雷

① 　参见林孟熹:《司徒雷登与中国政局》,新华出版社,2001 年,第 162 页。

② 　黄华在《亲历与见闻》一书中写道:"在这里,我想追述一件有关的事情,这是几年后我才从周总理那里知道的。司徒雷登在 1949 年非常想到北平见中共领导人。当年 6 月,司徒雷登获悉陈铭枢和罗隆基等民主人士将于月中赴北平参加新政治协商会议,他请陈铭枢向中共中央转达他想见中共领导人的意愿。他还对罗隆基说,如果新中国采取中国态度,不完全亲苏,美国可以一次借给新政府 50 亿美元,接近印度 15 年所得的贷款。陈铭枢到北京后,向毛泽东和周恩来转达了司徒雷登的要求。6 月 24 日,陈铭枢在给司徒雷登的信中表示,中共的政治路线是明智的、正确的、坚定不移的,并转达毛泽东的口信:'政治上必须严肃,经济上可以做生意。'6 月下旬罗隆基到北京时,得知毛泽东《论人民民主专政》一文即将发表(其中有'一边倒'的方针),未敢向毛泽东转达司徒雷登的口信,许多年以后只是告诉了周恩来。"(黄华:《亲历与见闻——黄华回忆录》,世界知识出版社,2007 年,第 84 页。)

③ 　冀朝铸口述:《从"洋娃娃"到外交官——冀朝铸口述回忆录》,苏为群采访整理,北京大学出版社,2000 年,第 63 页。

登返美后努力。但他需要知道中央更高级方面的意见，回去讲话才有力量，并问我同周恩来有无联系，能否转达意见。我告诉他什么话都可以谈，不必顾虑。傅泾波说，马歇尔、艾奇逊和司徒雷登同属一派，对周恩来先生了解很深，司徒雷登近接魏伯（当时美国副国务卿）来电，希望他在返美前能赴北平与周恩来先生会见一次，顺便看看燕大，获知中央方面的意见，返美活动更有力量，要我代为转达。我问有何具体内容，傅说，今年华北旱灾，粮食、棉花供应将有困难，司徒雷登希望经济合作总署的物资能运回中国。此外，如大批借款、贸易，对中国工业化也有帮助。我告诉他，美国对断绝与国民党的关系并无正式表示，个人认为他去北平的要求不会得到回答，并以交通尚未恢复，旅途不便为由，予以婉拒。[①]

出乎黄华预料的是，当他把司徒雷登想去北京的要求向中央汇报后，毛泽东和周恩来一致同意邀请司徒雷登北上。但鉴于美国政府和中共之间的关系，此次司徒雷登的北京之行必须绝对保密。为了掩人耳目，中共让燕京大学校长陆志韦于 6 月 16 日给司徒写信，转达了中共领导人同意他回燕大的表态。陆志韦在致司徒雷登的信中说：

> 昨天上午我见到周先生。很感谢你关于往事的回忆。毛泽东已宣称你有兴趣来燕京访问，我推测政府将会同意你的。……我的一个十分亲密的朋友前天告诉我，未来燕京的

---

① 黄华：《司徒雷登离华真相》，燕大文史资料编委会编：《燕大文史资料》第九辑，北京大学出版社，1995 年，第 79 页。

成败可能系于你此次北行的结果。……我希望你对我们的访问将获得一个巨大的成功,不仅对社会而言,而且对国际相互了解做出真正的贡献。①

可惜由于战争期间信件传递受阻,司徒雷登直到 6 月 26 日才收到陆志韦的信。他在当天的日记中写道:

> 周裕康从北平回来,他见过陆志韦和张东荪他们,却没法见到周恩来和张治中。据说黄华是因为和我的关系,才被派到这来的。裕康又告诉关于我打算往北平的事,他说毛泽东宣称我会被作为许多中共人士的老朋友而受到欢迎……接到陆志韦 6 月 16 日发出的信,也提到关于我要往北平旅行的事。②

据黄华回忆,司徒雷登后来还让傅泾波把陆志韦的信给黄华看,以进一步证实中共对司徒雷登访问北京的态度。

6 月 28 日,黄华前去拜访司徒雷登,并正式通知他说,他已经收到北京方面的来电,中共中央同意司徒雷登回燕京大学,并可安排与中共领导人会面。③ 这是中共中央愿意与美国政府接触、联系的正式的、官方的表态。

① 林孟熹:《司徒雷登与中国政局》,新华出版社,2001 年,第 262—263 页。
② 司徒雷登 1949 年 6 月 26 日日记手稿原件,北京大学图书馆文献。
③ 黄华:《司徒雷登离华真相》,燕大文史资料编委会编:《燕大文史资料》第九辑,北京大学出版社,1995 年,第 80 页。

燕 京 大 學

**YENCHING UNIVERSITY**

PEIPING, CHINA

校務長科公廳　　　　　　　　　　　　　　　　　　　OFFICE OF THE PRESIDENT

June 16, 1949

My dear President:

I saw Mr. Chou yesterday morning. Thank you for your remembrance. Mao Tse Tung has already announced your interest in coming to visit Yenching, and I presume the government will give you consent.

I have the impression that most of the party members are anxious to separate political issues from trade and finance. They do not like to have the problem of "kuo chi lu hsien" or our national attitude discussed. Entirely out of good-will, they do not like to see Yenching University involved in international politics, or the Yenching Chinese faculty taking a definite leaning in international relations. A very intimate friend of mine told me day before yesterday that the success or failure of Yenching might hang on the outcome of your trip to the North. I wish you would also consider very carefully whether you should bring any Chinese national with you.

I am sure you know I always mean well. For the good of China, particularly of Yenching, and also of America, I hope your visit to us will be a great success, not only socially, but also really contributing to international understanding. Matters which one can afford to take up one or two years later do not need to be pushed too hurriedly.

Affectionately yours,

C. W.

陆志韦于 1949 年 6 月 16 日写给司徒雷登的信

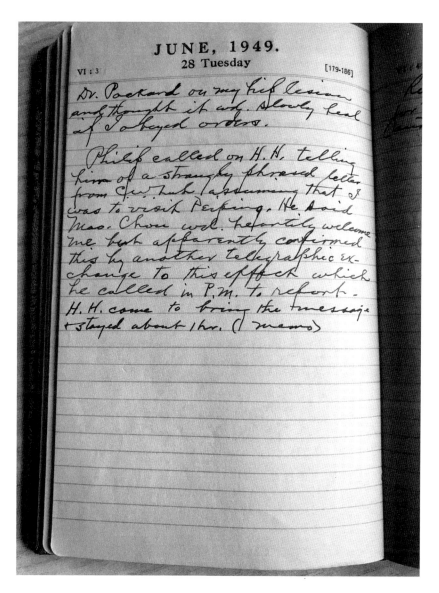

**JUNE, 1949.**

**28 Tuesday**

VI : 3

[179-186]

Dr. Packard on my hip lesion and thought it wd. slowly heal if I obeyed orders.

Philip called on H. H. telling him of a strangely phrased letter from C. W. Luh assuming that I was to visit Peiping. He said Mao. Chou wd. heartily welcome me but apparently confirmed this by another telegraphic exchange to this effect which he called in P. M. to report. H. H. came to bring the message + stayed about 1 hr. (I memo)

司徒雷登 1947 年 6 月 28 日的日记

　　司徒雷登极为高兴,寄希望于自己的北京之行能有一个令人满意的结果,并在当天的日记中写下了"黄氏说毛、周会诚意欢迎我的"①这样的话。但是,想到美国国会内部派别纷争,在对华关系问题上历来分歧很深,为了避免不必要的麻烦,他不顾傅泾波的强烈反对②,决定暂缓北上,先听听国务卿艾奇逊的意见再做决定。次日,他将中共欢迎他访问北京的消息传回华盛顿,同时做好了旅行的准备,只等国务院的指令一到,立即动身。由此看来,傅泾波曾极力推动美国政府与即将成立的中华人民共和国建立正常的关系。

　　时间在等待中显得尤其漫长。

　　6月30日,为庆祝中国共产党成立二十八周年,毛泽东发表了《论人民民主专政》一文。在这篇文章中,毛泽东在回顾了中国共产党走过的曲折道路后指出:

　　　　一边倒,是孙中山的四十年经验和共产党的二十八年经验教给我们的,深知欲达到胜利和巩固胜利,必须一边倒。积四十年和二十八年的经验,中国人不是倒向帝国主义一边,就是倒向社会主义一边,绝无例外。骑墙是不行的,第三条道路是没有的。我们反对倒向帝国主义一边的蒋介石反动派,我们也反对第三条道路的幻想。③

---

　　① 司徒雷登1949年6月28日日记手稿原件,北京大学图书馆文献。

　　② 据林孟熹先生在他所著的《司徒雷登与中国政局》一书中介绍,傅泾波深知国务院面临种种压力,艾奇逊又胆小怕事,恐不易同意,故竭力主张"先斩后奏",造成既成事实,以打开僵局。林孟熹:《司徒雷登与中国政局》,新华出版社,2001年,第125页。

　　③ 毛泽东:《论人民民主专政》,《毛泽东选集(第二版)》第四卷,人民出版社,1991年,第1472-1473页。

> 我们在国际上是属于以苏联为首的反帝国主义战线一方面的,真正的友谊的援助只能向这一方面去找,而不能向帝国主义战线一方面去找。①

毛泽东明确表示中国共产党要与苏联站在一条战线上的观点,大大地刺激了美国政府内的反共分子,使主张与中共政权建立外交关系的呼声遭到强烈的谴责。

7月2日,艾奇逊来电,指示司徒雷登必须于7月25日前赶回华盛顿,中途不要停留。同时让他现在不要去北京,以免引起各方面的评论。

对于艾奇逊的表态,司徒雷登无言以对。他知道,作为一国之外交官,他必须责无旁贷地听命于本国政府的调遣,除此之外,别无他途。

司徒雷登只好让傅泾波将此事告诉黄华,开始做回国的准备。

7月14日,司徒雷登接到国务院的指示,让他在离华前去一趟广州,被司徒雷登严词拒绝。

7月20日,司徒雷登再次致电国务院,要求允许他去北京会见毛泽东和周恩来。

7月21日,司徒雷登从黄华那里得知,中共领导人仍希望他去一趟北京,便随即做好了北上的准备。《纽约时报》也就此发了消息。②

7月25日,美国国务院打电报催司徒雷登务必于8月2日之

---

① 毛泽东:《论人民民主专政》,《毛泽东选集(第二版)》第四卷,人民出版社,1991年,第1475页。

② 司徒雷登1949年7月21日日记手稿原件,北京大学图书馆文献。

前离开中国。

1949 年 8 月 2 日上午 7 点 45 分,司徒雷登与傅泾波等一行八人乘坐一架美国运输机,飞离南京,踏上了回乡之路,把深深的遗憾与无奈留在了他生活了 50 年的中国……

# 第十二章　大使生涯的终结(1949—1962)

## 一、毛泽东的《别了,司徒雷登》

在看过前十一章的内容之后,相信读者已经对司徒雷登究竟是怎样的一个人有了一个比较全面的了解。但是,要客观地评价他的功过是非,还需要对毛泽东为什么发表《别了,司徒雷登》一文,以及如何看待毛泽东在这篇文章中对司徒雷登的评价,有一个客观的认识。之所以如此,是因为目前中国的许多读者,特别是在中华人民共和国成立后出生的中、青年人,绝大多数都是通过毛泽东的这篇文章才知道司徒雷登这个名字的。

为此,笔者将从两个方面对与该篇文章有关的问题进行论述。

首先,我们看一下毛泽东为什么要发表《别了,司徒雷登》这篇文章。

《别了,司徒雷登》一文,是毛泽东当年为批驳美国政府发表的中美关系白皮书,为新华社撰写的五篇评论文章中的第二篇,其他四篇分别是:第一篇《丢掉幻想,准备斗争》;第三篇《为什么要讨论白皮书?》;第四篇《"友谊",还是侵略?》;第五篇《唯心历史观的破产》。

那么,毛泽东为什么要对白皮书展开如此猛烈的抨击,白皮书到底是怎样的一部"书"呢? 这还要从白皮书出台的经过说起。

1949 年 8 月 5 日,就在司徒雷登一行抵达美国太平洋舰队司令部所在地珍珠港的当天,美国国务院就中美关系问题发表了一部重点介绍从 1944 年到 1949 年期间美国对华关系的报告书,题为《美国与中国的关系——着重于 1944—1949 年时期》。

这部报告书(即白皮书)是当时的美国国务卿艾奇逊在征得了杜鲁门总统的同意后,组织国务院工作人员编纂的。全书包括正文八章,附件八章,外加收录在内的"艾奇逊致杜鲁门总统的信"及"中美关系大事纪年表",共 1054 页,约一百多万字。

《美国与中国的关系》白皮书用五分之一的内容,介绍了从 19 世纪末至 20 世纪前 50 年各个不同历史阶段,美国对中国局势的看法及政府的对华政策。其余五分之四的篇幅等于是文件汇编,收集了近二百篇美国政府官方发表过或未发表过的、与对华关系有关的文件。其中既有美国总统有关的演说词、与国民党政府往来的函件及电报、声明,以及几乎所有与中国有关的条约、协议、法案,也有相关的会谈纪要、任命、国民党和共产党发表的社论、声明和文告等,还有相当一部分美国派驻中国的特使及大使给国务院写的例行报告。

白皮书的正文共分为八个章节。

第一章是对一个世纪以来(1844—1943)美国对华政策的介绍,包括了"美国基本政策的发展""第一次世界大战与战后问题的解决""不干涉中国内政——华盛顿会议及其后""1929 年的中苏纠纷""1931 年后日本向中国的扩展""1937 年日本对中国的不宣而战""第二次世界大战"等内容。

第二章是对 1921—1944 年期间国民党与中国共产党关系的简述,包括了"基本的因素""国共合作 (1924—1927)""内战(1927—1936)""国共协商(1937—1944)"等内容。

第三章介绍了 1944—1945 年赫尔利担任大使期间美国的对华政策,包括了"赫尔利使华的直接背景""调解中的努力""军事援助的问题""中国与苏联""进一步的国共谈判""赫尔利大使的辞职"等内容。

第四章介绍了《雅尔塔协定》和 1945 年中苏签订《中苏友好同盟条约》的情况。全章只有"雅尔塔协定"和"中苏友好同盟条约"两部分内容。

第五章主要论述了 1945—1947 年马歇尔将军使华期间中美之间的关系,包括了"经济、军事和政治的背景""1946 年 1 月至 2 月的协定""'满洲'的危机""司徒雷登使华的任命""国民政府委员会的组织""杜鲁门与蒋介石之间的函电交往""趋于全面争斗""马歇尔使命的终结""在马歇尔使华期间的经济发展"九个方面的内容。

第六章主要论述了 1947—1949 年司徒雷登出任大使期间的美国对华政策,包括了"政治形势与军事形势""美国鼓励中国政府进行改革的努力""魏德迈使华""中国内部的发展""美国政策的重新厘定""中国政府的变更""美国政策的其他途径""1949年中国局势的发展""增加美援的重新考虑""国民政府撤离南京""台湾问题"等十二个方面的内容。

第七章论述了1945—1949年中国的军事形势,包括了"作战情形""美国对中国所提有关作战的意见""美国驻华军事顾问团""对日战争胜利以后供给中国政府的军用物资及服务"四个方面的内容。

第八章讲述的是1947—1949年美国对华经济援助方案,内容包括了"1947年中国的经济情况""美国援华法案的拟订""1948年的援华法案""经济援华法案的实施"等。[①]

与白皮书同时见之于公众的还有美国国务卿艾奇逊致杜鲁门总统的一封信。从这封信中,人们轻而易举地就可了解到美国国务院发表白皮书的用心所在。例如在谈到抗战胜利后美国政府派马歇尔使华的原因时,艾奇逊指出:

> 我们当时的政策是基于两个目的,一个目的是在政府能趋于稳定并沿着民主的途径进步的条件下,使中国得到和平;另一个目的是协助国民党政府尽可能在中国广大的地区上建立其权威。事实证明,第一个目的由于双方都不愿意它成功,以致是不能实现的。在中共方面,他们拒不接受将削弱他们一贯坚持的目的——全中国共产主义化——之自由的条件;在国民党方面,他们不顾美国军事代表的屡次忠告,仍然抱着

---

① 《中美关系资料汇编》第一辑,世界知识出版社,1957年,第1—11页。

武力摧毁共产党的幻想。①

在信中,艾奇逊把国民党失败的原因归结为其自身的无能,以及听不进美国的意见:

> 从 1945 年一直到 1948 年初秋,国民政府在人力和军事上较其对手具有显著的优势。的确,在那一时期之内,很大一部分由于我们在运输、武装和补给上给予他们的部队的援助,他们遂能推广其控制及于华北和"满洲"的大部分。到马歇尔将军于 1947 年初离开中国时,国民党在军事的成就上和领域的扩张上,显然是登峰造极的。然而其后一年半的事实显示,他们貌似强大的力量是虚幻的,他们的胜利建立在沙上。……国民党曾于 1946 年不顾马歇尔元帅的警告发动了一个雄心勃勃的军事行动。马歇尔警告说,这种行动不仅会招致失败,而且会使中国陷入经济的混乱,最后并将摧毁国民政府。……没有一个对军事情况的估计,比这更完全地为后来发生的事实所证实。②

由此可见,美国国务院发表中美关系白皮书主要是出于三个方面的考虑:其一,对内平息国会中反对党派和美国公众就总统对华政策失败而发出的指责,为自己辩护;其二,揭露蒋介石政府过去几年与美国的实际关系,以表明国民党政府的倒台主要责任不在美国政府方面,而是由于国民党本身的无能;其三,推卸美国政府支持国民党打内战的责任,对外重塑和平爱好者的形象。

白皮书一经问世,便在中美关系史上掀起了轩然大波。

---

① 《中美关系资料汇编》第一辑,世界知识出版社,1957 年,第 36 页。
② 同上书,第 39—40 页。

无论是国民党还是共产党，甚至包括那些美国政府内部与国务院在对华政策问题上意见相左的人，都对白皮书的发表做出了异乎寻常的强烈反应。

当然，由于所处政治地位和立场的不同，每一方对白皮书的指责和出发点也都大相径庭，但有一点却是共同的，这就是对美国政府发表白皮书的不满。

先看国民党方面。

国民党将白皮书视为美国政府对蒋介石政权的背叛，认为此举无异于落井下石，加速了国民党在中国大陆的溃败。之所以得出这样的结论，是因为白皮书的发表，彻底粉碎了一向靠美援支撑的国民党残部企图伺机东山再起的美梦，使原本就在人民解放军势如破竹的进攻下溃不成军的国民党部队的士气更加一落千丈，也使尚未解放的国民党统治区的民心更向共产党方面倾斜。

若干年后人们才得知，当年，由于意识到白皮书的发表将给国民党带来灭顶之灾，蒋介石曾想方设法试图阻止美方发表此书。当时任蒋介石夫妇助手的黄仁霖在他的回忆录中，披露了这段鲜为人知的往事。他写道：

> 在这一个时期，另外还有一件小事，只有很少几个人知道，那是我奉蒋公的命令，到美国去，做了一次旋风式的旅行。蒋夫人早已于三十七年（1948年）11月28日前往美国，要使美国政府了解并支持我们所做的一切，并做最后一次努力。（1949年）7月25日，我突然奉召去谒见在高雄的蒋公，见到他之后，他说，蒋夫人有信来，要我立即前往纽约，并接受她的指示。这似乎是一次短暂的行程，我并不需要做太多的准备，同

时亦没有时间去做准备。赶到纽约时,大概是三十八年(1949年)7月26日左右。蒋夫人告诉我,消息传来,国务院所准备的白皮书,要说明他们所以要放弃中国的理由,对他们的这种行为要做一次公开的评议,这项文件马上要发表了。她要我去对这件事加以调查,并设法取得第一手的誊本,因为蒋公在文件正式发表之前,急切需要知道文件的内容。如果我能够经由各方面的关系,把这件事拖延些时日,或者予以搁置,停止发表,那自然是更好了。

第二天我就赶到华盛顿,拜访白宫里的一些朋友。当我将来访原因说明之后,他很直率亦很权威地告诉我说,杜鲁门总统已经批准把这项白皮书发表了。因此,已经无法可以使它拖延或者搁置。这项文件将在下星期中发表。至于文件内容,他亦只看到了一部分;但是他将收到一份校对的样本,可以将这份样本给我。大约在(7月)29日下午四时,我收到了那份校对的样本,便立即送呈蒋夫人,她命令我次日即返台,并将这份样本送呈蒋公。同时,我亦把这1054页的文件抄本,交给蒋夫人,让她自己能翻阅。①

由此可见,美国政府的白皮书给蒋介石的打击是相当沉重的。可是,因为早就知道白皮书的发表是无法抗拒的事实,所以在白皮书发表的当天,蒋介石虽心中极为焦虑和愤恨,却在众人面前依然谈笑自若,强装出一副无动于衷的样子。但他在那一天写的日记,

---

① 林博文:《跨世纪第一夫人宋美龄》,时报文化出版企业股份有限公司,2000年,第470—471页。

却暴露出他的极端失落和沮丧："对美国'白皮书'可痛可叹，对美国国务院此种措置，不仅为其美国痛惜，不能不认其组织者缺乏远虑，自断其臂而已。"①几天后，他再次在日记中写道："马歇尔、艾奇逊因欲掩饰其对华政策之错误与失败，不惜毁灭中、美两国传统之友谊，以遂其心，而亦不知国家之信义与外交上应守之规范。"他认为白皮书的发表"为美国历史上留下莫大之污点"②。

8 月 13 日，国民党中央非常委员会讨论通过了一份关于美国政府发表白皮书的声明，准备对白皮书里的许多说法进行辩驳。当这份声明的草案报到蒋介石那里时，考虑到美国毕竟是国民党将来唯一可依赖的势力，蒋介石否决了该声明的内容，也拒绝对白皮书里的内容加以答辩，决定吞下这颗苦果。他在当天的日记中写下了这样一句话："耶稣被审判的时候，他是冤枉的，但是他一句话也不说。"③

但是，为了多少挽回一些面子，他认为也不能一味地保持沉默。他向国民党中央非常委员会做了两点指示：(1) 国民党对美暂不请援；(2) 由政府发一声明，保持"国家立场"，但"勿对美国做意气之辩论"。④

8 月 16 日，国民党正式就白皮书发表声明，一边表示对其中的许多问题"持严重异议"，"将于适当时期对它作详切之声明"；一边强调不愿因此影响中美间的"传统友谊和共同目标"。⑤

---

① 陆卫明等：《蒋介石的外交秘闻》，吉林人民出版社，1999 年，第 222 页。
② 同上。
③ 林博文：《跨世纪第一夫人宋美龄》，时报文化出版企业股份有限公司，2000 年，第 490 页。
④ 陆卫明等：《蒋介石的外交秘闻》，吉林人民出版社，1999 年，第 223 页。
⑤ 同上书，第 222 页。

再看美国政府内部对发表白皮书的看法。

在白皮书发表的当天,一贯谴责政府援华不利,担心共产主义在中国取胜的美国参议员诺兰和众议员贾特便在国会发表讲话,认为白皮书及书中转载的文件证实了他们对政府政策的批评。曾出任美国驻华大使的赫尔利将军发表声明,把白皮书称作"国务院内亲共派人物的圆滑的托词;这些人策划了推翻我国盟友中华民国国民党政府的事变,并协助共产党人征服了中国"①。参议员布里奇斯、诺兰、麦卡伦等人甚至发表了一份长篇备忘录,猛烈攻击白皮书是"对一厢情愿的、无所作为的政策的 1054 页的遮掩粉饰。这种政策的唯一成就是使亚洲陷入被苏联征服的危险之中"②。

还有人拒绝接受艾奇逊关于美国对华政策基本正确及结局超出美国控制能力的说法,要求政府调查这一惨败,认为白皮书"甚至没有把根本问题提出来,更不用说回答那些问题了"③。

总之,白皮书的发表非但没有平息美国国会内部在对华政策方面的矛盾,反倒使这一矛盾更加激化了。这是美国国务院始料不及的。

最后看一下中国共产党方面对白皮书的反应。白皮书里关于对中国共产党的指责完全是歪曲事实的,特别是司徒雷登有关中共方面的片面的报告更伤害了中国人民的感情。

8 月 12 日,即在白皮书发表的一周后,新华社以《无可奈何的

---

① 邹谠:《美国在中国的失败,1941—1950》,王宁、周先进译,上海人民出版社,1997 年,第 441 页。

② 同上。

③ 同上书,第 442 页。

供状——评美国关于中国问题的白皮书》为题,发表了第一篇评论文章。紧接着,在从 8 月 14 日到 9 月 16 日一个月的时间里,中共中央主席毛泽东又亲笔撰写了五篇评论文章,以新华社社论的形式陆续公开发表,对白皮书进行了透彻的分析与批判。关于为什么要围绕白皮书展开讨论的问题,毛泽东在他的第三篇评论文章《为什么要讨论白皮书?》中做了明确的阐述:

> 现在全世界都讨论中国革命和美国的白皮书,这件事不是偶然的,它表示了中国革命在整个世界历史上的伟大意义。就中国人来说,我们的革命是基本上胜利了,但是很久以来还没有获得一次机会来详尽地展开讨论这个革命和内外各方面的相互关系。这种讨论是必需的,现在并已找到了机会,这就是讨论美国的白皮书。过去关于这种讨论之所以没有获得机会,是因为革命还没有得到基本上的胜利,中外反动派将大城市和人民解放区隔绝了,再则革命的发展还没有使几个矛盾侧面充分暴露的缘故。现在不同了,大半个中国已被解放,各个内外矛盾的侧面都已充分地暴露出来,恰好美国发表了白皮书,这个讨论的机会就找到了。①

毛泽东认为,通过对白皮书的讨论,人们可以对中美关系、中苏关系、一百年来的中外关系、中国革命和世界革命力量的相互关系、国民党反动派和中国人民的关系、各民主党派各人民团体及各界民主人士在反帝国主义斗争中应取的态度、自由主义者或所谓

---

① 毛泽东:《为什么要讨论白皮书?》,《毛泽东选集(第二版)》第四卷,人民出版社,1991年,第 1499—1500 页。

民主个人主义者在整个对内对外关系中应取的态度等,有一个全面的、清醒的认识。因此,白皮书的发表对中国共产党和中国广大人民群众来说是一件好事。

可见,毛泽东在对白皮书进行批判时,更多的是把它作为一个反面教材,引导那些对美国仍然抱有幻想的人透过现象看本质,去认识美国当权者向国民党提供多达 21 亿美元的援助,支持其打内战,导致中国老百姓家破人亡、流离失所的真实面目,从而一方面争取更多的中间派人士对革命和对共产党的支持,另一方面进一步激发解放区广大军民将革命进行到底的意志和决心。

那么,我们又该如何看待毛泽东在《别了,司徒雷登》一文中,对司徒雷登的评价呢?

关于这个问题,只要认真读一下毛泽东的这篇文章,并回想一下司徒雷登回美国之前与共产党代表的来往,答案就比较清楚了。

《别了,司徒雷登》全文共三千多字,其中涉及司徒雷登的文字有三段,字数不足五百,约占全文的六分之一。第一段在文章的开头是这样写的:

> 美国的白皮书,选择在司徒雷登业已离开南京、快到华盛顿、但是尚未到达的日子——八月五日发表,是可以理解的,因为他是美国侵略政策彻底失败的象征(重点号为本书作者所加,作者按)。司徒雷登是一个在中国出生的美国人,在中国有相当广泛的社会联系,在中国办过多年的教会学校,在抗日时期坐过日本人的监狱,平素装着爱美国也爱中国,颇能迷惑一部分中国人,因此被马歇尔看中,做了驻华大使,成为马歇尔系统中的风云人物之一。在马歇尔系统看来,他只有一

个缺点，就是在他代表马歇尔系统的政策在中国当大使的整个时期，恰恰就是这个政策彻底地被中国人民打败了的时刻，这个责任可不小。以脱卸责任为目的的白皮书，当然应该在司徒雷登将到未到的日子发表为适宜。①

毛泽东在这里着重论述了美国挑选8月5日这一天发表白皮书的原因，并指出司徒雷登是美国政府的代表，虽一向以中国人民的朋友自居，却一直在执行着美国政府的侵略政策。

从第二段开始，在连续十四个自然段中，毛泽东再也没提"司徒雷登"这四个字，而是将矛头直接转向美国政府的对华政策，开始一桩桩、一件件地揭发抗战胜利后美国如何出钱出枪，支持国民党打内战的事实，对艾奇逊致杜鲁门信中的观点展开进一步的批判，从而教育人们认清美帝国主义的真相，不要再对美国抱有幻想。直到全文快结束时，为了扣住文章的题目，毛泽东才重新将话锋转回司徒雷登身上，写道：

> 人民解放军横渡长江，南京的美国殖民政府如鸟兽散。司徒雷登大使老爷却坐着不动，睁起眼睛看着，希望开设新店，捞一把。司徒雷登看见了什么呢？除了看见人民解放军一队一队地走过，工人、农民、学生一群一群地起来之外，他还看见了一种现象，就是中国的自由主义者或民主个人主义者们也大群地和工农兵学生等人一道喊口号，讲革命。总之是没有人去理他，使得他"茕茕孑立，形影相吊"，没有什么事做

---

① 毛泽东：《别了，司徒雷登》，《毛泽东选集（第二版）》第四卷，人民出版社，1991年，第1491页。

了,只好挟起皮包走路。①

　　司徒雷登走了,白皮书来了,很好,很好。这两件事都是值得庆祝的。②

　　毛泽东用这两段生动的文字既直白而形象地描绘出了司徒雷登离华时的尴尬与无奈,又影射和讽刺了美国对华政策的失败,同时还明确地表达出了中国共产党对司徒雷登个人的看法,达到了"一石三鸟"的目的。

　　但读者不要忘了,毛泽东发表《别了,司徒雷登》一文的时间是1949年的8月18日,而就在两个月前,当毛泽东得知司徒雷登打算到北京拜见中共领导人,以便共同探讨新时期的中美关系时,还宣称他"会被作为许多中共人士的老朋友而受到欢迎"③。为什么在短短两个月之后,司徒雷登的形象就全变了呢? 答案很明显:司徒雷登其实是在替美国政府担骂名。

　　因此,可以说,毛泽东的《别了,司徒雷登》一文并不是针对司徒雷登个人的,与其他几篇评论白皮书的文章一样,它的真正的批判对象是美国政府,以及白皮书的炮制人——美国国务卿艾奇逊。

　　当然,凭着司徒雷登是内战时期的驻华大使,是美国对华政策的具体执行者,再加上他个人与蒋介石非同寻常的关系,即使毛泽东对他进行更为严厉的批判,对他来说也不冤枉。但毛泽东对他

---

　　①　毛泽东:《别了,司徒雷登》,《毛泽东选集(第二版)》第四卷,人民出版社,1991年,第1496页。

　　②　同上书,第1497页。

　　③　司徒雷登1949年6月26日日记手稿原件,北京大学图书馆文献。

还算是比较客气的,因为司徒雷登个人毕竟对中国还是有感情的,对中国的高等教育事业是有贡献的。毛泽东其实也明白,司徒雷登最终未能北上,责任并不在他个人。

许多事实表明,共产党的领袖们对司徒雷登一贯给予了比较客观而公正的评价。就在司徒雷登离开中国之前,中共领导人毛泽东、周恩来和叶剑英在与到北京访问的原国民党粤军元老陈铭枢谈话时,不仅对司徒雷登在日本占领时期所表现出的顽强精神及数十年来在中国从事教育工作的成就表示赞扬,还对他寄予了"最重要之希望"。从国与国之间的长远利益考虑,中共领导人表示"希望今后美国不再援助蒋介石在中国之反动政府;希望美国能按照罗斯福总统、史迪威将军和华莱士先生的方式制定其政策。如果美国将来能这样对待中国,中国自然会以同样友好回报。而这一切之实现就有赖于司徒先生回国的努力了"①。

周恩来也曾对司徒雷登的历史功过说过这样一段话:

> 对于司徒雷登个人的问题,我们必须既评估个人品德亦衡量权力影响。当然,他是帝国主义的代表——执行其政策的政府人员。但是他在被日本人拘禁时期所表现的个人品德是值得钦佩的。②

当然,由于美国总统杜鲁门最终否决了司徒雷登的北京之行,不仅使司徒雷登满怀着遗憾离开中国,也使美国失去了与中共建

---

① 林孟熹:《司徒雷登与中国政局》,新华出版社,2001 年,第 134 页。另参见 Foreign Relations of the United States,1949,Volume VIII,p. 775。

② 同上书,第 133—134 页。另参见 Foreign Relations of the United States,1949,Volume VIII,p. 775。

立正常关系的机会,加上白皮书中曝光了许多司徒雷登写给美国国务院的报告,其中不乏他对中共的评价和看法,这对中共领导人的伤害也是不轻的,所以才有了毛泽东的《别了,司徒雷登》,以及"平素装着爱美国也爱中国,颇能迷惑一部分中国人"这样的说法。

或许正是考虑到司徒雷登对中国的感情,考虑到他在对中国共产党的态度上还是比较务实的,所以毛泽东才会除了在文章的开头和结尾部分对他略加讥讽外,并没有把美国政府应当承担的责任算到他的头上。

值得一提的是,司徒雷登本人对白皮书的发表也是极有看法的,因为从个人的角度来说,他也许是受其影响最大的。

## 二、最后的心愿

其实,在回美国之前司徒雷登就已经知道国务院要发表一份关于中美关系的报告。

1949 年 7 月 25 日,在他离开中国的前一周,美国国务院发电报告诉他白皮书将在 8 月 2 日公布,让他务必在这一天之前离开中国。[①] 当时,他并不了解白皮书的内容,只知道白皮书对国民党和共产党都将发出严厉的谴责,国务院让他在白皮书发表之前离华,完全是出于对他人身安全方面的考虑。

由于印刷方面的问题,白皮书拖到 8 月 5 日才正式发表,这恰

---

① 司徒雷登 1949 年 7 月 25 日日记手稿原件,北京大学图书馆文献。

好是司徒雷登抵达檀香山的日子。

当天,司徒雷登就收到了两本刚出版的白皮书。该书的篇幅之长,令司徒雷登惊诧不已。在檀香山,因为忙于各种应酬,他根本没有时间去翻阅白皮书。直到坐在从檀香山飞往旧金山的飞机上,他才有机会开始研究这本"巨著"。

白皮书中公布的许多内容都让司徒雷登感到震惊。

白皮书的发表对司徒雷登产生的震动是巨大的,以至于若干年后在写回忆录时,他仍对白皮书给中美关系造成的损害无法释怀。

司徒雷登认为,白皮书"是 1949 年 8 月国务院在美中关系的历史和现状问题上造成混乱认识的关键所在"[1]。他这样形容他在读了艾奇逊致杜鲁门总统的信之后的感觉:

> 一开始,在我听说政府要发表这样一本白皮书时心中就非常不安。而当我看了艾奇逊的信后,在深感疑虑的同时,更多的还有极度的震惊。[2]

司徒雷登认为,美国政府在这种时候发表白皮书的做法,特别是白皮书中刊登的抨击中国的内容,是违反国际惯例的,也是世界外交史上闻所未闻的。

他认为白皮书中虽罗列了大量的资料,但都是经过筛选的,而且只选用了那些可以证明政府制定的政策是正确的资料。因此该

---

[1] John Leighton Stuart, *Fifty Years in China—The Memoirs of John Leighton Stuart, Missionary and Ambassador*, New York: Random House, 1954, p. 267.

[2] Ibid.

书"正文的叙述是片面的"[①],并表示无法容忍该书在第六章"司徒雷登大使任内"中披露的东西。他说：

> 全书引用了许多过去一直被我视为"绝密"的资料和文件。在第五章和第六章，以及与此有关的附录中(后者达 333 页之多)，有许多是引用了驻华大使馆发回的函电，或从中摘出来的一部分内容。这些函电都是有关机密谈话的报告、可靠的情报，大使馆自己的解释、意见和建议。所有的一切都因此而公开暴露在光天化日之下。
>
> 艾奇逊的信已经令我惊诧不已，可白皮书的内容及发表的秘密材料更使我震惊。我的不安有增无减。我常想，这一切将对美国、中国和美中关系产生什么影响呢？我还经常问自己，这对于那些名字被发表，言论被引述的中国人将造成什么样的后果？对于那些提供了自己的意见和建议的美国人(他们的话被逐字逐句地引用)，包括我自己在内，将产生什么影响？对美国的外交和领事官员未来向国内打报告又将产生什么影响呢？[②]

从上述文字中，我们可以体会到司徒雷登当时的心情是十分沉痛的，有一种被政府出卖了的感觉。

司徒雷登之所以对白皮书的发表如此敏感，是因为凭着他多年与蒋介石打交道的经验，以及他对中共的了解，他明白今后无论

---

①　John Leighton Stuart，*Fifty Years in China—The Memoirs of John Leighton Stuart，Missionary and Ambassador*，New York：Random House，1954，p. 268.

②　Ibid.，p. 268－269.

谁在中国执政,此书对中美关系所产生的冲击波和破坏力都将是严重而持久的。更让他难以接受的是,白皮书中选登的许多他对国共两党的看法和评论,将不可弥补地损坏他本人的形象和声誉,使得许多过去的老朋友与他反目成仇。后来的事实证明他的顾虑不是没有道理的:毛泽东的一篇《别了,司徒雷登》使广大的中国老百姓把他视作美帝国主义的代言人而倍加唾弃;与他有着十几年交情的蒋介石则公开表示不欢迎他被派驻台湾。[1]

可是,无论当时司徒雷登对白皮书的发表多么气愤,作为一名尚未卸任的大使,他照常还要履行公务,听从国务院的调遣。

在旧金山逗留了几天之后,司徒雷登在傅泾波的陪同下,于8月10日下午飞抵华盛顿,奉召到国务院述职。

在机场,司徒雷登受到许多老朋友、老同事,以及新闻记者和亲属们的热烈欢迎。但也有许多记者因为国务院没有对外公布司徒雷登到华盛顿的具体时间,而错过了采访他的机会。离开机场后,他们立即被专车直接送到国务院。国务院远东司司长巴特沃思出面接待了他。出乎司徒雷登意料的是,巴特沃思一见面就劝他不要随便接见新闻记者和其他来访的人,最好闭门不出,或是暂时离开华盛顿,到其他地方住上十天半个月再说。

司徒雷登顿时明白了,政府不希望他就中美关系问题随便发表看法。他想起8月2日他刚从南京飞到冲绳时,曾发表过一个声明,表示赞成承认中共并与之维持商务关系。由于他的主张明显与政府所持的立场相悖,国务院知道此事后,不准媒体做相关的报

---

[1] 顾维钧:《顾维钧回忆录》第九分册,中国社会科学院近代史研究所译,中华书局,1989年,第503页。

道,并责令他途中不可再发表其他声明。

后来司徒雷登虽然也在公开场合发表过演讲,但讲稿都是经国务院删改和认可后才被允许用的。

8月11日,司徒雷登拜访了国务卿艾奇逊。

8月12日上午11点,他在艾奇逊的陪同下晋见了杜鲁门总统。

几个星期后,司徒雷登才有机会与已经出任国防部长的马歇尔会晤。

与这些政府要人的会面和交谈,更加深了司徒雷登在看过白皮书后,对美中关系的前景所产生的担忧。可是他并没有听从巴特沃思让他远离公众的劝告。公开发表意见虽被禁止,但在很多内部会议和半公开的场合,他依然毫无顾忌地谈了不少他个人对中美关系,以及对中国共产主义运动的看法。

据顾维钧回忆,1949年8月,司徒雷登到华盛顿后不久,在一次燕大校友为他举办的招待会上曾就美中关系问题谈了自己的六点看法:

(1)中国共产党是中国第一个实行其主义的政党,而国民党虽有宏伟的主义却不奉行;

(2)共产党将继续执行国家主义政策,而不会使他们自己从属于莫斯科;

(3)在中国共产党的领导人中曾有过意见分歧,但不会出现分裂;

(4)"满洲"将参加共产党中央政权,但要受苏俄控制;

(5)共产党人具有组织的才能,但管理经济上有困难;

（6）一旦整个中国被共产党征服，美国也将承认它。①

10月6日至8日，为讨论对中国的政策问题，美国国务院举行了一个有国务院官员、原驻华使馆工作人员、社会知名人士和部分学者参加的圆桌会议。被视为思想"左倾"的中国问题专家费正清教授也出席了这次会议。司徒雷登还专门请他吃了一顿午饭。在这个会上，司徒雷登发表了他对中国共产主义运动的见解。

他认为，就长远而言，中国悠久的文化传统将对中国的共产主义产生巨大的影响，而这种影响力将使中国的共产主义具有"完全的中国特色"。他提醒人们，虽然"目前中国共产党的领导人决心实行他们从俄国学习到的正统共产主义的所有方法"，但最终一个有中国特色的共产主义肯定会出现。②

他个人认为，共产主义之所以能够在中国取得成功，既不是由于共产主义理论的吸引力，也不是由于美苏两国的外部影响，而是由于国民党的腐败无能，由于国民党背弃了孙中山的三民主义，拒绝进行社会改革。

11月22日晚，司徒雷登在纽约出席外交关系会议时，再一次发表了他对中国共产主义运动的独特见解。他说，中国的共产主义运动既不是工人运动也不是农民运动，而是知识分子的运动。历来中国民众是追随知识分子的，一旦大批知识分子都接受了共产主义，则整个国家也就跟着走了，所以知识分子对中共起着关键

---

① 顾维钧：《顾维钧回忆录》第七分册，中国社会科学院近代史研究所译，中华书局，1988年，第360页。

② Hearing on the Institute of Pacific Relations，October 6—8，1949，pp. 1600—1601.

性的作用。[1]

本来,傅泾波一直陪同在司徒雷登身边,司徒雷登走到哪里,他就跟到哪里。1949 年 11 月下旬,因为有其他事情需要处理,傅泾波暂时离开司徒雷登几天,但就在这短短的时间里,司徒雷登倒下了。

11 月 30 日晚,司徒雷登从辛辛那提乘火车回华盛顿。他刚刚在他的老朋友、辛辛那提大学校长乔治·巴尔博(George B. Barbour)家度过了几天清闲的假期。乔治·巴尔博早年曾在燕大教过书。

晚餐还没吃完,司徒雷登就感到不舒服,他离开餐车想回到自己的房间,随后便失去了知觉,直到第二天早晨才被列车乘务员发现。

这一天,距司徒雷登离开中国还不到四个月。

当时,乘务员看到他人事不省地躺在男盥洗室的地板上,但并不知道他是谁。根据他衣袋里的证件,列车乘务员才弄清了他的真实身份,一边立即给国务院发电报,报告他的病情,一边通知位于马里兰的贝塞斯达海军医院准备急救。列车在华盛顿靠站后,人们用担架把司徒雷登抬上救护车,迅速送往医院。经全力抢救,司徒雷登在两周后才脱离危险。

经医生诊断,司徒雷登患的是严重的脑血栓,除了一度陷入昏迷外,还引起了半身不遂和失语等并发症。

得知司徒雷登患病的消息后,傅泾波立即赶到他的身边,终日

---

[1] 林孟熹:《司徒雷登与中国政局》,新华出版社,2001 年,第 206 页。另参见 Minutes of the Meeting at the Council on Foreign Relations,November 22,1949,p. 4.

陪伴着他。

司徒雷登这次患病与他回到美国后的心情和过度操劳有直接的关系。在他 11 月 23 日的日记中写着:"到目前为止,已经出席过共约三十次会议了。"①

从 8 月 10 日回到华盛顿到 11 月 23 日,在总共不过一百天的时间里连续出席三十次会议,有的会一开就是三天,这还不包括各种应酬以及其他宗教活动。高度紧张的生活节奏和极度郁闷的心情,终于使司徒雷登一病不起。

司徒雷登在贝塞斯达海军医院一住就是三个多月,直到 1950 年 3 月中旬才被允许出院。

由于司徒雷登大半生都在中国度过,在美国没有住房,患病前一直与傅泾波一起住在饭店里。为了让他出院后有一个舒适而安静的养病环境,傅泾波拿出他积蓄中的大部分钱,用三万美元②在华盛顿西北远离闹市区的第 28 街买了一栋两层的小楼,把这里作为他和司徒雷登共同的家。

从此,司徒雷登在这座小楼里与傅泾波的家人一道,度过了他最后的 13 个春秋。

出院之后,司徒雷登同时经受着身体和精神方面的双重折磨。严重的中风后遗症不仅使他丧失了基本的生活自理能力,终日与轮椅为伴,而且使他几乎无法与人交谈,只有与他朝夕相处了三十多年的傅泾波才能听懂他所要表达的意思,而中美关系的恶化和前途的渺茫又令他痛心之至,常常夜不能寐。

---

① 司徒雷登 1949 年 11 月 23 日日记手稿原件,北京大学图书馆文献。
② 据傅泾波的女儿傅海澜女士于 2001 年 8 月告诉笔者。

司徒雷登在美国的住宅

不久，司徒雷登再次住院，治疗严重的失眠症。就这样，从1949年12月到1950年9月，他前后三次在华盛顿和纽约等地的医院住院治疗，其中两次在医院里住了三个月之久。

在此期间，美国国务院对司徒雷登的身体状况十分关心，医院方面也曾写过关于司徒雷登病情诊断和治疗情况的报告。

如1950年7月底，纽约的路易斯·鲍曼(Louis Bauman)医生曾在他的报告中，转述了哥伦比亚大学医学院院长、神经学教授梅里特(H. H. Merritt)博士对司徒雷登的病情的诊断及治疗报告：

患者在1949年12月1—2日中风，丧失知觉数小时，左半身严重瘫痪，伴随消化不良、失语。自接受治疗以来，开始逐渐好转。腿部情况改善，手臂仍无力、不能运动。语言能力有所恢复，说话虽能让人听懂，但用词、书写和阅读尚有困难。除左侧外，身体活动基本正常。

检查中，患者非常合作。在讲话及表达物体名称时有明显的语言障碍。在对左侧手臂进行反射实验时，有阵发性无知觉。眼睛转动受限。患者可能是一侧视觉缺失,但由于失语,很难确定该诊断的肯定性。身体左侧实体感觉系统缺失。

诊断:脑部数处血栓,动脉硬化。最严重的在脑部右墙区,脑部右中动脉阻塞,导致上半身偏瘫、一侧视觉缺失及语言障碍。

为了病人的痊愈,建议做脑部 X 光透视和脑电图,由理疗科主任斯诺(W. B. Snow)大夫负责实施。他的诊断附后。

此后,司徒博士开始进行恢复语言能力及肌肉运动能力的锻炼。

司徒博士被转到华盛顿医院的莱温(Levin)医生处继续接受物理治疗。斯诺医生和莱温医生就其病情进行了详细的讨论。

在医院里,司徒博士的进步较明显,可以在花园里在没有护士帮助的情况下自己散步。[①]

如果说身体上的病痛尚能忍受的话,精神上的失意和哀怨却几乎要了司徒雷登的命。在遭受了来自中共的严厉批评和来自蒋介石的无情冷落之后,1952 年秋又传来了燕京大学与其他学校合并的消息。这个消息对于为燕大倾注了大半生心血的司徒雷登来说,其影响和打击无疑是巨大的。

其实,鉴于燕京大学是中国的名牌大学之一,在新中国成立前后,中央人民政府对燕大还是相当重视和关照的。如北京和平解放前,毛泽东曾两次发电报,指示部队要对清华和燕大加以保护。

---

① 美国加州匹泽学院佩特斯博士个人保存的档案。

一次是 1948 年 12 月 13 日,东北野战军进军北京时,毛泽东特意批示,以军委名义急电东北野战军十三兵团,要求部队"注意保护清华、燕京等学校及名胜古迹等"①。另一次是 12 月 17 日,毛泽东再次以军委名义致电林彪、罗荣桓等,让所率部队"尤其注意与清华、燕京等大学教职员、学生联系,和他们共同商量,如何在作战时减少损失"②。1949 年年初解放军南下时,为了帮助燕大渡过难关,中共额外给燕大补贴了一些急需的现金和口粮,东北野战军十三兵团也主动送给燕大一些粮食。1950 年,中央人民政府又给燕大补助了一百万斤小米。

在新中国成立初期,燕大一度享有过较高的政治地位。有 11 名燕大代表出席了 1949 年 9 月在北京召开的全国政治协商会议,这在全国高校中是首屈一指的。另外,政府还允许燕大与设在美国的托事部保持原有的联系,并继续接受来自美国的财政支持。③

由于得到了政府的特别关照,燕大的各项教学工作非但没有受到战争的影响,学科建设还有了新的发展。为了为新中国培养更多的科技人才,1950 年 6 月 21 日,燕大校委会做出决定,待秋季开学后设立五年制的机械工程系,将理学院扩大为理工学院,在化学系分设化工系,机械系分设土木工程系等。

抗美援朝战争爆发后,中央人民政府于 1950 年 12 月 28 日颁布了关于清查、管制美国财产,冻结美国在华存款的命令。燕大校

---

①　中共中央文献研究室编:《毛泽东年谱:一八九三——一九四九(修订本)》下卷,中央文献出版社,2013 年,第 421 页。

②　同上书,第 423 页。

③　Philip West, *Yenching University and Sino-Western Relations*, *1916—1952*, Cambridge, Mass., and London: Harvard University Press, 1976, p. 201.

园里也掀起了反美高潮,一些青年教师开始写文章批评司徒雷登,指责他是反苏、反共、反对中国革命的美国特务,是中国人民的死敌。

1951年2月12日,燕京大学改为公立大学,毛泽东主席亲自为燕大题写了校名,原燕大校长陆志韦被正式任命为新的燕京大学校长。

燕大学生组织抗美援朝宣传队下乡宣传

1951年春毛泽东主席为燕京大学题写的校名

1952年7月高等院校实行院系调整时,国内所有的教会学校都一律与其他学校合并。燕大也被一分为八:机械、土木、化工三个系并入清华大学;教育系并入北京师范大学;劳动系并入中央劳动干校;政治系并入中央政法学院;经济系并入中央财经学院;音乐系并入中央音乐学院;民族学系并入中央民族学院;其余各系并入北京大学。随后,北大由市内迁出,搬进燕大校园。从此,曾与北大、清华齐名,在国内外高等教育领域享有盛名的燕京大学成为历史。

在美国,1952年2月20日,参议员麦卡锡(Joseph Raymond McCarthy)对曾经或当时还在国务院任职的、具有共产主义倾向的81名雇员提出指控,强烈要求国会解雇他们,并以间谍罪对他们进行起诉。他把美国对华政策失败的原因归结于这些亲共产党人士对这一政策的影响。

麦卡锡的指控在美国朝野掀起一股凶猛的反共浪潮。

3月30日,麦卡锡在国会做长篇发言,再次对政府受到共产党人的影响一事提出指控。在发言的最后,他说:

> 并不是毛领导下的中国的民主主义征服了中国,像艾奇逊、拉铁摩尔、杰赛普和汉森所竭力主张的那样。是苏联征服了中国,而征服者的一支重要的同盟军就是国务院内的这一小撮左翼分子。[1]

在麦卡锡的操纵下,1952年至1954年,美国参议院常设调查小组委员会对麦卡锡指控的黑名单上的人大搞非法审讯,上自国务院的有关工作人员,下至民间同情共产党的人士都受到法西斯

---

[1]　邹谠:《美国在中国的失败,1941—1950》,王宁、周先进译,上海人民出版社,1997年,第471页。

手段的打击和迫害。所有建议与新生的中国共产党政权改善关系的主张,都被压制下去。

自 1949 年 8 月返回美国后,司徒雷登的官方职务仍然是驻华大使。但当时美国明确告诉国民党政府,既不准备派司徒雷登去台湾地区就任,也不准备提升台湾地区的外交规格。1950 年 12 月,病中的司徒雷登收到一封国务院给他的信,通知他已被派到国务院"无定期任职"。实际上按照他当时的身体状况,根本不可能去就职。国务院之所以给他保留了一个职位,是希望一旦与中共的关系出现变化,可以让司徒雷登继续发挥作用。

1952 年 11 月 4 日,美国共和党提名的总统候选人艾森豪威尔将军以多于对手六百万张的选票,击败获民主党提名的总统候选人史蒂文森,当选第三十四任美国总统。

11 月 28 日,76 岁的司徒雷登致信即将卸任的杜鲁门总统,表示因健康原因希望辞去驻华大使的职务。他在信中还这样写道:

> 由于我将我的一生全部献给学习和了解中国人民及其文化,以便增进美中两国人民之间的友谊和理解,我相信你定能理解此际的我,当我说我将不得不离开美中活动的现场了的时候,总统先生,我愿向你保证,如果我关于中国和中国人民的知识对你有用的话,我愿随时为你服务。[①]

12 月 11 日,杜鲁门给司徒雷登回信,表示接受他的辞呈,并对他在中国期间为增进中美关系所做的努力,给予极高的评价。杜

---

① 林孟熹:《司徒雷登与中国政局》,新华出版社,2001 年,第 182—183 页。另参见 Stuart to Truman, November 28,1952,Papers of Harry Truman Official File, Truman Library.

鲁门在回信中说：

> 亲爱的大使先生：
>
> 您 11 月 28 日寄来的请求辞去驻华大使职务的信收悉。在接受您辞呈的时候(它将于 1952 年 12 月 31 日起生效)，我谨以我国政府和我个人的名义向您致敬，感谢您在极其艰难和悲剧性的情况下，无比卓越而忠诚地代表我国所完成的使命。
>
> 在出使中国期间，您不仅拥有毕生为该国青年教育服务而获得的对那个国家、它的人民及它的语言的非凡知识，而且满怀着对中国的幸福和增进中美友谊的热切期望。为了完成肩负的重任，您毫无保留地奉献出了您渊博的学识，并倾注了全部的精力。我知道正因为如此，才使您在回国后不幸长期遭受疾病的折磨。
>
> 我对您因病而不能继续为政府效力而深表遗憾。同时我也真诚地期盼您康复后，能继续为中美两国之间的相互了解和友谊，做出您独特的贡献……
>
> 您最真挚的:哈里·杜鲁门(签字)
>
> 1952 年 12 月 11 日于白宫①

实际上，最终促使司徒雷登辞职的除了身体方面的原因外，还有蒋介石的反目和共和党的执政。

蒋介石对司徒雷登在大陆政权易手时的表现怀恨在心，明确

---

① John Leighton Stuart, *Fifty Years in China—The Memoirs of John Leighton Stuart, Missionary and Ambassador*, New York: Random House, 1954, pp. 286-287.

表示不欢迎他到台湾工作。加之司徒雷登知道，麦卡锡主义的肆虐是得到共和党支持的，如今共和党总统上台，美国与共产党中国之间的关系几年内都不会有新的变化，他本人将再无用武之地了。另外，按美国的惯例，总统换届时所有驻外使节都应自动辞职，以便下一任总统能够根据自己的选择任命新的大使。所以司徒雷登在此时辞职也是很正常的。

问题在于司徒雷登的辞职意味着他和傅泾波的家人从此将失去唯一的生活来源。

由于司徒雷登长年在海外工作，除了担任过几年大使外，没有为美国社会服务，因此无法领到养老金。假如他有一笔数目可观的积蓄自然另当别论，但他在燕大当校长和在南京当大使期间，一直过着俭朴的生活，而把大部分薪水资助了生活困难的师生。特别是在出任大使的几年中，虽然收入比较多，但除了需给傅泾波支付薪水外，每年圣诞节，他还要拿出一大笔钱给燕大的学生会餐，给教职员工们的孩子买礼品，所以他的钱所剩无几。患病以后，他的生活起居全靠傅泾波和他的家人照料，他的薪金则要供全家人吃饭穿衣。现在，每月不再有人给他支付薪水了。傅泾波因为长年追随在他身边，失去了许多赚钱的机会，现在年过半百，每天还要照料他，也不可能重新出去谋职。而傅泾波的大部分积蓄也都花在买房上了，全家人的生活因此而陷入窘境。亚洲基督教高等教育联合理事会了解到这个情况，开始每个月发给司徒雷登600美元退休金，这样才基本上解决了全家人的生活问题。

在健康状况稍有好转后，司徒雷登开始完成他的回忆录 *Fifty Years in China — The Memoirs of John Leighton Stuart*,

*Missionary and Ambassador* 最后三章的撰写工作。回忆录的前六章是他在被日本人囚禁的几年中完成的,后来由于公务繁忙,时断时续地又写了六章。病中进行的三章是由他口述,他的老相识贺百克博士执笔完成的。贺百克长期在美国国务院供职,此时已退休在家赋闲。每天上午,贺百克都要在司徒雷登的房中与他交谈,然后再根据记录和司徒雷登原先做的笔记写成文章。

在这最后三章中,司徒雷登充分抒发了他在 50 年的漫长岁月里沉淀出的、对中国的那一腔"剪不断,理还乱"的浓厚情感。因此其中有不少自相矛盾之处。如他既严厉地指责国民党的无能与腐败,又对蒋介石大加褒扬;既称赞共产党人官兵一致、纪律严明,又毫不掩饰地表达了他一贯反对共产主义的思想,以及因燕大被改组而对共产党政权产生的怨愤。

但值得一提的是,在回忆录的最后一章中,司徒雷登也明确提出了反对搞两个中国的主张,反对一部分人提出的"中华民国在台湾,中华人民共和国在大陆"的论调。他呼吁美国政府不要考虑一方面支持台湾的国民党政权,一方面又同意接纳大陆的共产党政府进联合国的问题,他认为这会"在实际上造成一种分裂局面,出现两个中国。……任何主张分裂的建议很可能遭到世界各地的中国人和那两个相互对立的政府的共同反对"[1]。

虽然司徒雷登当时的立场是站在国民党一边的,但其明确反对"两个中国"的见解,与他对中华民族的深刻了解是分不开的。

1954 年 10 月 15 日,司徒雷登的回忆录由纽约兰登书屋

---

[1]　John Leighton Stuart,*Fifty Years in China—The Memoirs of John Leighton Stuart*,*Missionary and Ambassador*,New York:Random House,1954,pp. 308－309.

(Random House)正式出版,乔治·马歇尔和胡适分别为该书作序。次日,台北《大华晚报》即开始一边请人翻译,一边予以连载,并于同年的 12 月 1 日出版发行了由李宜培和潘焕昆两人共同翻译的中译本。1955 年,香港求精出版社再次出版了由阎人峻翻译的司徒雷登回忆录。1982 年 4 月,北京出版社以内部发行的形式,出版了由程宗家翻译,刘雪芬校对的中译本。

随着司徒雷登身患重病和辞去大使职务,他在美国政坛上逐渐被人淡忘。只有分布在世界各地的许多燕大校友依然关心着他,惦念着他。每年的 6 月 24 日,他们都要从四面八方赶来为老校长举行生日庆祝会。平时也经常有人给他写信或送来鲜花,表达他们对老校长的尊敬和热爱。这些信件和鲜花,给司徒雷登带来了莫大的安慰。一生追随在司徒雷登身边的傅泾波及其家人更是十三年如一日地陪伴他,照料他,使他得以安度晚年。

在一生的最后几年中,最让司徒雷登为之魂牵梦萦的还是那远在万里之外的第二故乡——中国,和那他为之付出了毕生精力,并给他带来过无上荣光的燕园。

1955 年 8 月 1 日,79 岁的司徒雷登立下遗嘱,请傅泾波在他去世后,如有可能,将他的骨灰安葬在原燕京大学他妻子的墓地旁。同时,他还多次叮嘱傅

司徒雷登 82 岁生日餐前留影,后排自左至右为傅泾波、傅的女儿和司徒的儿子约翰牧师

泾波,设法把 1946 年 11 月周恩来送给他留作纪念的一只中国明代的五色花瓶物归原主。

1962 年 9 月 19 日,因心脏病突发,司徒雷登以 86 岁的高龄在华盛顿医院去世。噩耗传出,各地的燕大校友万分悲痛,纷纷寄去挽联和挽诗,对他们敬爱的老校长的逝世表示沉痛的哀悼。

香港校友会的挽联写道:

> 千万里外东方敷教,肩荷十架精神,为师、为学、为政,伟绩堪传万世;五十年来中国忆录,备载毕生抱负,立德、立言、立功,宏猷可遗千秋![1]

纽约校友会的挽联是:

> 心血瘁平生,兴学兴邦明素志;天人悲此时,问难问计失恩师![2]

对司徒雷登的去世最感悲痛的还是与之情同父子的傅泾波。从 1919 年到 1962 年,除了司徒被日本人囚禁的那几年外,傅泾波几乎一直陪伴在他的身边,前后有四十多年的时间,因此,他可以说是与司徒雷登相知最深的人。傅泾波用"数十年耳提面命,形影相随,侍药意未周,一朝驭驾西方,能不椎心泣血泪"的词句寄托了他对恩师的无限哀思,并以"救民责已尽,此日安眠地下,再休饮恨叹悲声"[3]的词句,表达了他对司徒雷登可悲、可叹的一生发自内心

---

① 《燕大校友通讯——故校长司徒雷登博士纪念特刊》,燕京大学香港校友会编印,1963 年 2 月 20 日,第 49 页。

② 同上。

③ 同上。

的敬仰。

从此,傅泾波把完成司徒雷登的遗愿看作他生活中最重要的一件事。他将司徒雷登的骨灰盒安放在老人生前的居室内,朝朝暮暮为其祈祷,盼望有朝一日能让老人的遗愿得到满足。可是,出于众所周知的原因,直到 60 年代末,美中之间的关系始终未曾改善。傅泾波只能日复一日地等待着时机的到来。

根据亚洲基督教高等教育联合董事会(United Board for Christian Higher Education in Asia)秘书长芳卫廉(William P. Fenn)1965 年 4 月 1 日向纽约州高级法院提出的申请,纽约州高级法院将原属燕京大学名下的专项基金和专项捐赠基金共计 138 万零 153 美元零 88 美分判归基督教高等教育亚洲联合会拥有。

1968 年 11 月,共和党领袖尼克松(Richard M. Nixon)当选美国新一任总统。作为一个具有战略眼光的人物,他意识到打开中美关系大门的重要性,遂通过巴基斯坦总统叶海亚·汗和罗马尼亚总统齐奥塞斯库向中国最高领导人转达了他的观点:在亚洲如果像中国这样的大国还被孤立的话,亚洲不可能取得进展,美国绝不会参加任何旨在孤立中国的计划。随后,在基辛格的建议下,尼克松下令撤走了在台湾海峡永久驻扎的美国军舰,代之以定期"巡逻",向中国发出和解的信号。

1969 年 12 月 19 日,美国宣布进一步放宽对华贸易限制,允许美国在海外的分公司与中国做生意。

1970 年 12 月初,在毛泽东主席的运筹帷幄下,周恩来总理通过巴基斯坦驻华盛顿的大使给尼克松带去口信,表示中国愿意采取和平方式解决中美关系问题,欢迎尼克松总统派特使到北京来就有关问题进行商谈。

1971 年 7 月 9 日,在中美双方和叶海亚·汗的精心策划下,尼克松总统的国家安全顾问基辛格博士借到巴基斯坦访问的时机,假称有病,避开了媒体的追踪,以总统特使的身份秘密访华,从而拉开了中美两国关系正常化的序幕。

为了解中国的情况,1972 年,美国政府组织了一批学者和社会活动家到中国访问。傅泾波最小的女儿傅海澜也是访华团的成员。临行前,傅泾波将他写给周恩来总理的一封信托女儿带到中国。在这封信中,傅泾波表达了他对中美之间终于开始重新对话的祝贺和欣喜,并表达了想回国看看的愿望。

1973 年,应周恩来总理的秘密邀请,傅泾波在离开中国 24 年后,偕夫人一道重返故土,在北京一住就是十个月。他原指望能与周恩来见上一面,但遗憾的是当时周总理身患癌症,加之在文化大革命极"左"思潮的大环境下,未能接见他。但令他们感到欣慰的是,经过安排,他们得以在临湖轩与燕大的老朋友相会。

11 年后的 1984 年,傅泾波再次回国,下榻在离燕园咫尺之遥的达园宾馆。当时负责港台事务的中央军委副主席杨尚昆将军亲自前来探望,两人谈得非常高兴。中共中央希望傅泾波先生能在促进海峡两岸统一方面再发挥作用。

这两次回国,傅泾波都向有关部门提出了关于将司徒雷登的骨灰安葬在燕园的请求,但是都未获得明确的答复。

为了在有生之年完成司徒雷登的嘱托,傅泾波又多次向中国驻美大使馆陈述了司徒雷登的遗愿。1986 年 1 月 29 日,傅泾波找到中国驻美大使韩叙,托他将两封信带回国转交有关方面,其中有一封信是直接写给邓小平的。信中再次提出了司徒雷登骨灰安葬的问题和将周恩来总理 1946 年送给司徒雷登的花瓶归还中国的问题。

1986 年 6 月底,中国有关部门经过协商,并报中央书记处批准,对司徒雷登的遗愿做出答复,同意接收周总理 1946 年年底赠给司徒雷登的花瓶,将其存放在南京梅园新村;同意司徒雷登的骨灰以原燕京大学校长名义安葬于临湖轩。[①]

因墓碑的设计及加工需要一段时间,加之 86 岁高龄的傅泾波健康状况欠佳,不可能在冬季做长途旅行,所以定在来年的春天再将司徒雷登的骨灰送回北京,举行安葬仪式。谁知这一拖,加上后来的种种原因,傅泾波一直未能成行。

1988 年 5 月,受父亲之托,傅泾波的女儿傅海澜专程来华,将周恩来当年送给司徒雷登的五彩瓷花瓶送回国内。如今,这只维系了众多历史名人和事件的花瓶因其重要的历史价值,被定为国家一级革命文物,由南京梅园新村周恩来纪念馆收藏。

五个月后,傅泾波因在家中不慎摔断髋骨引发肺炎,于 10 月 27 日在华盛顿霍利克劳斯医院逝世,享年 88 岁。时任驻美大使韩叙、侨务参赞陈启道和大使馆陆、海、空三军武官,以及新华社驻美分社社长李延年等人参加了他的追悼会。[②]

斗转星移,物是人非。

当笔者将要给本书划上最后一个句号的时候,历史的航船已经驶入 21 世纪。

---

① 林孟熹:《司徒雷登与中国政局》,新华出版社,2001 年,第 258 页。
② 参见《华府新闻报》,1988 年 11 月 3 日,第二版。

在经过数十年的风风雨雨之后,与司徒雷登同时代的人大多已经离开了这个世界。而对当今这个时代的人来说,如何评价一个历史人物,就如同对待任何一件事物一样,是仁者见仁,智者见智的事情。

司徒雷登的一生是复杂而多面的,很难用短短的几个字来定论。

客观地说,生在中国并在中国生活、工作了50年的司徒雷登既爱美国也爱中国,甚至把中国当作他的第二故乡,但他的基本立场是美国的,特别是出任驻华大使之后,其考虑问题的出发点更是以美国官方的利益和在华利益为准则。他既是国民党的朋友,也是共产党的朋友,但更多的是站在蒋介石的一边。尽管他骨子里不愿看到共产主义在中国取得胜利,但当共产党在中国执政已成大势所趋时,他又能以务实的态度敦促美国政府与共产党政权关系正常化。这些看似矛盾的表现,与他长期形成的价值观和人生观密切相关。

当然,无论是司徒雷登,还是傅泾波,他们都不会料到社会发展到今天,经济全球化的观念已经把全人类的命运联结成一个整体;中国,也已经不再是过去的中国。改革、开放、和平、发展的宗旨不仅使中国以崭新的面貌迅速融入国际社会,成为国际大家庭的一员,更使人们的观念发生了变化。人们开始意识到,虽然国与国之间仍然存在着社会制度和信仰的差异,但对抗和冲突只能使矛盾更加激化,唯有理解和沟通才是解决分歧的最佳途径,也是人类发展的必然趋势。

# 附录1　司徒雷登大事年表

**1876 年（清光绪二年）**

6 月 24 日,出生于浙江杭州市武陵门内美国南长老会寓所。

**1878 年（清光绪四年）　2 岁**

4 月,大弟戴维·托德出生。

**1879 年（清光绪五年）　3 岁**

在母亲玛丽·霍顿的指导下开始启蒙学习。所学功课有英文、拉丁文、数学、历史等。

**1880 年（清光绪六年）　4 岁**

12 月,二弟沃伦·霍顿出生。

**1882 年（清光绪八年）　6 岁**

9 月,三弟罗伯特·柯克兰出生。

**1883 年（清光绪九年）　7 岁**

母亲创办中国的第二所女子学校,并亲自担任校长。入学的都是穷人家的女孩,不仅不收学费,还提供膳食和住宿。这所学校后并入杭州有名的基督教协和女校。

**1885 年(清光绪十一年)  9 岁**

继续接受家庭教育,其英文、数学和历史等几门功课的程度,已相当于小学三年级,并在母亲的指导下开始学习古拉丁语。

**1887 年(清光绪十三年)  11 岁**

4 月,随回美国休假的父母第一次回到祖国。

在母亲的家乡亚拉巴马州,当父母在各处向当地群众宣传中国文化时,在父母的要求下,常与弟弟们穿着中国服饰,表演用筷子吃饭和用中文唱圣歌,引来众人的围观,因此而倍感难堪。

**1888 年(清光绪十四年)  12 岁**

秋季,父母回中国复职。司徒雷登与大弟戴维留在亚拉巴马州莫比尔城的姨母家,进入当地学校五年级就读。因言语、服饰和喜好与在美国长大的孩子明显不同而常遭同学嘲笑,深感痛苦与无奈。

**1889 年至 1891 年(清光绪十五年至十七年)  13—15 岁**

从六年级读到八年级。在姨父、姨母的严格管束下过着清教徒式的生活。每个周末都要去教堂做礼拜,并被禁止参加歌舞等娱乐活动。这使得司徒雷登对传教士生活产生抗拒心理。他唯一的期盼是暑期去住在海边的亲戚家,无拘无束地享受钓鱼、捉蟹、游泳、驾驶帆船的乐趣。

**1892 年(清光绪十八年)  16 岁**

秋季,进入弗吉尼亚大学预科——潘托普斯学院读书。这里的学生来自美国各地,他不会再为从小在中国长大而遭到嘲笑,从而彻底摆脱了往日心中的阴影,开始过正常的生活。

由于心情舒畅,司徒雷登的学习成绩发生了飞跃,期末考试成绩得第一名,获金质奖章。


**1893 年(清光绪十九年)　17 岁**

暑假后,就读于美国著名大学汉普顿-悉尼学院,因学习成绩突出,直接升入大学二年级。


**1894 年至 1895 年(清光绪二十年至二十一年)　18—19 岁**

受学生志愿赴海外传教运动的影响,开始热衷于宗教活动,加入学校基督教青年会,并连续三年担任会长。其间,对传教运动有了新的认识。在大学四年级时,因写作成绩突出而获得学校颁发的文章奖。


**1896 年(清光绪二十二年)　20 岁**

6 月,大学毕业。在 20 岁生日那天,以名列第二的考试成绩获得文学学士学位。

秋季,在从前的老师丹尼先生的举荐下,回母校潘托普斯学院任拉丁文和希腊文教师。


**1897 年至 1898 年(清光绪二十三年至二十四年)　21—22 岁**

在潘托普斯学院执教。1897 年秋季,大弟戴维和二弟沃伦进入弗吉尼亚大学读书。司徒雷登周末常去该校看望两个弟弟,结识了不少朋友。


**1899 年(清光绪二十五年)　23 岁**

受大学同窗好友波洛克·吉尔莫和海外传教运动大会的影响,秋季进入协和神学院学习。这一举动,意味着其对传教事业认识的转变。


**1900 年至 1901 年(清光绪二十六年至二十七年)　24—25 岁**

在协和神学院读书。三年级时,经过激烈的思想斗争,加入学生志愿海外传教运动。

**1902 年(清光绪二十八年)　26 岁**

5 月,成为牧师。

6 月,以最优秀的成绩获神学学士学位。与同屋的好友莱西·莫菲特一道发起"前进运动",为赴海外的传教士募捐,从而积累了许多开展宣传工作、组织工作和行政管理方面的经验。

**1903 年(清光绪二十九年)　27 岁**

在南方各州继续为海外传教运动募捐。第一次卷入宗教界内部政治斗争的漩涡。

与后来成为他妻子的艾琳女士相识。

**1904 年(清光绪三十年)　28 岁**

下决心去中国传教。

7 月,与艾琳女士订婚。

11 月 17 日,与艾琳女士结婚。

12 月,带新婚妻子,与好友莱西·莫菲特夫妇一同乘船赴中国。年底前抵达上海,父母前往迎接。随父母回到阔别 18 年的第二故乡——杭州。

**1905 年(清光绪三十一年)　29 岁**

重新开始学习汉语。

**1906 年(清光绪三十二年)　30 岁**

开始随父亲一道,在杭州附近地区的乡村传教。

2 月 5 日,独生子约翰出生。

**1907 年(清光绪三十三年)　31 岁**

由于汉语水平的长进,开始独自传教,并为贫苦农民的孩子免费开办圣经学习班。

**1908 年(清光绪三十四年)　32 岁**

2 月,发表题为《传教士与中国人民》的文章,表达其近三年来在中国当传教士的感受和其对解决中国问题的看法。

夏季,应金陵神学院的聘请,到南京定居,在神学院经文注释系主持《圣经·新约》的教学和研究工作,并开始学习说南京话。

**1909 年(清宣统元年)　33 岁**

在苏州协和医院供职的大弟戴维因狩猎时枪走火意外身亡,埋葬在杭州西湖畔。

**1910 年(清宣统二年)　34 岁**

继续执教于金陵神学院。

在上海出版与同事合著《圣教布道近史》一书。

**1911 年(清宣统三年)　35 岁**

10 月,辛亥革命爆发,向美国国内发消息,报道有关情况。

11 月,迫于战争的威胁,金陵神学院停课。与其他教师一起护送学生离开南京城。在学校所有人员都安全撤离后,才最后一批撤离南京,辗转回到杭州父母的身边。

**1912 年　36 岁**

1 月,孙中山在南京宣誓就任中华民国临时大总统。应美国联合通讯社的邀请担任该社驻南京的通讯记者,负责报道中国政局的发展态势。因此,有机会经常出入总统府,并结识了许多新政府的高级官员。

4 月 1 日下午,孙中山召开临时国民议会。在这次会上,孙中山发表了著名的辞职演说,正式宣布辞去临时大总统的职务,让位于袁世凯。当时,司徒雷登是在场的唯一一位外国记者,也是唯一的一个外国人。

在担任美联社特邀记者期间,撰写了大量的有关中国革命的报道和对新政权的评价。

秋季,时局已比较稳定,回到金陵神学院继续教学工作。

**1913 年　37 岁**

所著《新约希腊语初级读本》出版。

秋季,父亲去世。回杭州奔丧,将父亲埋葬在大弟戴维墓旁,并将母亲接到南京居住。此间妻子也时常生病,医生劝其带妻子回美国就医。

**1914 年　38 岁**

暑期,带家人回美国。

8 月 1 日,抵美国本土,同一天,第一次世界大战在欧洲爆发。

在安顿完妻子养病的事情后,到医院附近北长老会所属的一个神学院从事研究工作,并仍然关注着中国局势的发展。

12 月底,其妻病情基本稳定,遂携母亲和儿子回南方老家探亲。此时欧洲的战争已造成千百万家庭的流离失所,因此对沿途所见的一派歌舞升平的景象深感震惊。

**1915 年　39 岁**

新年过后,在美国各地考察。

3 月,来到首都华盛顿,在第一长老会堂为教徒布道。威尔逊总统出席其布道会并发表了演讲。第二天,在白宫受到威尔逊总统的召见,并就中国的有关情况向总统进言。

3 月 24 日,给威尔逊总统写信,表明对中国局势的关注和对日本控制和干涉中国内政的担心。与另外三个在中国当传教士的朋友一块儿向总统办公室提出晋见申请。总统安排威廉国务卿会见他们。

秋季,到加利福尼亚参观太平洋博览会后,启程返华。


**1916 年　40 岁**

回到金陵神学院继续执教。所著《希腊语-英语-汉语辞典》脱稿。


**1917 年　41 岁**

所著《启示录新注释》脱稿。

冬季,开始撰写《第四福音注释》。


**1918 年　42 岁**

在授课间隙,经常参加基督教青年会组织的活动,并做讲演。

这一年,北京(当时称北平,下同)的几所神学院准备合并创办大学。由于各学校之间的矛盾难以调和,在众人的一再推荐下,准备聘请司徒雷登当新校的校长。

12 月 10 日,收到正在组建的燕京大学校董事会的聘书。


**1919 年　43 岁**

1 月 31 日,抵北京,为是否接受聘请对燕大进行考察。由于合并的各校仍在许多问题上争执不休,合并之事一时难有结果,遂于一周后去上海。

3 月下旬,在燕大董事会的催促下,再次到北京考察,并邀请路思义同行。在北京参与筹建会议,提出解决方案,被接受后,同意赴任。

夏初,携家眷到北京赴任。适逢五四运动,燕京学生大多参加游行,有的学生被捕。经司徒雷登向徐世昌提出请求,燕大的学生被释放。第一次主持毕业训章典礼,因学生都去迎接被捕学生返校,无人到会。第二天,接见获释的学生,对他们的爱国热情表示赞赏。

提议路思义任副校长,专管筹款,遭拒绝后,致信纽约托事部以辞职抗议。托事部最终同意对路思义的任命。路思义即赴美为燕大筹款。

说服华北协和女子大学与燕大合并,一为扩大学校的规模,二为改善学生质量。

与查尔斯·科贝特和博晨光共同制定出"因真理得自由以服务"的校训。

## 1920 年　44 岁

春季,华北协和女大正式并入燕大,为燕京大学文理科女校。此时的燕大共由三个部分组成:文理科男校、文理科女校、神科。

为建新校园,与学校其他管理人员一道在京城附近寻找地皮,但始终没有结果。

夏季,相中京西郊海淀镇北原明朝米万钟所建之勺园作为燕大新校址。为购得此地,专赴陕西,与陕西督军陈树藩协商。陈为其精神所感动,答应以半价将占地三百余亩的勺园永久租让燕大办学。

秋季,实行男女同校、同班。除燕大外,当时国内仅有北京大学实行男女同班。

为提高教师质量,不顾纽约托事部"教会大学的教师一律由教会指派"的规定,以与外籍教师同等的待遇,聘请留美归国的刘廷芳到燕大神学院任教授,并让其主持选聘中国教师的工作。

组建畜牧专业,即以后的农学系。开设工业制革专业。

11 月 8 日,燕大与陈树藩正式签约,以 4 万银圆的价钱买下勺园。

聘请毕业于耶鲁大学的美国优秀建筑师亨利·墨菲任燕大新校园的总设计师。

## 1921 年　45 岁

被聘为巴顿调查团成员,随团在中国各地考察各教会学校的办学情况。结识山西军阀阎锡山。

10 月,格里菲斯·托马斯博士在《普林斯顿神学评论》杂志上发表题为《中国的现代主义》的署名文章,文章针对司徒雷登 1918 年在金陵神学院任教时为基督教青年会所做的演讲。此举引发了一场长达五年的对司徒雷登现代派传教思想的批判。

12 月,致信《普林斯顿神学》杂志编辑部,表示要对托马斯博士的文章进行反驳。

女校增设音乐、英语和家政教师;文科设立速记和簿记班。

**1922 年　46 岁**

开春,燕大新校址动工。

3 月,应巴顿调查团之邀,回国汇报调查情况。

司徒雷登离开中国后不久,北京、上海两地的学生为了抵制即将在清华大学召开的第 11 届世界基督教学生同盟大会,发起第一次非基督教运动。

4 月,来到弗吉尼亚州首府里士满,向美国南长老会提出申请,要求参加在东汉诺威举行的长老会春季会议,以便在会上为所遭到的攻击替自己辩诉。

4 月 17 日,经过当庭诘问和申辩,东汉诺威长老会一致投票,赞成司徒雷登发表的观点。

新校址中的校医院开始动工。

8 月,回到中国。

同意并大力支持神学院社会学教授步济时有关成立燕大社会学系的倡议,并任命步济时为该系主任。

将国文系分为新、旧两个部分,聘请周作人任新部主任。

11 月 3 日,在校行政委员会议上,废除强迫学生参加宗教仪式的规定。

与协和医学院正式讨论合作问题。

11 月 9 日,再次赴美国筹款。与密苏里大学联系,请他们协助燕大创办新闻系。

11 月 15 日,英文报纸《北京导报》刊登文章,批评其领导的燕京大学违背了教会学校的宗旨,沦为一所普通学校,使司徒雷登再次成为舆论谴责的对象。

**1923 年　47 岁**

元旦刚过,即到纽约托事部,要求对燕大做出客观的评价。

春季,在美募捐。

4 月 12 日,燕大托事部做出了三点决议,肯定了燕大的改革符合基督教原则。东汉诺威长老会也在司徒雷登的要求下,对其传教观点给予充分肯定。

与协和医学院联合开课。协和捐赠 7500 美元作为燕大理科的日常经费。

6 月初,回到中国。主持校长、预算委员会和系主任委员会联合会议,提出给予中籍教职员工与外籍教师同等待遇问题。

做出缩减学生必修的宗教课程时间的决定。

发表《新评新约启示录》，引发美国基督教保守派对其发动新一轮攻击。

秋季，获得中国政府颁发的三等嘉禾奖。

10 月，第三次赴美筹款。


**1924 年　48 岁**

在美募捐 250 余万元，于夏初返校。

夏季，燕京大学与美国普林斯顿大学签订合作协议，由对方向政治学系和社会学系提供经费。

8 月，以上海为中心，学生和知识界掀起第二次非基督教运动，提出"收回教育权"的口号。

秋季，密苏里大学派教授赴燕大筹建新闻系，并于当年招生，所开课程深受学生欢迎。

其子约翰来中国探亲。

冬季，二弟沃伦·霍顿出任之江大学校长。


**1925 年　49 岁**

1 月，母亲病逝，享年 83 岁，将其与父亲合葬于杭州西湖畔。

夏季，第四次赴美筹款。

秋季，与哈佛大学商讨合作事宜。

返燕京。成立宗教学院，把原规定必修的宗教课程改为选修课。

协和医学院将预科生归入燕大，成立医预系。

12 月，决定学校的英文名称为 Yenching University。


**1926 年　50 岁**

年初，美国霍尔基金会拨款 640 万美元，作为燕京哈佛学社的研究和活动基金。

6月5日,妻艾琳病逝,享年48岁,被安葬于燕大墓地。

夏季,学校从盔甲厂、佟府夹道旧址迁入勺园新址。

暑假前,北京政府颁布外国人在华设立学校认可办法,燕大筹备向政府请示认可,任命吴雷川为燕大副校长。

秋季,新闻系因缺乏经费停课。

9月,在司徒雷登强烈要求下,美国弗吉尼亚宗教大会对保守派状告司徒雷登案进行复审并最终否决了对他的起诉。

9月29日,《南长老会报》发表文章,对其在中国的所作所为予以充分肯定,从而使持续了五年之久的论战以司徒雷登的胜利而告结束。

10月,以校长名义致信燕大全体教职员工和学生,提议开展"基督团契"活动。

被中华教育文化基金会推任为董事。

12月,北京政府教育部派人到燕大考察。


**1927年　51岁**

2月,燕大经政府教育部正式认可,登记注册。

9月底,第五次为燕大募捐等事赴美国。


**1928年　52岁**

1月4日,哈佛燕京学社正式成立。

2月,哈佛燕京学社在燕大设立的国学研究所正式成立。

1—5月,继续在美国筹款。共筹到250万美元。

5月,制革系与化学系合并。

6月,返回燕大。途经沈阳时,适逢皇姑屯事件爆发。

利用暑假,在傅泾波的陪同下专赴沈阳,说服张学良归附中央政府。

10月初,借到上海开会之机访问南京,初识蒋介石。

南京政府成立后,教育部颁布新的私立大学立案办法。

11月9日,吴雷川副校长就任教育部常务次长,辞去副校长职务。

12 月,燕大向南京政府提出立案申请。

**1929 年　53 岁**

1 月,在纪念云南起义会上致辞。

春,南京政府教育部批准燕大的立案申请。按照私立大学章程,校董事会批准吴雷川任燕大校长,司徒雷登改任校务长,负责学校的经费管理,并协助校长主持校务。

成立应用社会科学院。

2 月 24 日,燕大校友会成立。

6 月 22 日,吴雷川就任校长。

秋,燕大新校园全部竣工。

9 月,重新组建的燕大新闻系正式成立。

10 月 1 日下午,在新校址落成典礼上致辞。1300 余名来自政府机关、各国驻华使馆和著名高校的代表和社会名流到会祝贺。

10 月 19 日,第六次赴美筹款。

**1930 年　54 岁**

在美募捐,半年共筹集 50 万美元。

6 月 17 日,被普林斯顿大学授予名誉文学博士学位。

7 月,返回燕大。

**1931 年　55 岁**

1 月,经教育部核准,应用社会科学院改称法学院。

3 月,第七次赴美筹款。

6 月,返回燕大。

经中华教育文化基金会选举连任董事。

11 月,九一八事变后,积极支持燕大学生的抗日活动。

12 月,亲自带领燕大学生上街游行,抗议日寇侵华。

**1932 年　56 岁**

3 月,因校务所需第八次赴美。

5 月,返回燕大。

**1933 年　57 岁**

因美国经济不景气,燕大的经费出现短缺。

2 月 17 日,第九次赴美,与托事部协商如何应付当前困难。

5 月 3 日,应召赴白宫与美国总统罗斯福见面,报告中国局势并向总统进言援助中国以与日本抗衡。从此,美政府时常就对华政策问题向其咨询。

燕大聘请美国著名记者埃德加·斯诺到新闻系任教。

学校财政出现 1.8 万元的赤字。

**1934 年　58 岁**

因美国经济不景气,燕大来自美国的捐款逐年减少,经费削减近 40%。不得已,燕大开始裁人减政。

发起"国内百万基金运动"。

**1935 年　59 岁**

7 月,致信在成都的华西大学,探讨在迫不得已的情况下将燕大搬到成都的可能性。

10 月 18 日,为筹款第十次赴美。

**1936 年　60 岁**

4 月 11 日,从美国返校,为燕大募集了 15 万美金。

6 月 23—24 日,燕大师生为其隆重庆祝 60 寿辰。

夏,两次赴广西调停李宗仁、白崇禧与蒋介石的关系。

12 月,因为燕大募捐成绩斐然,获中国政府教育部授予的勋章。

**1937 年   61 岁**

1 月,奉召赴浙江宁波奉化溪口会见蒋介石,替蒋充当信使,调停蒋与韩复榘、宋哲元的关系。

5 月 15 日,在《民主》杂志发表题为《蒋介石之评说》一文,对蒋介石大加赞扬。

七七事变之后,北京天津相继沦陷,北大、清华等高校纷纷南迁。经反复斟酌,决定燕大留在北京,为沦陷区的青年学子保留一处可免受日本奴化教育的"净土"。此决定遭到广大校友的强烈反对。

7 月 15 日,正式致函罗斯福总统,建议对日本进行制裁。

为保护燕大不受日本军队的滋扰,重新出任燕大校长,并在校园中悬挂美国国旗,在校门口张贴"未经许可,日本军人不得擅自进入"的告示。

因受战乱的影响,秋季注册的学生人数大大减少。

11 月 14 日,发表致北美基督徒的公开信,呼吁大家联合"粉碎美国孤立主义立场",唤起公众舆论反对向日本侵略者"出售用以延续涂炭生灵的军需品和其他物品"。

**1938 年   62 岁**

年初,应伪华北临时政府主席王克敏之请,到汉口向蒋介石转达驻华北日军的和谈条件。

2 月 25 日,在告知美驻北京领事后取道上海前往汉口。在上海,受到美国驻上海的领事高思的约见。后者试图说服他放弃此行。司徒雷登表示自己不代表美国政府,只是想以私人身份做些斡旋,并为燕大在北平的存亡问题征求蒋介石的意见。终因意识到蒋介石不会答应日本的苛刻条件未在蒋面前提及和谈之事。

由于遭到多数人的强烈反对,对燕大留在北京之事产生动摇。6 月 4 日,给纽约托事部写信,建议关闭学校的部分院系。后经高厚德的开导,坚定了原先的选择,并请高厚德把燕大留在北京的理由加在信后。

7 月,燕大对外招生,有 1594 人报名参加应试,录取 605 人。

秋季,燕大注册学生达 945 人,比上一年几乎多了一倍,显示了沦陷区青年对燕大的认同。

**1939 年　63 岁**

2 月 9 日,在本年度第一次师生大会上发表讲话,号召学生要追求真理,关心国家的存亡。

8 月,第二次受王克敏之托,借到香港开会的时机,绕道重庆,把驻华北日军的和谈条件转达给蒋介石。后因蒋提出的和谈条件不为日方接受,故此次"斡旋"不了了之。

为应付日方提出的聘请日籍教师的要求,经认真挑选,聘请日本著名的人类学家鸟居龙藏先生到燕大任教。

**1940 年　64 岁**

3 月,借到重庆参加洛克菲勒基金会召集的乡村重建会议之际,向蒋介石转达了驻华北日军提出的两个新的和谈条件,遭到蒋的拒绝。此是司徒雷登第三次充当中日战争的调解人。

4 月 10 日,给罗斯福总统写信,敦促美向中国政府提供大额贷款以稳定货币,防止通货膨胀,并特别提到 7 年前总统对中国的承诺,意在提醒罗斯福要"说话算话"。

为帮助家境贫寒的学生,将原隶属于教务处的学生生活辅导科改为"学生生活辅导委员会",并授意该委员会对愿到大后方参加抗日工作的学生给予必要的协助。

**1941 年　65 岁**

1 月,要求美国政府援助中国作战飞机,并派遣飞行员和机械师来华帮助训练中国的空军。

2 月 13 日,应日驻华司令的邀请赴上海,接受再次为日方向蒋介石政府转达和谈条件的委托。

4 月,通过美国驻北京的领事馆向国务院提出要求,主张美国应单方面放弃过去与中国签订的不平等条约。

4 月,第四次受日军委托赴重庆。因在临行前被告知暂停与蒋政府的和谈工作,故虽然如期见到蒋介石,但却只字未提和谈之事。

7 月 14 日,致信美国国务院,对中日战争的前景做出评估。此信受到国务院政治关系司顾问贺百克的高度评价,并被整理成备忘录,呈上级官员参考。

9 月,燕大学生的注册人数达到创纪录的 1128 人。

9 月 18 日,致函国务院,对美日拟进行的高峰会谈提出批评,警告美国政府不要受日本虚假和平的蒙骗。

12 月 7 日,赴天津出席校友会的活动。

12 月 8 日,珍珠港事件爆发,美国对日宣战。日本宪兵开进燕大对学校实施封闭。

12 月 9 日,在天津被捕,由日本宪兵押回北京,关进美国驻北京领事馆兵营。同日,燕大 8 位在校的教职人员和 11 位学生也遭日本宪兵队逮捕,其余学生限时离校。燕大就此被迫关闭。

**1942 年　66 岁**

2 月,被转移到协和医学院校长胡恒德教授的家中继续关押,同被关押的还有胡恒德教授和另外一个协和医学院教授鲍文。其间,四次被日本宪兵司令部提审。

6 月,被再次转移到某英国商人弃置的小院中继续关押。

自被捕后,美国方面多次设法营救均遭日方拒绝。

**1943 年　67 岁**

过着与世隔绝的囚禁生活,每日靠教鲍文学习中文、写作和猜字谜打发时间。

**1944 年　68 岁**

依然日复一日地被日本宪兵队关押。凭着日本报纸上发表的消息,猜测战事的发展情况。

6 月,英美联军在法国诺曼底登陆,开辟了欧洲第二战场,世界反法西斯战争的形势发生了根本的转变。

### 1945 年　69 岁

5 月 9 日,苏联红军攻克柏林,第二次世界大战已近尾声。

6 月中旬,日本内阁通过了释放司徒雷登的决定,有意让他到重庆去说服蒋介石出面调停日美关系。

7 月 4 日,傅泾波来探视,介绍了许多外界的情况。

7 月 26 日,中、美、英、苏发布《波茨坦公告》,促令日本无条件投降。

8 月初,日本政府派代表前来,向司徒雷登提出再次充当和谈使者的要求,遭到他的断然拒绝。

8 月 15 日,日本宣布投降。

8 月 17 日,在被日寇关押了三年零八个月之后获释。

8 月 18 日,与陆志韦等留在北京的燕大校方人员商谈复校之事。

8 月下旬,在傅泾波的陪同下乘飞机赴重庆,参加庆祝抗战胜利的有关活动。第一次见到中共主席毛泽东。会见成都燕大教职员,商谈复校之事。

10 月 10 日,出席燕大新学年的开学典礼。

11 月 12 日,离校赴上海。

11 月 14 日,在上海召开募捐筹备会。

11 月 18 日,乘船赴关岛,改乘美国海军的医用飞机取道夏威夷回国。

12 月 1 日,抵旧金山,就中国的局势问题,向记者发表谈话。

### 1946 年　70 岁

在美国与久别的亲朋好友见面;与纽约托事部商谈燕大复校后的工作;为燕大筹款。

4 月底,回到上海处理教会的一些工作。返回燕大之前,在傅泾波的建议下专程到南京看望蒋介石夫妇,并在蒋的鼓动和安排下,拜会了以美国总统特使身份来华调处国共两党关系的前美国陆军参谋长马歇尔将军。

5 月下旬,回到燕大。

6 月 24 日,70 岁生日。燕大师生为其在临湖轩庆贺。此前收到大量礼品和贺电,其中包括蒋介石和中共驻北京代表叶剑英的贺电及礼物。

6 月底,在上海出差期间,国民党 CC 派头目陈立夫两次前往拜会。

6 月 29 日,被马歇尔派专机从上海接到南京。

7 月 4 日,马歇尔约见,提出已举荐其出任美驻华大使。在婉拒不成的情况下,答应只任一年。

7 月 12 日,美国国会批准了对司徒雷登的大使任命。同日,司徒雷登向燕大校务委员会提出辞呈,被校务委员会拒绝。

7 月 15 日,告别燕大,在傅泾波的陪同下,乘马歇尔将军的专机到南京上任。

7 月 20 日,与马歇尔和大使馆参赞等人一起上庐山,向蒋介石递交国书,并随即参与国共停战谈判。

8 月 10 日,在多次调停都没有结果的情况下,与马歇尔一道发表联合声明,承认调停失败。

8 月 13 日,乘马歇尔专机回北平。这是他任大使后第一次返校参加校务委员会议。在校期间曾会见李宗仁的代表,出席北平市长的晚宴,拜访北平军调部三方代表,在颐和园招待来访的美国陆军部长,出席李宗仁的晚宴。

9—11 月,日复一日地参与国共和谈,始终没有结果。

11 月 15 日,出席国民大会开幕式。

11 月 18 日,周恩来在回延安前宴请司徒雷登,与他话别,并在事后托王炳南将一只明代的五色花瓶送给他留作纪念。

11 月 19 日,在临湖轩会见前来拜访的军调部中共代表叶剑英、王翼臣,与叶剑英合影留念。

11 月 23—27 日,在上海出席圣约翰大学校务会议。

12 月 8 日,为纪念校难日,在大使官邸招待燕京校友。

12 月 21 日,回燕大过圣诞节。捐出大米和猪肉各 400 斤、冬笋 80 斤为学生加餐。在此期间,向全体师生发表"中国需要和平建设"的演讲。

### 1947 年　71 岁

1 月 8 日,因国共谈判彻底破裂,马歇尔应召回国。燕京大学校务委员会认为司徒雷登的大使使命可以结束了,立即打电报给司徒雷登,欢迎他回燕大复原职。

马歇尔走后,司徒雷登成为美国政府在华的唯一代表,整日忙于接待到访的各界人士,比参与国共和谈期间更为繁忙,故不可能卸任回燕大。

3 月,燕大校务委员会建议托事部任窦维廉暂代校务长。

4 月 29 日,到青岛。五十余名燕大校友在中山路一号国际俱乐部举行欢迎会。

5 月 2 日,为燕大成立工学院一事从南京飞抵天津,同行的有燕大总务长蔡一谔。在司徒雷登的建议下,天津工商界领袖组成燕大工业教育委员会。

5 月 9—13 日,回燕大参加复校后的第一次春季运动会。全校教职员为他在临湖轩举办欢迎茶会。

6 月 24 日,在南京的燕大校友为其祝寿。

7 月 22 日—8 月 24 日,美国国务卿马歇尔派魏德迈率调查团到中国考察。

12 月 23 日,回燕大过圣诞节,用大使津贴为全校学生加餐。

### 1948 年　72 岁

这一年,人民解放军经过奋勇战斗,掌握了战场上的主动权。国民党统治区的社会经济状况急剧恶化,显示出即将垮台的预兆。

5 月底,与巴大维将军访问台湾省。5 月 28 日访问了台湾省立农学院。

6 月 4 日,就中国知识界发起的"反美扶日"运动发表声明。因此引来 38 名在北大、清华、燕大工作的燕大校友的不满。校友们联名给他写信,请他辞去大使的职务。

下半年,预感到国民党气数已尽,败局无可挽回,逐渐转变看法,不愿再为蒋介石争取更多的美援。

12 月,因平津战役和淮海战役打响,没有像往年那样回燕大过圣诞节。

### 1949 年　73 岁

1—2 月,因战争形势所迫,蒋介石下野,李宗仁任代总统,欲与中共再次举行和谈。南京政府决定迁往广州,要求所有外交使团南迁,遭到司徒雷登的拒绝。其他国家的驻华使馆纷纷效仿,除苏联使馆外,均拒绝南迁。

4 月 18 日,再次拒绝南迁广州。

4 月 21 日,国共和谈破裂,人民解放军开始渡江战役。

4 月 22 日,又一次拒绝南迁。

4 月 27 日,在南京被人民解放军接管后的第三天,开始在家中起草关于承认中共的备忘录。

5 月 6 日,派傅泾波与中共派到南京任军管会外事处处长的黄华(燕京大学校友)联系,探讨美中关系问题。

5 月 13 日,在大使官邸接待以私人身份到访的黄华,谈话持续了近两个小时。

6 月 6 日,应黄华的邀请与傅泾波一道到军管会外事处进行第二次正式会晤。

6 月 8 日,通过傅泾波向黄华表示愿北上与中共领袖会面,共商中美关系大计。

6 月 12 日,赴上海。在此期间会晤即将赴北平的罗隆基,请他向共产党领导人转达美国愿在战后帮助中共恢复经济的意向。

6 月 26 日,收到燕大校长陆志韦的信,得知毛泽东和周恩来都欢迎他北上的消息。

6 月 28 日,黄华到访,正式通知他中共欢迎他到北京会谈。于第二天向美国国务院报告此事。

7 月 2 日,接美国国务院指示:为不致引起各方面的评论,先不要去北京,并于 25 日前回国述职。

7 月 20 日,再次致电美国国务院,要求允许他去北京会见毛泽东和周恩来。

7 月 25 日,美国国务院来电,催促务必于 8 月 2 日之前离开中国。

8 月 2 日,与傅泾波等八人乘美运输机飞离南京,抵达设在日本冲绳的美国海军基地,发表声明,表示赞成承认中共,并与之维持商务关系。该声明的内容因与政府的立场相悖,美国务院不准媒体做相关报道,并责令其途中不得再发表其他声明。

8 月 5 日,抵达夏威夷珍珠港。美国务院发表中美关系白皮书。

8 月 14 日至 9 月 16 日,毛泽东连续亲笔撰写了五篇针对白皮书的分析和批判文章,以新华社社论的形式陆续公开发表,其中第二篇就是《别了,司徒雷登》。

8月10日,在傅泾波的陪同下飞抵华盛顿。

8月12日,在美国国务卿艾奇逊的陪同下,晋见杜鲁门总统。

10月6—8日,出席美国国务院举办的对华政策讨论会。在会上发表对中国共产主义运动的见解。

11月22日,在纽约出席外交关系会议,再次发表对中国共产主义运动的独特见解。

11月30日,在从辛辛那提返回华盛顿的火车上突发脑血栓,被送进医院急救。

**1950年　74岁**

1—9月,前后三次住院医治脑血栓后遗症。出院后,与傅泾波一家在华盛顿定居。

12月,接美国国务院的通知,被派到国务院"无定期任职"。

**1951年　75岁**

健康状况稍有改善后,在朋友的协助下,开始撰写回忆录的最后三章。

**1952年　76岁**

11月28日,因健康原因,向美国总统杜鲁门提出辞呈。

12月11日,收到总统准许辞职的回信。从此在美国政坛消失,逐渐被人淡忘。

**1954年　78岁**

10月15日,其回忆录《在华五十年——司徒雷登回忆录》被纽约兰登书屋出版。马歇尔和胡适分别为该书作序。

10月16日,台北《大华晚报》开始连载该回忆录。

12月1日,台北《大华晚报》出版该回忆录中译本。

**1955 年　79 岁**

8 月 1 日,立遗嘱,请傅泾波在他去世后将其骨灰安葬在原燕大校园内妻子的墓旁。

**1962 年　86 岁**

9 月 19 日,因心脏病突发,在华盛顿的医院中病逝。

# 附录2　燕大名人

中华人民共和国成立以后(截至 2002 年),燕大教授和毕业生中有56 人先后被评为中国科学院院士、中国工程院院士和中国科学院哲学社会科学部委员,他们是:

中国科学院院士、中国胶体化学和表面化学的开拓者和奠基人　　　傅　鹰
中国科学院院士、中国催化动力学研究的奠基人之一、
　　光化学研究的先驱　　　　　　　　　　　　　　　　　　　蔡镏生
中国科学院院士、中国医学病毒学的奠基人　　　　　　　　　　黄祯祥
中国科学院院士、中国无线电电子学事业的奠基人之一　　　　　孟昭英
中国科学院院士、中国两栖爬行动物学的主要奠基人之一　　　　刘承钊
中国科学院院士、中国胸腔外科学奠基人之一　　　　　　　　　黄家驷
中国科学院院士、中国昆虫学的奠基人之一　　　　　　　　　　胡经甫
中国科学院院士、高能物理学家　　　　　　　　　　　　　　　张文裕
中国科学院院士、物理学家　　　　　　　　　　　　　　　　　谢希德
中国科学院院士、土壤学家　　　　　　　　　　　　　　　　　李连捷
中国科学院院士、分析化学家　　　　　　　　　　　　　　　　梁树权
中国科学院院士、物理学家　　　　　　　　　　　　　　　　　王承书
中国科学院院士、遗传学家　　　　　　　　　　　　　　　　　谈家桢

| | |
|---|---|
| 中国科学院院士、历史地理学家 | 谭其骧 |
| 中国科学院院士、电子学家 | 毕德显 |
| 中国科学院院士、石油化工专家 | 侯祥麟 |
| 中国科学院院士、历史地理学家 | 侯仁之 |
| 中国科学院院士、物理学家 | 卢鹤绂 |
| 中国科学院院士、生物化学家 | 王应睐 |
| 中国科学院院士、生物化学家 | 梁植权 |
| 中国科学院院士、医学家和教育学家 | 吴阶平 |
| 中国科学院院士、核医学家 | 王世真 |
| 中国科学院院士、空气动力学家和航空工程教育家 | 沈　元 |
| 中国科学院院士、昆虫学家和中国害虫生物防治的奠基人 | 蒲蛰龙 |
| 中国科学院院士、数学家 | 关肇直 |
| 中国科学院院士、中国半导体科学技术主要创建人 | 黄　昆 |
| 中国科学院院士、有机化学家和化学教育家 | 张　滂 |
| 中国工程院院士、内科专家和医学教育家 | 翁心植 |
| 中国科学院院士、史前考古学家和古生物学家 | 裴文中 |
| 中国科学院院士、金属物理学家 | 葛庭燧 |
| 中国科学院院士、生物化学家 | 曹天钦 |
| 中国科学院院士、加速器物理学家 | 谢家麟 |
| 中国科学院院士、有机化学家 | 蒋丽金 |
| 中国科学院院士和中国工程院院士、中国无机材料科学的　奠基人之一 | 严东生 |
| 中国工程院院士、中国小儿外科学重要创始人 | 张金哲 |
| 中国科学院院士、物理学家和真空科学家 | 金建中 |
| 中国科学院院士、生物化学家 | 阎隆飞 |
| 中国科学院院士、生物化学家 | 张树政 |
| 中国科学院院士、昆虫生理学家 | 钦俊德 |

| | |
|---|---|
| 中国工程院院士、儿科医学教育家 | 胡亚美 |
| 中国科学院院士、无机化学家 | 王 夔 |
| 中国工程院院士、内分泌学专家 | 史轶蘩 |
| 中国工程院院士、建筑学家 | 关肇邺 |
| 中国科学院院士、理论化学家 | 孙家钟 |
| 中国科学院院士、放射化学家 | 刘元方 |
| 中国科学院院士、高能物理和分子动力学家 | 朱起鹤 |
| 中国工程院院士、环境化学家 | 唐孝炎 |
| 中国工程院院士、临床肿瘤学家 | 孙 燕 |
| 中国科学院院士和中国工程院院士、中国飞机空气动力设计奠基人 | 顾诵芬 |
| 中国工程院院士、高能物理学家 | 张宗烨 |
| 中国科学院哲学社会科学院学部委员、历史学家和经济学家 | 陈翰笙 |
| 中国科学院哲学社会科学院学部委员、心理学家和教育家 | 陆志韦 |
| 中国科学院哲学社会科学院学部委员、历史学家和教育家 | 陈 垣 |
| 中国科学院哲学社会科学院学部委员、中国现代文学家 | 郑振铎 |
| 中国科学院哲学社会科学院学部委员、历史学家 | 陈寅恪 |
| 中国科学院哲学社会科学院学部委员、历史学家 | 翦伯赞 |

# 附录3　参考书目

## 一、英文文献

Band, William and Claire. *Two Years with the Chinese Communists*. New Heaven: Yale University Press, 1948.

Bodde, Derk. *Peking Diary: A Year of Revolution*. New York: Schuman, 1950.

Boorman, Howard L. and Richard C. Howard, eds. *Biographical Dictionary of Republican China*. 4 Volumes. New York: Columbia University Press, 1967.

Borg, Dorothy and Waldo Heinrichs, ed. *Uncertain Years: Chinese-American Relations, 1947—1950*, New York: Columbia University Press, 1980.

Chiang, Yin-en. "*Yenching—The Rebirth of a University*," *People's China*. Vol. 2, 1951, pp. 19—20.

Chow, Tse-tsung. *The May Fourth Movement*. Cambridge: Harvard University Press, 1964.

Clarke, William Newton. *A Study of Christian Missions*. New York: Charles Scribner's Sons, 1990.

Cody, Jeffrey William. *Henry K. Murphy: An American Architect in China, 1914—1935*. Ph. D. Dissertation. Cornell University, 1989.

Davies, John Paton, Jr. *Dragon by the Tail: American, British, Japanese, and Russian Encounters with China and One Another*. New York: W. W Norton & Company. Inc. , 1972.

Dennis, James S. *Christian Missions and Social Progress: A Sociological Study of Foreign Mission*. Chicago: Fleming H. Revell Company, 1906.

Eastman, Lloyd E. , Jerome Ch'en, Suzanne Pepper and Lyman P. Van Slyke. *The Nationalist Era in China, 1927—1949*, New York: Cambridge University Press, 1991.

Edwards, Dwight W. , *Yenching University*. (With "Yenching in Chengtu" by Y. P. Mei). New York: United Board for Christian Higher Education in Asia, 1959.

Esherick, Joseph W. , ed. *Lost Chance in China: The World War Ⅱ Despatches of John S. Service*. New York: Random House, 1974.

*Facts about Union Medical College, Peking*. Shanghai: Maihua Shu-Yuan, 1910.

Fairbank, John K. , ed. *The Missionary Enterprise in China and America*. Cambridge: Harvard University Press, 1974.

Ferguson, Mary E. *China Medical Board and Peking Union Medical College: A Chronicle of Fruitful Collaboration, 1914—1951*. New York: China Medical Board of New York, 1970.

*Foreign Relations of the United States*. China Volumes for Years 1945, 1946, 1947, 1948. Washington, D. C. : U. S. Government Printing Office.

Gasster, Michael. *Chinese Intellectuals and the Revolution of 1911*. Seattle: University of Washington Press, 1969.

Gittings, John. *The World and China, 1922—1972*. New York: Harper & Row, 1974.

Harris, Marjorie Jane. *American Missions , Chinese Realities : An Historical Analysis of the Cross-Cultural Influences on the Development of North China Union Women's College/Yen-ching Women's College , 1905—1943*. Ph. D. Dissertation. The University of North California at Chapel Hill, 1994.

Israel, John. *Student Nationalism in China , 1927—1937*. Stanford: Stanford University Press, 1966.

Kahn, E. J. , Jr. *The China Hands : America's Foreign Service Officers and What Befell Them*. New York: Viking Press, 1975.

Kennedy, Melville T. , Jr. *Yenching University : Its Aims and Methods*. Peking: Yenching University, 1951.

Kiang, Wen-han. *The Chinese Student Movement*. New York: King's Crown Press, 1948.

King, Henry Churchill. *The Moral and Religions Challenge of Our Times : The Guiding Principle in Human Development ; Reverence for Personality*. New York: Macmillan, 1915.

Kuan, John C. *The Kuomintang-Communist Party Negotiations , 1944—1946 : The Failure of Efforts to Avoid Civil Wars*. Ph. D. Dissertation, The Fletcher School of Law and Diplomacy, Tufts University, 1974.

Latourette, Kenneth Scott. *A History of Christian Missions in China*. New York: Macmillan, 1929.

Lindsay, Michael. *The Unknown War , North China 1937—1945*. London: Bergstrom & Boyle Books Limited, 1975.

Liu, Kang-ching, ed. *American Missionaries in China : Papers from Harvard Seminars*. Cambridge: Harvard University Press, 1966.

Lutz, Jessie Gregory. *China and the Christian Colleges , 1850—1950*. New York: Cornell University Press, 1971.

Michie, Alexander. *China and Christianity* , Boston: Knight and Millet, 1900.

Peake, Cyrus Henderson. *Nationalism and Education in Modern China*. New York:

537

Columbia University Press, 1932.

Shaw, Yu-ming. *An American Missionary in China: John Leighton Stuart and Chinese-American Relations*. Harvard University Asia Center, 1992.

Snow, Edgar. *Journey to the Beginning*, New York: Random House, 1958.

Solomon, Richard H. *Mao's Revolution and the Chinese Political Culture*. Berkeley: University of California Press, 1971.

Stuart, John Leighton. *Chinese Four-Character Phrases*. Peking: Yenching University, 1946.

Stuart, John Leighton. "Condition in Nanking," *The Missionary Survey*, March 1912.

Stuart, John Leighton. "Confucianism as a State Religion," March 2, 1917, Edward Mack Papers, The Historical Foundation Presbyterian Church, Montreal North Carolina.

Stuart, John Leighton. "Facing the Situation in China," Addresses delivered at the Fourth General Convention of the Laymen's Missionary Movement, Presbyterian Church in the U. S. Held in Charlotte, Feb. 16—18,1915.

Stuart, John Leighton. *Fifty years in China—The Memoirs of John Leighton Stuart, Missionary and Ambassador*. New York: Random House, 1954.

Stuart, John Leighton. "The Future of Missionary Education in China," *The Chinese Students' Monthly*, Vol. XXI, No. 6, April 1926.

Tsou, Tang. *America's Failure in China, 1941—1950*. Chicago: University of Chicago Press, 1963.

*United States Relations with China*. Washington, D. C. : U. S. Government Printing Office, 1949.

West, Philip. *Yenching University and Sino-Western Relations, 1916—1952*. Cambridge, Mass. , and London: Harvard University Press, 1976.

White, Theodore H. and Annalee Jacoby. *Thunder Out of China*. New York: William Sloane Associates, Inc. , 1946.

*Woman's College of Yenching University, Peking*. Yenching College, 1905—1921.

Peking：Joint　Committee　on　Woman's　Union　Christian　Colleges　in　the Orient，1921.

美国加州泽学院佩特斯(William B. Pettus)博士个人保存的档案,其中包括与司徒雷登之间来往的私人信件等材料。

## 二、中文文献

白寿彝总主编:《中国通史》第十二卷(上、下册),王桧林、郭大钧、鲁振祥主编,上海人民出版社,1999 年。

白寿彝总主编:《中国通史》第十一卷(上、下册),龚书铎主编,上海人民出版社,1999 年。

常冬为编:《美国档案:影响一个国家命运的文字》,中国城市出版社,1998 年。

车蕙:《燕京大学》,《中国青年》(复刊),第 1 卷第 6 期,1947 年。

陈景磐编:《中国近代教育史》,人民教育出版社,1979 年。

陈明章:《学府纪闻——私立燕京大学》,(台北)南京出版有限公司,1982 年。

陈学恂主编:《中国近代教育史教学参考资料》上册,人民教育出版社,1986 年。

稻叶正夫编:《冈村宁次回忆录》,天津市政协编译委员会译,中华书局,1981 年。

邓玉明编:《中国第二历史档案馆馆藏资料》,《中国教会大学文献目录》(第二辑),吴梓明、梁元生主编,香港中文大学崇基学院、中国社会研究中心,1998 年。

邓之诚:《燕大教授案纪实》,中国人民政治协商会议北京市委员会文史资料研究委员会编:《文史资料选编》第二十五辑,北京出版社,1985 年。

范兴国:《燕京大学与中美文化关系》,《传记文学》,1979 年第 35 卷第 6 期。

费正清、费维恺编:《剑桥中华民国史》上、下卷,杨品泉、刘敬坤等译,中国社会科学出版社,1994 年。

高时良主编:《中国教会学校史》,湖南教育出版社,1994 年。

顾维钧:《顾维钧回忆录》第九分册,中国社会科学院近代史研究所译,中华书局,1989 年。

郭廷以:《近代中国史纲》,中国社会科学出版社,1999 年。

哈里·杜鲁门:《杜鲁门回忆录》第一卷,李石译,世界知识出版社,1964 年。

哈里·杜鲁门:《杜鲁门回忆录》第二卷,李石译,世界知识出版社,1965 年。

何迪:《燕京大学与司徒雷登》,《美国研究参考资料》,1987 年第 5 期。

胡礼忠、金光耀、顾关林:《从望厦条约到克林顿访华——中美关系 1844—1996》,福建
　　人民出版社,1996 年。

黄新宪:《基督教教育与中国社会变迁》,福建教育出版社,1996 年。

冀朝铸口述:《从"洋娃娃"到外交官——冀朝铸口述回忆录》,苏为群采访整理,北京
　　大学出版社,2000 年。

赖朴吾教授纪念册编委会编:《赖朴吾——中国的好朋友》,北京大学出版社,
　　1988 年。

冷欣:《从参加抗战到目睹日军投降》,传记文学出版社,1967 年。

李庆余主编:《11 个美国人与现代中国》,安徽大学出版社,1998 年。

林博文:《跨世纪第一夫人宋美龄》,时报文化出版企业股份有限公司,2000 年。

林迈可:《八路军抗日根据地见闻录——一个英国人不平凡经历的记述》,杨重光、郝
　　平译,国际文化出版公司,1987 年。

林孟熹:《司徒雷登与中国政局》,新华出版社,2001 年。

陆卫明等:《蒋介石的外交秘闻》,吉林人民出版社,1999 年。

洛伊斯·惠勒·斯诺:《"我热爱中国"——在斯诺生命的最后日子里》,董乐山译,生
　　活·读书·新知三联书店,1978 年。

马长林编:《上海市档案馆馆藏资料》,《中国教会大学文献目录》(第五辑),吴梓明、
　　梁元生主编,香港中文大学崇基学院、中国社会研究中心,1998 年。

马敏、方燕编:《华中师范大学档案馆馆藏资料》,《中国教会大学文献目录》(第三辑),
　　吴梓明、梁元生主编,香港中文大学崇基学院、中国社会研究中心,1997 年。

《毛泽东选集(第二版)》第四卷,人民出版社,1991 年。

《毛泽东一九三六年同斯诺的谈话:关于自己的革命经历和红军长征等问题》,人民出
　　版社,1979 年。

聂崇岐:《简述"哈佛燕京学社"》,中国人民政治协商会议全国委员会文史资料研究委

员会编:《文史资料选辑》第二十五辑,中华书局,1962 年。

彭国梁:《燕京大学之中国学术文化研究:1919—1949》,昭人出版社,1975 年。

《生命》月刊,第 1 卷第 9、10 期合刊,1921 年 5 月。

史静寰:《狄考文和司徒雷登在华的教育活动》,(台北)文津出版社,1991 年。

司徒雷登:《圣教布道近史》,陈金镛译,中华基督教青年学会全国协会书报部,
　　1916 年。

司徒雷登:《司徒雷登日记:美国调停国共争持期间前后》,陈礼颂译,傅泾波校订,香
　　港文史出版社,1982 年。

苏勇、樊竞:《燕园史话》,工人出版社,1985 年。

谭润明:《燕京大学成立前后办学目的的转变》,哲学硕士论文,香港中文大学研究院
　　宗教及神学部,1994 年。

王立新:《美国传教士与晚清中国现代化》,天津人民出版社,1997 年。

王舜祁:《蒋氏故里述闻》,上海书店出版社,1998 年。

王效挺、黄文一主编:《战斗的历程:1925—1949.2 燕京大学地下党概况》,北京大学
　　出版社,1993 年。

翁牖雨:《中华民国大学志:私立燕京大学》,中国新闻出版公司,1953 年。

吴雷川:《基督徒的希望》,上海,1929 年。

吴雷川:《墨翟与耶稣》,上海,1940 年。

吴翎君:《燕京大学——高等教育现代化的一个考察》,《国史馆馆刊》,复刊 1993 年第
　　14 期。

吴梓明、梁元生、李金强编:《中国教会大学历史文献综览》,《中国教会大学文献目录》
　　(第一辑),吴梓明、梁元生主编,香港中文大学崇基学院、中国社会研究中心,
　　1998 年。

《夏仁德在中国》编辑组编:《夏仁德在中国》,世界知识出版社,1985 年。

燕大基督教团契编:《燕大基督教团契旬刊》,创刊号至第 6 期,北京大学图书馆藏。

《燕大双周刊》合订本,北京大学图书馆藏。

燕大文史资料编委会编:《燕大文史资料》第一至十辑,北京大学出版社,1988—

1997 年。

《燕大校友通讯——故校长司徒雷登博士纪念特刊》,燕京大学香港校友会编印,1963
年 2 月 20 日。

《燕大周刊》,1923—1936 年。

燕京大学北京校友会编印:《燕大校友通讯》,1984—1993 年。

《燕京大学举行首次毕业式》,《申报》,1920 年 5 月 18 日。

《燕京大学校刊》,1927—1937 年。

燕京大学校友会编:《情系燕园:入学五十周年纪念刊(1941—1991)》,1991 年。

燕京大学校友会编:《同窗燕园:入学五十周年纪念刊(1940—1990)》,1990 年。

燕京大学校友会编:《雄哉!壮哉!燕京大学校 1945—1951 级校友纪念刊》,1994 年。

燕京大学校友会编:《燕大校友会》,1991 年。

燕京大学校友会编:《燕大校友通讯专辑》,1988 年。

燕京大学校友会编:《燕京大学成都复校五十周年纪念刊(1942—1992)》,1992 年。

燕京大学校友校史编写委员会编,张玮瑛、王百强、钱辛波主编:《燕京大学史稿》,人
民中国出版社,1999 年。

《燕京精神(燕京大学建校八十周年特辑(1919—1999))》,《燕大史料选编》《燕大校友
通讯》联合编辑,1999 年 4 月 16 日。

《燕京新闻》,1940—1941 年。

燕京研究院编:《燕京大学人物志》第一辑,北京大学出版社,2001 年。

《燕园友谊:燕京大学三八班五十周年纪念刊》,1990 年。

叶祖孚:《一所与群众血肉相连的学校——关于燕京大学义务学校的回忆》,中国人民
政治协商会议广东省委员会文史资料研究委员会编:《广东文史资料》第二十辑,
1984 年。

约翰·司徒雷登:《在华五十年——司徒雷登回忆录》,程宗家译,刘雪芬校,北京出版
社,1982 年。

云宝诚:《京沪平津行》,广东前锋报社,1947 年。

查时杰:《燕京大学基督徒团契初探》,林治平编:《中国基督教大学论文集》,宇宙光

出版社,1992 年。

张丽萍编:《华西医科大学档案馆馆藏资料》,《中国教会大学文献目录》(第四辑),吴
　　梓明、梁元生主编,香港中文大学崇基学院,1997 年。

张钦士编:《国内近十年来之宗教思潮》,燕京华文学校,1927 年。

张宪文主编:《中华民国史纲》,河南人民出版社,1985 年。

张治中:《我与共产党》,文史资料出版社,1980 年。

章开沅、林蔚主编:《中西文化与教会大学——首届中国教会大学史学术研讨会论文
　　集》,湖北教育出版社,1991 年。

章开沅、马敏主编:《基督教与中国文化丛刊》第三辑,湖北教育出版社,2000 年。

章开沅主编:《文化传播与教会大学》,湖北教育出版社,1996 年。

赵荣声:《沿着斯诺的足迹》,气象出版社,1996 年。

赵紫宸:《燕京大学的宗教学院》,中国人民政治协商会议全国委员会文史资料研究委
　　员会编:《文史资料选辑》第四十三辑,中华书局,1964 年。

《真理与生命》,北京,1926—1937 年。

《真理周刊》,北京,1923—1926 年。

政协北京市委员会文史资料研究委员会编:《话说老协和》,中国文史出版社,
　　1987 年。

中国民主同盟北京市委员会文史资料委员会编:《文史资料选辑》第一辑,内部发行,
　　1980 年。

中国人民政治协商会议全国委员会文史资料研究委员会编:《文史资料选辑》第八十
　　三辑,文史资料出版社,1982 年。

中华人民共和国外交部、中共中央文献研究室编:《毛泽东外交文选》,中央文献出版
　　社、世界知识出版社,1994 年。

《传记文学》,1999 年,第 75 卷第 4 期。

邹谠:《美国在中国的失败,1941—1950》,王宁、周先进译,上海人民出版社,1997 年。

# 附录4　照片资料来源

1. 林孟熹:《司徒雷登与中国政局》,新华出版社,2001年。

2. 燕京大学校友会编:《燕京大学:建校 80 周年纪念历史影集 1919—1999》,人民中国出版社,1999年。

3. 司徒雷登:《司徒雷登日记:美国调停国共争持期间前后》,陈礼颂译,傅泾波校订,香港文史出版社,1982年。

4. John Leighton Stuart, *Fifty Years in China—The Memoirs of John Leighton Stuart*, *Missionary and Ambassador*, New York: Random House, 1954.

5. 傅海澜女士提供

6. 南京电视台记者吴建宁先生提供

7. 本书作者提供

8. 北京大学图书馆司徒雷登特藏

# 一版后记

  本书从酝酿到最终完稿、出版，用了三年的时间。应当说，在这三年当中，每一个章节的写作过程，都离不开前辈学者及诸多朋友的热心指导和帮助。

  1999 年 4 月 4 日，在得知我有兴趣研究司徒雷登后，94 岁高龄的人大常委会原副委员长雷洁琼先生利用参加燕大建校 90 周年纪念大会的间隙，当面听取了我有关想法的简单汇报，并给予了热情的鼓励。老人家约我第二天去她家中详谈。在燕大老校友林孟熹先生和卢念高先生的引见下，我如期登门拜访。在近两个小时的交谈中，雷老兴趣盎然地向我介绍了许多有关燕大和司徒校长的情况，并一再鼓励我把研究进行下去。几天后，为了支持我的研究和写作，林孟熹先生还慷慨地将他当时尚未出版的书稿《司徒雷登与中国政局》送给我做研究参考资料。这种无私的精神在令我感动的同时，更坚定了我完成此书的决心。

  以事实为依据，是研究历史事件和人物成败的关键。

而我在写作中,就常常会遇到许多模棱两可的问题。为此,我时常会敲响著名学者侯仁之教授的家门,向这位亲身经历过燕大的许多重要事件,并与司徒雷登直接打过交道的老人请教。每一次,无论侯老自己有多忙,总是放下手头的工作,耐心解答我的提问。侯老的夫人张玮瑛老师,则把他们家中所有与燕大和司徒雷登有关的资料全部交给我,为我的研究工作提供了非常有价值的帮助。后来,90岁高龄的侯老又不顾年老眼花,仔细阅读了我的全部书稿。老人家不但就有关章节提出了非常宝贵的修改意见,还对有关燕大海淀新校址的问题,亲笔做了修改。可以说,如果没有侯老夫妇的热心帮助,我是很难顺利完成此书的。

我还要感谢司徒雷登的私人秘书傅泾波先生的两个女儿傅铎若和傅海澜,以及他的儿子傅履仁先生。他们一直在关注我的研究和写作情况。傅海澜女士更是向我提供了一些极有价值的照片和资料。我很高兴至今一直和他们保持着密切的联系。

原燕大教授林迈可先生的夫人李效黎女士在得知我的研究工作后,前后数次通过她的外孙女苏珊,向我提供了大量难得的历史资料。

其他燕大校友会的前辈们,也给了我许多的帮助。燕大校友会副主席卢念高先生把他收藏多年的《在华五十年》的中译本,借给我参阅,并帮我仔细修改了书稿。燕大校友会副主席刘文兰女士得知我写书的消息后,连夜把她自己收藏的材料送到我的家中。在燕大校友会工作多年的都启明先生和白荫良先生,都已是七八十岁的老人,只要校友会一印出新材料,他们就会风雨无阻地及时送到我的手上。旅美华侨国仲元先生也给我提供了许多宝贵的材料。燕大校友会副主席夏自强先生还在百忙之中帮我修改书稿。

另外,我还要感谢南京电视台的记者吴建宁先生,他把自己在美国和南京、杭州等地拍摄的大量有关司徒雷登的珍贵照片毫无保留地寄给我。

原北京大学地球物理系主任刘式达教授的岳父李进之(李亦)是燕大 1933 年的毕业生。刘教授在得知我正在收集有关燕大和司徒雷登的材料后,积极帮我安排,使我有幸在当年 5 月,成功地采访了这位世纪老人,得到了不少极其珍贵的第一手资料。2001 年,这位老者便不幸去世了。

美国加州匹泽学院的中国项目负责人顾克冈(Gregory Kulacki)先生在访问北大时与我谈起对司徒雷登的研究,他提到在他们学院的一个楼道里保存着一批司徒雷登与他的好友佩特斯博士在第二次世界大战后的通信。我听后半信半疑,希望他回美后能将这些信件寄给我看看。不久我就收到了这些极为珍贵的信件的复印件。而这些民间的信件,是美国国家档案和耶鲁大学燕大档案中所没有的。这对于研究作为大使的司徒的内心世界是极有价值的。

《圣教布道近史》一书是司徒雷登在金陵神学院工作时的著作,发表于1910年,这本书对于研究司徒雷登的宗教思想是非常重要的。为此我曾专门去南京金陵神学院和杭州古籍图书馆查找此书,也托人在上海查询,都未找到。后来我的同事孙兰风的夫人、在北大图书馆工作的何冠义女士经过多次查找,终于在国家图书馆的一个书库里找到了这套三卷本的书。我要在此再次感谢何冠义女士。本书的插图和封面设计都是孙兰风精心设计的,也一同表示感谢。

哈佛大学燕京学社主任杜维明教授每次来北大都和我讨论我的研究课题并给予积极的帮助和支持;全国高校古籍整理委员会主任安平秋教授、秘书长杨忠教授和副秘书长曹一冰教授给本书以项目支持,在此一并深表谢意!

2000年3月,我和北大14位管理干部在加州大学伯克利分校学习期间,我的北大同事初育国先生、雷虹女士和王丽萍女士帮我查找和复印了大量的材料。北大图书馆馆长戴龙基先生和副馆长武振江先生、期刊部的张宝生先生等都给我的研究提供了支持;档案馆馆长赵兰明女士和邢继红女士也在研究方面给予了支持。吴敏娜同学和梁文权同学也在查找及复印材料方面给予了我不可缺少的帮助。谨在此一并表示感谢。

我还要衷心地感谢我的导师赵宝煦教授和北大常务副校长迟惠生教授对全部书稿所做的修改和提出的宝贵意见!感谢责任编辑段晓青编审,没有她的辛勤劳动,我的书稿不会这么快就与读者见面。

此外,我想在此特别感谢季羡林先生。从我开始着手准备撰写,到此书的最后完成,季老曾多次询问研究进展情况并提出了很多先科之见,使我从中受益匪浅。

最后,敬请各位读者对书中在所难免的疏漏和错误给予批评指正。

作　者

2002 年 6 月

# 再版附记

## ——魂归故里：司徒雷登骨灰安葬杭州的前前后后①

　　司徒雷登在中国一直是一个有争议的人物，特别是1949年8月18日毛泽东为新华社撰写了评论员文章《别了，司徒雷登》之后，一直到改革开放之前，司徒雷登都被视为美帝国主义的象征。改革开放之后，学术界对司徒雷登进行了一些实事求是的研究，逐步还原司徒雷登的真实面貌。

　　司徒雷登骨灰安葬在杭州，可以说是魂归故里。杭州，既是司徒雷登的出生地，也是他儿时成长和青年时工作过的地方。同时，杭州还是他的父母和两个弟弟的安息地。

　　司徒雷登的父母都是曾在杭州开办过学校的美国传教士。他们在杭州一共生了四个儿子，司徒雷登是长子。从1876年到1887年，司徒雷登在美丽的西子湖畔度过了他的童年。在晚年撰写的回忆录中，司徒雷登曾这样写

---

① 此文发表于《中华读书报》2008年12月12日。

道:"我记得,我们当时经常进行郊游,在杭州秀丽的湖光山色中徜徉。春天,漫山遍野盛开着杜鹃花。我们举行野餐,采摘草莓。夏天,我们到山里阴凉的古庙里避暑。当时,对我们这些孩子来讲,那是极富诱惑力的探险。"11 岁时,司徒雷登被父母送回美国读书。28 岁时,他以传教士的身份携新婚妻子重返杭州,直到四年后赴南京金陵神学院任职,并从此与中国的教育事业和中国政局结下了不解之缘。

司徒雷登的一生是复杂而多面的。他既与蒋介石、宋子文、孔祥熙、张学良、李宗仁等国民党高层人物关系甚笃,又曾是毛泽东和周恩来的座上客。从 1876 年 6 月 24 日在杭州出生,到 1949 年 8 月返回美国,除去在美国求学的 17 年,司徒雷登在中国前后共生活了 56 年之久,所以他自称"是一个中国人更甚于是一个美国人"。我认为,司徒雷登的一生有着六大功绩和两大过失。

辛亥革命爆发时,司徒雷登是派驻中国的传教士和美联社的特邀记者,他成为向国外报道中国辛亥革命,并将其誉为"中国独立战争"的第一人。

司徒雷登是燕京大学首任校长,为将燕京大学建设成为与北大、清华齐名的一流大学做出了突出的贡献,并为 20 世纪中国政治、经济、外交、科技等各个领域培养了一大批杰出人才。

司徒雷登是反法西斯的勇士。抗战爆发后,北大、清华、南开等高校南迁内地,组建西南联大,燕京大学一直坚守在北平。他因支持燕京大学师生的抗日活动而被日本宪兵关押了三年零八个月。在被监禁期间,他把所有背诵下来的中国成语翻译成了英文小册子。

年逾古稀之际，他在中美两国和国共两党舆论的一片赞誉声中出任美国驻华大使，他对国民党政府的腐败行径深恶痛绝。1949 年，在国民党节节溃败之际，他拒绝随国民党政府南撤广州，并敦促美国政府率先承认共产党政权。毛泽东和周恩来曾邀请他以燕大校长身份北上，由于美国政府的反对，中共与美国之间高层接触的机会稍纵即逝，他不得不带着深深的遗憾与无奈离开中国。

司徒雷登返回美国之后，虽然遭受麦卡锡主义的残酷迫害，但仍然坚决反对美国右翼"一中一台"分裂中国的言论。

司徒雷登一生非常热爱中国文化，对中国文化事业做出了贡献。

当然，司徒雷登也有他自身的局限性。司徒雷登是传教士，他从意识形态上对马克思主义带着很深的偏见，并多次发表批判演说。司徒雷登担任美国驻华大使期间，代表美国政府对华政策的立场，对国民党反动派发动内战持偏袒的态度。也正因此，毛主席在《别了，司徒雷登》一文中，对司徒雷登在美国对华政策上所代表的角色给予了严厉批判。

回到美国仅 3 个月，司徒雷登一病不起，严重的脑血栓后遗症使他在轮椅和病榻上度过了最后的 13 个春秋。那时，司徒雷登身边没有亲人相伴，他的妻子在他 50 岁时病逝于北京，唯一的儿子也不在身边。他的生活起居完全依赖从年轻时便追随在他身边的私人秘书傅泾波及其家人照料。1952 年 11 月 28 日，司徒雷登向即将离任的美国总统杜鲁门递上辞呈，提出因健康原因，希望辞去驻华大使的职务。3 天后，杜鲁门在给他的回信中，对他在中国期间为增进中美关系所做的努力给予极高的评价。1954 年 10 月 15

日，司徒雷登的 *Fifty Years in China—The Memoirs of John Leighton Stuart，Missionary and Ambassador* 由美国纽约兰登书屋正式出版。次日，台北《大华晚报》即开始一边请人翻译，一边予以连载，并于同年 12 月 1 日出版了中译本。1955 年和 1982 年，香港和北京也分别出版了司徒雷登回忆录的中译本。可见司徒雷登在中国的影响力之大。

在意识到自己可能不久于人世时，司徒雷登立下遗嘱，请傅泾波在他去世后，如有可能，将他的骨灰安葬在他妻子的墓地旁。1962 年 9 月 19 日，司徒雷登因心脏病突发在华盛顿去世，终年 86 岁。

1973 年和 1974 年，应周总理的秘密邀请，傅泾波先生两次回国，并两次向有关部门提出将司徒雷登的骨灰安葬在燕园的请求，但都未获得明确的答复。1986 年 1 月，傅泾波亲笔上书邓小平再次提出司徒雷登骨灰回中国安葬的问题。同年 6 月底，国家做出批复，同意司徒雷登的骨灰以原燕京大学校长的名义安葬于他在燕大时的故居临湖轩。后傅泾波先生因健康原因始终未能再次回国，司徒雷登的骨灰安葬之事也就此搁置下来。自傅泾波先生 1988 年去世后，司徒雷登的骨灰一直由傅的女儿傅海澜女士供奉在家中，直至 2008 年 11 月 17 日上午，在他去世 46 年之后，得以在杭州半山安贤园落土为安。

我在撰写《无奈的结局——司徒雷登与中国》一书时，为落实司徒雷登骨灰安葬一事，做了一些调查研究，还多方打听司徒雷登夫人骨灰的下落。据司徒雷登回忆录记载，他的夫人 1926 年病故后，被安葬在中关园的墓地。为此，我专程前去实地查找。"文化大革命"前后,北大在中关园建宿舍,把原先的墓地迁出去了。由于当时没留下任何文字记载,所以现在没有人知道这些墓葬到底被迁往何处。当时,我分析也可能会就近迁到香山脚下的万安公墓,也曾两次前去查过万安公墓的档案,可依然一无所获。听万安公墓管理处主任介绍,北京还有一处专门的外国人墓地,他会帮我留意,继续查找下去。我寄希望于有一天能够找到司徒雷登夫人的骨灰,迁回杭州,让他们伉俪得以在西子湖畔永远相依相伴。

在司徒雷登骨灰的安葬仪式上,美国驻华大使雷德先生发表感言说:"中国是司徒雷登先生热爱的国家。他出生在杭州,今天回到这里,完成了他的人生旅途。他相信教育是加深两国关系的重要途径之一,如果他能看到今天的变化,他一定会非常高兴。"对此,我深有同感。

# 第三版后记

　　《无奈的结局——司徒雷登与中国》自出版后与读者见面以来,得到了诸多关注、建议和批评指正。燕京大学的校友们作为那段历史的亲历者,更是给出了许多颇为关键的补正建议,燕大宗教学院院长赵紫宸之子赵景伦先生,燕大新闻系校友、曾亲自见证司徒雷登与毛泽东主席1945年在重庆胜利会议上会面的杨富森先生,燕大教职工叶道纯先生,燕大校友林孟熹先生等几位老前辈都亲自来信交流,杨富森前辈还寄来了他珍藏多年载有相关信息的报纸。这些前辈的来信和关注使我大为感动,更倍受激励。在此,首先要郑重感谢各位前辈的指教,也感谢广大读者的阅读和建议!根据这些信息线索,经过查阅考证后,在第三版中相应部分做了修订。

　　着手进行第二次修订,也因为正遇上一个宝贵的机缘,北京大学新近得到了一批有关司徒雷登的珍贵文献。2021年,泰康保险集团向北大慷慨捐赠了司徒雷登日记、书信等248件珍贵文献。这批文献类型多样,除日记和书信外，还有证件、照片、文稿、报刊、电报等；文献时间从 1928 年至 2009 年，跨越半个多世纪，涵盖个人生活、传教、教育、政治、文化等各个领域。这 248 件文献和之前傅泾波先生及傅氏家族捐赠给北大的 3000 余件（册）司徒雷登相关文献图书，一同构成了北京大学珍藏的关于司徒雷登文献的巨大财富。

史料是历史研究进展的基础，一手史料则更是触摸历史最鲜活的途径。2021 年 10 月，前往北京大学图书馆查阅这批最新的捐赠文献后，我感受、理解、研究司徒雷登这一人物及其相关时代变得更丰富立体。其中，司徒雷登写于 1945—1949 年间的两册日记手稿原件尤为珍贵，是本书前两版中曾引用的陈礼颂先生译、香港文史出版社出版的《司徒雷登日记：美国调停国共争持期间前后》一书的原始材料，记录了他任驻华大使时期的诸多历史细节。同时，与陆志韦、傅泾波等人的信件亦是重要参考。参证日记、手稿、信件等一手文献，大大增加了相关历史叙述的信度，修订中调整了部分章节的引用材料；并借助这批文献，在书中插入了司徒雷登外交护照、手稿照片等影印资料，使本书可读与可观性更强，以飨读者。

司徒雷登一生经历丰富且独特，从作为传教士之子于西湖边传教、任教南京金陵神学院，到执掌并建设燕京大学，再至出任美国驻华大使，最终无奈地离开中国，他经历的恰是中国近代史那段时势变幻的年代。他广泛地与中美各界人士交往，并对中国文化有较深的研究体悟。一个人物，关联起文化交流史、近现代教育史、中美外交史等多个重要方面，理解他的经历极具意义。近二十年来，围绕司徒雷登与燕京大学的研究和阐发层出不穷，仅近三年来相关的研究文章就有数十篇,也颇多新见。随着新材料的发现,认识司徒雷登这个人物以及相关历史仍待深入。

再次进入这本书稿的编校时,回首历史则感风云变幻,今天,中华人民共和国在中国共产党的领导下经七十余年建设发展,已然成为世界中举足轻重的大国。重新审视自身与世界的关系、与美国等其他大国的关系,是必需乃至紧要的议题。微处知史,本书平实详尽地叙述了司徒雷登这位关联性的人物离华前的人生经历;知史明理,教育、外交、文化,背后相连的宏观层面乃国家民族的命运。

依靠北京大学丰富的文献收藏资源,又得几位燕大友人前辈及各位读者提供的线索补正,身处当今时代,凡此种种,乃笔者幸事,也深感身系责任。经校对修订后的书稿,如果能为司徒雷登相关研究提供一些背景资料,为更多人客观地了解司徒雷登其人及那个时代提供一个入口,则为本书莫大荣幸。

这次修订,还要衷心感谢北京大学出版社的编辑及北京大学党委宣传部几位同志的协助,感谢他们付出的劳动。

是为第三版后记。